普通高等教育铁道部规划教材

# 铁路桥梁基础工程

罗书学　主　编
张鸿儒　副主编
乔　健　主　审

中国铁道出版社

2010年·北京

# 内 容 简 介

本书共七章，主要内容有：天然地基上浅平基的施工和设计计算；桩和桩基的构造、施工及桩基的设计计算；沉井和沉箱基础；深水基础以及墩台基础抗震等。

本书除主要作为高等学校铁道工程、铁道桥梁、铁道隧道、轨道交通等专业方向的教材外，也可作为土木类其他专业方向的辅助教材，还可作为从事土建工程的设计和施工人员以及科研人员的参考书。

## 图书在版编目(CIP)数据

铁路桥梁基础工程/罗书学主编. —北京：
中国铁道出版社,2010.10
普通高等教育铁道部规划教材
ISBN 978-7-113-11874-7

Ⅰ.①铁…  Ⅱ.①罗…  Ⅲ.①铁路桥—桥梁工程
Ⅳ.①U448.13

中国版本图书馆 CIP 数据核字(2010)第 181077 号

书　　名：**铁路桥梁基础工程**

作　　者：罗书学　主编

责任编辑：程东海　　　电话：010-51873135　　　教材网址：www.tdjiaocai.com
封面设计：崔丽芳
责任校对：孙　玫
责任印制：陆　宁

出版发行：中国铁道出版社（100054，北京市宣武区右安门西街 8 号）
网　　址：http://www.tdpress.com
印　　刷：北京新魏印刷厂
版　　次：2010 年 11 月第 1 版　2010 年 11 月第 1 次印刷
开　　本：787 mm×1 092 mm　1/16　印张：17.25 字数：422 千
书　　号：ISBN 978-7-113-11874-7
定　　价：38.00 元

# 前　　言

　　本书是普通高等教育铁道部规划教材,是由铁道部教材开发领导小组组织编写,并经铁道部相关业务部门审定,适用于高等院校铁路特色专业教学以及铁路专业技术人员使用。本书为铁道工程系列教材之一。

　　本教材是根据铁道部近年来关于铁路特色教材体系有关要求,在由李克钏主编、中国铁道出版社1992年出版的高等学校教材《基础工程》的基础上重新编写而成的。

　　《基础工程》出版后,经当时铁路院校的使用,认为内容翔实,选材恰当,针对性强,符合当时的教学大纲要求,反映了我国铁路桥梁基础工程的特点。但由于国民经济和社会及科学技术的发展,尤其是铁路科技水平的不断进步,有关规范的修订,教材内容应尽可能地及时反映铁路桥梁基础工程技术发展水平和最新成就,以扩大学生视野,同时,也需要满足新时期铁路大发展对铁路特色教材的相关要求。教材应适用于铁道工程、铁道桥梁、地下工程以及轨道交通工程、工业与民用建筑、地质工程等专业或方向,故在内容上作了部分更新和必要的补充与深化。

　　本书基本上保留了《基础工程》的内容和体系,但根据《铁路桥涵地基基础设计规范》(TB 10002.5—2005)和《铁路工程抗震设计规范》(GB 50111—2006)等新规范的要求和近年来一些相关科研成果,作了必要的修改和补充。

　　与《基础工程》相比,本教材增加了第六章有关深水基础的内容;在第一章里细化了喷锚护壁和喷锚支护的部分内容,按新的建筑基坑技术设计规范,对基坑设计内容作了部分修改;在第二章里补充了高速列车活载作用图式和工后沉降要求;在第三章中将原桩基水中修筑技术内容移到了第六章,而对沉管灌注桩、内夯灌注桩、干作业成孔灌注桩、灌注桩后注浆技术等内容作了简略介绍;第四章删去了动力打桩公式和差分解法,补充了部分公式的推导和按 m 法求解低承台桩基础的例题和部分习题,细化了负摩阻力部分;第五章增加了沉井下沉过程中突沉和超沉的概念及其相应防治措施;第七章根据新的抗震设计规范,对桥梁墩台基础抗震进行了部分修订。全书编写工作还体现在对《基础工程》的文字、插图和表格进行了校对,调整了部分文字的叙述方式,统一和简化了符号,重新绘制了部分插图。

本书由西南交通大学罗书学任主编,北京交通大学张鸿儒任副主编,铁道部工程鉴定中心乔健任主审。参加这次编写的有:北京交通大学张鸿儒(第一章),北京交通大学曾巧玲(第二章),北京交通大学崔江余(第三章),西南交通大学吴兴序(第四章),西南交通大学罗书学(前言、第五、七章),西南交通大学彭雄志(第六章)。

在本书编写过程中,有关大纲与编写内容等得到原《基础工程》教材主编李克钏的关心指导,在此表示感谢。

由于编者水平有限,本书不当之处敬请读者批评指正。

编　者
2010 年 8 月

# 目　　录

# 第 一 章
# 天然地基上浅平基施工

基础是建立在地基上,传递上部结构荷载的结构物。建筑物(构筑物)的地基分为天然地基和人工地基。天然地基的特点是地基土保持自然形成的结构和特性。如果地基土工程性质很差,承载力很低,需要采用不同方法进行加固处理,这样,土的结构和性质不再保持天然状态,称为人工地基。此外,有些局部地区天然土的性质特殊,如湿陷性黄土、多年冻土、膨胀土、压缩性极高的软土等(一般统称为区域性土),这类土构成的地基常称为特殊土地基。

基础根据其受力状态可分为平基和桩基。平基的基底一般为一平面(建筑在倾斜岩面上基础的底面可作成台阶状),并且以基础底面承载。铁路上常把平基按基底的埋置深度大致分为浅平基和深平基两类。浅平基一般是在明挖的基坑内修筑,以此法施工的基础称为明挖基础。深平基则需采用特殊施工方法,如沉井和沉箱等。

本章仅介绍具有普通土质的天然地基上浅平基(指明挖基础)的施工方法。

## 第一节　浅平基的类型及施工要点

### 一、浅平基础的类型

浅平基可以按照不同的标准进行分类。

根据基础的材料,浅平基可以分为砖石砌体基础、混凝土或钢筋混凝土基础等。

浅平基按其构造形式可分为扩大基础、条形基础、筏板基础和箱形基础等。

扩大基础利用扩大的底面积减小作用于地基的附加压力,使之满足承载力的要求。桥梁墩台的实体基础、墩柱下独立基础(图 1-1)等属于扩大基础。

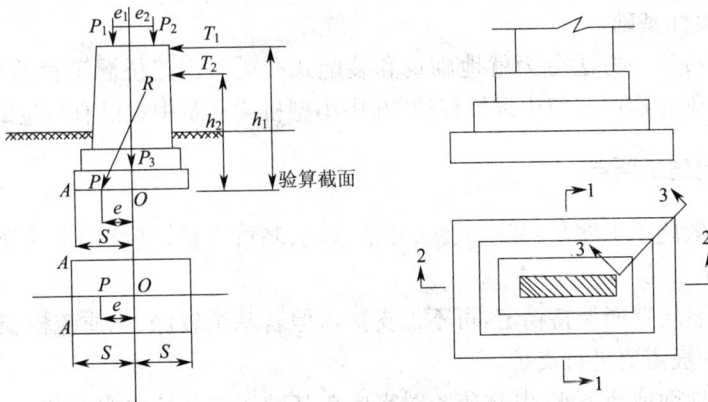

图 1-1　实体扩大基础

挡土墙基础、房屋墙下基础多是条形基础[图 1-2(a)、(b)]，相邻很近的柱基可连接成条形的联合基础[图 1-2(c)]，条形基础的底面通常也是扩大的。

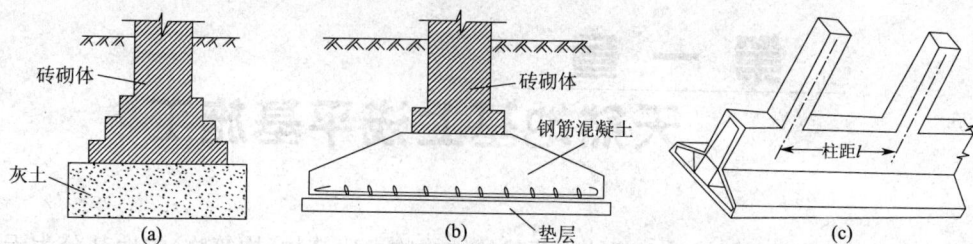

图 1-2　条形基础

如基础上面是一系列的墙或柱支承的结构，且地基弱，荷载大，可采用连续的钢筋混凝土板作为全部墙或柱的基础，简称筏板基础。墙下和柱下筏板基础分别见图 1-3(a)和(b)。

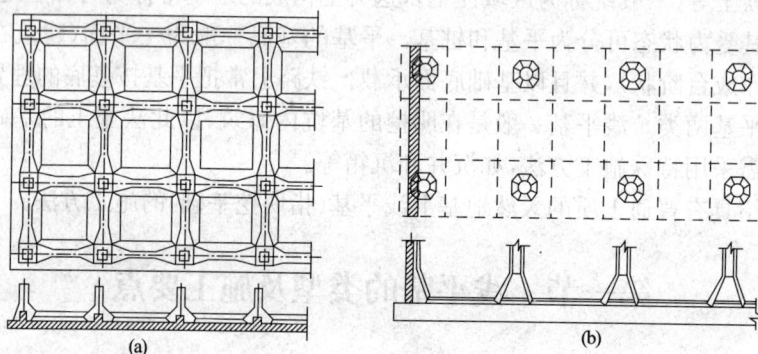

图 1-3　筏板基础

由于基础材料的受力特性不同，基础的形状不同，基础的变形特性也有很大差异。因此，又可分为刚性基础和柔性基础。除钢筋混凝土外，其他材料所修筑的基础，因材料的抗拉性能差，在基础中主要利用材料的抗压和抗剪能力，因此要求此类基础截面具有足够的刚度，基础在受力时本身几乎不产生变形，这类基础称为刚性基础。而钢筋混凝土基础材料的抗拉、抗压和抗剪性能好，可根据需要做成各种形状的截面。通常钢筋混凝土基础截面较小，本身的变形一般较大，属于柔性基础。

浅平基还可按施工方法分为就地砌筑和装配式两类。铁路桥涵工程的平基多为就地砌筑。装配式平基则在房屋建筑中发展较快，在中小型桥梁建筑中也已有少量的应用。

**二、浅平基的施工要点**

浅平基的一般施工工序是：基础放线、开挖基坑、基坑支护、基坑排水或降水、基底处理与基础砌筑等。

如基坑开挖后坑壁能保持稳定，可不加支护。但若基坑较深、土质疏松、有地下水或基坑侧有地面超载，一般需要进行支护。

如场地存在地面或地下水，基坑施工时需要在基础四周开挖集水沟和集水井以排出基坑积水。如直接排水有困难时，可采用井点法降低地下水位（简称降水），使坑底成为旱地，且可减除坑壁支护所受的水压力。

在水中修筑浅平基时，除上述的施工程序外，一般要在基坑周围预先围成一道临时性的挡水围堰，然后把堰内的水排干，再挖基坑。特殊情况下如不能排水，也可进行水下施工。

基坑开挖至设计标高后，应及时进行坑底土质鉴定，如不能满足设计要求，应改变基础设计或进行基地处理。基底检查合格后应抓紧处理，并砌筑基础圬工；如在基坑内排水或降水有困难，可采用水下灌筑混凝土。

# 第二节　陆地基坑的开挖和支护

## 一、陆地基坑的开挖

基坑开挖前应准确测定基础轴线、边线位置及标高，并根据地质水文资料及现场具体情况，决定坑壁开挖坡度或支护方案，做好防水、排水工作。设置基底垫层时，基坑开挖的深度一般略大于基础埋深，视对基底处理的要求而定。基坑应避免超挖，松动部分应清除。无水基坑坑边应在基础的襟边之外每边各增加 50 cm 以上的富余量，有水基坑底面，应满足四周排水沟与汇水井的设置需要，每边放宽不宜小于 80 cm。

在桥梁基础工程中，基坑施工除用人工挖土外，还可用机械开挖，常用的挖土机械有挖土斗、抓土斗等。如用机械挖土，距基底设计标高约 30 cm 厚的最后一层土，要用人工来挖除修整，以保证基底土的结构不受破坏。

根据基坑深浅大小不同，可无支护或采用不同的支护方式。

无支护基坑的坑壁可挖成垂直或有坡度。

开挖直立边坡的基本条件是基坑的深度应满足：

$$h \leqslant \frac{2c}{\gamma \tan(45° - \varphi/2)} \tag{1-1}$$

放坡开挖时，基坑坑壁坡度应按确保边坡稳定、施工安全的原则确定。在其他天然土层上，如开挖深度在 5 m 以内，施工期较短，基坑底在地下水位以上，且土的湿度接近最佳含水量、土层构造均匀时，基坑坑壁坡度可参考表 1-1 选用。

表 1-1　无支护基坑坑壁坡度

| 坑壁土类别 | 坑壁坡度 | | |
|---|---|---|---|
| | 基坑顶缘无载重 | 基坑顶缘有静载 | 基坑顶缘有动载 |
| 砂类土 | 1∶1 | 1∶1.25 | 1∶1.5 |
| 碎石类土 | 1∶0.75 | 1∶1 | 1∶1.25 |
| 黏砂土 | 1∶0.67 | 1∶0.75 | 1∶1 |
| 砂黏土 | 1∶0.33 | 1∶0.5 | 1∶0.75 |
| 黏土带有石块 | 1∶0.25 | 1∶0.33 | 1∶0.67 |
| 未风化页岩 | 1∶0 | 1∶0.1 | 1∶0.25 |
| 岩　石 | 1∶0 | 1∶0 | 1∶0 |

注：①挖基坑经过不同的土层时，边坡可按分层决定，并酌留平台；
　　②在山坡上开挖基坑，如地质不良时，应注意防止滑坍；
　　③在既有建筑物旁边开挖基坑时，应符合有关设计文件规定。

当基坑深度大于 5 m 时，可将坑壁坡度适当放缓，或加作平台。如土的湿度能引起坑壁坍塌，坑壁坡度应缓于该湿度下土的天然坡度。

若地下水位在基坑底以上时，地下水位以上部分可以放坡开挖，地下水位以下部分，当土质易坍塌或水位在基坑底以上较深时，应加固坑壁开挖。

当基坑顶部有动载时，坑顶边缘与动载间应留有大于 1 m 的护道，若动载过大时，应增宽护道或采取加固措施。

基坑宜在枯水或少雨季节开挖，开挖不宜间断，达到设计高程经检验合格后应立即砌筑基础。基础砌筑后基坑应及时回填，并分层夯实。

## 二、基坑支护

当基坑较深、放坡开挖土方量较大、基坑坡度受场地限制、基坑土质松软或含水量较大边坡不易保持时，可采用护壁进行支护。

基坑支护有不同的类型，以下主要介绍铁路上常用的几种支护结构。

### (一)衬板支护

当基坑底在地下水位以上时，可用衬板支护。

衬板支护一般采用水平衬板挡土，如图1-4所示，用立木、顶撑，再加木楔，使之紧贴在坑壁上。衬板可以一次挖到坑底设计深度后铺设，也可以分段进行；可以紧密铺设，也可以间开铺设，需要根据土质和坑深等因素经计算确定。

图1-4所示衬板支护，在范围较大且边开挖边支护的情况下施工是不方便的。图1-5表示衬板支撑的主柱采用工字钢桩，可用于较大的基坑。

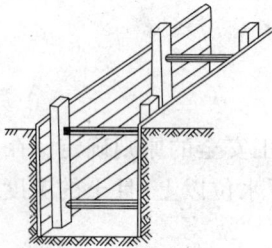

图1-4 衬板支护

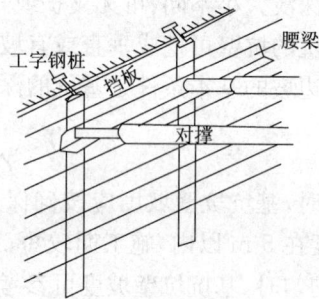

图1-5 工字钢桩衬板支护

如基坑太宽或为避免顶撑对坑内施工干扰，可采用锚撑。锚撑可由拉杆和锚碇桩或锚碇板组成，叫做拉杆锚碇，如图1-6所示；也可在坑壁钻孔(如在土层中钻孔，当需增加抗拔力时，可将孔端扩大)，放进钢丝束或钢筋，再压注水泥砂浆而成锚杆拉撑，如图1-7所示。锚杆拉撑便于在坑壁多层设置，可用于深基坑。

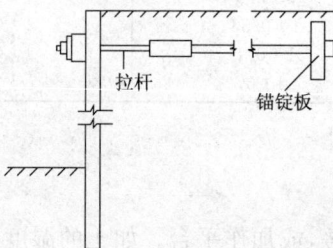

图1-6 拉杆锚碇

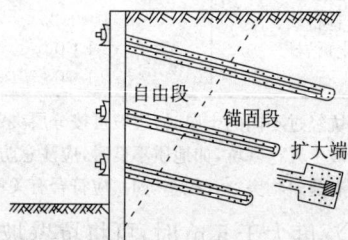

图1-7 锚杆拉撑

（二）板桩支护

衬板支护防渗性差，当坑底在地下水位以下时，可用板桩支护，或叫板桩围堰。

板桩是开挖前垂直打入土中至坑底以下的桩。围堰打完后，基坑就可边开挖、边支撑。因而开挖基坑是在板桩支护下进行的。板桩相互间靠其榫口或锁口连接，以防渗漏。

板桩支护也可分为无撑式[图1-8(a)]、顶撑式[图1-8(b)]和锚撑式[图1-8(c)]等不同形式。

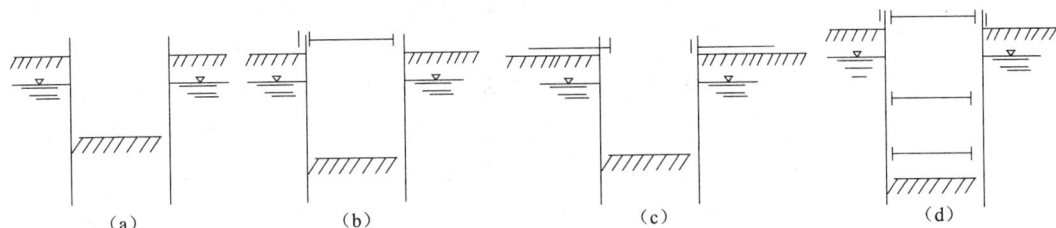

图1-8　板桩支撑类型

按设置顶撑或锚撑的层数可分为无撑板桩、单撑板桩和多撑板桩，分别如图1-8(a)、(b)、(c)、(d)所示。无撑板桩又称为悬臂板桩，主要靠其下部(坑底以下)周围土的约束作用保持稳定，这种板桩适用于较浅的基坑。单撑板桩对施工干扰较小，但水面或地面下的深度不能很大；多撑板桩则可使用在复杂的基坑施工。

板桩采用的材料有木、钢、钢筋混凝土等。

1. 木板桩

木板桩成本较低，容易加工制造和施工，但强度较低、消耗木材，不宜用于坚硬土层等。因受长度限制，一般仅用于深度不超过5～6 m的基坑。

木板桩断面多为三角形榫口（人字缝）和长方形榫口（企口缝），见图1-9。人字缝只用于厚度小于8 cm的板桩，如大于8 cm或要求具有较好防渗性时，应采用企口缝。

木板桩榫舌一侧削成斜面。打板桩顺序应是榫舌朝着前进方向，利用斜面处土反力的水平分力，使正打的板桩向后面已打下的板桩挤紧。

2. 钢板桩

钢板桩有很大优越性，如由于板薄（约10 mm左右），强度大，能穿过较坚硬土层；锁口紧密，不易漏水，且能承受很大锁口拉力，断面形状多种多样，如图1-10所示。

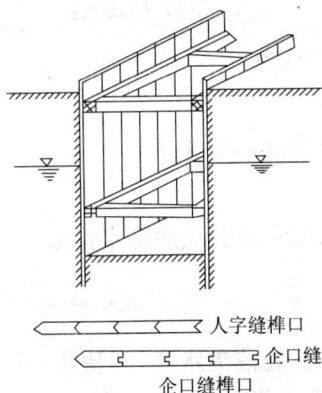

图1-9　板桩支护

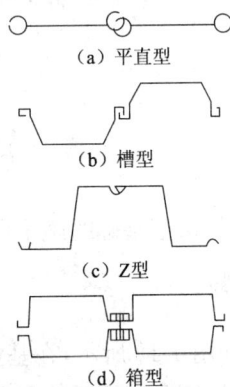

(a) 平直型

(b) 槽型

(c) Z型

(d) 箱型

图1-10　钢板桩断面

### 3. 钢筋混凝土板桩

钢筋混凝土板桩的特点是耐久性好,但笨重,主要用于深大基坑,如用于码头、堤岸等永久性挡土结构,在铁路工程基础施工中较少采用。

### (三)喷射混凝土护壁和喷锚支护

喷射混凝土护壁适用于稳定性好,渗水量少的基坑。基坑的深度一般不宜大于 10 m。

对于较浅的基坑,可以采用素喷混凝土,如果基坑较深,应采用钢筋网喷射混凝土并用锚杆或土钉进行支护。

喷射混凝土护壁的施工要点是:在基坑开挖限界内,先向下挖一段,随即用混凝土喷射机喷射一层含速凝剂的混凝土,以保护坑壁,然后再往下挖一段,再喷护一段,如此分段进行。每段下挖深度一般为 0.5~1.0 m 左右,视土质情况而定,并根据需要设置钢筋网和土钉或锚杆。

喷射混凝土层的厚度应根据土层稳定性、渗水大小及基坑深度等因素来确定。对一般土质,如无渗水,喷厚不小于 8 cm;对稳定性差或较差土层,如淤泥、粉砂等,如无渗水,为 10~15 cm;当基坑有大量渗水时,为 15~20 cm。可参照表 1-2 采用。

**表 1-2 喷射混凝土厚度**(cm)

| 土层类别 | 无渗水 | 少量渗水 |
|---|---|---|
| 砂类土 | 10~15 | 15 |
| 黏性土、粉土 | 5~8 | 8~10 |
| 碎石类土 | 3~5 | 5~8 |

如一次喷射达不到规定厚度,则应等第一次喷射的混凝土终凝后再作补喷,直到符合规定厚度为止。

喷护的坑壁可以垂直,或略有倾斜[如 1:(0.07~0.1)放坡],视地层稳定性而定。

喷锚支护是由钢筋网、喷射混凝土面层、锚杆等构成的较好的支护体系,主要有两种方式,一是喷射混凝土面层和锚杆构成喷锚支护体系,二是喷射混凝土面层和土钉构成土钉墙体系,如图 1-11 所示。对于较深的基坑,也可采用土钉墙和锚杆构成的复合土钉墙体系。

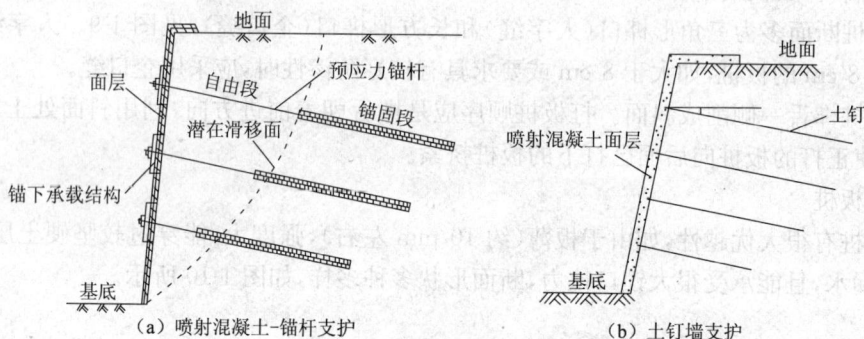

(a)喷射混凝土-锚杆支护　　(b)土钉墙支护

图 1-11　喷锚支护基坑

## 第三节　基坑排水和降低水位

为便于施工,保证基础的施工质量,可采用集水明排或井点法降水排除基坑内的积水。

### 一、集水明排

集水明排如图 1-12 所示,在基坑内基础范围外低处挖集水井,并从井开始在基础外周围挖边沟(排水沟),使流进坑内的水沿边沟流入集水井。集水井井底应低于坑底或边沟底,视渗水量而定,以便在井内用水泵抽水时将水面降至坑底以下。集水井井壁要加以支护,井底铺一层粗砂或碎石层,以保护井底下的土在抽水时不被带走。

长基坑可沿边沟每隔适当距离设集水井。如基底较宽而坑底范围有限时,方可将边沟设在基础范围以内,但在基坑挖至设计标高后,要用碎石填满边沟,才能在上面砌筑圬工。

基坑排水沟和集水井可按下列规定布置:

(1)排水沟和集水井宜布置在拟建建筑基础边净距0.4 m以外,排水沟边缘离开边坡坡脚不应小于0.3 m;在基坑四角或每隔30~40 m应设一个集水井。

图 1-12 集水明排

(2)排水沟底面应比挖土面低0.3~0.4 m,集水井底面应比沟底面低0.5 m以上。

沟、井截面根据排水量确定,排水量$V$应满足$V \geqslant 1.5Q$的要求。其中$Q$为基坑总涌水量。

在集水井内抽水可用离心泵等抽水机。如吸程不超过6 m,水泵可设在坑顶,否则要下放到坑内。

抽水设备可根据排水量大小及基坑深度确定。当基坑侧壁出现分层渗水时,可按不同高程设置导水管、导水沟等构成明排系统;当基坑侧壁渗水量较大或不能分层明排时,宜采用导水降水方法。基坑明排尚应重视环境排水,当地表水对基坑侧壁产生冲刷时,宜在基坑外采取截水、封堵、导流等措施。

集水明排设备简单,费用低。但是当地基为粉砂、细砂等透水性较好且黏聚力较小的土层时,用集水井排水可能是不安全的。在排水的过程中,坑外的水流经板桩底端以下向上流进集水井,水在土中的渗流会给土粒施加渗透力。如果向上的渗透力超过了坑底下地基土在水中的浮重度时,就会形成"涌砂"或"流砂",如图1-13所示。其结果是坑底失稳、坑壁下陷和坍塌。应进行基坑抗渗流验算。验算公式为

$$h_d \geqslant 1.2(h - h_{wa}) \tag{1-2}$$

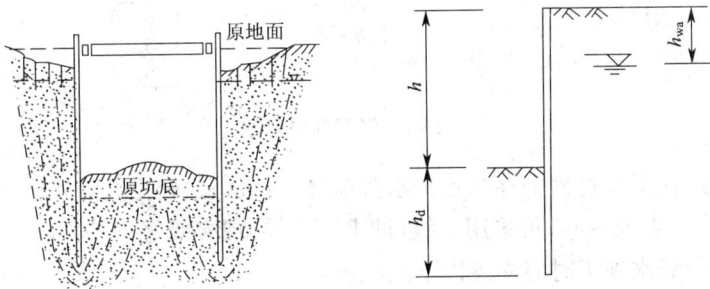

图 1-13 基坑发生涌砂和渗透稳定计算简图

**二、井点法降低地下水位**

井点降水法是在基坑内部或其周围埋设低于坑底标高的井点或管井,以总管连接所有井点或管井进行集中抽水(或每个井管单独抽水),达到降低地下水位的目的。

目前常用的降水井点一般有:轻型井点、喷射井点、管井井点、电渗井点和深井井点等。工程实践中,可按施工位置上的土体的渗透系数、降水深度、设备条件以及工程特点选用。表1-3

给出了各种井点降水的适用范围。

**表 1-3　井点法降水适用范围**

| 井点法类别 | 土层渗透系数(m/d) | 降水深度(m) |
|---|---|---|
| 单层轻型井点 | 0.1~50 | 3~6 |
| 多层轻型井点 | 0.1~50 | 6~12(由井点层数而定) |
| 喷射井点 | 0.1~2 | 8~20 |
| 电渗井点 | <0.1 | 根据选用的井点确定 |
| 管井井点 | 20~200 | 3~5 |
| 深井井点 | 10~250 | >15 |

以下主要介绍铁路桥梁基础降水中常用的轻型井点降水法。

轻型井点系统由井点管、连接管、集水总管及抽水设备等组成,如图 1-14 所示。施工过程为:在基坑外围每隔一定距离进行钻孔(或冲孔),埋入直径为 38~50 mm 的井点管,埋好后,井点管周围填以砂砾作过滤层,上用黏土填封,以防漏气。井点管在地面上通过总管与抽吸设备相联。井点管下部为滤管,低于坑底一定深度。当抽水时,地下水从坑外流向比坑底低的滤管,从而使基坑范围内的地下水降至坑底以下,既保证了旱地工作条件又消除了坑底下地基土发生"涌砂"的可能。

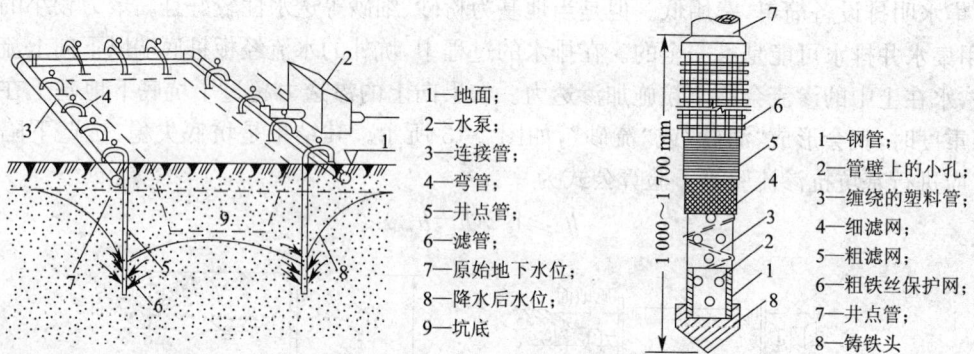

1—地面;
2—水泵;
3—连接管;
4—弯管;
5—井点管;
6—滤管;
7—原始地下水位;
8—降水后水位;
9—坑底

1—钢管;
2—管壁上的小孔;
3—缠绕的塑料管;
4—细滤网;
5—粗滤网;
6—粗铁丝保护网;
7—井点管;
8—铸铁头

图 1-14　轻型井点降水

由于井点系统在工作过程中存在各种水头损失,一级(层)轻型井点实际能降低水深约5~6 m。如需降低水位更深一些,可采用二级(即上下两层)或多级轻型井点。

轻型井点进行降水施工时应注意以下问题:

(1)井点系统全部安装完毕后,需进行试抽,以检查有无漏气现象;

(2)当井点管淤塞太多,严重影响降水效果时,应逐个用高压水反复冲洗或拔出重新埋设;

(3)井点管拔出后所留下的孔洞应用砂或土填实,对地基有防渗要求时,应用黏土进行填实。

## 第四节　水中围堰的修建和水下挖土

铁路工程中许多大型结构,如桥梁墩台等,一般位于河流、湖泊或海峡中。如基础底面离河底不深,可在水中修筑明挖基础。在将开挖的基坑周围先建一道挡水的围堰,把围堰内的水排干,开挖基坑和支护,然后修筑基础。如排水有困难,则可不排水而进行水下挖土,建造基础。

**一、围堰的修筑**

修筑围堰一般应符合以下要求:

围堰的顶面要高出施工期可能出现的最高水位 0.7 m;围堰外形应考虑因修筑围堰使河流过水断面减小,流速增大而引起河床的集中冲刷及影响通航、导流等因素;围堰的断面应满足强度和稳定(抗滑动、抗倾覆)的要求;围堰本身应密实以减少渗漏;堰内应有适当的工作面积。

围堰的种类很多,应根据工程地质和水文地质条件、基础的埋深和平面尺寸、材料和机具供应等情况选定。

(一)土围堰

当水深在 2 m 以内,流速在 0.3 m/s 以内,冲刷作用很小,河床土质渗水较小时,可修筑土围堰。土围堰构造如图 1-15 所示。

土围堰的厚度及其四周斜坡应根据使用的土质(宜用黏性土)、渗水程度及围堰本身在水压力作用下的稳定性来确定。

堰顶宽度不小于 1.5 m。当采用机械挖土时,应视机械的种类确定,但不宜小于 3 m。外边坡迎水流冲刷的一侧,边坡坡度不宜陡于 1:2,背水冲刷的一侧的边坡坡度可稍陡,堰内边坡不宜陡于 1:1。内坡脚距基坑的距离根据土质及基坑开挖深度而定,但不得小于 1 m。

围堰修筑时,宜采用黏性土或夹砂黏土,尽可能使填土密实,填出水面后应进行夯实,填土应自上游开始至下游合龙。

在填筑围堰前,必须将围堰底部河床底的树根、石块及杂物清除干净。

因修筑围堰导致流速增大使得围堰外坡面有受到冲刷的危险时,可在外坡上铺设树枝、草皮、柴排、片石、草袋或土工织物等加以保护,防止冲刷。

(二)土袋围堰

土袋围堰一般适用于水深 3 m 以内、流速 1.5 m/s 以内、河床渗水较小的情况,如图 1-16 所示。

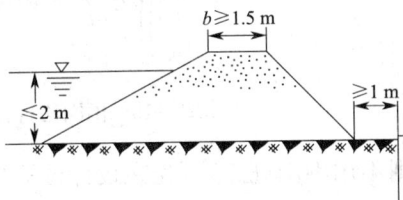

图 1-15　土围堰构造示意

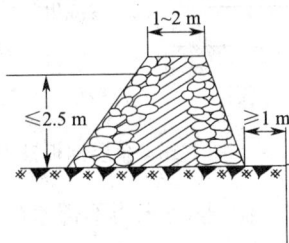

图 1-16　土袋围堰

堰顶宽 1~2 m,外坡 1:0.5~1:1,内坡 1:0.2~1:0.5,内外圈堆码土袋,中间部分可用黏土填筑芯墙。土袋内装松散黏性土,装填量约为袋容量 60%。施工时,要求土袋互相错缝,尽量堆码整齐。

(三)钢板桩围堰

钢板桩围堰适用于深水基坑,一般河床为砂类土层、半干硬黏性土、碎石类土以及风化岩等地层中。

钢板桩围堰有单层、双层和构体式等几种。钢板桩的施工顺序见图1-17。

铁路工程常用单层钢板桩围堰,如图1-18所示。单层钢板桩围堰适合于修筑中小型面积基坑,常用于水中桥梁基础工程。

钢板桩围堰的支撑系统可做成空间的框架结构,叫"围图"或"围笼",包括围木(或导梁、环撑)、水平顶撑、立柱、斜杆等构件。这些构件根据受力大小,可用木或钢的做成。围图不仅是支撑结构,而且可作导向架,插打钢板桩,还可在其上安设施工平台、施工机具等。

因此,在河水较深的地方,常用围图来进行钢板桩围堰施工,如图1-19所示。围图法施工要点是:先在岸上或驳船上拼装好围图,用驳船运到河中设计位置,在围图中打定位桩将围图挂起来,然后在围图周围的导框(由内外两层围木或导梁组成)间插打钢板桩;其顺序应从上游分头插向下游,以保证施工的安全和顺利进行。当全部钢板桩逐根或逐组(如起吊设备许可,宜将两、三块钢板桩拼为一组)插打到稳定深度后(砂类土一般为2～3 m),再依次打到设计深度。

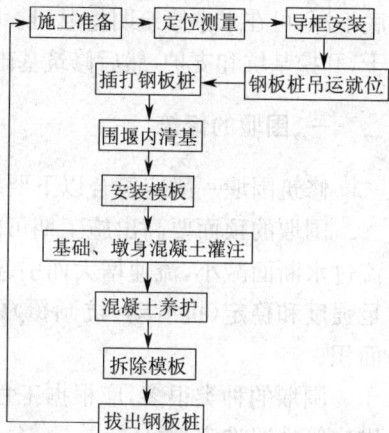

图 1-17 钢板桩围堰的一般施工顺序

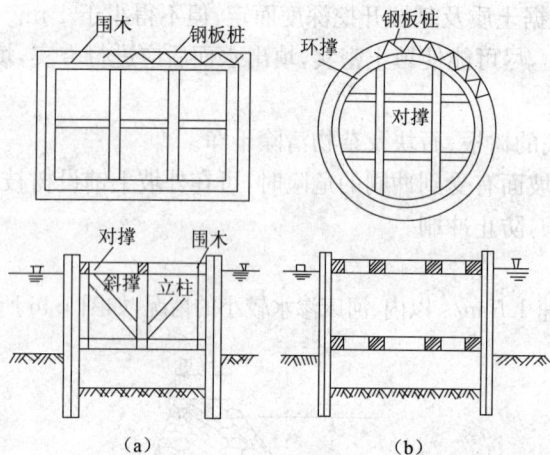

图 1-18 单层钢板桩围堰

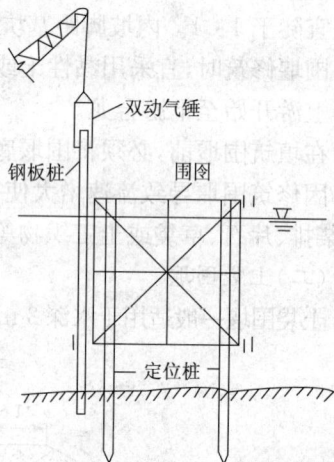

图 1-19 围图法打板桩

如河水不深,且河床为不透水的黏性土层,则不用围图施工,可先在设计位置用方木做一导向框架,沿框架打下定位木桩,固定位置,再在框架的两层围木间插打钢板桩,然后一边抽水,一边安设支撑。当支撑安设完毕,围堰内水已抽完时,即可在旱地开挖基坑。

插打钢板桩施工应符合下列规定:

(1)插打前,在锁口内应涂抹防水混合料,组拼桩时应用油灰和棉絮捻塞拼接缝;

(2)插打顺序应按施工组织设计进行,可由上游分两侧插向下游合龙;

(3)插打时必须有可靠的导向设备,宜先将全部钢板桩逐根或逐组插打稳定,然后再依次打到设计高程;

(4)开始打的几根或几组钢板桩,应检查其平面位置和垂直度,当发现倾斜时,应即予纠正;

(5)当吊桩起重设备高度不够时,可改变吊点位置,但不低于桩顶以下 1/3 桩长;

(6)钢板桩可用锤击、震动或辅以射水等方法下沉,但在软土中,不宜使用射水,锤击时应使用桩帽;

(7)钢板桩因倾斜无法合龙时,应使用特制模形钢板桩,模形的上下宽度之差不超过桩长的 2%;

(8)钢板桩相邻接头应上下错开不小于 2 m;

(9)围堰将合龙时,应经常观测四周的冲淤状况,并采取预防上游冲空涌水或下游积淤的措施;

(10)当同一围堰内,使用不同类型的钢板桩时,应将两种不同类型钢板桩的各一半拼接成异型钢板桩。

## 二、水下挖土

围堰建成后,即可抽干围堰内水,开挖基坑。但如果河床土质透水性大,水难以抽干,或因抽水会引起涌砂时,可采取水下挖土施工。水下挖土机械主要有抓土斗和吸泥机两类。

抓土斗有双瓣式、四瓣式等,前者适于挖泥砂,后者适于挖漂卵石。用抓土斗挖土要特别注意不能撞坏围堰支撑,以免造成事故。

吸泥机有离心吸泥机、水力吸泥机、空气吸泥机等。

离心吸泥机是靠其旋转叶片旋转所产生的离心力来抽吸泥水,被抽出的碎块最大直径可达 20 cm。其吸程约 3~4 m,扬程一般可达 40~50 m。工作效率较高,适于在宽大的围堰中取土。

水力吸泥机如图 1-20(a)所示,是由高压水管和吸泥管组成,两管连接处为一具有喷嘴的射水器。高压水通过高压水管由喷嘴喷出时在其周围形成部分真空,把吸泥管下端莲蓬头处的泥水吸上并排出管外。为提高吸泥管抽吸泥浆的含泥量,吸泥时辅之以射水管冲散泥砂。该吸泥机在桥梁基础及其他重要建筑物的水中基础施工中,曾广为采用,但不足之处是管嘴出口处易堵塞,需常清理。

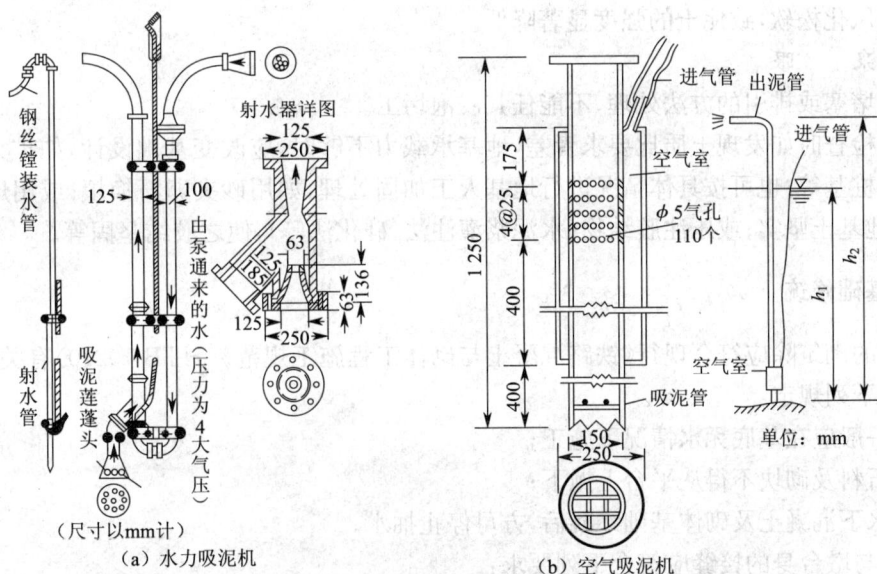

图 1-20 水力吸泥机及空气吸泥机

空气吸泥机如图 1-20(b)所示,工作时高压空气通过进气管,进入空气室,并由空气室内壁上许多小孔喷入吸泥管,造成管内外压力差,与被抽吸上的泥水混合成重度大大减小的三相(水、气和土)混合体。如混合体的平均重度为 $\gamma_m$,水的重度为 $\gamma_w$,水深为 $h_1$,出泥管总高为 $h_2$,要使 $\gamma_w h_1$ 远超过 $\gamma_m h_2$,才能把泥排出去。故 $h_1$ 越大,排泥效果越好,甚至能把直径为 20~30 cm 的大卵石也能吸上来。当 $h_1$ 小于 5 m 时,就没有多大效能了。空气吸泥机的吸泥能力除和水深有关外,还和进气压力、进气量及土质有关。

# 第五节　基坑处理和基础修筑

## 一、基底处理

如前所述,基坑挖到设计标高,且坑壁支护业已完成,即应作基底土质鉴定。鉴定方法可分为直接观察或取土样试验。如坑中积水较深又无法排干,可由潜水员到水下检查;对于特大桥及重要大中桥的墩台基础等,必要时还可在坑底钻探(至少 4 m)。鉴定合格后应立即进行基底处理。基底处理应按不同土质须符合下列要求。

（一）岩　　层

在未风化的岩层上建筑基础时,应先将岩面上松碎石块、淤泥、苔藓等清除干净。

如岩层倾斜,应将层面凿平或凿成台阶,以免滑动。

在风化岩层上建筑基础时,开挖基坑宜尽量不留或少留坑底富余量,将基础圬工填满坑底,封闭岩层。

（二）碎石类或砂类土层

在修筑基础时,应先将基底修理平整,并铺设一层水泥砂浆。

（三）黏性土层

在铲平坑底时,应尽量保持其天然状态,不得用回填土夯实。必要时可夯入一层厚 10cm 以上的碎石层,碎石层顶面应略低于基底设计标高。处理完后,尽快砌筑基础,不得暴露过久,以免土面风化松软,致使土的强度显著降低。

（四）泉　　眼

应用堵塞或排引的方法处理,不能任其浸泡圬工。

基底检查时如发现土质比要求者差,地基承载力不够时,应改变基础设计,如扩大基础面积或改为桩基等;也可按具体情况进行地基人工加固处理,如用砂夹卵石换填,或用爆破挤压砂桩,使地基土坚实;或压注胶结物(水泥浆灌注法、硅化法等),使之胶结坚固等。

## 二、基础修筑

基础的砌筑除应符合现行《铁路混凝土与砌体工程施工规范》(HTB 10210)有关规定外,尚应符合下列规定:

(1)一般应在基底无水情况下施工;

(2)石料及砌块不得从平台上抛下;

(3)水下混凝土及砌体基础终凝后,方可停止抽水。

基础与墩台身的接缝应符合下列要求:

(1)混凝土与混凝土之间接缝,周边应预埋直径不小于 16 mm 的钢筋或其他铁件,埋入与露出长度不应小于钢筋直径的 30 倍,间距不应大于钢筋直径的 20 倍。

(2)混凝土与浆砌片石或浆砌片石之间接缝,应预埋片石作榫,片石厚度不小于 15 cm;片石应安放均匀,片石净距不得小于 15 cm;片石与模板的间距不宜小于 25 cm,且不得与钢筋接触。片石应露出基础面一半左右。

### 三、水下混凝土灌注

如基底为粗砂、碎石层等透水性大的土层,此时很难抽干围堰内积水,或因基底为粉砂、细砂等细粒土层,抽水可能引起涌砂危险时,则可在水下灌注一层混凝土,以封住坑底。封底后至少经过三昼夜养护,使混凝土强度达到规定要求就可抽干围堰内积水,以便旱地作业。考虑到在水下灌注混凝土水泥浆易被水冲走,质量可能受到影响,为安全起见,水下混凝土的标号应予提高。

为保证水下混凝土质量,使混凝土和水不会有混和现象,常采用的施工方法有直升导管法(垂直移动导管)、吊斗法、麻袋法、灌浆法和液阀法等。

#### (一)直升导管法

此法在工程上应用最为普遍和有效,它能较好的保证质量,其布置如图 1-21 所示。施工方法是:用 20～30 cm 直径的导管垂直下放到离基坑底约 10 cm 处。导管上端伸出水面,上接漏斗,其容积大致与导管容积相等。在漏斗颈口用细绳悬一球塞,直径比导管内径略小。漏斗里灌满混凝土,并先做好后续供应的准备。然后放松吊绳,使球塞在混凝土柱压力下,下落一定距离,随即割断绳索,使导管内混凝土随球塞下落,同时不停地向漏斗输送混凝土,当球塞落到导管底时,提升导管25～30 cm,管内混凝土从下口把球塞挤出,并在管底周围形成一混凝土堆,把管口埋住。混凝土的初存量应满足首批混凝土入孔后,导管埋入混凝土中的深度不得小于 1 m 要求,但也不宜大于 3 m。当混凝土面高出管底 1 m 以上后,随着混凝土面上升慢慢提升导管,使导管底始终保持在混凝土面以下至少 1 m,以保证新混凝土不会与管外水接触,如此直到灌完,不得间断。

一根导管所能灌注混凝土的范围,或其作用半径,决定于导管底面所受到管内外混凝土柱体的压力差,当此压力差为 0.1、0.15 及 0.25 MPa 时,导管作用半径将分别为 3.0、3.5 及 4.0 m。因此,要根据基坑的面积和导管作用半径等因素来决定导管数量和布置。

水下混凝土应具有一定流动性,其坍落度一般为 18～22 cm。

#### (二)吊斗法

此法是将混凝土置于装有活动底板的吊斗内如图 1-22 所示,靠操纵底板和吊斗各挂有的绳索,来灌注水下混凝土。因先后灌注的混凝土之间的结合较差,存有弱结合面,质量不好,不宜大量灌注,而只用于水下局部堵漏等。

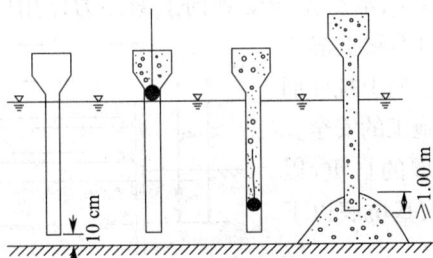

图 1-21　直升导管法灌注水下混凝土

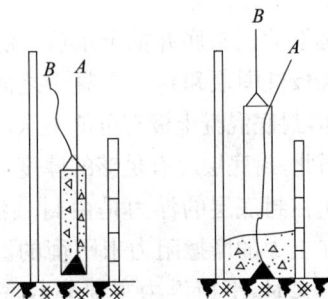

图 1-22　吊斗法灌注水下混凝土

## (三)麻 袋 法

由潜水工在水下把麻袋或帆布袋里的混凝土倒出来,或直接把不满装的成袋混凝土如砌砖一样码成墙,袋口朝里,上下各层用道钉或钢钎穿连,此法不易操作,消耗体力大,只能用于圬工量不大的情况,如堵漏等。

## (四)灌 浆 法

如图 1-23 所示,此法是先在基坑中按一定间距布置套管,管底接近坑底,套管外投抛石料,套管中插入注浆管并不断地灌注水泥砂浆(或水泥浆),砂浆由管底进入石料缝隙,把水挤出即形成混凝土,随着砂浆液面上升,套管也逐步提升,但管底仍保持在砂浆面以下,直至灌毕。

采用这种方法省去拌和及运送大量混凝土的工作,但质量较导管法差,故采用不多。如施工仔细,并用震动器捣实,仍可得到良好效果。能加速施工进度,可用于灌注大块体圬工。

## (五)液阀(Hydro-Valve)法

液阀如图 1-24 所示,是两片尼龙布在两边粘合而成的软管,上接喂料斗,下部套以钢护筒。阀沉入水中时,两片尼龙布被静水压力互相压紧。灌注前先将阀下至灌注部分底部,在喂料斗内不断灌注混凝土,当其重量克服软管阻力后,混凝土缓慢下沉并从阀的下端流出,随着混凝土面升高,逐渐提升液阀至灌注部分顶面。然后将液阀水平移动,仍不停地灌注混凝土,新灌的接在先灌的边上,形成约 1∶5 的斜坡,这一操作是由使用的下部混凝土面维持在最低及最高的标记之间来进行控制的。钢护筒要保持垂直,其作用是克服阀在水平移动时的阻力,保证混凝土面的平滑并控制其水平标高。

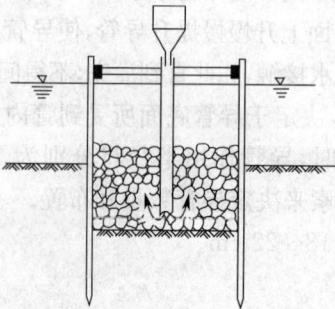

图 1-23　灌浆法灌注水下混凝土　　　　　图 1-24　液阀法灌注水下混凝土

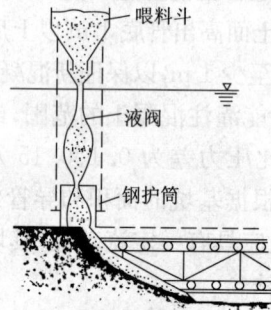

## 四、水下混凝土封底层厚度计算

当围堰业已封底并抽干水后,在封底层的底面因水头差而受到向上漂浮力作用的静水压力。如果板桩围堰和封底混凝土之间的黏结作用不致被静水压力破坏,封底混凝土极有可能被水浮起,或者产生向上挠曲而折裂。因此,封底层应有足够的厚度,以保证围堰施工的安全。

作用在封底层的浮力是由封底混凝土和围堰的自重,以及板桩在土中的摩擦阻力来平衡的。当板桩打入基坑底以下的深度不大时,平衡浮力主要靠封底混凝土自重。设封底层最小厚度为 $x$,如图 1-25 所示,则

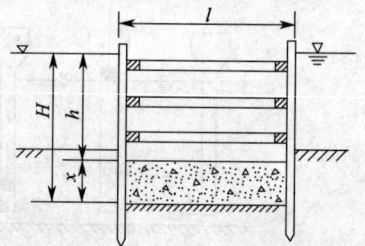

图 1-25　封底混凝土最小厚度

$$\gamma_c \cdot x = \gamma_w(\mu h + x) \tag{1-3}$$

$$x = \frac{\mu \cdot \gamma_w h}{\gamma_c - \gamma_w} \tag{1-4}$$

式中　$\mu$——考虑未计算的板桩与土之间摩擦阻力和围堰自重的修正系数,小于1,凭经验定;

$\gamma_w$——水的容重,取 10 kN/m³;

$\gamma_c$——混凝土容重,约为 23 kN/m³;

$h$——封底层顶面处水头。

如板桩打入坑底较深,板桩与土之间的摩擦阻力较大,加上封底层及围堰自重,整个围堰不会被水浮起,但封底混凝土板在静水压力作用下是否可能因挠曲折裂,此时封底层厚度应由其强度决定。为简化计算,可假定封底层为一简支单向板,其顶面在静水压力作用下产生的弯曲拉应力 $\sigma$,应不超过容许值$[\sigma]$,即

$$\sigma = \frac{1}{8} \cdot \frac{ql^2}{W} = \frac{l^2}{8} \cdot \frac{\gamma_w(h+x) - \gamma_c x}{\frac{1}{6}x^2} \leqslant [\sigma] \tag{1-5}$$

式中　$W$——封底层每米宽断面的截面模量;

$l$——围堰宽度;

$[\sigma]$——水下混凝土容许弯曲拉应力,因荷载作用时间较短,可假定为 100~200 kPa。

取水的容重为 10 kN/m³,混凝土容重为 23 kN/m³,则可得到简化的方程为

$$\frac{4}{3} \cdot \frac{x^2}{l^2}[\sigma] + 13x - 10h = 0 \tag{1-6}$$

通过求解此二次方程可以得到封底混凝土厚度 $x$。

# 第六节　基坑支护的计算

基坑内各类支护结构所承受的荷载主要是坑壁土压力和水压力。由于土的性质复杂,支护结构各部分的刚度不同,以及施工方法、施工过程中安设支撑的位置和松紧程度不等,都会使土压力发生很大变化。因而对作用在支护结构上的土压力,至今仍停留在比较粗略的估算上,目前一般仍采用兰金土压力公式。

## 一、基坑支护结构上的水平荷载和抗力

土压力的作用包括作用于支护结构上的水平荷载(主动土压力)以及抵抗荷载和支护结构破坏的抗力(被动土压力)。

考虑地下水位以下土层中水压力的作用,对透水性土和不透水土分别采用水土分算和水土合算的方法。水压力按静水压力计算。

支护结构上水平荷载和抗力的计算如图1-26所示。

水土合算时的水土压力

$$e_{ajk} = \sigma_{ajk}K_{aj} - 2c_{jk}\sqrt{K_{aj}}$$

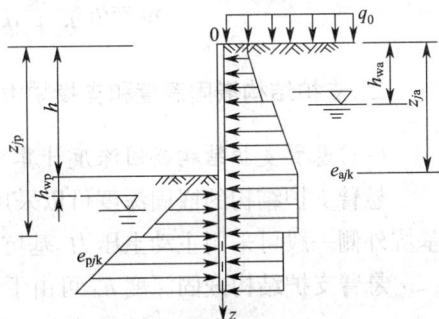
图 1-26　水平荷载和抗力标准值计算简图

$$e_{pjk}=\sigma_{pjk}K_{pj}+2c_{jk}\sqrt{K_{pj}} \tag{1-7}$$

水土分算时的水土压力

$$e_{ajk}=\sigma_{ajk}K_{aj}-2c_{jk}\sqrt{K_{aj}}+[(z_j-h_{wa})-(m_j-h_{wp})\eta_{wa}K_{aj}]\gamma_w \tag{1-8}$$

$$e_{pjk}=\sigma_{pjk}K_{pj}+2c_{jk}\sqrt{K_{pj}}+(z_j-h_{wp})(1-K_{pj})\gamma_w \tag{1-9}$$

式中　　$e_{ajk}$——作用在支护结构上 $j$ 点处水平荷载标准值(主动土压力强度);

　　　　$e_{pjk}$——作用在支护结构上 $j$ 点处抗力标准值(被动土压力强度);

　　　　$K_{aj}$——第 $j$ 点所在土层的主动土压力系数,$K_{aj}=\tan^2(45°-\varphi_{jk}/2)$;

　　　　$K_{pj}$——第 $j$ 点所在土层的被动土压力系数,$K_{pj}=\tan^2(45°+\varphi_{jk}/2)$;

　　$c_{jk},\varphi_{jk}$——第 $j$ 点所在土层的黏聚力标准值和内摩擦角标准值,一般采用固结不排水三轴剪切试验参数;

　　　　$\gamma_w$——地下水容重;

　　　　$z_j$——计算点深度;

　　　　$h$——基坑深度;

　　$h_{wa}$、$h_{wp}$——分别为基坑外侧和基坑内侧的地下水位深度;

　　　　$m_j$——计算参数,当 $z_j<h$ 时,取 $z_j$,当 $z_j\geqslant h$ 时,取 $h$;

　　　　$\eta_{wa}$——计算参数,当 $h_{wa}<h$ 时,取1,当 $h_{wa}\geqslant h$ 时,取0;

　　$\sigma_{ajk}$、$\sigma_{pjk}$——作用于 $z_j$ 处的竖向应力标准值,$\sigma_{pjk}=\gamma_{mj}z_j$,$\sigma_{ajk}$ 可按下式计算:

$$\sigma_{ajk}=\sigma_{\gamma k}+\sigma_{0k}+\sigma_{1k} \tag{1-10}$$

其中,$\sigma_{\gamma k}$ 为计算点深度处的自重竖向应力。

(1)当计算点位于基坑开挖面以上时,有

$$\sigma_{\gamma k}=\gamma_{mj}z_j \tag{1-11}$$

$\gamma_{mj}$ 为深度 $z_j$ 以上土的加权平均天然容重。

(2)当计算点位于基坑开挖面以下时,有

$$\sigma_{\gamma k}=\gamma_{mh}h \tag{1-12}$$

$\gamma_{mh}$ 为开挖面以上土的加权平均天然容重。

$\sigma_{0k}$ 为地面均布附加荷载引起的竖向应力标准值,$\sigma_{0k}=q_0$。

$\sigma_{1k}$ 为局部附加荷载在 $j$ 点处产生的竖向应力标准值,见图 1-27。

$$\sigma_{1k}=q_1\frac{b_0}{b_0+2b_1} \tag{1-13}$$

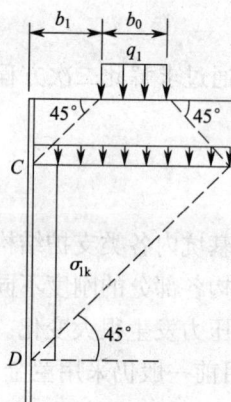

图 1-27　局部附加荷载在 $j$ 点处产生的竖向应力计算示意图

## 二、支护结构嵌固深度和支撑轴力的计算

### (一)悬臂支护结构嵌固深度计算

悬臂支护结构的嵌固深度可以采用极限平衡法计算确定,作用在支护结构上的土压力在基坑外侧一般可采用主动土压力,基坑内侧取被动土压力,计算简图见图 1-28。

悬臂支护结构嵌固深度 $h_d$ 可由下面方程计算:

$$h_p\cdot\sum E_{pj}-1.2h_a\cdot\sum E_{ai}\geqslant 0 \tag{1-14}$$

式中　$\sum E_{pj}$、$h_p$——桩底以上基坑内侧各土层水平抗力标准值 $e_{pjk}$ 的合力及至桩底的距离;

$\sum E_{ai}$、$h_a$——桩底以上基坑外侧各土层水平抗力

标准值 $e_{aik}$ 的合力及至桩底的距离；

式中 1.2 数值为荷载分项系数。

(二)单支撑支护结构的嵌固深度和支撑轴力计算

单支撑支护结构可以采用等值梁法进行计算，即将支护板桩作为简支于支撑结构和设定弯矩零点之间的等值梁来考虑。其基本计算步骤是：

(1)基坑底面以下支护结构设定弯矩零点假定为主动和被动土压力强度相等的点(图 1-29)，即

$$e_{a1k}=e_{p1k} \tag{1-15}$$

(2)支点力 $T_{c1}$ 可按下式计算：

$$T_{c1}=\frac{h_{a1}\sum E_{ac}-h_{p1}\sum E_{pc}}{h_{T1}+h_{c1}} \tag{1-16}$$

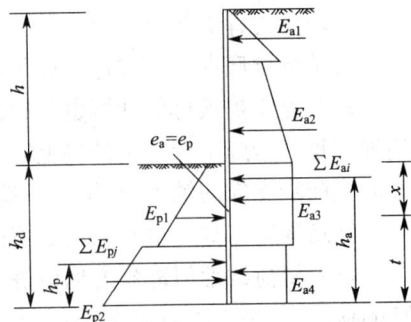

图 1-28 悬臂式板桩嵌固深度计算简图

式中　$e_{a1k}$——水平荷载标准值；

　　　$e_{p1k}$——水平抗力标准值；

　　$\sum E_{ac}$——设定弯矩零点位置以上基坑外侧各土层水平荷载标准值的合力之和；

　　　$h_{a1}$——合力 $\sum E_{ac}$ 作用点至设定弯矩零点的距离；

　　$\sum E_{pc}$——设定弯矩零点位置以上基坑内侧各土层水平抗力标准值的合力之和；

　　　$h_{p1}$——合力 $\sum E_{pc}$ 作用点至设定弯矩零点的距离；

　　　$h_{T1}$——支点至基坑底面的距离；

　　　$h_{c1}$——基坑底面至设定弯矩零点位置的距离。

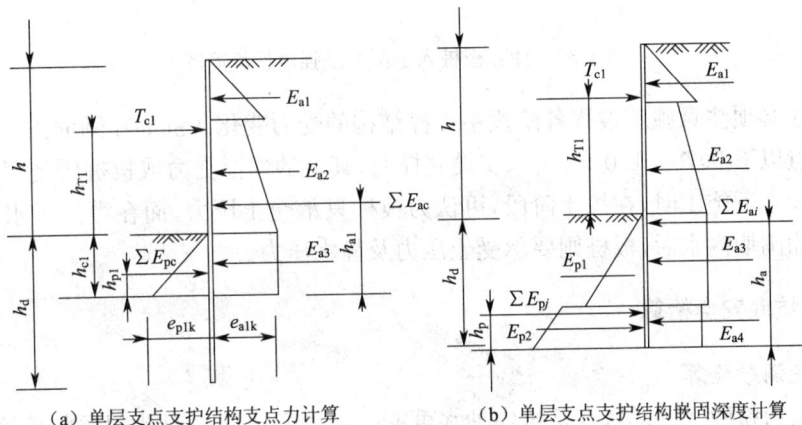

(a)单层支点支护结构支点力计算　　(b)单层支点支护结构嵌固深度计算

图 1-29 单层支点等值梁法计算简图

(3)嵌固深度设计值 $h_d$ 可按下式确定：

$$h_p\sum E_{pj}+T_{c1}(h_{T1}+h_d)-1.2h_a\sum E_{ai}\geq0 \tag{1-17}$$

如果计算出的设定弯矩零点在桩底以下，则计算到桩底。

确定了板桩的嵌固深度和支撑轴力以后，即可按静定结构计算板桩的内力，并进行板桩的选型设计。

**（三）多支撑支护板桩的计算**

当基坑坑底在水面或地面以下很深时，需要布置多层支撑以减少板桩的弯矩及支撑轴力。

多支撑支护板桩的计算也可以采用等值梁法进行计算。可以考虑施工过程中支撑的分步施加。每一步施工计算是都将上一步施工计算出来的支撑轴力作为已知并且不发生变化，来计算当前步支撑的轴力，直至最下端支撑。

铁路等施工部门也常采用如下的简化计算方法。

首先将荷载近似地分配到板桩支撑上，例如在图 1-30(a)中，中间支撑承受相邻上下各半跨的荷载（包括土压力及水压力）。然后对最上面的支撑点取力矩，按力矩平衡条件确定板桩的入土深度 $t$。最后，以板桩为多跨连续梁，其下端根据土的密实情况假定铰接或固结于基坑底以下 $\frac{t}{2} \sim \frac{t}{3}$ 处（不小于 1 m）。再按图 1-30(b)所示之压力分布图式来检算板桩、导梁和各支撑的强度。

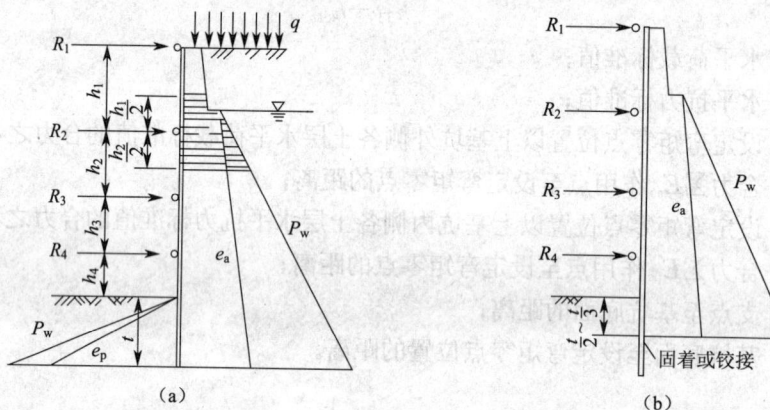

图 1-30　计算板桩入土深度及强度检算简图

检算时还必须注意施工过程各阶段中支撑结构的受力变化。例如在围堰内的土（或水）排除到某支撑点以下 0.75～1.0 m，尚未安设立撑时，其上的邻撑受力或板桩所受弯矩可能达到很大值。又如水下施工时，在挖土阶段，可认为板桩只承受土压力，而在灌注了水下混凝土封底层并已排除围堰内水后，板桩则要承受土压力及静水压力。

**三、基坑坑底安全检算**

**（一）坑底涌砂检算**

如坑底土为粉砂、细砂等，在基坑内抽水可能引起涌砂危险。对此问题的检算，一般采用如下简化方法。

图 1-31 中基坑内抽水后水头差为 $h'$，由此引起水的渗流，其最短的流程为紧靠板桩的 $h_1 + h_2$，故在 $h_2$ 流程中水对土粒渗透的力方向应是垂直向上。近似地以此流程的渗流来检算基坑底的涌砂问题，要求垂直向上的渗透力不超过土的浮容重，则安全条件可写成

$$k_s \cdot i \cdot \gamma_w = k_s \frac{h'}{h_1 + h_2} \gamma_w \leqslant \gamma' \tag{1-18}$$

式中　$k_s$——安全系数，可取 2.0；

$i$——水力梯度；

$\gamma_w$、$\gamma'$——分别为水的容重及土的浮容重。

还有一种类似算法是考虑到各种因素,略去水在高于坑底的坑壁范围内渗流的水头损失(即 $h_1-h_2$),其条件为

$$k_s \cdot \frac{h'}{2h_2}\gamma_w \leqslant \gamma' \tag{1-19}$$

式中,$k_s$ 可取 $1.2\sim1.5$。

（二）坑底被顶坏的检算

如基坑底为一厚度不大的不透水层,其下是承压水层,则应考虑坑底是否会被承压水顶坏的危险(图 1-32),其安全条件为

$$\gamma t > \gamma_w(h+t) \tag{1-20}$$

式中 $\gamma$——坑底不透水土的重度。

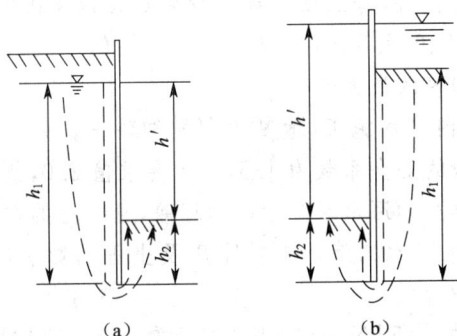

图 1-31 基坑抽水后水头差及渗流

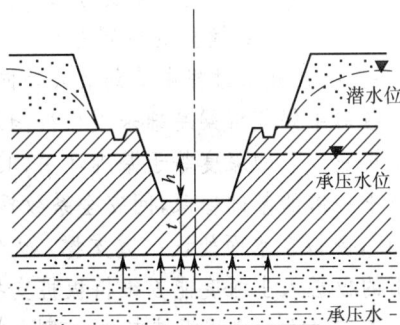

图 1-32 坑底被顶坏检算

（三）软土坑底隆起检算

在软土地层开挖基坑,在坑壁土体自重及坑顶荷载作用下,坑底软土有可能受挤隆起,下面介绍一种较简单的检算法。

假定地基破坏时发生如图 1-33 所示的滑动面。其圆(柱)滑面部分的圆心在最低层支撑点处,半径为 $x$。垂直面上的抗滑阻力不予考虑,则滑动力矩为

$$M_d=(q+\gamma H)\frac{x^2}{2} \tag{1-21}$$

稳定力矩为

$$M_r = x\int_0^{\frac{\pi}{2}+\alpha} s_u(x\mathrm{d}\theta),\alpha < \frac{\pi}{2} \tag{1-22}$$

式中 $s_u$——滑面上土的不排水抗剪强度,如土为饱和软黏土,则 $\varphi=0$,$s_u=c$。

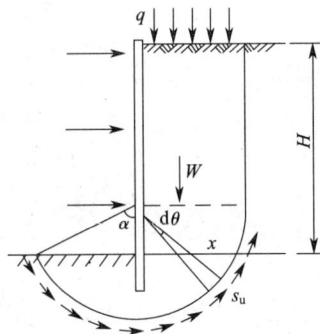

图 1-33 浅桩支护的软土滑动面假设

$M_r$ 与 $M_d$ 之比即为安全系数 $k_s$。如基坑所处地层土质均匀,则安全系数可整理为

$$k_s=\frac{(\pi+2\alpha)s_u}{\gamma H+q} \tag{1-23}$$

一般可取 $k_s \geqslant 1.2$。

当坑壁为深板桩支护(图1-34),则圆滑面圆心可假定在板桩的下端点,而高于圆心的是两垂直滑面,计算抗滑稳定力矩时应加上两侧抗剪强度提供的力矩。

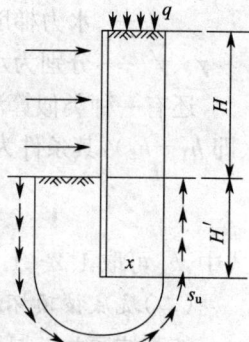
图1-34 深板桩支护的软土滑动面假设

## ❓ 复习思考题

1. 某工程施工要求基坑深10.4 m,土的平均容重 $\gamma=17.6$ kN/m³,等值内摩擦角采用22°,地面荷载按10 kPa计。拟采用钢板桩单撑支护,钢板桩为拉森Ⅴ型,其截面模量为3 000 cm³,钢材允许弯曲应力为240 MPa;如横撑需设于坑顶以下0.4 m。要求分别按浅板桩和深板桩:(1)计算横撑的轴向荷载;(2)检算板桩的强度;(3)计算板桩全长。

2. 上述工程,如支护方案改为三层横撑的轻型板桩,每层横撑要开挖到撑位以下0.8 m才能安设,今拟定三层横撑的位置分别为坑顶以下2、6、8.5 m,要求计算:(1)桩的全长;(2)第二、三层支撑在施工过程中受到最大轴向荷载;(3)桩的最大弯矩。

3. 在河中修筑桥梁基础采用板桩围堰及基坑内排水施工,地基为匀质细砂土。如将板桩打至基坑底以下的深度等于基础埋深,其防止涌砂的安全系数为1.5,小于要求值2.0,故将板桩再打下一倍的基础埋深,问安全系数提高到多少?如河水深等于基础埋深,且砂土的内摩擦角为30°,今拟在水面处设一道支撑,如不考虑抽水时水的渗流对静水压及土压的影响,问上述采用的板桩入土深度能否维持板桩支撑的稳定?

4. 基坑深7 m,采用板桩支护,坑侧上部均布荷载 $q=5$ kN/m²,土质为饱和黏土,$\gamma=17$ kN/m³,黏聚力 $c=24$ kPa,试验算基坑的抗隆起稳定。

# 第 二 章
# 天然地基上浅平基的设计和计算

天然地基上浅平基是铁路或其他交通工程中桥梁墩台、涵洞基础的主要形式之一。由于浅平基一般采用明挖基坑、砌筑基础的施工方法,基础的底面常采用平面形式(除建筑在倾斜岩层上的基础底面可做成台阶状外),且基础的底面尺寸比上部墩台的截面尺寸有所扩大,也称为明挖扩大基础。由于埋入地层较浅,设计计算时一般忽略基础侧面土体的横向抗力及摩阻力,因而它也属于一种浅基础形式。

## 第一节　基础设计原则及其砌体的材料和形式

### 一、浅平基的设计原则

1.收集设计资料
(1)线路:线路等级、直线或曲线、平道上或坡道上、单线或多线、轨底标高等。
(2)地形:主要指桥梁中线处的河床纵断面、水流方向,正交或斜交。
(3)水文:高水位、低水位、施工水位、流速、流量、冲刷深度等。
(4)工程地质:即桥址处的地质柱状图,图上标明各土层的厚度及其物理力学性质、土中有无大孤石、漂卵石之类、岩面标高及其倾斜度、基岩中有无断层、溶洞、破碎带等。
(5)桥跨及墩台的构造形式:包括桥跨结构的类型、跨长、全长、梁高、支座形式、墩台尺寸等。
(6)施工力量情况:包括施工单位的人力、物力、机具设备、技术状况及设计水平等。
(7)当地情况:如当地的建筑材料情况、交通运输情况、电力供应情况等。
2.确定基础埋置深度、拟定基础尺寸
根据设计资料,确定基础埋置深度;基础的平面及立面尺寸应满足其构造要求,即最小襟边的要求和刚性角的有关规定。
3.对基础进行检算
(1)基础圬工强度检算,指基础任一横截面的竖向压应力不得超过材料的容许压应力;另外,基础还要保证其耐久性和可靠性,这主要通过选择基础的建筑材料和埋置深度来保证。
(2)地基土强度检算,指直接与基底相接触的那层土(持力层)上的竖向压应力不得超过地基容许承载力;若基底下不远处尚有软弱下卧层,则须检算其顶面的强度。
(3)基底合力偏心矩检算,指基底合力作用点至截面形心的距离不得超过容许值,保证基础不出现大的倾斜。
(4)基底稳定性检算,包括倾覆稳定和滑动稳定的检算,确保基础有足够的稳定性。
(5)基础的沉降或沉降差检算,对基础沉降差特别敏感的上部超静定结构(如连续梁桥、拱桥、刚架桥等),须进行此项检算,避免因基础沉降差过大影响上部结构的正常使用或破坏。

(6)墩台顶水平位移检算,当墩台身很高时,须进行此项检算,应考虑地基土不均匀弹性压缩的影响。

(7)当墩台修筑在土坡上,或桥台筑于软土上且台后填土较高时,还须检算墩台连同土坡或路基沿滑动弧面的滑动稳定性。

**4. 其他应考虑的因素**

在地基基础设计时,还应注意可能遇到的不良工程地质问题:

(1)墩台基础位置应避开断层、滑坡、挤压破碎带、溶洞、黄土陷穴与暗洞或局部软弱地基等不良地段,避免造成地基基础隐患。

(2)基础不应设置在软硬不均匀的地基上,防止基础受荷后产生较大的不均匀沉降。

(3)当桥址因其他原因不能避开不良工程地质条件,如桥址存在断层或岩溶、不均匀地层内埋藏有局部软弱土层、岩面倾斜或起伏不平诸现象时,应加强工程地质勘探,务必准确地查明地质情况,以供设计者使用。

(4)在岩面起伏较大、倾斜且抽水困难的地基上,不宜采用明挖基础。

值得注意的是:在进行基础设计方案研究时,方案一般都不只一个,因此需要从技术、经济和施工方法等方面进行综合比较,择优采用。在方案比选时,应对施工方法特别加以注意,尤其对水中基础,采用什么施工方法比较科学,应仔细研究。在选择基础埋置深度时,应遵循先从浅基础考虑的原则,因基础埋置深度较浅时,施工既快又省,质量也容易保证。

**二、基础砌体的材料和形式**

用于砌筑浅平基的材料一般有石块、素混凝土和钢筋混凝土等。

混凝土是桥涵基础最常用的修筑材料。它的优点是抗压强度高、耐久性好,可浇筑成任意形状的块体,混凝土等级一般不宜小于C15。由于桥涵基础的体积相对较大,为了节约水泥用量,可掺入不多于基础体积25%的片石(称片石混凝土),但片石的强度等级不应低于C25,也不应低于混凝土等级。

粗料石或片石也可作为明挖扩大基础的砌筑材料。采用粗料石砌筑桥涵和房屋等基础时,要求石料外形大致方整,厚度约20~30 cm,宽度和长度分别为厚度1.0~1.5和2.5~4.0倍,石料强度等级不应小于MU25,砌筑时应错缝,一般采用M5水泥砂浆。片石常用于小桥涵基础,石料厚度不小于15 cm,等级不小于MU25,一般采用M5或M2.5砂浆砌筑。

由素混凝土、石砌圬工作成的桥涵基础,抗压性能较好,而抗拉和抗挠曲变形的能力差,铁路上浅基础也常称为刚性扩大基础,或明挖扩大基础。

**三、浅基础的构造**

**1. 基础的平面形式**

浅基础的平面形式应根据墩、台身底面形状而定,桥梁墩台身截面一般为圆端形、圆形或矩形等,相应基础底面形状多作成矩形、圆形平面基础,也可做成圆端形或八角形平面基础。

由于桥梁基础的荷载较大,为满足地基承载力的要求,基础的平面尺寸都要稍大于墩台底面尺寸,即作成扩大形式,如图 2-1 所示。要扩大多少,取决于上部荷载和地基土的承载力。在地基反力作用下,基础扩出部分受有弯矩,而悬臂根部 $D_0D$ 截面处弯矩最大。因此,为防止其发生弯曲拉裂破坏,可通过控制基础的刚性角 $\beta \leqslant [\beta]$ 来保证 $D_0D$ 截面处的弯曲拉应力不大于材料的容许值。由于 $\tan\beta = \dfrac{AD}{D_0D}$,故控制基础的刚性角也就是控制基础各台阶的伸出长度与基础厚度的比值。对于桥梁工程,一般混凝土的容许刚性角 $[\beta] = 45°$,石砌材料的容许刚性角 $[\beta] = 35°$。

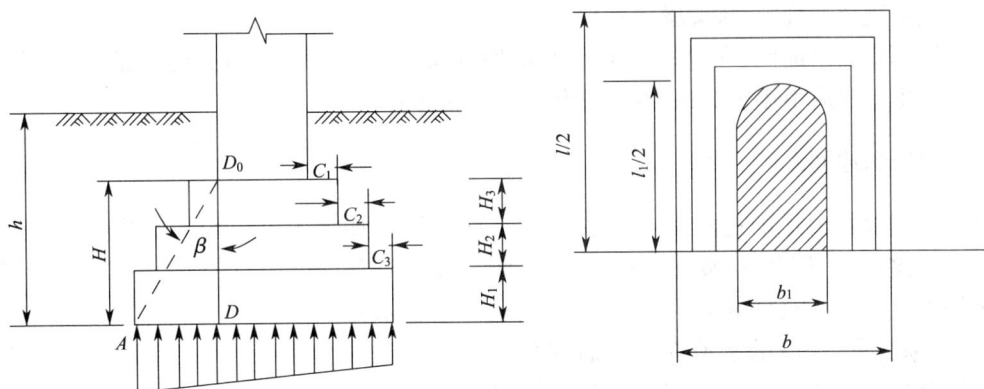

图 2-1　明挖扩大基础的平面和立面形式

基础各台阶的伸出长度 $C$ 称为襟边。墩台基础的最小襟边要求为 20～25 cm,以满足基础施工中立模板和基础施工尺寸误差要求。

2. 基础的厚度

基础的厚度应根据墩台的结构形式、荷载大小、基础的材料和地基土性质等情况来确定。一般情况下,桥梁墩台基础的厚度为 1～5 m,随着墩台高度和跨度的增大而加厚,当基础厚度较大时,在保证刚性角和最小襟边原则下,可将基础做成台阶形以节省圬工,且各层台阶宜采用相同厚度以简化施工,每层台阶的厚度不应小于 1 m。另外,为避免基础受各种外界因素影响,基础顶面标高也应满足一定要求:对于季节性河流和旱地上的桥梁墩、台基础,不宜高出地面,以防损坏,而水中基础顶面不宜高于最低水位。

# 第二节　明挖扩大基础的埋置深度

基础埋置深度是指基础底面至地面的深度,或指基础底面至河床面或冲刷线的距离。

确定基础埋置深度是桥梁基础设计的重要内容,它涉及建筑物在建成后的牢固、稳定和正常使用问题。通常要作如下考虑:首先,基础必须保证其最小埋置深度,使其持力层不受外界破坏的影响(如外界湿度、温度、动植物对持力层的扰动、冻胀及冲刷等),以保证基础的稳定性和耐久性;其次,在最小埋深以下的各土层中寻找一个埋深较浅、压缩较小而强度较大的土层作为基础的持力层,以保证基础能满足强度要求,且不致产生过大的沉降或沉降差。

在地基土层较为复杂的情况下,可作为持力层者可能不止一个,应综合考虑地质、地形条件、河床的冲刷深度、当地的冻结深度、上部结构形式、保证持力层稳定和施工条件等因素确定。对于某一具体工程而言,往往是其中一两种因素起决定作用,因此设计时,必须从实际出发,抓住主要因素进行分析研究,确定合理的基础埋置深度。

### 一、确保持力层稳定的埋深

地表土层受气候、温度变化及雨水冲刷会产生风化作用，人类和动物的活动及植物的生长作用，也会破坏地表土层的结构。因此，地表土层的性质不稳定，不宜作为持力层。为了保证持力层不受扰动及其稳定性，《铁路桥涵地基和基础设计规范》(TB 10002.5—2005)(以下简称《铁桥地基规范》)规定：桥梁墩台基础顶面不宜高出最低水位，如地面高于最低水位且不受冲刷时，则不宜高出地面。而基础底面标高即埋置深度，在无冲刷河流或设有铺砌防护或天然地面时，基础埋深应不小于 2 m，特殊困难情况下不小于 1 m。

### 二、河流的冲刷深度

墩台修建后，河道的过水面积减少，水流流速增大，加大了水流的冲刷作用，整个河床面要下降，这叫一般冲刷，被冲刷掉的深度称一般冲刷深度，如图 2-2 所示。同时由于墩的阻水作用，引起了桥墩处河床的局部变形，绕墩的水流在墩前后端部左右侧都形成了立轴旋涡，将桥墩周围泥砂带走，在墩台周围产生了局部冲刷坑，这称为局部冲刷，坑的深度叫局部冲刷深度（见图 2-2）。

在终年有水的河床上修筑墩台基础时，为防止墩台基础四周和基底下土层被水淘空冲走，基底必须埋置在设计洪水

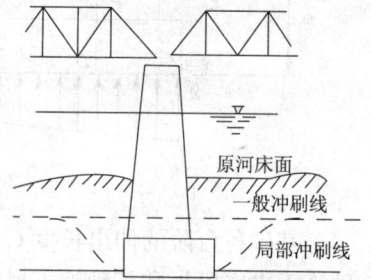

图 2-2　河流的冲刷作用

的最大冲刷线以下一定深度。由于影响冲刷深度的因素甚多，如河流的类型、河床地层的抗冲刷能力、计算设计流量的大小、采用计算冲刷的方法、桥梁的重要性及修复的难易等，因此基础在最大冲刷线以下的基底埋深的安全值，不是一定值。《铁桥地基规范》针对不同情况作了如下规定：

对于一般桥梁，安全值为 2 m 加冲刷总深度的 10%；对于特大桥（或大桥）属于技术复杂、修复困难或重要者，安全值为 3 m 加冲刷总深度的 10%，见表 2-1。

表 2-1　基底埋置深度安全值

| | 冲刷总深度(m) | | 0 | 5 | 10 | 15 | 20 |
|---|---|---|---|---|---|---|---|
| 安全值 (m) | 一般桥梁 | | 2.0 | 2.5 | 3.0 | 3.5 | 4.0 |
| | 特大桥（或大桥）属于技术复杂、修复困难或重要者 | 设计频率流量 | 3.0 | 3.5 | 4.0 | 4.5 | 5.0 |
| | | 检算频率流量 | 1.5 | 1.8 | 2.0 | 2.3 | 2.5 |

注：冲刷总深度为自河床面算起的一般冲刷深度与局部冲刷深度之和，或河床面标高与局部冲刷线标高之差。

### 三、当地的冻结深度

在严寒地区，应考虑由于季节性的冰冻和融化对地基土引起的冻胀影响。由于气温反复升降，地面以下一定深度内土中水分会反复地冻结和融化，冻结时土体膨胀，融化时土体沉陷。如气温保持在冰冻温度以下，土中的水分由于毛细管的作用，从未冻结部分移向冻结部分，增加了土的湿度，由冻结形成的薄冰夹层不断增厚，使地面隆起。基础受冻胀力的作用，从而给建筑物带来开裂或倾斜等不良后果。冻土融化以后，局部含水量过大，使土的承载力大为降低，土层大量下沉，也会影响建筑物的正常使用。

为保证建筑物不受地基土季节性冻胀的影响,基底应埋在冻结线以下一定深度。《铁桥地基规范》规定:对于冻胀土、强冻胀土,墩台基础的底面应埋在冻结线以下不小于 0.25 m;对于弱冻胀土,应不小于标准冻结深度的 80%。

土的标准冻结深度系指地表无积雪和草皮覆盖时,多年实测最大冻深的平均值。我国北方各地的冻结深度大致如下:满洲里 2.6 m、齐齐哈尔 2.4 m、佳木斯或哈尔滨 2.2 m、牡丹江 2.0 m、长春 1.7 m、沈阳 1.2 m、锦州 1.1 m、太原 1.0 m、北京 0.8～1.0 m、大连 0.7 m、天津 0.5～0.7 m、济南 0.5 m。

地基土冻胀与地基土的种类、天然含水量和冻结期间地下水位的标高等因素有关,冻土分类可参阅《铁桥地基规范》附录 A 中有关规定。

此外,确定基础的埋置深度时,还应结合地基的土质条件、地形情况上部结构的形式、相邻建筑物的影响以及施工条件等综合确定。

# 第三节　桥涵基础上的荷载

桥涵基础承受上部结构传递下来的全部荷载,这些荷载因上部结构不同的使用情况而出现差别。根据各种荷载的不同特性,以及出现的不同机率,《铁路桥涵设计基本规范》(TB 10002.1—2005)(以下简称《铁桥基本规范》)、《高速铁路设计规范》(试行)(TB 10621—2009)将作用荷载进行分类,并根据实际情况,将可能同时出现的荷载组合起来,以确定基础设计时的计算荷载。

## 一、荷载分类

作用在桥涵结构及其基础上的荷载,根据其作用的特点和出现的机率,分为主要荷载(亦称主力)、附加荷载(附加力)和特殊荷载(特殊力)。表 2-2 归纳了铁路桥涵基础上可能出现的各种荷载,并将其进行了分类。现根据《铁桥基本规范》中的有关条文,以铁路桥墩和基础为例,简述表 2-2 中上述三类荷载的组成及计算方法。图 2-3 为桥墩检算设计荷载示意图,现将常用的荷载计算方法分述如下:

表 2-2　铁路桥涵荷载

| 荷载分类 | | 荷载名称 | 荷载分类 | 荷载名称 |
|---|---|---|---|---|
| 主力 | 恒载 | 结构构件及附属设备自重<br>预加力<br>混凝土收缩和徐变的影响<br>土压力<br>静水压力及浮力<br>基础变位的影响 | 附加力 | 制动力或牵引力<br>风力<br>流水压力<br>冰压力<br>温度变化的影响<br>冻胀力 |
| | 活载 | 列车竖向静荷载<br>公路活载(需要时考虑)<br>列车竖向动力作用<br>长钢轨纵向水平力(伸缩力和挠曲力)<br>离心力<br>横向摇摆力<br>列车活载所产生的土压力<br>人行道人行荷载<br>气动力(高速铁路) | 特殊荷载 | 列车脱轨荷载<br>船只或排筏撞击力<br>汽车撞击力<br>施工临时荷载<br>地震力<br>长钢轨断轨力 |

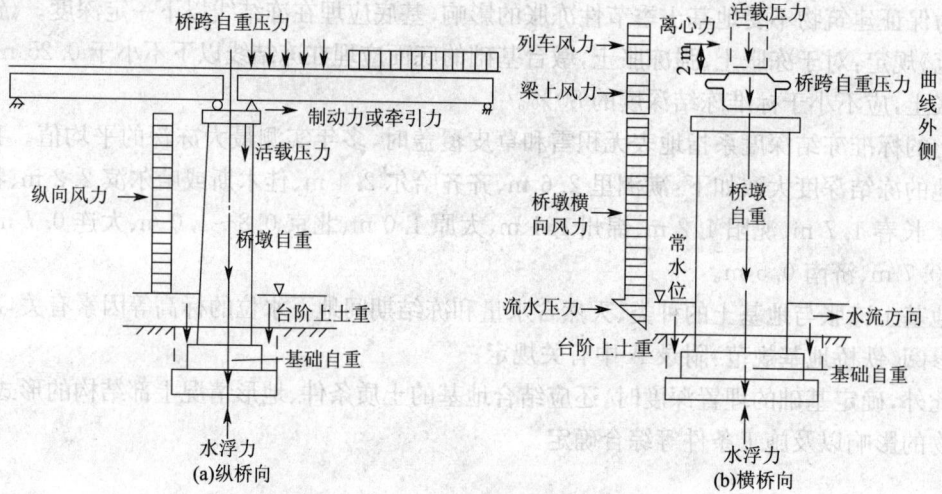

图 2-3　桥墩设计荷载示意图

**二、主要荷载**

主要荷载是经常性作用在桥梁上，在任何情况下都得考虑的荷载。主要荷载包括恒载和活载。

1. 恒载

恒载包括结构自重、台阶上土重、静水压力、水浮力、混凝土结构的预加力、混凝土收缩及徐变的影响等。

(1)结构自重：桥跨自重(指梁部结构、线路材料、人行道等重量)、桥墩自重(指墩帽重、墩身自重)、基础重。

(2)土重：指基础襟边以上回填土的重量。

(3)静水压力及浮力：如涵洞是为泄水而修筑的，其内侧作用有静水压力。

位于碎石类土、砂类土、黏砂土等透水地基上的墩台，当检算稳定性时应考虑设计频率水位(高水位)的水浮力；计算基底应力或基底偏心时仅考虑常水位(包括地表水或地下水)的水浮力。

检算墩身截面或检算位于黏性土上的基础，以及检算岩石(破碎、裂缝严重者除外)上的基础，如基础混凝土与岩石接触良好时，均不考虑水浮力。位于粉质黏土和其他地基上的墩台，不能肯定是否透水时，应分别按透水和不透水两种情况进行检算而取其不利者。

(4)预加力：指对预应力结构在制作过程中，通过承荷前向钢筋或钢丝束预先施加内部压力而使结构受力改变的情况。

(5)混凝土收缩和徐变的影响：对于刚架、拱等超静定结构、预应力混凝土结构应考虑，而涵洞可不考虑。

2. 活载

活载是经常作用在桥梁结构上并传至基础的荷载，所以将它和恒载一样并列为主要荷载。包括：

(1)列车竖向静活载

对于旅客列车设计行车速度等于或小于 160 km/h、货物列车设计行车速度等于或小于 120 km/h 的Ⅰ、Ⅱ级标准轨距铁路，竖向静活载应采用中华人民共和国铁路标准活载，即

"中—活载"。它分普通活载和特种活载两种,计算图式如图 2-4(a)、(b)所示。普通活载中前面 7.5 m 长的集中荷载大约相当于两台机车重,其后的分布荷载代表车辆活载。特种活载是用以反映某些轴重很大的特殊车辆(如架桥机、救援列车等)。

对于旅客列车设计行车速度 250～350 km/h 的竖向静活载应采用 ZK 活载,计算图式如图 2-4(c)、(d)所示。

设计加载时,标准活载计算图式可任意截取或采用特种活载,均以产生最不利情况为准。空车时其竖向静活载应采用 10 kN/m。

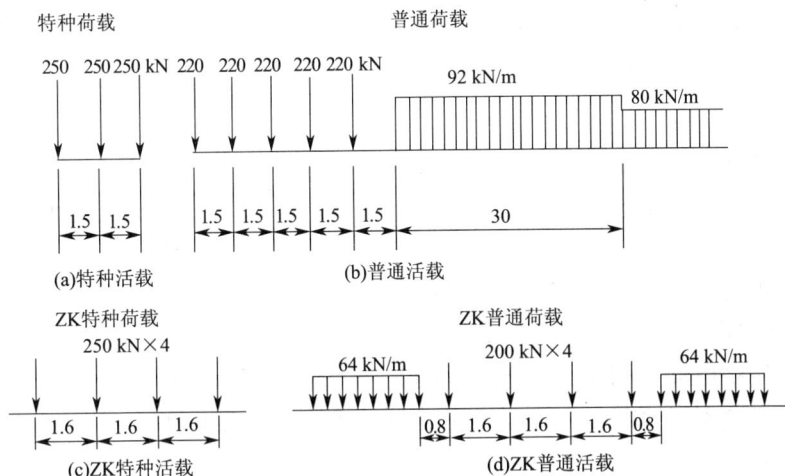

图 2-4　铁路列车竖向静活载图式(图中水平尺寸单位:m)

(2)公路活载

铁路公路两用桥梁,考虑同时承受铁路和公路活载时,铁路活载应按上述规定计算,公路活载应按交通部现行的《公路工程技术标准》规定的全部活载的 75% 计算,但对仅受公路活载的桥梁,应按公路全部活载计算。

(3)离心力

列车在曲线桥上行驶时将产生离心力。离心力为横向水平力,作用方向指向曲线外侧,并作用于轨顶以上 2 m 处(高速铁路 1.8 m 处)。离心力大小等于列车竖向静荷载乘以离心力率。离心力率与列车速度和线路半径有关,按下式计算:

$$\left.\begin{aligned} \text{集中荷载}\quad F&=\frac{V^2}{127R}(f\cdot N)\\ \text{分布荷载}\quad F&=\frac{V^2}{127R}(f\cdot q\cdot L) \end{aligned}\right\} \tag{2-1}$$

式中　$F$——离心力(kN);

　　　$N$——"中—活载"或 ZK 活载图式中的集中荷载(kN);

　　　$q$——"中—活载"或 ZK 活载图式中的分布荷载(kN/m);

　　　$V$——设计行车速度(km/h);

　　　$R$——曲线半径(m)。

　　　$L$——桥上曲线部分荷载长度(m);

$f$——竖向活载折减系数，$f=1.00-\dfrac{V-120}{1\ 000}\left(\dfrac{814}{V}+1.75\right)\left(1-\sqrt{\dfrac{2.88}{L}}\right)$，当 $L\leqslant2.88$ m 或 $V\leqslant120$ km/m 时，$f$ 值取 1.0，当计算 $f$ 值大于 1.0 时取 1.0，当 $L>150$ m 时，取 $L=150$ m 计算 $f$ 值，当设计速度 $V>300$ km/m 时，$f=1.25-\dfrac{V-120}{800}\left(\dfrac{814}{V}+1.75\right)\left(1-\sqrt{\dfrac{2.88}{L}}\right)$。

（4）列车横向摇摆力

由于轨道不平等原因，列车在行进中会发生左右摇摆的问题，产生横桥向的水平力。横向摇摆力应取 100 kN，作为一个集中荷载取最不利位置，以水平方向垂直于线路中心线作用于钢轨顶面。多线桥梁只计算任一线上的横向摇摆力，空车时应考虑横向摇摆力。

（5）列车竖向动力作用

列车竖向活载包括列车竖向动力作用，该列车竖向活载等于列车竖向静活载乘以动力系数。由于一般墩台为实体基础，冲击作用衰减很快，故通常不考虑荷载的动力作用。

（6）人行道及栏杆荷载

设计人行道的竖向静活载应采用的数值可查阅《铁桥基本规范》有关规定。

（7）长钢轨纵向水平力（伸缩力和挠曲力）

铺设无缝线路桥梁，桥梁设计应考虑无缝线路长钢轨纵向水平力。检算墩台时伸缩力、挠曲力作用点为墩台支座铰中心，断轨力可在全联范围内的墩台上分配。

（8）土压力

指桥台背面所受的土压力，路堤填方作用于涵洞上的竖向和水平土压力等。列车静活载在桥台后填土破坏棱体上引起的侧向土压力，按列车静活载换算为当量均布土层厚度计算。

（9）气动力

高速铁路气动力计算应由驶过列车的气动压力和气动吸力组成。具体计算办法参考《高速铁路设计规范》。

**三、附加荷载**

附加荷载是非经常性作用在结构上的荷载。附加荷载包括制动力或牵引力、风力、水流压力、冰压力、温度变化影响、冻胀力等。由于附加荷载的最大值并不经常出现，而各种附加荷载同时出现最大值的机率更少，因此计入附加荷载时，材料容许应力数值可提高 20%～30%。现分别介绍如下：

1. 制动力或牵引力

当列车在桥上制动减速或停车时，由于被闸瓦抱住的车轮不能再转动，列车向前的惯性水平力使车轮及钢轨之间产生滑动摩擦阻力，这种阻力叫制动力。而当机车启动或加速时，车轮对钢轨或轨下设备施加一向后的纵向水平力，即牵引力。制动力和牵引力的作用方向分别与列车前进方向相同和相反，同属纵向水平力。制动力或牵引力按列车竖向静活载的 10% 计算。但当与离心力或列车竖向动力作用同时计算时，改按列车竖向静活载的 7% 计算。桥头填方破坏棱体范围的活载所产生的制动力或牵引力不予计算。采用特种活载时，不计算制动力或牵引力。

制动力或牵引力作用在轨顶以上 2 m 处，但计算桥墩台时移至支座中心处，计算台顶活载的制动力或牵引力时移至轨底,均不计移动作用点所产生的竖向力或力矩。

对于双线桥或多线桥,两线或多线的列车同时制动或启动的机率很小,故双线桥采用一线的制动力或牵引力(对于高速铁路的车站内双线桥梁应根据其结构形式考虑制动和启动同时发生的情况进行设计);三线或三线以上的桥采用两线的制动力或牵引力。按此计算的制动力或牵引力不考虑对双线竖向活载进行折减的规定。

简支梁传到墩台上的纵向水平力数值应按下列规定计算:

①固定支座为全孔制动力或牵引力的 100%。

②滑动支座或不设支座为全孔制动力或牵引力的 50%。

③滚动支座为全孔制动力或牵引力的 25%。

④当采用板式橡胶支座而不分固定与活动支座时,各为全孔制动力或牵引力的 50%;当分设固定与活动支座时,则固定支座为全孔制动力或牵引力的 100%,活动支座当两支座为等厚时为全孔制动力或牵引力的 50%;当两支座为不等厚时,按支座纵向抗剪刚度分配计算。

在一个桥墩上安设固定支座及活动支座时,应按上述数值相加。但对不等跨梁,此相加值不得大于其中较大跨的固定支座的纵向水平力;对于等跨梁,不应大于其中一跨的固定支座的纵向水平力。

**2.风力**

风力为水平力,其大小为风荷载强度 $W$ 乘以受风面积;方向可垂直于线路(横向),也可平行于线路(纵向)。作用于桥梁上的风荷载强度与风速的大小,受风建筑物的高度和形状以及当地的地形地貌有关。

(1)作用于桥梁上的风荷载强度 $W$ 按下式计算:

$$W = K_1 K_2 K_3 W_0 \tag{2-2}$$

式中　$W$——风荷载强度(Pa);

$W_0$——基本风压值(Pa),$W_0 = v^2/1.6$,系按平坦空旷地面,离地面 20 m 高,频率为 1/100 的 10 min 平均最大风速 $v$(以 m/s 计)计算确定,一般情况 $W_0$ 可按《铁桥基本规范》附录 D"全国基本风压分布图",并通过实地调查核实后采用;

$K_1$——风载体型系数,桥墩如表 2-3 所示,其他构件为 1.3;

$K_2$——风压高度变化系数,如表 2-4 所示,风压随离地面或常水位的高度而异,除特殊高墩个别计算外,为简化计算,全桥均取轨顶高度处的风压值;

$K_3$——地形、地理条件系数如表 2-5 所示。

**表 2-3　桥墩风载体型系数 $K_1$**

| 序号 | | 截面形状 | 长宽比值 | 体形系数 $K_1$ |
|---|---|---|---|---|
| 1 | | 圆形截面 | — | 0.8 |
| 2 | | 与风向平行的正方形截面 | — | 1.4 |
| 3 | | 短边迎风的矩形截面 | $l/b \leqslant 1.5$ | 1.2 |
| | | | $l/b > 1.5$ | 0.9 |

| 序号 | 截面形状 | | 长宽比值 | 体形系数 $K_1$ |
|---|---|---|---|---|
| 4 | | 长边迎风的矩形截面 | $l/b \leq 1.5$ | 1.4 |
| | | | $l/b > 1.5$ | 1.3 |
| 5 | | 短边迎风的圆端形截面 | $l/b \geq 1.5$ | 0.3 |
| 6 | | 长边迎风的圆端形截面 | $l/b \leq 1.5$ | 0.8 |
| | | | $l/b > 1.5$ | 1.1 |

表 2-4　风压高度变化系数 $K_2$

| 离地面或常水位高度(m) | ≤20 | 30 | 40 | 50 | 60 | 70 | 80 | 90 | 100 |
|---|---|---|---|---|---|---|---|---|---|
| $K_2$ | 1.00 | 1.13 | 1.22 | 1.30 | 1.37 | 1.42 | 1.47 | 1.52 | 1.56 |

表 2-5　地形、地理条件系数 $K_3$

| 地形、地理情况 | $K_3$ | 地形、地理情况 | $K_3$ |
|---|---|---|---|
| 一般平坦空旷地区 | 1.0 | 山岭、峡谷、垭口、风口区、湖面和水库 | 1.15～1.30 |
| 城市、林区、盆地和有障碍物挡风时 | 0.85～0.90 | 特殊风口区 | 按实际调查或观测资料计算 |

(2)桥上有车时,风荷载强度采用式(2-2)中 $W$ 的80%计算,并不得大于 1 250 Pa;桥上无车时按 $W$ 计算。

(3)列车或建筑物的受风面积乘以风荷载强度即为它们所承受的风力,包括列车、桥跨(梁和桥面)和桥墩风力。

横向风力计算:列车横向受风面积按 3 m 高的长方带计算,其作用点在轨顶以上 2 m 处(图 2-3);桥跨(梁和桥面)的横向受风面积系按结构轮廓面积乘以表 2-6 所列系数;实体桥墩的受风面积,按其横向受风的轮廓面积计算。为了便于确定风力作用点的位置,可按顶帽、托盘、墩身等分别计算其受风面积和风力,各部分风力的作用点就在相应受风面积的形心上(图 2-3)。这样,桥墩所受横向风力对检算截面的力矩就可求得。

表 2-6　横向受风面积系数表

| 钢桁梁和钢塔架 | 0.4 |
|---|---|
| 钢拱两弦间的面积 | 0.5 |
| 桁拱下弦与系杆间的面积或上弦与桥面系间的面积 | 0.2 |
| 整片桥跨结构 | 1.0 |

纵向风力计算:与横向风力相同,但对于列车、桥面系和各类上承梁所受的纵向风力不予

计算;对于下承桁梁和塔架,应按其所受横向风荷载强度的40%计算。

3.流水压力

桥墩所受流水压力与水流速度、桥墩截面形状有关,可按下式计算:

$$P=KA\frac{\gamma v^2}{2g}\tag{2-3}$$

式中 $P$——流水压力(kN);

　　$A$——桥墩阻水面积($m^2$),通常计算至一般冲刷线处;

　　$\gamma$——水的重度,一般采用10 kN/$m^3$;

　　$g$——重力加速度(m/$s^2$);

　　$v$——计算时采用的流速(m/s),检算稳定时,采用设计频率水位的流速,计算基底应力或基底偏心时,采用常水位的流速;

　　$K$——桥墩形状系数,依桥墩截面形状查表2-7。

流水压力的分布假定为倒三角形(因为水流速度是近似随水深成三角形分布),其作用点位于水位线以下1/3水深处。

表 2-7 桥墩阻水截面形状系数 $K$

| 桥墩截面形状 | 方形 | 矩形(长边与水流平行) | 圆形 | 尖端形 | 圆端形 |
|---|---|---|---|---|---|
| $K$ 值 | 1.47 | 1.33 | 0.73 | 0.67 | 0.60 |

4.冰压力

位于冰凌河流或水库的桥梁墩台,应根据当地冰凌的具体条件及墩台的结构形式,考虑冰荷载的作用。冰荷载可分为以下几种:①河流流冰(因顺流而下、撞击桥墩)产生的动压力;②由于风和水流作用于(常在水库内形成的)大面积冰层产生的静压力;③冰覆盖层受温度影响膨胀(且受到约束)时产生的静压力;④冰堆整体推移产生的静压力(与大面积冰层的情况类似);⑤冰层因水位升降而产生的竖向作用力。

5.温度变化的影响

桥涵结构和构件均应计算均匀温差和日照温差引起的变形和应力,温差和线膨胀系数应按当地的气候条件与建造条件而定。均匀温差从构件合龙时算起。

### 四、特殊荷载

特殊荷载指出现机率很小的相关荷载,或仅在一段时间才出现的荷载如施工荷载等。包括:

1.船只或排筏撞击力

墩台承受船只或排筏的撞击力,可按下式进行计算:

$$F=\gamma v\sin\alpha\sqrt{W/(C_1+C_2)}\tag{2-4}$$

式中 $F$——撞击力(kN);

　　$\gamma$——动能折减系数(s/$m^{1/2}$),当船只或排筏斜向撞击墩台(指船只或排筏驶近方向与撞击点处墩台面法线方向不一致时可采用0.2,正向撞击(指船只或排筏驶近方向与撞击点处墩台面法线方向一致)时可采用0.3;

　　$v$——船只或排筏撞击墩台时的速度(m/s),此项速度对于船只采用航运部门提供的数

据,对于排筏可采用筏运期的水流速度;

$\alpha$——船只或排筏驶近方向与墩台撞击点处切线所在的夹角,应根据具体的情况确定,如有困难,可采用 $\alpha = 20°$;

$W$——船只重或排筏重(kN);

$C_1$、$C_2$——船只或排筏的弹性变化系数和墩台圬工的弹性变形系数,缺乏资料时,可假定 $C_1 + C_2 = 0.000\ 5\ m/kN$。

撞击力的作用高度,应根据具体情况确定,缺乏资料时可采用通航水位的高度。

2. 地震力

桥梁墩台设计是否考虑地震力的作用,应视桥址处的设计烈度、线路等级、结构类型和地基土类型等因素综合确定。关于地震力的计算,可参阅第七章。

3. 施工临时荷载

结构物在就地建造或安装时,应考虑作用其上的施工荷载,如自重、人群、架桥机、风载(施工中的风荷载)、吊机或其他机具的荷载以及拱桥建造过程中承受的单侧推力等。在构件制造、运送、吊装时也应考虑作用于构件上的临时荷载。计算施工荷载时,可视具体情况分别采用各自有关的安全系数。

4. 汽车撞击力

墩柱有可能受到汽车撞击时,应设置坚固的防护工程。当无法设置防护工程时,必须考虑汽车对墩柱的撞击力。撞击力顺行车方向应采用 1 000 kN,横行车方向应采用 500 kN,作用点位于路面上 1.2 m 高度处。

5. 长钢轨断轨力

铺设无缝线路桥梁,桥梁设计应将长钢轨断轨力作为特殊荷载考虑。检算墩台时断轨力作用点为墩台支座铰中心,断轨力可在全联范围内的墩台上分配。

6. 列车脱轨荷载

当考虑列车脱轨荷载,列车脱轨荷载可不计动力系数,对于多线桥,只考虑一线脱轨荷载,且其他线路上不作用列车荷载。列车脱轨荷载的具体计算可参阅《铁桥基本规范》。

### 五、荷载组合

以上介绍了桥墩可能承受的各种荷载,其中除桥墩所承受的恒载外,其他各项荷载的数值都是变化的,并且随出现的机率不同,不会全部同时作用在结构物上,它们对结构物的强度、稳定性、刚度三方面的影响也不一致。

1. 荷载组合的基本规定

根据荷载出现的机率及对建筑物的不同影响,除了把荷载分为主要荷载、附加荷载和特殊荷载,以便设计时可以区别对待外,由于有些荷载根本不可能同时出现或同时出现的机率特别小;有的荷载不能同时出现其最大数值,有的荷载虽能同时出现,但并不控制设计等原因,荷载组合时应遵照下列原则:

(1)只考虑主力和附加力或主力和特殊力的组合,不考虑主力加附加力再加特殊力的荷载组合方式,因为它们同时出现的机率是非常小的;

(2)主力和附加力组合时,只考虑主力和一个方向的附加力组合,即主力与顺桥向的附加力组合或主力与横桥向的附加力组合。

（3）对某一检算项目应选取相应的最不利荷载组合。因此,在桥梁墩台基础的设计中,对某种要求应选取导致结构物出现最不利情况的各种荷载进行检算,这就是所谓最不利荷载组合。例如在桥梁墩台基础设计中,当检算基底地基土层的承载力时,应将可能导致基础底面产生最大应力的各项荷载组合起来进行检算。当检算基底稳定性时,则应选取导致桥墩承受最大水平力而竖向力为最小的各项荷载组合起来进行检算。由此可见,对结构物的不同要求,荷载最不利组合是不相同的。不同要求的最不利荷载组合,一般都不能直接判断出来,需要选取几个可能的最不利荷载组合,通过计算进行比较确定。

2.不能同时计算的荷载

（1）流水压力不与冰压力组合,两者也不与制动力或牵引力组合。

（2）船只或排筏的撞击力、汽车撞击力以及长钢轨断轨力,只计算其中的一种荷载与主力相组合,不与其他附加力组合。

（3）列车脱轨荷载只与主力中的恒载项组合,不与主力中的活载和其他附加力组合。

（4）地震力、长钢轨纵向力等与其他荷载的组合原则应参考其他相应的规范。

# 第四节 浅平基的设计计算

一般桥涵工程的浅平基多由块石、素混凝土等材料砌筑形成实体刚性基础,根据基础的一般构造规定,如果基础满足材料刚性角要求,基础本身的强度即可得到保证,不必进行基础强度的验算。但由于作用在桥梁结构上的荷载不同,基础所处的水文、地质环境也不同,例如:桥上列车有或无;有车时可以是空车或满载;若为满载又可以是一孔加载或两孔加载;一孔活载中又有重载轻载之分。又如水位可以是高水位或低水位。再如横向水平力中,风力和横向摇摆力只能择其一,不得同时计。荷载组合还必须分别按纵向和横向荷载是主力加附加力或主力加特殊荷载进行检算。每一检算项目对应的最不利荷载组合一般都不相同。因此,在检算每一项目时要各自选取几个可能的最不利的荷载组合,一一算之,从计算比较中得出最不利者。详见本节后面算例。现根据《铁桥基本规范》的条例要求,对基础的各项检算内容分述如下。

## 一、地基强度检算

地基强度检算包括持力层强度检算和软弱下卧层承载力检算。

1.持力层强度检算

持力层是直接与基础底面接触,承受上部结构荷载的主要受力层。持力层强度检算的基本要求是:按照纵向（顺桥方向）和横向（横桥方向）的最不利荷载组合分别计算的基底最大压应力不得超过持力层的容许承载力$[\sigma]$。主力与附加力并计时,$[\sigma]$可提高20%。由于基础埋置深度浅,在设计中不考虑基础四周土体的约束作用,即不计摩阻力和侧向弹性抗力,基底应力的计算通常采用简化方法,即按照材料力学偏心受压公式进行计算。

$$\sigma_{\substack{max\\min}}=\frac{\sum N}{A}\pm\frac{\sum M}{W}\leqslant[\sigma] \tag{2-5}$$

式中　$\sigma_{\min}^{\max}$——基底压应力最大、最小值(kPa);

$\sum N$——基底以上各竖向荷载的合力(kN);

$A$——基础底面积($m^2$);

$\sum M$——作用于上部结构上各外荷载对基底形心轴之合力矩(kN·m),$\sum M = \sum H_i h_i + \sum N_i e_i$,其中 $H_i$ 为各水平分力,$h_i$ 为各水平分力 $H_i$ 至基底的垂直距离,$N_i$ 为各竖向分力,$e_i$ 为各竖向分力 $N_i$ 至基底形心的偏心距;

$[\sigma]$——持力层的容许承载力(kPa),其具体计算方法如下:

$$[\sigma] = \sigma_0 + k_1 \gamma_1 (b-2) + k_2 \gamma_2 (h-3) \tag{2-6}$$

其中　$\sigma_0$——地基基本承载力(kPa),与地基土类别和土性有关,无实测资料时可查阅《铁桥地基规范》,

$b$——基础宽度(m),大于 10 m 时以 10 m 计,

$h$——基础埋置深度(m),旱地,由天然地面计起,受水流冲刷时,由一般冲刷线计起,位于挖方内时,由开挖后地面计起,

$\gamma_1$——基底以下持力层土的天然重度($kN/m^3$),如持力层在水面以下且为透水者,应采用浮容重,

$\gamma_2$——基底以上土的天然容重的平均值($kN/m^3$),如持力层在水面以下且为透水者,水中部分应采用浮容重,如为不透水者,不论基底以上水中部分土的透水性如何,应采用饱和容重,

$k_1$,$k_2$——基础宽度、深度修正系数,由持力层土的性质决定,可参考表 2-8 取值。

表 2-8　宽度、深度修正系数

| 土的类别 系数 | 黏性土 | | | | 黄土 | | | 砂类土 | | | | | | | | 碎石土 | | | |
|---|---|---|---|---|---|---|---|---|---|---|---|---|---|---|---|---|---|---|---|
| | $Q_4$ 冲、洪积土 | | $Q_3$ 及其以前的冲、洪积土 | 残积土 | 粉土 | 新黄土 | 老黄土 | 粉砂 | | 细砂 | | 中砂 | | 砾砂粗砂 | | 碎石圆砾角砾 | | 卵石 | |
| | $I_L<0.5$ | $I_L\geqslant0.5$ | | | | | | 稍、中密 | 密实 | 稍、中密 | 密实 | 稍、中密 | 密实 | 稍、中密 | 密实 | 稍、中密 | 密实 | 稍、中密 | 密实 |
| $k_1$ | 0 | 0 | 0 | 0 | 0 | 0 | 0 | 1 | 1.2 | 1.5 | 2 | 2 | 3 | 3 | 3 | 3 | 4 | 3 | 4 |
| $k_2$ | 2.5 | 1.5 | 2.5 | 1.5 | 1.5 | 1.5 | 1.5 | 2 | 2.5 | 3 | 4 | 4 | 5.5 | 5 | 6 | 5 | 6 | 6 | 10 |

至于 $\sigma_{\min}$,若持力层为土质,不允许出现拉应力,即不允许其合力的偏心距超过基底截面核心半径;若持力层为岩层,当合力的偏心距超过基底截面核心半径时,应按应力重分布公式,重新计算基底压应力。

在曲线上的桥梁,除顺桥向(纵向)引起的力矩 $M_x$ 外,尚有离心力(横桥向水平力)在横桥向产生的力矩 $M_y$;若桥面上活载考虑横向分布的偏心作用时,则偏心竖向力对基底两个方向中心轴均有偏心矩(图 2-5),并产生偏心矩 $\sum M_x = \sum N_i e_y$,$\sum M_y = \sum N_i e_x$。$e_x$、$e_y$ 分别为合力对 $y$ 轴和 $x$ 轴的偏心矩,故对于曲线桥,计算基底应力时,应按下式计算:

$$\sigma_{\min}^{\max} = \frac{\sum N}{A} \pm \frac{\sum M_x}{W_x} \pm \frac{\sum M_y}{W_y} \leqslant [\sigma] \tag{2-7}$$

式中　$\sum M_x$、$\sum M_y$——分别为外力对基底 $x$ 轴和 $y$ 轴之合力矩(kN·m);

$W_x$、$W_y$——分别为基底对 $x$ 轴和 $y$ 轴之截面模量($m^3$)，$W_x = \dfrac{lb^2}{6}$，$W_y = \dfrac{bl^2}{6}$。

对式(2-5)和式(2-7)中的 $\sum N$ 值及 $\sum M$(或 $\sum M_x$、$\sum M_y$)值，应按能产生最大竖向力 $\sum N_{max}$ 的最不利荷载组合及与此相对应的 $\sum M$ 值，和能产生最大力矩 $\sum M_{max}$ 的最不利荷载组合及与此相对应的 $\sum N$ 值，分别进行基底应力计算，取其大者控制设计。

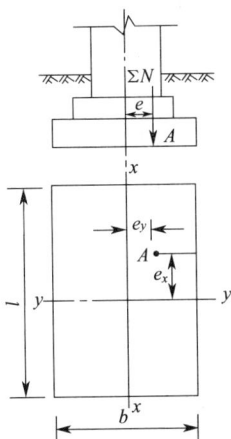

图 2-5　偏心荷载作用　　　　　图 2-6　软弱下卧层强度检算

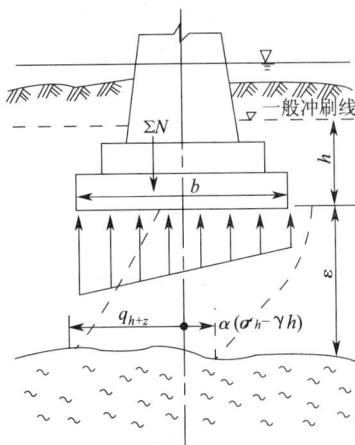

**2. 软弱下卧层强度检算**

除上述持力层基底压应力应满足检算要求外，当基底以下不远处有弱下卧层(图 2-6)，还应检算该弱下卧层处的压应力 $\sigma_{h+z}$，视其是否超过其容许值 $[\sigma]_{h+z}$。检算式为

$$\sigma_{h+z} = q_{h+z} + \alpha(\sigma_h - \gamma h) \leqslant [\sigma]_{h+z} \tag{2-8}$$

式中　$q_{h+z}$——软弱下卧层顶面处土的自重应力(kPa)；

　　　$\gamma$——基底以上土的换算重度($kN/m^3$)；

　　　$h$——基底埋深，在河中，通常情况由一般冲刷线算起，无水时由天然地面算起，如位于挖方内，则由开挖后的地面算起(m)；

　　　$z$——自基底至软弱下卧层顶面的距离(m)；

　　　$\alpha$——土中附加应力分布系数，见《铁路桥涵地基规范》附录C；

　　　$\sigma_h$——作用在基底上的平均压应力(kPa)，当基底压应力为不均匀分布且 $z/b > 1$(或 $z/d > 1$)时，$\sigma_h$ 采用基底平均压应力，当 $z/b \leqslant 1$(或 $z/d \leqslant 1$)时，根据基底压应力图形采用距 $\sigma_{max}$ 为 $b/3 \sim b/4$(或 $d/3 \sim d/4$)处的压应力，$b$ 为矩形基础的短边宽度($d$ 为圆形基础直径)；

　　　$[\sigma]_{h+z}$——软弱下卧层顶面处的地基承载力(kPa)。

式(2-8)的意义是指软弱下卧层顶面处的自重应力与附加应力(基础中心线处)之和不得大于软弱下卧层顶面处的地基承载力 $[\sigma]_{h+z}$。在计算附加应力 $\alpha(\sigma_h - \gamma h)$ 时，其中 $\sigma_h$ 为基底平均压应力，计算办法见式(2-8)中 $\sigma_h$ 的说明，实际上上述 $\sigma_h$ 处理方法是将基底应力近似视为均布的，以便于附加应力的计算。

当软弱下卧层较厚，压缩性较高，或当上部结构对基础沉降有一定要求时，除承载力应满足要求外，尚应检算包括软弱下卧层的基础沉降量。

### 二、基底合力偏心距检算

控制墩、台基础基底合力偏心距的目的是尽可能使基底应力分布比较均匀,以免基底两侧应力相差过大,使基础产生较大的不均匀沉降,导致墩、台发生过大倾斜,影响正常使用。所以在设计时,一般的作法是控制其偏心距 $e_0$,使其不超过某一数值,使作用于基础底面处的合力尽量接近基底形心。控制桥涵墩台基础合力偏心距的值与荷载情况和地质条件有关。铁路桥涵墩台基础合力偏心距控制要求如表 2-9 所示。

表 2-9　偏心距 $e_0$ 的限制

| 荷载情况 | 地基条件 | 合力偏心距 |
|---|---|---|
| 墩台仅承受恒载作用时 | 非岩石地基 | 合力作用点应接近基础底面重心 |
| 墩台承受<br>主力加附加力时 | 非岩石地基<br>(包括土状的风化岩) | $e_0 \leqslant \rho$ |
| | | $e_0 \leqslant 0.8\rho$(土的基本承载力 $\sigma_0 \leqslant 200\ \text{kPa}$ 的桥台) |
| | 岩石地基 | $e_0 \leqslant 1.5\rho$(硬质岩) |
| | | $e_0 \leqslant 1.2\rho$(其他岩石) |
| 墩台承受主力加特殊<br>荷载(地震力除外) | 非岩石地基 | $e_0 \leqslant 1.2\rho$(土的基本承载力 $\sigma_0 > 200\ \text{kPa}$) |
| | | $e_0 \leqslant \rho$(土的基本承载力 $\sigma_0 \leqslant 200\ \text{kPa}$) |
| | 岩石地基 | $e_0 \leqslant 2.0\rho$(硬质岩) |
| | | $e_0 \leqslant 1.5\rho$(其他岩石) |

表中 $e_0$ 为基底以上外力合力作用点对基底截面形心轴的偏心距,按下式计算:

$$e_0 = \frac{\sum M}{\sum N} \tag{2-9}$$

墩、台基础基底截面核心半径 $\rho$ 按下式计算:

$$\rho = \frac{W}{A} \tag{2-10}$$

式中　$W$——相应于应力较小基底边缘截面模量($\text{m}^3$);

　　　$A$——基底截面积;

$\sum M$、$\sum N$——同式(2-5)。

当外力合力作用点不在基底 2 个对称轴中任一对称轴上,或当基底截面为不对称时,可直接按下式求 $e_0$ 和 $\rho$ 的比值,使其满足规定的要求:

因为

$$\sigma_{\min} = \frac{\sum N}{\sum A} - \frac{\sum M}{\sum W} = \frac{\sum N}{A} - \frac{\sum N}{A} \cdot \frac{e}{\rho} = \frac{\sum N}{A}\left(1 - \frac{e}{\rho}\right)$$

所以

$$\frac{e_0}{\rho} = 1 - \frac{\sigma_{\min}}{\dfrac{\sum N}{A}} \tag{2-11}$$

式中符号意义同前,但要注意 $N$ 和 $\sigma_{\min}$ 应在同一种荷载组合情况下求得。

在检算基底偏心距时,应采用与检算基底应力相同的最不利荷载组合。

### 三、基础稳定性和地基稳定性验算

在基础设计计算时,必须保证基础本身具有足够的稳定性。基础稳定性验算包括基础倾覆稳定性验算和基础滑动稳定性验算。此外,对某些土质条件下的桥台、挡土墙还要验算地基的稳定性,以防桥台、挡土墙下地基的滑动。

1.基础稳定性验算

(1)基础倾覆稳定性验算

为了保证墩台在最不利荷载组合作用下,不致绕基底外缘转动而发生倾覆,从图 2-7 中可以看出,合力 $R$ 可以简化为作用在基底截面重心处的 3 个力,即 $\sum M$、$\sum N$、$\sum H$,其中 $\sum N$ 使基础有可能会绕 $A-A$ 边产生一个反力矩 $\sum N \cdot y$,它起到阻止基础绕 $A-A$ 边缘转动的作用,故称为稳定力矩。倾覆稳定性验算通常用抗倾覆稳定性系数 $K_0$ 表示,即

$$K_0 = \frac{\text{稳定力矩}}{\text{倾覆力矩}} = \frac{y\sum N}{\sum N_i e_i + \sum H_i h_i} = \frac{y\sum N}{\sum M} = \frac{y\sum N}{e_0 \sum N} = \frac{y}{e_0} \qquad (2\text{-}12)$$

式中　$N_i$——各竖直分力(kN);

　　　$e_i$——各竖直分力 $N_i$ 对基底截面重心的力臂(m);

　　　$H_i$——各水平分力(kN);

　　　$h_i$——各水平分力 $H_i$ 对基底截面的力臂(m);

　　　$y$——在沿截面重心与合力作用点的连线上,自截面重心至检算倾覆轴的距离(m);

　　　$e_0$——所有外力合力 $R$ 的作用点至基底截面重心的距离(m)。

力矩 $N_i e_i$ 和 $H_i h_i$ 应视其绕基底截面重心的方向区别正负。

如外力合力不作用在形心轴上[图 2-7(d)]或基底截面有一个方向为不对称,而合力又不作用在形心轴上[图 2-7(e)],基底压力最大一边的边缘应是外包线,图 2-7(d)、(e)中的 $A-A$ 线,$y$ 值应是通过形心与合力作用点的连线并延长与外包线相交点至形心的距离。

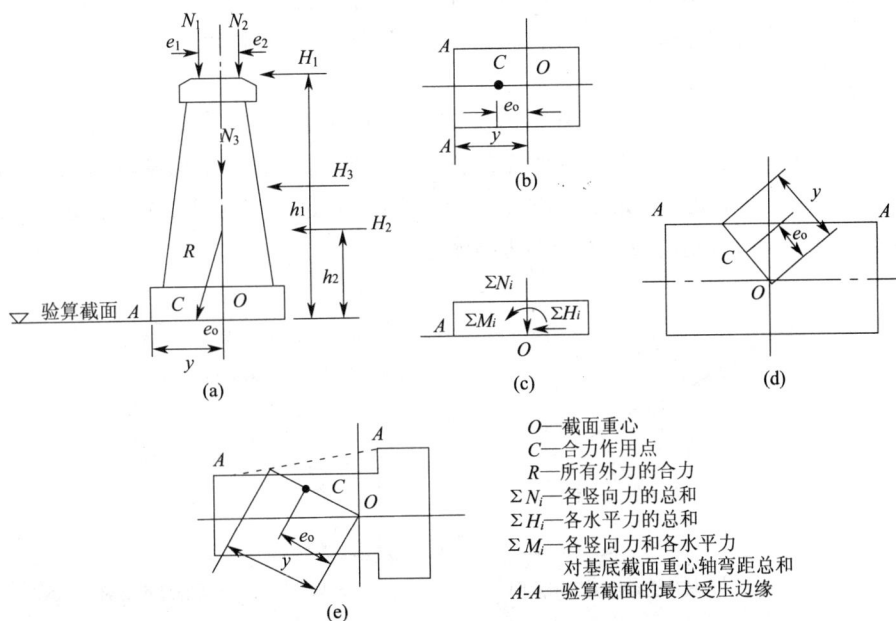

O—截面重心
C—合力作用点
R—所有外力的合力
$\sum N_i$—各竖向力的总和
$\sum H_i$—各水平力的总和
$\sum M_i$—各竖向力和各水平力
　　　　对基底截面重心轴弯距总和
A-A—验算截面的最大受压边缘

图 2-7　墩台基础倾覆稳定计算图

(2)基础滑动稳定性验算

基础在水平推力作用下沿基础底面滑动的可能性即基础抗滑动安全度的大小,可用基底

与土之间的摩擦阻力和水平推力的比值 $K_c$ 来表示，$K_c$ 称为抗滑动稳定系数，即

$$K_c = \frac{\mu \sum N}{\sum H} \tag{2-13}$$

式中　$\mu$——基础底面(圬工材料)与地基土之间的摩擦系数，在无实测资料时，可参照表2-10
　　　　采用；

　　　$\sum H$——水平向合力(kN)；

　　　$\sum N$ 符号意义同前。

验算桥台基础的滑动稳定性时，如台前填土保证不受冲刷，可同时考虑计入与台后土压力方向相反的台前土压力，其数值可按主动或静止土压力进行计算。

修建在非岩石地基上的拱桥桥台基础，在拱的水平推力和力矩作用下，基础可能向路堤方向滑移或转动，此项水平位移和转动还与台后土抗力的大小有关。

**表 2-10　基底摩擦系数 $\mu$**

| 地基土分类 | 黏土 | | 粉土、坚硬的硬黏土 | 砂类土 | 碎石类土 | 岩石 | |
|---|---|---|---|---|---|---|---|
| | 软塑 | 硬塑 | | | | 软质 | 硬质 |
| $\mu$ | 0.25 | 0.3 | 0.3~0.40 | 0.40 | 0.50 | 0.40~0.60 | 0.60~0.70 |

我国《铁桥地基规范》规定：铁路桥梁墩台基础的抗倾覆稳定系数不得小于1.5，临时施工荷载作用下，不得小于1.2。墩台基础的抗滑动稳定系数不得小于1.3，临时施工荷载作用下不得小于1.2。

2. 地基稳定性验算

当墩台建筑在较陡土质斜坡上，或桥台建于软土上且台后填土较高时，应注意该类基础是否会连同地基土一起下滑。要防止下滑，就必须加深基础的埋置深度，以提高墩台基础下地基的稳定性，如图2-8(a)所示。

位于稳定土坡坡顶上的建筑，当基础边长 $b$(垂直于边坡)小于 3 m 时，基础外缘至坡顶的水平距离 $S$ 不得小于 2.5 m，且基础外缘至坡面的水平距离 $l$，对于条形基础，不得小于 $3.5b$；对于矩形基础，不得小于 $2.5b$，如图2-8(b)所示。当不满足上述要求，或当边坡坡角 $\alpha$ 大于45°，坡高 $D$ 大于 8 m 时，则尚应检算坡体稳定性。

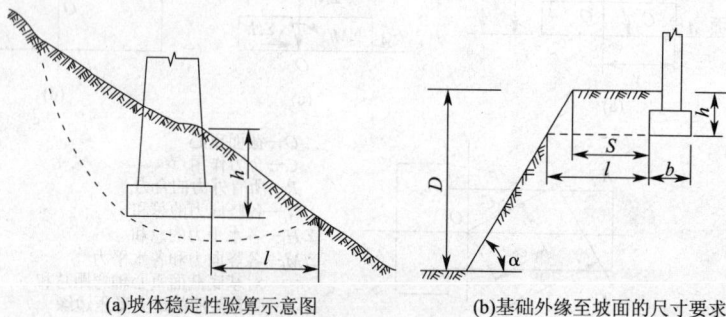

(a)坡体稳定性验算示意图　　(b)基础外缘至坡面的尺寸要求

图2-8　地基稳定性验算

坡体(即地基)稳定性可按土坡稳定分析方法，即用圆弧滑动面进行验算。验算时一般假定滑动面通过填土一侧基础边缘[图2-8(a)]。稳定安全系数 $K$，系指最危险的滑动面上

诸力(包括上部结构自重和活载等)对滑动中心所产生的抗滑力矩与滑动力矩之比,其计算式为

$$K = \frac{抗滑力矩}{滑动力矩} \tag{2-14}$$

求出的稳定安全系数应满足规定的要求。

### 四、基础沉降检算

修建在非岩石地基上的桥涵基础,在外力作用下都会因地基的变形而发生一定程度的沉降,如果沉降较大,会引起桥面或路面的不平顺而给运营带来困难,故要限制桥涵基础的沉降量。对于静定结构,其墩台总沉降与于施工完成时的沉降之差(即工后沉降)不得大于下列容许值:

对于有砟桥面桥梁,墩台均匀沉降量:80 mm;相邻墩台均匀沉降量之差:40 mm。

对于明桥面桥梁,墩台均匀沉降量:40 mm;相邻墩台均匀沉降量之差:20 mm。

对于涵洞,涵身沉降量:100 mm。

《高速铁路设计规范》TBJ 971—2009 规定:墩台均匀沉降限值,有砟轨道时为 30 mm,无砟轨道时为 20 mm;相邻墩台沉降差限值,有砟轨道为 15 mm,无砟轨道为 5 mm。

涵洞工后沉降限值与相邻路基工后沉降限值一致。

对于超静定结构,其相邻墩台的沉降差会在上部结构中产生很大次应力,因此相邻墩台均匀沉降量之差容许值,应根据沉降对结构产生的附加应力的影响而定。

沉降量的计算可采用分层总和法。

由于铁路、公路等活载作用时间短暂,活载作用下的沉降变形是瞬时的、弹性的,一般可恢复,对沉降影响不大,而基础上的结构重力和土体重量对沉降的影响是主要的,因此,在考虑墩台基础的沉降时,应按恒载计算。

上述之所以规定墩台基础的容许沉降量要按总沉降量减去施工期间沉降量,是因为考虑在施工期间所发生的那部分沉降可借灌筑顶帽混凝土进行调整,只有竣工后所继续发生的沉降(工程上常称为工后沉降),才对上部线路状况和运营条件有影响,故应以此为准。

在特殊情况下,如地基土很差,而墩身又高,此时尚需检算墩台顶的水平位移 $\Delta$,即

$$\Delta = \Delta S \cdot h/b + \Delta_0 \leqslant [\Delta] \tag{2-15}$$

式中　$\Delta S/b$——基底的倾斜度,它等于基底在倾斜方向上两端点的沉降差与其距离(即边长) $b$ 的比值;

　　　$h$——基底到墩顶的高度(m);

　　　$\Delta_0$——在外力作用下墩台本身弹性变形所引起墩顶的水平位移(mm);

　　　$[\Delta]$——墩台顶的容许弹性水平位移(mm),纵向(即顺桥方向)或横向为 $5\sqrt{L}$,式中 $L$ 为桥梁跨度,即支点间的跨长,以 m 计,当 $L<24$ m 时,仍以 24 m 计算,当为不等跨时采用相邻跨之小跨的跨度。

# 第五节　浅平基的设计算例

### 一、设计资料

本桥为某Ⅰ级线路上的一座铁路桥,线路为单线平坡,桥与河流正交,梁为等跨 16 m 钢

筋混凝土梁。

设计荷载为中—活载。

支座形式为弧形支座，全高 18 cm，铰中心至垫石顶为 8.7 cm。

顶帽为 C30 钢筋混凝土，墩身及基础采用 C20 片石混凝土，详见图 2-9 和图 2-10，地质及水文情况也示于图中。

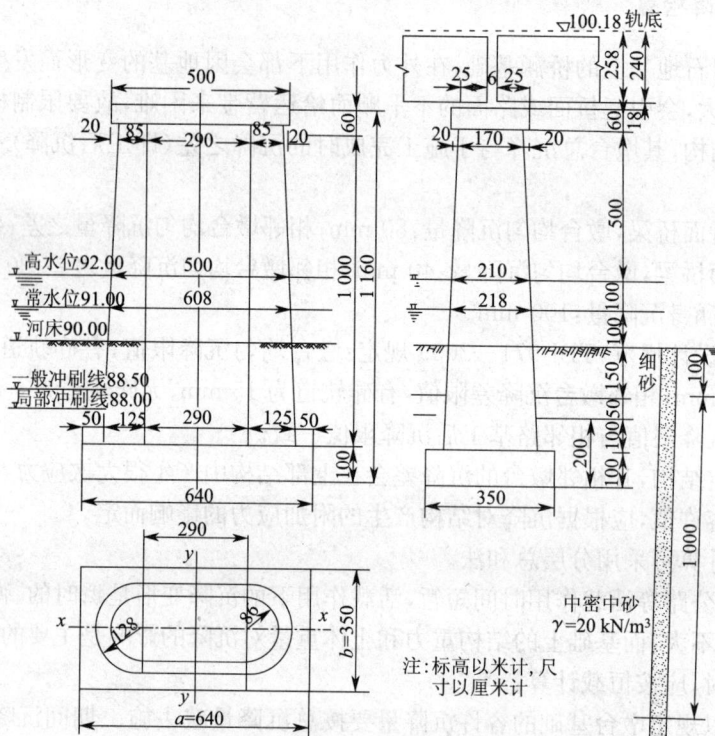

图 2-9　场地水文地质及桥墩尺寸图

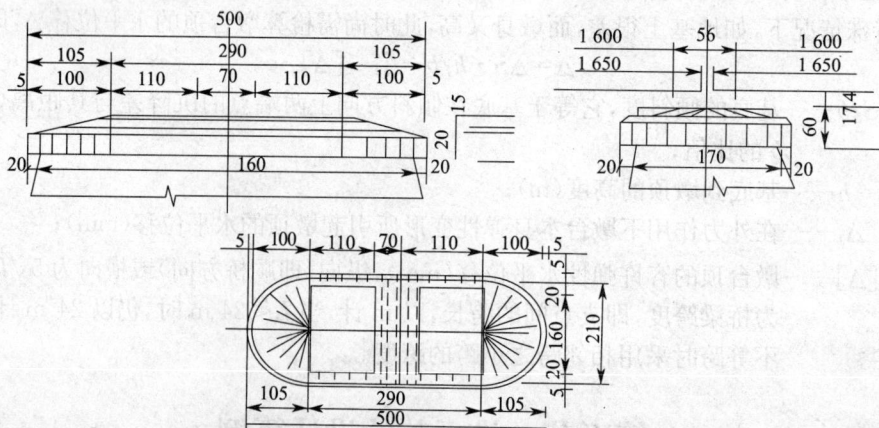

图 2-10　墩帽结构尺寸图(单位:cm)

本桥根据《铁桥基本规范》规定的条文设计。今拟将桥墩基础设计为浅平基，其设计步骤是:先拟定基础尺寸，然后检算之。如不合适，再予修改，直至满足设计要求。

### 二、作用在基础上的荷载

按主力和附加力分别计算如下：

（一）主　力

主力应包括恒载、活载、冲击力和离心力。但因桥墩为实体。可不计冲击力。而桥位于直线上，故也无需计算离心力。

1.竖向恒载

(1)桥跨结构自重 $N_1$

一孔梁重＝1 029.8 kN

线路材料及人行道每米长度的重量＝39.2 kN

故 $N_1$＝1 029.8＋16.56×39.2＝1 679 kN

(2)顶帽自重 $N_2$

体积 $V_2$＝(2.90×2.10＋π×1.05²)×0.45＋π/3×1.00²×0.15＋2.90×1.00×0.15＋
1.60×1.10×0.12＝5.10 m³

重量 $N_2$＝5.10×25＝127.5 kN

(3)墩身自重 $N_3$

墩身高$h$＝10 m;顶面积 $A_1$＝2.90×1.70＋π×0.85²＝7.20 m²；底面积 $A_2$＝2.90×
2.50＋π×1.25²＝12.16 m²,故

体积 $V=\frac{1}{3}×10×(7.20＋12.16＋\sqrt{7.20×12.16})$＝95.70 m³

重量 $N$＝95.70×23＝2 201.1 kN

(4)基础自重 $N_4$

体积 $V_4$＝6.40×3.50×1.00＝22.40 m³

重量 $N_4$＝22.40×23＝515 kN

(5)覆盖在基顶上的土重 $N_5$

基顶上覆盖土的面积为 6.40×3.50－12.16＝10.24 m²

故 $N_5$＝10.24×1.5×$\gamma_b$＝10.24×1.5×10＝153.6 kN

(6)浮力 $N_6$

高水位处之墩身截面积＝2.90×2.10＋π×1.05²＝9.54 m²

常水位处之墩身截面积＝2.90×2.18＋π×1.09²＝10.06 m²

墩底面积＝12.16 m²

则桥墩浸入水下体积：

高水位时 $V_6=\frac{1}{3}×5(9.54＋12.16＋\sqrt{9.54×12.16})$＝54.10 m³

常水位时 $V_6=\frac{1}{3}×4(10.06＋12.16＋\sqrt{10.06×12.16})$＝44.50 m³

故浮力为：

高水位时 $N_6=(V_6＋V_4)×10$＝(54.10＋22.40)×10＝765 kN

常水位时 $N_6=(V_6＋V_4)×10$＝(44.50＋22.40)×10＝669 kN

## 2. 竖向活载

如前所述,桥梁墩台基础应按其可能出现的最不利组合情况进行计算。故在设计时须将活载布置在对检算项目为最不利的位置。桥墩之最不利活载布置图式通常如图 2-11 所示,其中:

用于进行主力加纵向附加力组合的有:

(1)二孔重载如图 2-11(a)所示,活载竖向力 $R$ 最大,水平力也可能最大,所得作用于基底之竖向力 $N$ 及力矩 $M$ 最大,故此种活载图式控制纵向基底压应力检算。

(2)二孔满载如图 2-11(b)所示,活载竖向力 $R$ 较大,水平力(制动力)最大,故此种活载图式控制纵向基底压应力检算。

(3)一孔重载如图 2-11(c)所示,支点反力 $R$ 最大且又偏心作用,水平力(牵引力)最大,此种图式作用于墩顶之水平力及力矩最大,故用以检算墩顶位移。

(4)一孔轻载如图 2-11(d)所示,水平力(制动力)最大,但支点反力 $R$ 不如前者大,此种图示算得基底上竖向力 $N$ 最小,力矩 $M$ 较大,故控制偏心及稳定性检算。

用于进行横向主力加附加力组合的有:

(1)二孔空车荷载如图 2-11(e)所示,用于检算横向倾覆及滑走稳定性。

(2)二孔满载,用于检算横向倾覆及滑走稳定性,基底压应力及偏心。

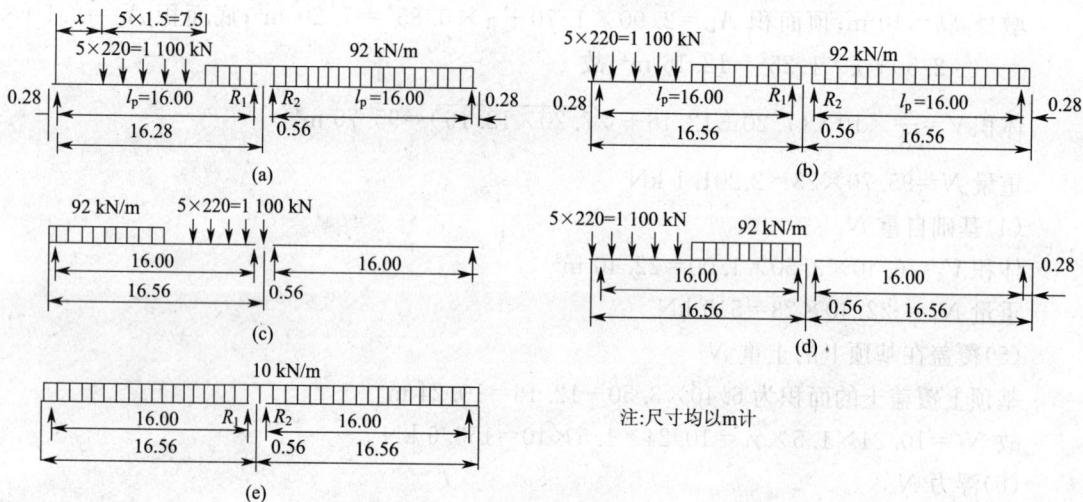

图 2-11 活载布置图

现将竖向活载计算如下:

(1)二孔重载

其最不利荷载位置 $x$ 见图 2-11(a),可由 $\dfrac{G_1}{l_1}=\dfrac{G_2}{l_2}$ 确定之,若等跨度者,则可直接有 $G_1=G_2$ 解得,$G_1$ 和 $G_2$ 分别为在左右两跨上活载重量,故

$$G_1=5\times220+92(16.28-7.5-x)=1\,100+807.8-92x$$

$$G_2=92\times16.28=1\,497.8 \text{ kN}$$

由 $G_1=G_2$ 解得 $x=4.46$ m

则支点反力 $R_1$、$R_2$ 为

$$R_1 = \frac{1}{16}\left\{5 \times 220 \times (4.46 + 2 \times 1.5) + 92 \times (16.28 - 7.5 - 4.46) \times \left[16.28 - \frac{1}{2}(16.23 - 7.5 - 4.46)\right]\right\}$$
$$= 863.7 \text{ kN}$$

$$R_2 = \frac{1}{16}\left(16.28 \times 92 \times \frac{1}{2} \times 16.28\right) = 762.0 \text{ kN}$$

竖向活载 $N_7 = R_1 + R_2 = 863.7 + 762.0 = 1\,625.7$ kN

对基底 $x-x$ 轴之力矩 $M_7 = 0.28 \times (863.7 - 762.0) = 28.5$ kN·m

（2）二孔满载

支点反力 $R_1$ 及 $R_2$ 为

$$R_1 = \frac{1}{16}\left\{5 \times 220 \times (2 \times 1.5 - 0.28) + 92 \times (16.56 - 7.5) \times \left[16.28 - \frac{1}{2}(16.56 - 7.5)\right]\right\} = 799.1 \text{ kN}$$

$$R_2 = \frac{1}{16}\left(16.56 \times 92 \times \left(\frac{1}{2} \times 16.56 - 0.28\right)\right) = 761.8 \text{ kN}$$

竖向活载 $N_8 = R_1 + R_2 = 799.1 + 761.8 = 1\,560.9$ kN

对基底 $x-x$ 轴之力矩 $M_8 = 0.28(799.1 - 761.8) = 10.4$ kN·m

（3）一孔重载

支点反力 $R_1$ 为

$$R_1 = \frac{1}{16}\left\{5 \times 220 \times (16.28 - 2 \times 1.5) + 92 \times (16.56 - 7.5) \times \left[\frac{1}{2}(16.56 - 7.5) - 0.28\right]\right\} = 1\,110.0 \text{ kN}$$

故竖向活载为 $N_9 = R_1 = 1\,110.0$ kN

对基底 $x-x$ 轴之力矩 $M_9 = 0.28 \times 1\,110.0 = 310.8$ kN·m

（4）一孔轻载

支点反力与二孔满载的 $R_1$ 相同，即 $R_1 = 799.1$ kN

故竖向活载为 $N_{10} = R_1 = 799.1$ kN

对基底 $x-x$ 轴之力矩 $M_{10} = 0.28 \times 799.1 = 223.8$ kN·m

（5）二孔空车

$$R_1 = R_2 = 82.8 \text{ kN}$$

竖向活载 $N_{11} = 2 \times 82.8 = 165.6$ kN

对基底 $x-x$ 轴之力矩 $M_{11} = 0$

（二）纵向附加力（水平力）

1. 制动力（牵引力）

现行规范规定，单线桥之制动力或牵引力按竖向静活荷载重量的10%计算，但当与离心力同时计算时，则应按7%计算。本桥位于直线上，故应按10%计。简支梁传到桥梁墩台上的纵向水平力值：固定支座为100%，滑动支座为全孔的50%。在一个桥墩上安设固定支座及活动支座时，应按上述数值相加，但不应大于其中一跨固定支座的纵向水平力。

计算桥梁墩台时，制动力（牵引力）作用于支座铰中心处。

今将制动力或牵引力计算如下：

（1）二孔重载制动力 $H_1$

$H_1 = 10\% \times [5 \times 220 + 92 \times (16.28 - 7.5 - 4.46)] \times 100\% + 10\% \times (92 \times 16.56) \times 50\% = 225.9$ kN

但不大于 $10\% \times [5 \times 220 + 92(16.56 - 7.5)] = 193.4$ kN

故取 $H_1 = 193.4$ kN

对基底 $x-x$ 轴之力矩 $M_{H2} = 193.4 \times (1 + 10.60 + 0.09) = 2\,260.8$ kN·m

(2)二孔满载制动力 $H_2$

$H_2 = 193.4$ kN

对基底 $x-x$ 轴之力矩 $M_{H3} = 2\,260.8$ kN·m

(3)一孔重载牵引力 $H_3$

$H_4 = 193.4$ kN

对基底 $x-x$ 轴之力矩 $M_{H3} = 2\,260.8$ kN·m

(4)一孔轻载制动力 $H_4$

$H_4 = 193.4$ kN

对基底 $x-x$ 轴之力矩 $M_{H4} = 2\,260.8$ kN·m

2. 纵向风力

对列车,桥面系和各种上承梁不计其纵向风力。桥墩按实际受风面积乘以风载强度计算其所受纵向风力。本桥所在地区之基本风压值为 500 Pa。依表 2-3 知,$K_1 = 1.1$,因轨顶离水面之高度小于 20 m,故 $K_2 = 1.0$,桥址位于空旷平坦地区,故 $K_3 = 1.0$,风载强度按下式计算:

$$W = K_1 \times K_2 \times K_3 \times W_0 = 1.1 \times 1.0 \times 1.0 \times 500 = 550 \text{ Pa} = 0.55 \text{ kPa}$$

桥上有车时按上式求得的 $W$ 的 80% 计算,并不大于 1 250 Pa。

$$W = 80\% \times 0.55 = 0.44 \text{ kPa}$$

(1)顶帽风力 $H_5$

迎风面积 $= 0.6 \times 5 = 3$ m²

$$H_5 = 0.44 \times 3 = 1.32 \text{ kN}$$

对基底 $x-x$ 轴之力矩 $M_{H5} = 1.32 \times \left(\dfrac{0.6}{2} + 11\right) = 14.9$ kN·m

(2)墩身风力 $H_6$

常水位时　迎风面积 $= \dfrac{1}{2}(4.60 + 5.08) \times 6 = 29.04$ m²

$$H_6 = 0.44 \times 29.04 = 12.8 \text{ kN}$$

对基底 $x-x$ 轴之力矩 $M_{H6} = 12.8 \times \left(\dfrac{6}{2} + 5\right) = 102.4$ kN·m

高水位时　迎风面积 $= \dfrac{1}{2}(4.60 + 5.00) \times 5 = 24.00$ m²

$$H_6 = 0.44 \times 24 = 10.6 \text{ kN}$$

对基底 $x-x$ 轴之力矩　$M_{H6} = 10.6 \times \left(\dfrac{5}{2} + 6\right) = 90.1$ kN·m

(三)横向附加力

作用在桥墩上的横向附加力有列车横向摇摆力、横向风力、流水压力等。其中横向摇摆力不与风力同时计算。因此检算时应比较两者的力及产生力矩的大小。按对所检算项目为不利者取用。

1. 列车横向摇摆力

列车横向摇摆力作用于轨顶面,其值为 5.5 kN/m。

二孔满载列车横向摇摆力 $H_7 = 5.5 \times 16.56 = 91.1$ kN

对基底 $y-y$ 轴之力矩 $M_{H7}=91.1\times14.28=1\ 301$ kN・m

**2. 横向风力**

桥上有车时风载强度 $W=80\%K_1K_2K_3W_0$

由表 2-3 知,对于桥墩墩身及顶帽 $K_1=0.3$,故

$$W=0.8\times0.3\times1.0\times1.0\times500=120 \text{ Pa}=0.12 \text{ kPa}$$

对于梁及列车,$K_1=1.3$,故

$$W=0.8\times0.3\times1.0\times1.0\times500=520 \text{ Pa}=0.52 \text{ kPa}$$

(1)顶帽风力 $H_8$

$$迎风面积=2.1\times0.6=1.26 \text{ m}^2$$
$$H_8=0.12\times1.26=0.15 \text{ kN}$$

对基底 $y-y$ 轴之力矩　　$M_{H8}=0.15\times11.3=1.7$ kN・m

(2)墩身风力 $H_9$

常水位时　　迎风面积 $=\dfrac{1}{2}(1.70+2.18)\times6=11.64 \text{ m}^2$

$$H_9=0.12\times11.64=1.39 \text{ kN}$$

对基底 $y-y$ 轴之力矩　　$M_{H9}=1.39\times\left(\dfrac{6}{2}+5\right)=11.1$ kN・m

高水位时　　迎风面积 $=\dfrac{1}{2}(1.70+2.10)\times5=9.5 \text{ m}^2$

$$H_9=0.12\times9.5=1.14 \text{ kN}$$

对基底 $y-y$ 轴之力矩　　$M_{H9}=1.14\times\left(\dfrac{5}{2}+6\right)=9.7$ kN・m

(3)梁上风力 $H_{10}$

$$迎风面积=(2.40+0.16)\times16.56=42.40 \text{ m}^2$$
$$H_{10}=0.52\times42.40=22 \text{ kN}$$

对基底 $y-y$ 轴之力矩　　$M_{H10}=22\times\left(\dfrac{2.56}{2}+0.18+11.60\right)=287.3$ kN・m

(4)列车风力 $H_{11}$

列车的横向迎风面积按 3 m 高的长方带计算,风力作用点在轨顶以上 2 m 高处。

二孔活载时列车迎风面积 $=3\times16.56=49.68 \text{ m}^2$

$$H_{11}=0.52\times49.68=25.8 \text{ kN}$$

对基底 $y-y$ 轴之力矩　　$M_{H11}=25.8\times(2+0.16+2.58+11.60)=421.6$ kN・m

根据以上结果,将列车横向摇摆力与横向风力作一比较:$H_7>H_8+H_9+H_{10}+H_{11}$,$M_{H7}>M_{H8}+M_{H9}+M_{H10}+M_{H11}$,故本例应取列车横向摇摆力进行横向组合。

**3. 流水压力**

作用于桥墩上的流水压力 $P(\text{kN})$ 可按式(2-3)计算,即 $P=KA\dfrac{\gamma V^2}{2g}$。

本桥水流平均流速为:常水位和高水位时分别为 1 m/s 和 2 m/s。桥墩为圆端形,故由表 2-7 查得系数 $K=0.60$。桥墩横面迎水面积 $A$ 为

常水位时　　　　$A=\dfrac{1}{2}(2.18+2.38)\times2.5=5.70 \text{ m}^2$

高水位时　　　　　$A=\dfrac{1}{2}(2.10+2.38)\times3.5=7.84\ \text{m}^2$

流水压力的分布假定为倒三角形,其合力着力点在水位以下 1/3 水深处。

高水位时水流压力　　$H_{12}=KA\dfrac{\gamma V^2}{2g}=0.6\times7.84\times\dfrac{10\times2^2}{2\times10}=9.41\ \text{kN}$

对基底 $y-y$ 轴之力矩　　$M_{H12}=9.41\times\left(\dfrac{2}{3}\times3.5+2.5\right)=46.6\ \text{kN}\cdot\text{m}$

常水位时流水压力　　$H_{12}=KA\dfrac{\gamma V^2}{2g}=0.6\times5.70\times\dfrac{10\times1^2}{2\times10}=1.71\ \text{kN}$

对基底 $y-y$ 轴之力矩　　$M_{H12}=1.71\times\left(\dfrac{2}{3}\times2.5+2.5\right)=7.1\ \text{kN}\cdot\text{m}$

### 三、基础检算

1.基础本身强度检算

基础纵向、横向刚性角均满足 $\beta\leqslant[\beta]$ 要求,故纵、横向皆能满足基础强度要求。

2.基底压应力及偏心检算

今将纵向及横向检算分别列表计算,详见表 2-11 和表 2-12。

持力层为中密中砂。其基本承载力 $\sigma_0=350\ \text{kPa}$,修正系数 $K_1=2$,$K_2=4$,$\gamma_1$、$\gamma_2$ 因持力层为透水层,故应采用浮重度 $\gamma_b=20-10=10\ \text{kN/m}^3$。地基容许承载力为

$$[\sigma]=\sigma_0+K_1\gamma_1(b-2)+K_2\gamma_2(h-3)=350+2\times10(3.5-2)+0=380\ \text{kPa}$$

当荷载为主力加附加力时,可提高 20%。

故　　　　　$[\sigma]=1.2\times380=456\ \text{kPa}$

3.基础滑走及倾覆稳定性检算

详见表 2-11 和表 2-12。

**表 2-11　纵向**（顺桥方向）

| 检算项目 | | 倾覆及滑走稳定性 | | 基底压应力及偏心 | | | | | |
|---|---|---|---|---|---|---|---|---|---|
| 活载布置图式 | | 一孔轻载 | | 一孔轻载 | | 二孔重载 | | 二孔满载 | |
| 水位 | | 高水位,计浮力 | | 常水位,计浮力 | | 常水位,计浮力 | | 常水位,计浮力 | |
| 力或力矩 | | $N$ 或 $H$ | $M$ | $N$ 或 $H$ | $M$ | $N$ 或 $H$ | $M$ | $N$ 或 $H$ | $M$ |
| 主力（竖向力） | 竖向恒载 $N_1+N_2+N_3+N_4+N_5$ | 4 676.2 | 0 | 4 676.2 | 0 | 4 676.2 | 0 | 4 676.2 | 0 |
| | 水浮力 $N_6$ | −765 | 0 | −669 | 0 | −669 | 0 | −669 | 0 |
| | 竖向活载 $N_7$ 或 $M_7$,$N_8$ 或 $M_8$,$N_{10}$ 或 $M_{10}$ | 799.1 | 223.8 | 799.1 | 223.8 | 1 625.7 | 28.5 | 1 560.9 | 10.4 |
| 附加力（水平力） | 制动力或牵引力 $H_1$ 或 $M_{H1}$,$H_2$ 或 $M_{H2}$,$H_4$ 或 $M_{H4}$ | 193.4 | 2 260.8 | 193.4 | 2 260.8 | 193.4 | 2 260.8 | 193.4 | 2 260.8 |
| | 顶帽风力 $H_5$ 或 $M_{H5}$ | 1.32 | 14.9 | 1.32 | 14.9 | 1.32 | 14.9 | 1.32 | 14.9 |
| | 墩身风力 $H_6$ 或 $M_{H6}$ | 10.6 | 90.1 | 12.8 | 102.4 | 12.8 | 102.4 | 12.8 | 102.4 |
| $\sum N(\text{kN})$、$\sum M(\text{kN}\cdot\text{m})$ | | 4 710.3 | 2 589.6 | 4 806.3 | 2 601.9 | 5 632.9 | 2 406.6 | 5 568.1 | 2 388.5 |

续上表

| 检算项目 | 倾覆及滑走稳定性 | 基底压应力及偏心 | | |
|---|---|---|---|---|
| $\sum H$(kN) | 205.3 | 207.5 | 207.5 | 207.5 |
| 抵抗倾覆力矩 $=\dfrac{b}{2}\times\sum N$ (kN·m) | $\dfrac{3.5}{2}\times4\,710.3=8\,243$ | | | |
| 倾覆稳定系数 $K_0=\dfrac{\frac{b}{2}\times\sum N}{\sum M}$ | $\dfrac{8\,243}{2\,589.6}=3.19$ | | | |
| 容许最小倾覆稳定系数 | 1.50 | | | |
| 基底摩擦力 $=f\times\sum N$(kN) | $0.4\times4\,710.3=1\,884$ | | | |
| 滑走稳定系数 $K_c=\dfrac{f\times\sum N}{\sum H}$ | 9.18 | | | |
| 容许最小滑走稳定系数 | 1.30 | | | |
| 基底面积 $A$(m²) | | 22.40 | 22.40 | 22.40 |
| 基底截面模量 $W_{x-x}$(m³) | | 13.08 | 13.08 | 13.08 |
| $\sigma_{\max}=\dfrac{\sum N}{A}+\dfrac{\sum M}{W_{x-x}}$ (kPa) | | $214.6+198.9=413.5$ | $251.5+184=435.5$ | $248.6+182.6=431.2$ |
| $\sigma_{\min}=\dfrac{\sum N}{A}-\dfrac{\sum M}{W_{x-x}}$ (kPa) | | $214.6-198.9=15.7$ | $251.5-184=67.5$ | $248.6-182.6=66.0$ |
| 地基容许承载力$[\sigma]$ (kPa) | | 456 | 456 | 456 |
| 竖向合力偏心 $e=\dfrac{\sum M}{\sum N}$(m) | | $\dfrac{2\,601.9}{4\,806.3}=0.54$ | $\dfrac{2\,406.6}{5\,632.9}=0.427$ | $\dfrac{2\,388.5}{5\,568.1}=0.429$ |
| 容许偏心$[e]=\dfrac{b}{6}$(m) | | $\dfrac{3.5}{6}=0.58$ | 0.58 | 0.58 |

**表 2-12 横向(横桥方向)**

| 检算项目 | | 倾覆及滑走稳定性 | | 基底压应力及偏心 | | | |
|---|---|---|---|---|---|---|---|
| 活载布置图式 | | 二孔空车 | | 二孔满载 | | 二孔满载 | |
| 水位 | | 高水位,计浮力 | | 高水位,计浮力 | | 常水位,计浮力 | |
| 力或力矩 | | $N$ 或 $H$ | $M$ | $N$ 或 $H$ | $M$ | $N$ 或 $H$ | $M$ |
| 主力（竖向力） | 竖向恒载 | 4 676.2 | 0 | 4 676.2 | 0 | 4 676.2 | 0 |
| | 水浮力 | −765 | 0 | −765 | 0 | −669 | 0 |
| | 竖向活载 $N_{11},N_8$ | 165.6 | 0 | 1 560.9 | 10.4 | 1 560.9 | 10.4 |
| | 列车横向摇摆力 | 0 | 0 | 91.1 | 1 301.0 | 91.1 | 1 301.0 |
| 附加力（水平力） | 风力 | 49.09 | 720.3 | 0 | 0 | 0 | 0 |
| | 流水压力 | 9.41 | 45.5 | 9.41 | 45.5 | 1.7 | 7.1 |
| $\sum N$(kN)、$\sum M$ (kN·m) | | 4 076.8 | 765.8 | 5 472.1 | 1 356.9 | 5 568.1 | 1 318.5 |
| $\sum H$ (kN) | | 58.5 | | 100.5 | | 92.5 | |
| 抵抗倾覆力矩 $=\dfrac{a}{2}\times\sum N$ (kN·m) | | 13 046 | | 17 510 | | | |

续上表

| 检算项目 | 倾覆及滑走稳定性 | | 基底压应力及偏心 | |
|---|---|---|---|---|
| 倾覆稳定系数 $K_0 = \dfrac{\frac{a}{2} \times \sum N}{\sum M}$ | 17.04 | 12.90 | | |
| 容许最小倾覆稳定系数 | 1.50 | 1.50 | | |
| 基底摩擦力 $= f \times \sum N$ (kN) | $0.4 \times 4\,076.8 = 1\,630.7$ | $0.4 \times 5\,472.1 = 2\,188.8$ | | |
| 滑走稳定系数 $K_c = \dfrac{f \times \sum N}{\sum H}$ | 27.67 | 21.78 | | |
| 容许最小滑走稳定系数 | 1.30 | 1.30 | | |
| 基底面积 $A$ (m²) | | | 22.40 | |
| 基底截面模量 $W_{y-y}$ (m³) | | | 23.85 | |
| $\sigma_{max} = \dfrac{\sum N}{A} + \dfrac{\sum M}{W_{y-y}}$ (kPa) | | | $248.5 + 55.3 = 303.8$ | |
| $\sigma_{max} = \dfrac{\sum N}{A} - \dfrac{\sum M}{W_{y-y}}$ (kPa) | | | $248.5 - 55.3 = 193.2$ | |
| 地基容许承载力 $[\sigma]$ (kPa) | | | 456 | |
| 竖向合力偏心 $e = \dfrac{\sum M}{\sum N}$ (m) | | | 0.24 | |
| 容许偏心 $[e] = \dfrac{a}{6}$ (m) | | | 1.06 | |

4. 因持力层下无弱下卧层,故不必进行软弱下卧层检算。

5. 该桥为简支桥梁,地质条件简单,故只要基底压应力小于$[\sigma]$,可不必进行沉降检算。

检算结果表明都符合要求。

本桥位于直线上,通常直线桥由主力加纵向附加应力控制设计。

本算例中,控制各项检算项目的最不利荷载组合分别为:

基底压应力,其最不利荷载组合为主力加纵向附加应力——二孔重载,常水位,计浮力。

基底处竖向合力偏心距:主力加纵向附加应力——一孔轻载,低水位,计浮力。

基础之倾覆及滑走稳定性:其最不利荷载组合为主力加纵向附加应力——一孔轻载,高水位,计浮力。

本桥为小跨度桥($l = 16$ m),墩身也不高(10 m),因此可以不检算墩顶位移。

由以上计算可知,该明挖扩大基础的各项检算均合格。

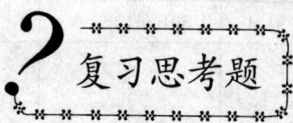

# ? 复习思考题

1. 确定明挖扩大基础的埋置深度时,需考虑哪些因素?

2. 何谓基础刚性角?其影响因素有哪些?

3. 在进行桥梁明挖扩大基础设计时,需进行哪些方面的检算?其相应的最不利荷载组合是什么?

4. 什么是软弱下卧层?如何进行桥涵明挖扩大基础的软弱下卧层承载力检算?

5. 图 2-12 为某铁路桥墩矩形基础,基底平面尺寸为 $a=7.5$ m,$b=7.4$ m,四周襟边尺寸相同,均为 $1.0$ m,基础埋置深度 $h=2$ m,试根据图示荷载及地质资料,进行下列项目检算:

(1)检算基础本身强度;

(2)检算持力层及下卧层的承载力;

(3)检算基础偏心距,滑走和倾覆稳定性。

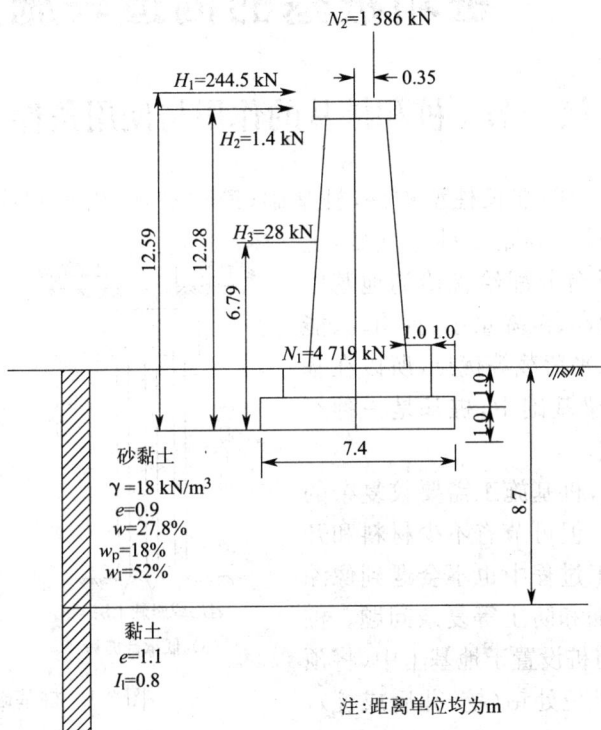

图 2-12　习题 5 图

由图 2.12 可知…边坡角…震振…坡…采用 $b_0=7.5\,\mathrm{m}$，可按附加应力系数…

取 $1.0\,\mathrm{m}$，基础埋深为 $h=2.2\,\mathrm{m}$，按 提出下…有效应…推上方按目标…
（1）最小基础宽度…
（2）按最大基底…压力验算…
（3）基础净…按…确定…

# 第 三 章
# 桩和桩基的构造与施工

## 第一节　桩和桩基的作用与使用条件

桩是设置于岩土中的细长柱型构件，桩基础（简称桩基）由桩和连接于桩顶的承台构成，如图 3-1 所示。桩基础是一种深基础，上部结构的荷载通过承台分配给桩传到地基中去。桩基具有承载力高、沉降量小、且均匀、能承受较大的垂直和水平荷载等优点，所以在基础工程中，尤其在桥梁基础中，桩基是一种经常被采用的基础形式。

与浅平基相比较，桩基施工需要较复杂的机具，一般造价较高。但可节省不少材料和开挖基坑的土方量，施工过程中也不会遇到像深基坑那样的防水、防漏和防土等复杂问题。桩基的施工步骤是：先将桩设置于地基土中（将预制桩打入土中，或在桩位处钻（挖）孔后成桩），然后在桩顶处灌注混凝土或钢筋混凝土的承台，把各桩连接成一个整体，最后在承台上修筑上部结构，如桥梁中的墩、台和房屋中的墙、柱等。

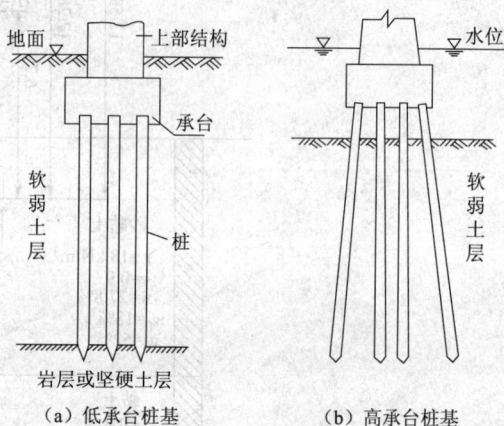

图 3-1　桩基础的组成

桩基础是一种古老的基础形式。在人类历史上，早在新石器时代，就在湖泊和沼泽地里打木桩筑平台作为住所。目前，桩基础是高层建筑物和桥梁结构常用的基础形式，它有着巨大的承载潜力，能抵抗复杂荷载，并将上部结构荷载传到深层稳定的地层中去，从而减小基础沉降和上部结构的不均匀沉降，能够抵抗在长期的列车动载和循环荷载作用下所产生的附加应力和变形。同时对地质条件适应性强，容易满足各种建筑物的不同要求，桩基础的发展十分迅速，各种成桩技术，包括桩的质量和承载力的测试技术等，都有很多新的发展。从发展趋势看，由于桩基础便于机械化施工，是实现基础施工工业化的途径之一。

在基础方案比选时，应尽量先考虑浅平基，因为它比深基础经济、施工容易。不过，由于荷载、地质水文条件的原因，又往往不得不采用深基础。例如，当遇到坚硬土层埋得较深，河流冲刷严重，或上部为特别重要的建筑物，须采用深基础时，则深平基和桩基一般均应考虑，并经技术、经济比较后，择其优者。图 3-2 为我国某铁路桥梁，桥址处覆盖土层很差，而承载力较高的泥灰岩位于河床面以下 20～30 m 深处，经过方案比较，全桥均采用支承于泥灰岩上的桩基础，桩为直径 40 cm 或 55 cm 的预制钢筋混凝土管桩。

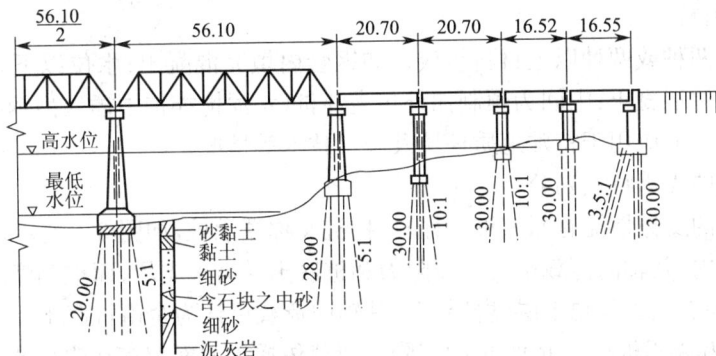

图 3-2　桥梁桩基

# 第二节　桩和桩基类型

桩基的主要作用是承受上部竖向荷载,通过桩将荷载由软弱地层传至深部较坚硬土层或岩层中。根据不同的目的,桩和桩基可以有多种分类法,分类的目的是为了掌握其不同特点,并将其应用到桩基的设计中去,以使设计时能更好地发挥桩基的作用。

**1.按桩体材料划分**

根据桩体材料有木桩、钢筋混凝土桩、预应力混凝土桩、钢桩和组合材料桩等。但我国桥梁桩基多采用钢筋混凝土桩或预应力混凝土桩。

（1）木桩

木桩是一种古老的桩基形式。常采用坚韧耐久的木材如杉木、松木、橡木等。其桩径常采用160～360 mm,桩长为4～10 m。木桩制造简单、重量轻,运输和沉桩方便,但木桩承载力低,在干湿交替的环境中极易腐烂,现在一般很少使用,仅在乡村小桥和一些临时应急工程中使用。

（2）钢筋混凝土桩

钢筋混凝土桩是目前工程上最广泛采用的桩。钢筋混凝土桩应用较广,可用于承压、抗拔、抗弯(抵抗水平力等),可采用工厂预制或现场预制后打入或(压入)、现场钻孔灌注混凝土等方法成桩。截面形式有方桩、空心方桩、管桩、三角形桩等。近年来,出现了截面为矩形、T形等的壁板桩,承载力很高。各种常见截面形式如图 3-3 所示。对管桩,常施加预应力形成预应力管桩,以提高桩身抗裂能力,防止在起吊时的弯曲应力或采用锤击法成桩时桩身产生的锤击拉应力下开裂断桩。

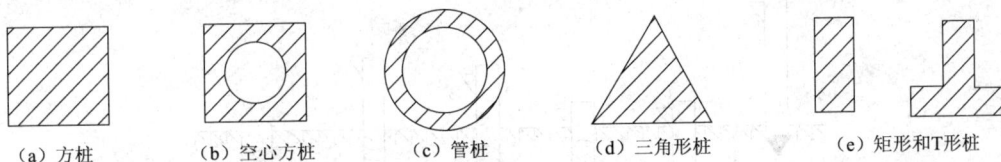

（a）方桩　　（b）空心方桩　　（c）管桩　　（d）三角形桩　　（e）矩形和T形桩

图 3-3　钢筋混凝土桩截面形式

（3）钢桩

常用钢桩有管型、宽翼工字型截面和板型截面等形式。其中钢管桩的直径一般为250～1 200 mm。钢桩具有穿透能力强、承载力高、自重轻、锤击沉桩效果好等特点;且质量容易保证,桩长可任意调整;但也存在价格高、易锈蚀等不足。

（4）组合材料桩

指一根桩由两种或两种以上材料组成。如钢管内填充混凝土；水位以下采用预制而桩上段则采用现场浇注混凝土；中间为预制而外包灌注桩（水泥搅拌桩中插入型钢或预制小截面钢筋混凝土桩）等，一般应用于特殊地质环境及施工技术等情况。

2.按土对桩的支承特点划分

根据土对桩的支撑情况有摩擦桩和柱桩，柱桩又称端承桩，如图3-4所示。前者是指桩底位于较软的土层内，其轴向荷载由桩侧摩阻力和桩底土反力来支承，而桩侧摩阻力起主要支承作用；后者指桩底支立于坚硬土层（岩层）上，其轴向荷载可认为全由桩底土反力来支承。

由于摩擦桩和端承桩在支承力、桩的沉降及荷载传递等方面都存在明显的差异，因此，在同一桩基中不应同时采用端承桩和摩擦桩。

国外也有根据土对桩的支承力特点区分为摩擦桩（指桩端反力很小略而不计者）、中间型桩（或称支承-摩擦桩，指不仅靠桩侧摩擦力同时也靠桩底反力来支承荷载者）以及端承桩三种，其前两种实际上是铁路上所指的摩擦桩。

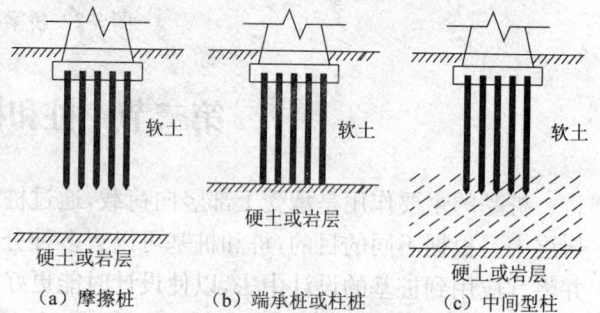

图3-4 不同支承类型的桩基

（a）摩擦桩 （b）端承桩或柱桩 （c）中间型桩

3.按桩的施工方法划分

（1）灌注桩

灌注桩分为沉管灌注桩和钻（挖）孔灌注桩两大类。沉管灌注桩又可分为：带桩靴沉管灌注桩、无桩靴沉管灌注桩和薄壳沉管灌注桩。钻（挖）孔灌注桩又可分为：螺旋钻孔桩、挖孔灌注桩和泥浆护壁钻孔灌注桩。灌注桩是在现场就地钻孔或挖孔，将事先绑扎好的钢筋笼置入孔内，再灌注混凝土而成桩的，由这种桩组成的桩基称为钻孔灌注桩桩基或挖孔灌注桩桩基。

灌注桩大体可分为沉管灌注桩和钻（冲、挖、抓）孔灌注桩两大类。同一类桩还可以按照施工机械和施工方法以及直径的不同予以细分。

①沉管灌注桩

沉管灌注桩早在20世纪30年代就传入我国，该桩不用预制可就地灌注，施工速度快，不产生泥浆，造价低于其他类型的灌注桩故应用较广。但其施工过程中的噪音和震动对环境产生影响，使其在城市建筑物密集地区的应用受到一定限制。沉管灌注桩可采用锤击振动、振动冲击等方法沉管成孔，其施工工序如图3-5所示。

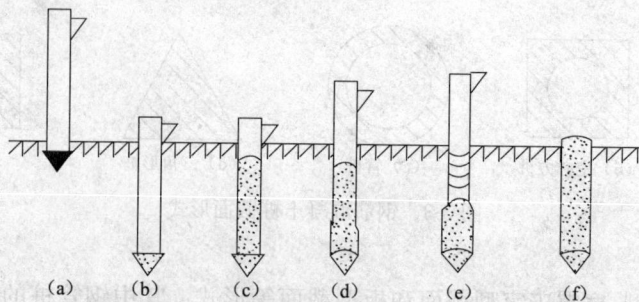

图3-5 沉管灌注桩的施工工序示意

（a）打桩机就位；（b）沉管；（c）浇灌混凝土；（d）边拔管边振动；（e）安放钢筋笼，继续浇灌混凝土；（f）成桩锤击沉管灌注桩的常用直径(指预制桩尖的直径)为 300~500 mm,桩长在 20 m 以内,可打至硬塑黏土层中或中砂、粗砂层。这种桩的施工设备简单,打桩速度快、成本低,但缺点是容易产生缩径(桩身截面局部缩小)、断桩、局部夹土、混凝土离析和强度不足等质量问题,需要高度重视。

振动沉管桩的钢管底部带有活瓣桩尖(沉管时闭合,拔管时活瓣张开以便浇注混凝土),或套上预制钢筋混凝土桩尖。桩横截面直径一般为 400~500 mm。

锤击、振动沉管施工时一般有单打、反插和复打法,根据土质情况和承载力要求可分别选用。单打法适用于含水量较小的土层,且易采用预制桩尖;反插法及复打法适用于软弱饱和土层。单打法即一次拔管成桩,拔管时每提升 0.5~1.0 m,振动 5~10 s,再拔管 0.5~1.0 m,再振动 5~10 s,如此反复进行,直至全部拔除为止。为了扩大桩径(这时桩距不易太小)和防止在淤泥层中缩径或断桩,沉管灌注桩施工时可采用反插和复打工艺。复打法就是在浇注混凝土并拔出钢管后,立即在原位重新放置预制桩尖(或闭合管端活瓣)再次沉管,并再次浇注混凝土。复打后的桩,其横截面面积将增大,承载力提高,但其造价也相应增加。反插法是将套管每提升 0.5 m,再下沉 0.3 m,反插深度不宜大于活瓣桩尖长度的 2/3,如此反复进行,直至拔除地面。反插法也可扩大桩径,提高承载力。

②钻(冲)孔灌注桩

各种钻孔桩在施工时都需要把钻孔位置处的土排出地面,然后清除孔底残渣,安放钢筋笼,最后浇注混凝土。

目前国内的钻(冲)孔灌注桩在钻进时不下钢筋套筒,而是利用泥浆护壁保护孔壁以防坍孔,清孔(排走孔底沉渣)后,在水下灌注混凝土。其施工程序如图 3-6 所示,常用桩径为 600~1 200 mm。更大直径 1 500~2 800 mm 的钻孔桩一般用钢套筒护壁,所用钻机具有回旋钻进、冲击、磨头磨碎岩石和扩大桩底等多种功能,钻进速度快,深度可达 60 m,能克服流砂、消除孤石等障碍,并能进入微风化硬质岩石。其最大优点在于能进入岩层,刚度大,因此承载力高而桩身变形很小。

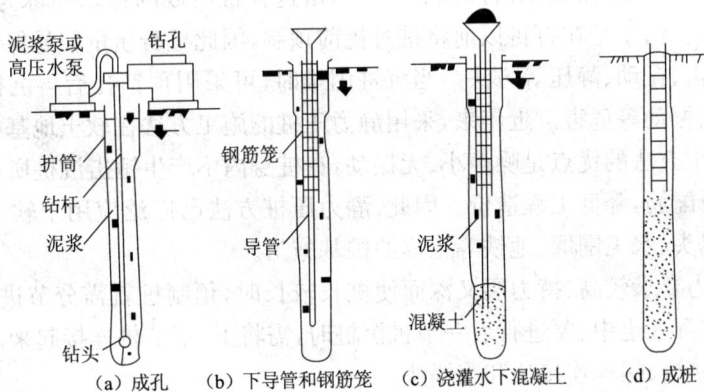

图 3-6　钻孔灌注桩施工工序

我国常用的灌注桩的使用范围见表 3-1。

③挖孔桩

挖孔桩可采用人工或机械挖掘成孔。人工挖孔桩施工时应降低地下水位,每挖深 0.5~1.0 m,就应浇灌或喷射一圈钢筋混凝土护壁(上下圈之间用钢筋连接),达到所需深度时,再进行扩孔,最后在护壁内安装钢筋笼或浇灌混凝土。

表 3-1　灌注桩使用范围

| 成孔方法 | | 适用范围 |
|---|---|---|
| 泥浆护壁成孔 | 冲抓冲击(直径 800 mm 以上)回旋钻 | 碎石类土、砂类土、粉土、黏性土及风化岩。冲击成孔进入中等风化和微风化岩层的速度比回旋钻快,深度可达 80 m 以上 |
| | 潜水钻(600 、800 mm) | 黏性土、淤泥、淤泥质土以及砂土,深度可达 60 m |
| 干作业成孔 | 螺旋钻 400 mm | 地下水位以上的黏性土、粉土、砂类土及人工填土、深度在 15 m 内 |
| | 钻孔扩底,底部直径可达 1 000 mm | 地下水位以上的坚硬、硬塑的黏性土以及中密以上的砂类土 |
| | 机动洛阳铲(人工) | 地下水位以上的黏性土、黄土及人工填土 |
| 沉管钻孔 | 锤击 340~500 mm | 硬塑黏性土、粉土、砂类土,直径 600 mm 以上的可达强风化岩,深度可达 20~30 m |
| | 振动 400~500 mm | 可塑黏性土、中细砂,深度可达 20 m |
| 爆扩成孔 | 底部直径可达 800 mm | 地下水位以上的黏性土、黄土、碎石类土及风化岩 |

在挖孔桩施工中,由于工人需下到桩孔中操作,可能遇到流砂、坍孔、有害气体、缺氧、触电和上面掉下重物等危险而造成伤亡事故,因此必须严格执行有关安全生产的规定。

挖孔桩的直径不宜小于 1 m,深度为 15 m 者,桩径应在 1.2~1.4 m 以上,桩身长度宜限制在 30 m 以内。

挖孔桩的优点是:可直接观察地层情况,孔底易清理干净,设备简单、噪声小。场区各桩可同时施工,桩径大,适应性强,也较经济。挖孔桩的缺点是:施工安全是重要问题,在确有安全保障措施下方可采用。

(2)预制桩

预制桩包括木桩、混凝土桩和钢桩。木桩在主要工程中已较少使用,混凝土桩又分为普通钢筋混凝土和预应力钢筋混凝土桩(通常为预应力管桩),钢桩有板桩、型钢桩和钢管桩三大类。采用预制桩,经锤击(或震动)将桩沉入土中,由这种桩组成的桩基便称为打入桩桩基(或震动下沉桩桩基)。由于是在打桩以前将桩身提前预制,因此桩身质量较易保证。预制桩的沉桩施工主要有锤击、振动、静压等方法。当沉桩困难时,可采用预钻孔后再沉桩。锤击和振动沉桩将产生噪声、振动等危害。近年来,采用静力压桩的施工方法在软土地基中得到较好的应用。静力压桩施工方法的优点是噪声小、无振动,在桩身内不产生锤击沉桩所产生的很大锤击应力,可减少桩身配筋,降低工程造价。因此,静力压桩方法已广泛应用于软土地区的工业与民用建筑、港湾码头、水工围堰、地铁等工程的桩基施工。

当单桩承载力要求较高、持力层又深而使桩长较长时,预制桩就需分节进行预制和沉桩。因此,在前一节桩沉入土中、要进行后一节桩沉桩时,需将上、下节桩连接起来。目前常用的接桩方法主要有焊接法、螺栓连接法和浆锚法。

4. 按桩轴方向划分

按桩轴方向划分有竖直桩和斜桩。一般来说,当桩顶水平外力和弯矩不大,桩不长或桩身直径较大时,可采用竖直桩,相应的桩基称为竖直桩桩基。反之,当水平外力较大且方向不变时,可采用单向斜桩;当水平外力较大且由于活载作用致使水平外力在两个方向都可能产生时,则可采用多向斜桩桩基。如果水平外力特别大,如作用于拱桥基础上者,则可用桩架,如图 3-7 所示。由于施工技术上的原因,目前钻(挖)孔灌注桩通常设计为竖直桩。

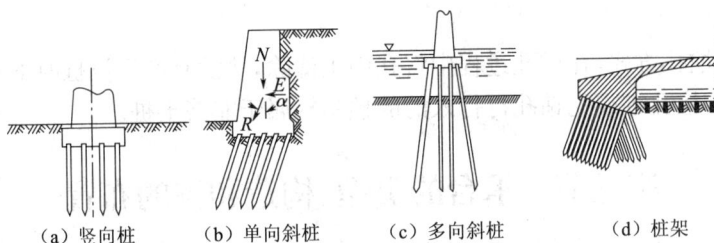

（a）竖向桩　　（b）单向斜桩　　（c）多向斜桩　　（d）桩架

图 3-7　不同轴向的桩基

5. 按承台底面位置划分

按承台底面位置分有低承台桩基和高承台桩基，见图 3-1。前者指承台底面位于地面或局部冲刷线以下者，如图 3-1（a）所示，后者指承台底面位于地面或局部冲刷线以上者，如图 3-1（b）所示。设计时应根据桩基受力大小和河床地质、水文、水流、通航、流冰及施工难度等条件来选择。一般对于季节性河流或冲刷深度较小的河床，大多采用低承台桩基。对于常年有水，且水位较高，施工时不易排水或河床较深，则多采用高承台桩基，以方便施工。

此外，还有一种复合桩基，这类桩基的上部荷载由桩土共同承担，地基土承担至少 50%，这种桩基称为减少沉降量桩基、疏桩基础或复合桩基。在我国一些沿海城市，地基土沉降量过大时常被采用。

6. 按成桩的直径划分

按成桩直径大小可以将桩分为小桩、中等直径桩和大直径桩三类。

（1）小桩

指桩径 $d \leqslant 250$ mm、长径比 $l/d$ 较大的桩，如树根桩。小桩具有施工空间要求小、对原有建筑基础影响小、施工方便、可在任何土层中成桩，并能穿越原有基础等特点，因而在地基托换、支护结构、抗浮、多层住宅地基处理等工程中得到广泛应用。

（2）中等直径桩

即普通桩，桩径为 $250$ mm $< d < 800$ mm 的桩。这种桩长期在工业与民用建筑中大量使用，其成桩方法和工艺很多。

（3）大直径桩

即桩径 $d \geqslant 800$ mm 的桩，在设计中应考虑桩的挤土效应和尺寸效应；此类桩在铁路桥梁墩台基础中应用较多。

7. 按桩的设置效应划分

随着桩的设置方式不同，桩孔处的排土量和桩周土体所受到的排挤及扰动程度也会不同，这将直接造成土体的天然结构、应力状态和性质的变化，从而影响到桩的承载能力、成桩质量等。按成桩对周围土层的影响可分为下列三种：

（1）挤土桩

在成桩过程中，造成大量挤土，使桩周土体受到严重扰动（重塑或土粒重新排列），土的工程性质有很大改变。如采用打入、静压和振动等成桩方法的实心预制桩、下端封闭的管桩和沉管灌注桩等。成桩过程中的挤土效应主要引起地面隆起和土体侧移，对预制桩可能会造成桩的侧移、倾斜、上抬等质量事故，对灌注桩还可能造成断桩和缩径等。

（2）部分挤土桩

在成桩过程中，引起部分挤土效应，桩周土体受到一定程度的扰动。一般底端开口的钢管桩、H 形刚桩、冲孔灌注桩和开口薄壁预应力钢筋混凝土桩等属于部分挤土桩。

(3)非挤土桩

采用钻孔或挖孔方式,在成孔过程中将孔中土清除,故没有产生设桩时的排挤土作用。一般现场灌注的钻、挖孔桩或先钻孔再打入的的预制桩属于非挤土桩。

# 第三节 承台的类型、构造和桩的布置

## 1. 承台类型及平面形式

根据上部结构的类型和布桩要求,承台可采用独立式、条形、井格式或圆(环)形等形式,如图 3-8 所示。柱下或桥梁墩台下常选用独立式承台,其平面轮廓形状可以是三角形、矩形或多边形[图 3-8(a)];墙下一般采用条形承台或井格式承台;若柱距不大,或柱承受较大的荷载,独立式承台难以满足地基承载力要求时,也可将独立式承台沿一个方向连接起来形成柱下条形承台,或沿两个方向连接起来形成井格式承台。

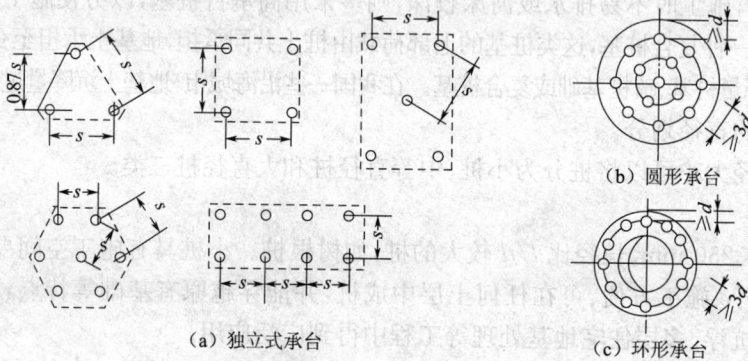

（a）独立式承台    （b）圆形承台    （c）环形承台

图 3-8 承台平面形式及布桩

## 2. 承台的构造

承台的尺寸和钢筋设置应根据上部结构尺寸和荷载大小,除满足抗冲切、抗剪切、抗弯承载力外,尚应满足构造要求。

承台最小宽度不应小于 500 mm,桩中心至承台边缘的距离不宜小于桩直径或边长,边缘挑出部分不应小于 150 mm,主要是为满足嵌固及斜截面承载力(抗冲切、抗剪切)的要求。对于墙下条形承台梁,其边缘挑出部分可减小至 75 mm,主要是考虑到墙体与承台梁共同工作可增强承台梁的整体刚度,受力情况良好。

为满足承台刚度、桩与承台的连接等构造要求,承台的最小厚度不应小于 300 mm,高层建筑平板式筏形基础承台最小厚度不应小于 400 mm。

承台的钢筋配置除应满足计算要求外,还应满足构造要求。柱下独立桩基承台的受力钢筋应通长配置,主要是为保证桩基承台的受力性能良好。根据工程经验及承台受弯试验对矩形承台将受力钢筋双向均匀布置;对三桩的三角形承台应按三向板带均匀布

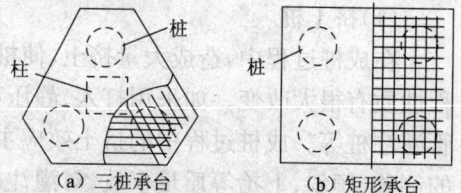

（a）三桩承台    （b）矩形承台

图 3-9 承台钢筋布置

置,柱下独立承台的配筋方式见图 3-9。为提高承台中部的抗裂性能,最里面的三根钢筋围成的三角形应在柱截面范围内。承台受力钢筋的直径不宜小于 12 mm,间距不宜大于 200 mm,

主要是为满足施工及受力要求。独立桩基承台的最小配筋率不应小于 0.15%，具体工程的实际最小配筋率宜考虑结构安全等级、桩基承载力等因素综合确定。

桩下独立两桩承台，当桩距与承台有效高度之比小于 5 时，其受力性能属深受弯构件，因而宜按现行《混凝土结构设计规范》中的深受弯构件配置纵向受拉钢筋、水平及竖向分布钢筋。

承台底面钢筋的混凝土保护层厚度除应符合现行《混凝土结构设计规范》的要求外，尚不应小于桩头嵌入承台的长度。

桩与承台的连接构造要求，桩嵌入承台的长度应根据实际工程经验确定。如桩嵌入承台深度过大，会降低承台的有效高度，使受力不利。

混凝土桩的桩顶纵向主筋锚入承台内的长度一般情况下为 35 倍主筋直径，对于专用抗拔桩，桩顶纵向主筋的锚固长度应按现行《混凝土结构设计规范》的受拉钢筋锚固长度确定。

对大直径灌注桩，当采用一柱一桩时，连接构造通常有两种方案：一是设置承台，将桩与柱通过承台相连接；二是将桩与柱直接连接。

当前工程实践中，桩与承台连接的防水构造形式较多，有的用防水卷材将整个桩头包裹起来，致使桩与承台无连接，仅是将承台支撑于桩顶；有的虽设有防水措施，但在钢筋与混凝土或底板与桩之间形成渗水通道，影响桩与底板的耐久性。

承台周围回填土质量至关重要。在地震和风载作用下，可利用其外侧土抗力分担相当大份额的水平荷载，从而减小桩顶剪力。但工程实践中，往往忽视承台回填土质量，以至出现浸水湿陷，给桩基结构在遭遇地震工况下留下安全隐患。一般情况下，采用灰土和压实性较好的素土分层夯实；当施工中分层夯实有困难时，可采用素混凝土回填。

桥梁桩基础的承台厚度不宜小于 1.5 m，通常采用 1.5～3 m。其混凝土强度等级应满足设计要求，按规定一般取 C15～C25，承台板的底部应布置一层双向钢筋网，此钢筋网应全长贯通，不得截断，如图 3-10 所示。对于桩顶直接埋入承台内，且桩顶作用于承台板的压应力超过承台板混凝土的容许局部承压能力时，应在每

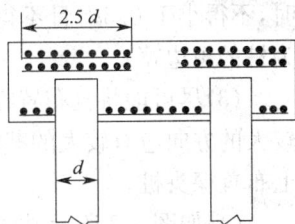

图 3-10　承台钢筋网

根桩的顶面以上设置 1～2 层直径不小于 12 mm 的钢筋网，钢筋网的每边长度不得小于桩径的 2.5 倍，其网孔为 100 mm×100 mm 至 150 mm×150 mm。

3. 桩的平面布置

合理的布桩是桩基设计中保证桩基有效而经济的重要环节，承台下布桩应遵循下列基本原则：

(1) 为保证桩群中各桩的桩顶荷载和桩顶沉降尽可能均匀，布桩时应尽量使群桩形心位置与上部结构荷载的合力作用点重合。

(2) 为节约材料和降低造价，宜尽量减小承台的平面尺寸，按最小桩中心距进行桩的布置。

《建筑桩基技术规范》(JGJ 94—2008)考虑到土性和成桩工艺的影响，如挤土桩由于存在挤土效应要求较大的桩距，若桩距太小将会直接影响到桩侧阻力的发挥，并且还会给沉桩造成困难，因而规定了桩的最小中心距应符合表 3-2 的要求。扩底灌注桩除应满足表 3-2 的要求外，还应满足表 3-3 的规定。

表 3-2　基桩最小中心距

| 土类与成桩工艺 | | 排数不少于3排且桩数不少于9根的摩擦型桩基 | 其他情况 |
|---|---|---|---|
| 非挤土灌注桩 | | 3.0d | 3.0d |
| 部分挤土桩 | 非饱和土、饱和非黏性土 | 3.5d | 3.0d |
| | 饱和黏性土 | 4.0d | 3.5d |
| 挤土桩 | 非饱和土、饱和非黏性土 | 4.0d | 3.5d |
| | 饱和黏性土 | 4.5d | 4.0d |
| 钻、挖孔扩底桩 | | 2D 或 D+2.0 m（当D>2 m） | 1.5D 或 D+1.5 m（当D>2 m） |
| 沉管夯扩、钻孔挤扩桩 | 非饱和土、饱和非黏性土 | 2.2D 且 4.0d | 2.0D 且 3.5d |
| | 饱和黏性土 | 2.5D 且 4.5d | 2.2D 且 4.0d |

注：1. d—圆桩设计直径或方桩设计边长，D—扩大端设计直径。

2. 当纵横向桩距不相等时，其最小中心距应满足"其他情况"一栏的规定。

3. 当为端承桩时，非挤土灌注桩的"其他情况"一栏可减小至 2.5d。

《铁路桥基规范》规定：一般情况下，打入桩的桩尖中心间距不应小于 $3d$（桩径）。震动下沉于砂土内的桩则不应小于 $4d$；钻（挖）孔灌注桩摩擦桩不应小于 2.5 倍成孔桩径，钻（挖）孔灌注柱桩不应小于 2 倍成孔桩径；沉管灌注桩不应小于 $3d$。各类桩的最外一排至承台边缘的净距应满足下列要求：当桩径 $d\leqslant 1$ m 时，不得小于 $0.5d$，且不得小于 0.25 m；当桩径 $d>1$ m时，不得小于 $0.3d$，且不得小于 0.5 m（对于钻孔灌注桩，$d$ 为设计桩径，对于矩形截面的桩，$d$ 为桩的短边宽）。

（3）尽可能将桩布置在靠近承台的外围位置，以增加桩基的惯性矩；桩基受水平力和力矩较大的方向应有较大的截面模量。如将力矩较大的方向设计为承台长边，以及在横墙外延线上布置探头桩。

（4）如图 3-8 所示，桩的布置一般多采用行列式，也可采用梅花式。对于圆形或环形承台基础，采用同心圆布置。

4. 承台与桩的连接

承台与桩的连接方式有两种：一是将桩顶直接伸入承台板内，如图 3-11(a)所示，另一种是将桩顶主筋伸入板内连接，如图 3-11(b)、(c)所示。前者适用于木桩、预应力混凝土桩，也可用于普通钢筋混凝土预制桩，后者适用于钻、挖孔灌注桩及普通钢筋混凝土预制桩。

上部结构荷载通过承台传递到桩顶，它一般要求桩顶与承台的联结处既能传递竖向荷载，同时也能传递水平荷载和弯矩，因此需要桩顶与承台固结相连。对于铁路桥梁桩

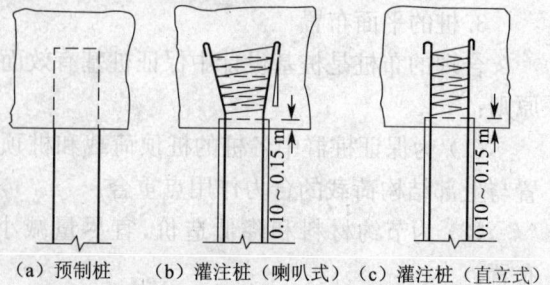

(a) 预制桩　(b) 灌注桩（喇叭式）　(c) 灌注桩（直立式）

图 3-11　桩与承台的连接方式

基，当采用预制桩时，一般将桩顶直接埋入承台内的桩身长度为：当桩径小于 0.6 m 时，不得小于 2 倍桩径；当桩径为 0.6～1.2 m 时，不得小于 1.2 m；当桩径大于 1.2 m 时，不得小于桩径。对于就地钻（挖）孔灌注桩，一般将桩顶伸入承台 100 mm，此时桩顶主筋伸入的长度，对

于光钢筋不得小于 $45d_g$（$d_g$ 为主筋直径）；带肋钢筋不得小于 $35d_g$。另外，在主筋的外面设置直径不小于 8 mm、间距为 $150\sim200$ mm 的螺旋箍筋，如图 3-11(b)、(c)所示。对于建筑桩基，桩顶嵌入承台座板内的桩身长度对于大直径桩，不宜小于 100 mm；对于中等直径的桩，不宜小于 50 mm；桩顶主筋伸入座板的锚固长度不宜小于 $30d_g$；对于抗拔桩基不应小于 $40d_g$。

5. 沉井式承台

沉井式承台是先将一个井壁中预留有桩孔的沉井沉到预定标高，在洪水到来之前先设置几根固定沉井的钻孔桩，然后在洪水期间，便可以沉井顶面作为工作平台，继续进行其他桩的钻孔和灌注混凝土（图 3-12）。其优点在于：可使施工得以在汛期进行，且井壁中预留桩孔又可起钻孔桩施工所需的护筒用，从而免去了深水中设置护筒的麻烦，还可降低座板底面标高，对桩的受力情况有利。不过，沉井承台的设计计算和施工较为复杂，一般应用较少，仅适用于工期较紧的深水河流的施工情况。

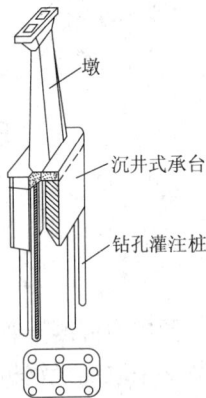

图 3-12　沉井式承台

# 第四节　预制桩的构造和施工

预制桩可在工厂或工地制造，当桩长在沉桩设备或运输条件的容许范围内时，则整根预制；否则需分节制造，在沉桩过程中逐节接长沉入土中。分节长度可按施工条件决定，但应尽量减少接头数目。接头强度应不低于桩身材料强度，接头的构造必须保证在沉桩过程和使用中不松动、不开裂。桩身强度不仅应满足桩基设计要求，还需考虑桩身运输，起吊或沉桩过程中的最不利荷载。当土层中有大孤石、大树干等障碍物时，沉桩将会遇到困难，不宜采用预制桩。

## 一、预制桩的构造

### （一）钢筋混凝土桩

1. 钢筋混凝土管桩

有普通钢筋混凝土管桩和预应力混凝土管桩两种，都是在工厂用离心旋转法制造的，管节长度等参数见表 3-3。

表 3-3　我国目前厂制的钢筋混凝土管桩

| 类型 | 壁厚(mm) | 管节长度(m) | 混凝土标号 |
| --- | --- | --- | --- |
| 普通钢筋混凝土管桩 | 80 | 6、8、10 | 一般不应低于 C25，丰台桥梁厂生产的管桩为 C35 |
| 预应力混凝土管桩 | 80、90、100 | 8、10 以及短节桩 | 一般不应低于 C40，丰台桥梁厂生产的管桩为 C45 |

注：短节桩——两节短节桩节长之和等于一个标准节长。

普通钢筋混凝土管桩如图 3-13 所示，节端有法兰盘，可在工地用螺栓接长，一般可拼接到 $16\sim30$ m，个别情况可接长到 $40\sim50$ m。桩端接以预制的桩尖（桩靴），也是用法兰盘和螺栓与管节连接。主筋用 HPB235 钢筋或 HRB335 钢筋，主筋直径可采用 $12\sim22$ mm，根数不少于 8 根，净保护层不应小于 2 cm，螺旋钢筋直径可采用 $6\sim10$ mm，间距为 $50\sim200$ mm。

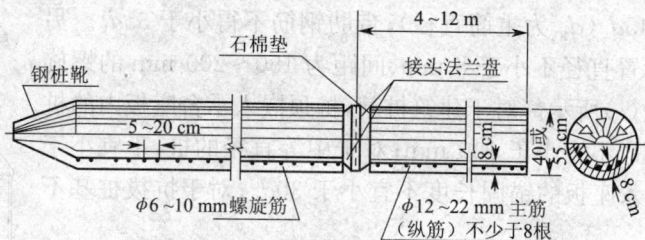

图 3-13　工厂预制的钢筋混凝土管桩

预应力混凝土管桩主筋用 $\phi12$ mm 的 HRB400 钢筋或 44 $Mn_2Si$ 热轧 $\phi12$ mm 钢筋。在桩节端采取加设钢板套箍和加密螺旋钢筋等措施来提高桩的耐打性。由于预应力混凝土管桩具有耐打性强、用钢量少,且可避免由于吊运,打桩及运营期间产生垂直桩轴的横向裂纹,从而提高了耐久性,故正在逐步取代普通混凝土管桩。

2. 特大直径的钢筋混凝土管柱

我国武汉长江大桥首先采用了大直径薄壁钢筋混凝土管桩,其外径 1.55 m,壁厚 100 mm。随着施工机具的不断改进,所用的直径愈来愈大,见表3-4,最大曾用到 5.8 m。管柱也是采用分节制造,节端有法兰盘可在工地接长。管柱靠震动锤震入和用吸泥机柱内吸泥而沉入土中,故下节管柱的端部带有由钢板制成的刃脚,如图 3-14 所示。刃脚应特别坚固,以保证遇到坚硬障碍物时不至损坏并使管柱穿越覆盖层或切入基岩风化层。达到基岩后,还可用冲击钻或牙轮钻在管柱内钻岩成孔,再置入钢筋笼并灌注水下混凝土,使管"扎根"于岩盘。

表 3-4　钢筋混凝土管柱、预应力管柱的直径及节长

| 类　　型 | 直径(m) | 节长(m) |
|---|---|---|
| | 1.55 | 3、4、5、6、9、12 |
| 钢筋混凝土管柱 | 3.0 | |
| | 3.6 | |
| | 5.0 | 4、5、7.5、10 |
| | 5.8 | |
| 预应力管柱 | 3.0 | |
| | 3.6 | |

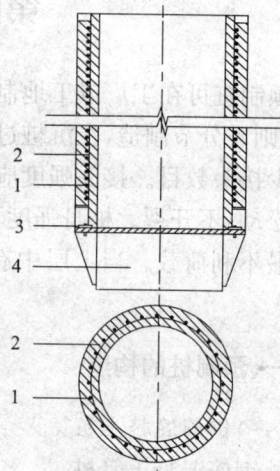

图 3-14　装配式钢筋混凝土管柱
1—主钢筋;2—螺旋筋;
3—法兰盘;4—刃脚

管柱也分钢筋混凝土管柱和预应力混凝土管柱两种,前者适用于入土深度不大于 25 m,下沉所需震动力不大的情况。后者则能经受较大的震动力,抗裂性较强,其下沉深度可超过 25 m,但制造工艺及设备较复杂。

用管柱修筑的基础称为管柱基础,它可适用于各种土层,尤其在一些其他类型基础不适应的困难条件下,如深水、岩面不平、无覆盖层或覆盖层很厚的条件下均可适用。

3. 普通钢筋混凝土方桩

普通钢筋混凝土方桩一般多为实心,方桩的边长一般为 25～55 cm,工厂预制桩受到运输条件限制,桩长一般不超过 13.5 m。若受到施工条件限制可分节制造,采用套筒、暗销或榫接等接头形式,用焊接、锁定或胶接的方法拼接。对于大尺寸的方桩,为了减轻自重,可采用空心

的。桩的下端带有桩尖。桩身混凝土强度等级不应低于C25,配筋率不宜小于0.8%。

（二）钢　　桩

钢桩有钢管桩、H形钢桩、钢轨桩、螺旋钢桩等。由于钢材昂贵,用钢量多,且防锈措施较麻烦,故钢桩在我国铁路桥梁中应用较少。

（三）木　　桩

木桩应直,桩顶应削平,并与桩轴相垂直。桩顶应安上铁箍。桩顶应按规格加工,如要穿过硬土层,应安上铁桩靴。在以往铁路桥梁中所用的木桩一般直径为22～34 cm,长6～18 m。由于木桩在干湿交替环境中极易腐烂,使用年限不长,故目前在我国铁路桥梁工程已很少采用。

**二、预制桩的施工**

（一）沉桩设备

把桩沉入土中所需的机具主要有打桩锤、打桩架、射水沉桩用机具等。

1.打桩锤

目前常用的打桩锤有单动汽锤、双动汽锤、柴油锤和振动锤等。各类桩锤的适用情况见表3-5。

（1）单动汽锤:如图 3-15 所示,主要由汽缸和活塞组成。汽缸提升靠蒸汽或压缩空气,控制配合阀便能使汽缸提升或下落,靠汽缸的自重打桩。单动汽锤构造较简单,施工中很少出故障,但锤击频率不高,每分钟 15～30 次,至多 40～60 次。冲击部分重量一般有 15～60 kN 多种规格,重型者 60～150 kN。适用情况见表 3-5。

**表 3-5　各种类型锤的适用情况表**

| 沉桩机具类别 | 适用情况 |
| --- | --- |
| 单动汽锤 | 适用于除木桩外的各类桩 |
| 双动汽锤 | 1.适宜用于相对较轻型的桩;<br>2.使用压缩空气时可在水下沉桩;<br>3.可用于沉拔钢板桩 |
| 柴油锤 | 1.导杆式锤适用于木桩、钢板桩;<br>2.筒式锤宜用于混凝土管桩、钢管桩;<br>3.不适宜在过硬或过软的土中沉桩 |
| 振动锤 | 1.适宜于沉拔木桩、钢板桩或混凝土管桩;<br>2.宜用于砂土、塑性黏土及松软砂黏土;<br>3.在卵石夹砂及紧密黏土中效果较差 |

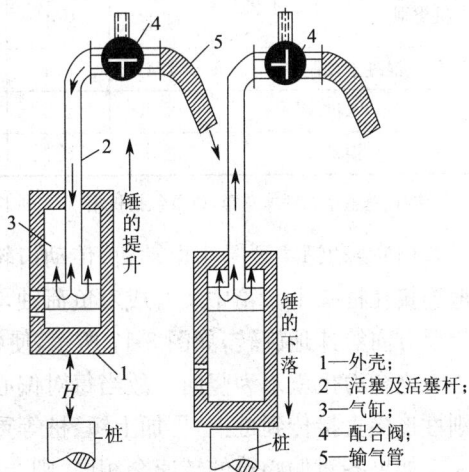

1—外壳;
2—活塞及活塞杆;
3—气缸;
4—配合阀;
5—输气管

图 3-15　单动汽锤

（2）双动汽锤:打桩时,其外壳（汽缸）固定于桩头上,汽缸里的活塞连同冲击锤才是锤击部分。由于构造上使得锤的下落不仅靠自重,同时,还有蒸汽（或压缩空气）作用着,故称双动汽锤,锤的下降速度比单动汽锤快,锤击频率较高,重型锤 90 次/min 左右,轻型锤可达 300 次/min 左右。但其锤击能量不大,故宜用于轻型桩。如果将双动汽锤倒装于桩上,则可用于拔桩,故常用其来沉、拔钢板桩围堰的钢板桩。

（3）柴油锤:其构造与前述桩锤截然不同,它本身既是桩锤又是动力发生器,其工作原理同于柴油机（工作过程如图 3-16 所示）。故不必配备产生蒸汽或压缩空气的一套笨重的动力设备。柴油锤分筒式和杆式两种,适用情况见表 3-6。国产东方型筒式柴油锤其锤击活塞重35 kN,每分钟锤次数 40～60 次。

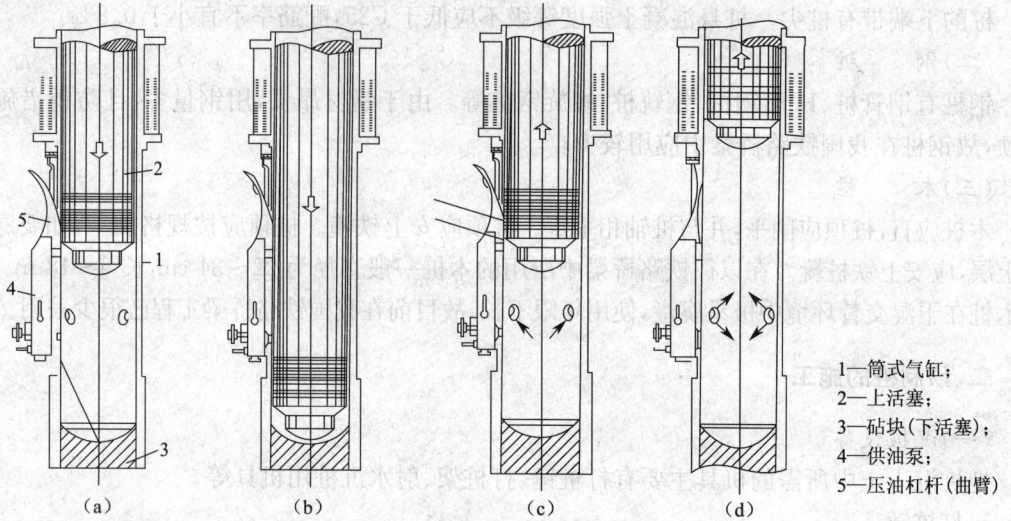

1—筒式气缸；
2—上活塞；
3—砧块(下活塞)；
4—供油泵；
5—压油杠杆(曲臂)

图 3-16　筒式柴油锤工作过程

表 3-6　锤重与桩重比值

| 桩类别 \ 锤类别 \ 土状态 | 单动汽锤 | | 双动汽锤 | | 柴油锤 | | 落锤 | |
|---|---|---|---|---|---|---|---|---|
| | 硬土 | 软土 | 硬土 | 软土 | 硬土 | 软土 | 硬土 | 软土 |
| 混凝土预制桩 | 1.4 | 0.4 | 1.8 | 0.6 | 1.5 | 1.0 | 1.5 | 0.35 |
| 木桩 | 3.0 | 2.0 | 2.5 | 1.5 | 3.5 | 2.5 | 4.0 | 2.0 |
| 钢桩 | 2.0 | 0.7 | 2.5 | 1.5 | 2.5 | 2.0 | 2.0 | 1.0 |

注：1.锤重系指锤体总重,桩重包括桩帽重；2.桩长度不超过20 m。

(4)振动锤主要是由电动机、传动齿轮或链条以及振动箱所组成。振动箱下的支座是刚性地连接在桩头上。箱中装有成对负荷轴,轴上带有偏心轮,由电动机通过齿轮或链条带动朝着相反方向等速地旋转,如图 3-17 所示,使各对偏心轮始终位于对称位置。这样,由它产生的离心力之合力也就永为竖向。故当每对偏心轮转动一周,即产生一周正弦型上下震动力,并通过刚性连接直接传到桩上,再加上锤、桩等重量的作用,桩便会快速地打入土中。

如果各对偏心轮的转速全相同,则产生如上述的正弦型振动,即所谓"单频率"振动,其振动力系上下对称；如果在上述基础上另加一对或数对静力矩较小但转速快一倍的偏心轮,则由这两者叠加而成的振动合力就如图 3-18 所示,叫作"双频"振动,其向下振动力大于向上者,故更利于沉桩。这种锤若倒过来,则可用于拔桩,例如,在拆除钢板桩围堰时,拔出钢板桩。

从构造上区分有：整体式,如图 3-17 所示,其电动机是刚性地连接在振动箱上,频率为 400～600 次/min,振动力较大,最大振动力可达 1 600～2 500 kN,适于下沉很深的大口径管桩,但其缺点是电动机易被振坏。另一种是用弹簧把电动机垫开,这样电动机就不那么容易损坏,频率多为 1 000 次/min 左右,振动力较小,适于下沉轻型桩。

总之,振动锤最大的优点是沉桩速度快,尤其穿过近地表处之砂性土或软黏土层,几分钟内就下沉十米,既不要笨重的辅助设备,桩也不易被打坏,但耗电量很大,必须有相应的动力电源。

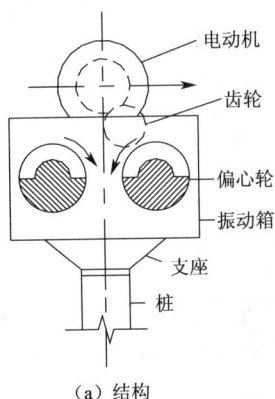

图 3-17　整体式单频振动锤

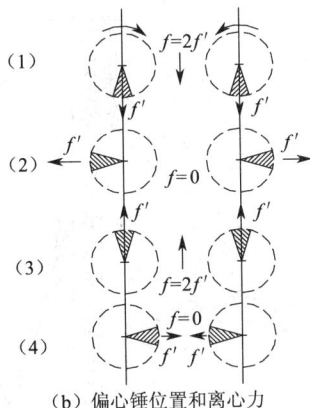

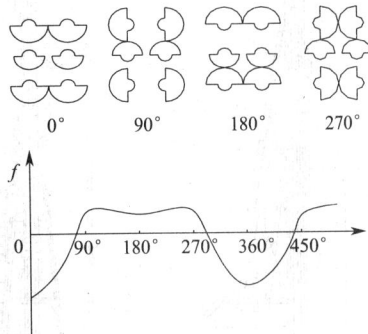

图 3-18　双频振动锤振动力的变化曲线

（a）结构　　　　　　　　（b）偏心锤位置和离心力

### 2.打桩架

打桩架也是沉桩的主要设备之一，它在沉桩施工中除起导向作用外（控制桩锤沿着导杆的方向运动），还起到吊锤、吊桩、吊插射水管等作用（相当于起重机）。桩架可分为自行移动式桩架和非自行移动式桩架。通常多采用前者。

自行移动式打桩架按其走行部分的特征，可分为导轨式、履带式和轮胎式三种。

下面仅介绍两种桥梁工程中常用的导轨式桩架，图 3-19 为 60 kN 的单动汽锤用的桩架，图 3-20 为我国原大桥局生产的 BDH-$R_1$ 型柴油锤桩架。由于它们能在水平面内作 360°旋转；能后倾成各种角度以便打斜桩，最大后倾可达 1:3；导向杆可延伸到底盘以下等，它们也被称为万能打桩架，其机械化程度高，生产效率也高，适于打大量重型桩的桩基工程。

### 3.桩帽

打桩时，要在锤与桩之间设置桩帽。它既要能起缓冲而保护桩顶的作用，又要保持沉桩效率。因此，在桩帽上方（锤与桩帽接触一方）填塞硬质缓冲材料，如橡木、树脂、硬桦木、合成橡胶等，厚约 150～250 mm。在桩帽下方（桩帽与桩接触一方）应垫以软质缓冲材料，如麻饼（麻编织物）、草垫、皮轮胎等，统称为桩垫，桩垫的厚度和软硬是否恰当，将直接影响沉桩效率。

### 4.送桩

遇到以下情况需要送桩：当桩顶设计标高在导杆以下，此时送桩长度应为桩锤可能达到最低标高与预计桩顶沉入标高之差，再加上适当的富余量；当采用管桩内射水沉桩时，为了插入射水管，需用侧面开有槽口（宽 0.3 m，高 1～2 m）的送桩，如图 3-21 所示。送桩通常用钢板焊成的钢筒送桩。

### 5.射水设备

射水多作为沉桩辅助措施与锤击或震动沉桩相配合，例如当桩重锤轻，或遇到砂土、砂夹卵石层用锤击下沉有困难时，可采取锤击与射水相配合的措施来沉桩。下沉空心桩时一般用内射水。当桩下沉较深或穿过土层较硬，桩身周围摩阻力较大使用内射水配合锤击难以下沉至设计标高时，可再加外射水。但实心桩则只能采用外射水。

射水设备包括水泵站、输水管路、射水管及射水嘴。射水管管径多在 76 mm 以内，用带法兰盘接头的无缝钢管做成，下端接有射水嘴。

射水效果取决于水压和水量，即水压要大到能冲散土层，同时又要有足够的水量使冲散的土颗粒沿桩侧上升，冲出地面。

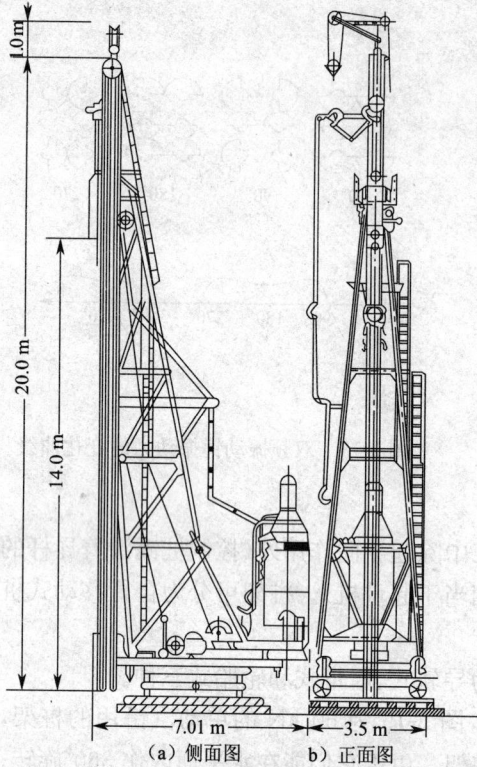

（a）侧面图　　b）正面图

图 3-19　钢制万能桩架

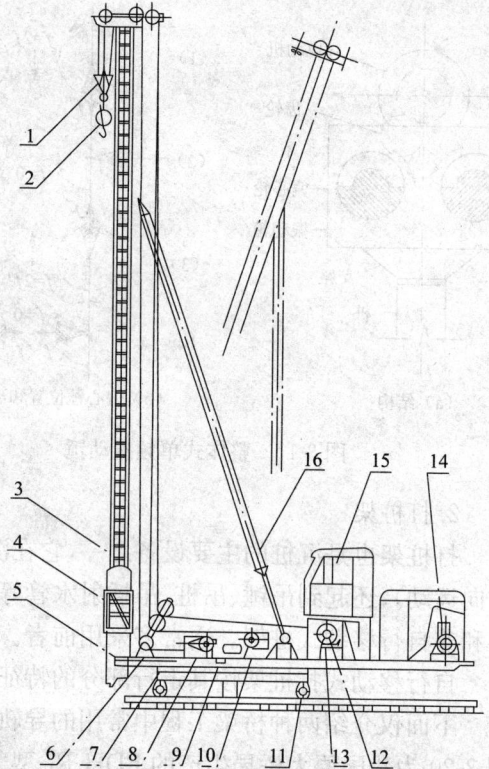

图 3-20　BDH-R₁ 型柴油锤桩架

1—主钩；2—副钩；3—立柱；4—升降梯；5—水平伸缩小车；
6—上平台；7—下平台；8—升降梯卷扬机；9—水平伸缩机构；
10—副吊桩卷扬机；11—行走机构；12—吊锤卷扬机；
13—主吊桩卷扬机；14—电气设备；15—操纵室；16—斜撑

**（二）主要工序及沉桩方法**

用预制桩修筑桩基的主要工序有：桩位放样，沉桩设备架立和就位，将桩沉入土中，修筑承台等。

沉桩的方法有：锤击沉桩（打入）、震动沉桩（震入）、锤击与射水配合沉桩、震动与射水配合沉桩、静力压桩（压入）。

**（三）沉桩工艺要点**

1. 合理地确定沉桩顺序（见图 3-22）

一般应从中间开始，向两端或四周进行，有困难时也可分段进行。这样做的目的是使土的挤出现象比较缓和，使各桩的入土深度不致过于悬殊，以免造成不均匀沉降。

2. 合理布置桩的吊点（见图 3-23）

桩在吊运和吊立时的受力情况和一般受弯构件相同，应按正负弯矩相等的原则确定吊点位置，吊运时一般多采用 2 个吊点，而将桩吊立到打桩机的导向架时则多采用 1 个吊点。采用两吊点和一吊点的位置和桩截面最大弯矩的计算公式如图 3-23 所示，式中 $q$ 为桩单位长度的重量。

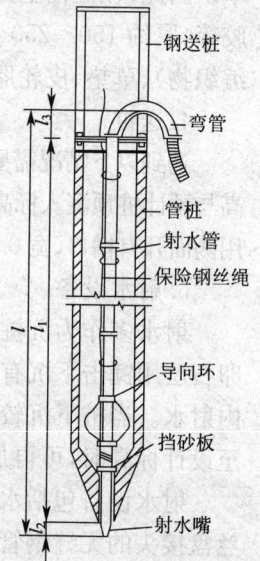

钢送桩

弯管

管桩
射水管
保险钢丝绳

导向环

挡砂板

射水嘴

图 3-21　射水沉桩

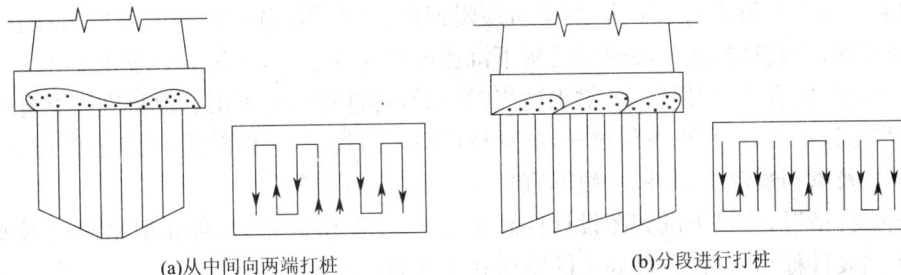

(a)从中间向两端打桩　　　　　　　(b)分段进行打桩

图 3-22　正确的打桩顺序

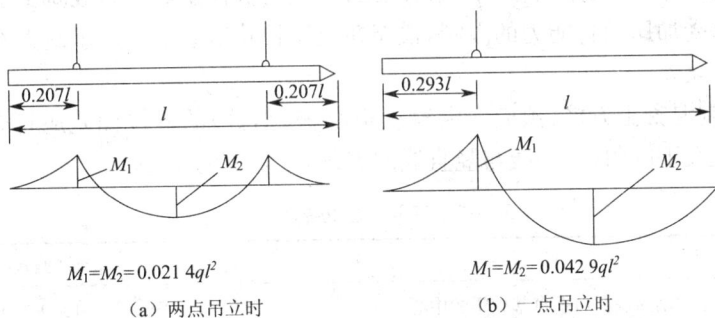

$M_1=M_2=0.021\,4ql^2$　　　　　$M_1=M_2=0.042\,9ql^2$

（a）两点吊立时　　　　　　　　（b）一点吊立时

图 3-23　预制桩的吊点位置和桩身弯矩图

### 3.沉桩注意事项

**(1)锤击沉桩**

①开始阶段应做好桩位及方向的控制。打桩前,应检查桩锤、桩帽和桩轴线是否一致及检查桩位和倾斜度。要求桩位偏差不得大于 2 cm,倾斜度不得超过 1/400,四周桩只允许有向内偏差。

刚开始打桩时必须严格控制桩锤动能,如单动汽锤应控制其落距不超过 50 cm;双动汽锤应控制汽压,减少每分钟的锤击数;柴油锤应控制供油量来降低锤击能量,其目的是为了防止桩在入土初期缺少柱周土约束,沉入过快而造成桩位及方向偏差。

②在正常打桩阶段,原则上应采用重锤低击,以充分发挥锤的打桩效率,并避免将桩打坏。重锤低击是通过选取锤与桩重的比值来实现的,可参阅表 3-6。

③接桩宜在桩顶露出地面 1 m 时进行。

④若出现如下异常现象应及时检查、处理:

桩突然急剧下沉,或同时发生倾斜和移位(一般是桩身断裂、接头断裂或桩尖劈裂所致);桩突然难于下沉、桩锤严重回跳(可能是桩尖遇障碍物或硬土层,此时切不可强行硬打,宜适当延续锤击视其能否突破障碍,如无效,应拔出,更换成开口钢靴桩尖原位或移位下沉);桩头、法兰盘附近混凝土出现裂纹或剥落(可能由于锤重不合适或桩身混凝土质量欠佳所致)。

**(2)振动沉桩**

大直径薄壁管柱用锤是打不动的,故一般都用震入法施工,震入法也适用于钢筋混凝土管桩及钢板桩等。

震动沉桩一般在砂土中效果最佳。但在砂夹卵石或黏性土中,则应与射水配合,其配合方法是:初期可单靠自重或射水下沉;当下沉缓慢或停止时,可用震动,并同时射水;随后震动和射水交替进行,即震动持续一段时间后桩下沉速度由大变小时,如每分钟下沉小于 5 cm,或桩顶冒水,则应停止震动,改用射水,射水适当时间后,再进行震动下沉。要特别注意合理地控制震动持续时间,不得过短,也不得过长,震动持续时间过短,则土的结构未能破坏,过长,则容易损坏电动机及磨损震动锤部件,一般不宜超过 10~15 min。

无论哪种情况,当桩下沉到距设计标高还差 1~1.5 m 时,即应停止射水而仅用锤击或震入将桩沉到设计标高,以保护桩底土的结构和承载力。

(3)压入法(静力压桩)

该法优点是无噪音、无振动,适于城市施工,沉桩时桩仅受静压力故减少了桩身、桩头的破损率。其缺点是受加压设备能力的限制,仅能在土层较软地基上压入承载力不大的桩。

4.沉桩允许误差

打入桩(预制混凝土方桩、预应力混凝土空心桩、钢桩)的桩位偏差应符合表 3-7,斜桩的倾斜度偏差不得大于倾角(桩轴线与竖直线的夹角)正切值的 15%。

表 3-7　打入桩桩位的允许偏差

| 项　目 | 允许偏差(mm) |
|---|---|
| 带有基础梁的桩:(1)垂直基础梁的中心线<br>(2)沿基础梁的中心线 | 100+0.01H<br>150+0.01H |
| 桩数为 1~3 根桩基中的桩 | 100 |
| 桩数为 4~16 根桩基中的桩 | 1/2桩径或边长 |
| 桩数大于 16 根桩基中的桩:(1)最外边的桩<br>(2)中间桩 | 1/2桩径或边长<br>1/2桩径或边长 |

注:H 为施工现场标高与桩顶设计标高的距离。

预制桩钢筋骨架的允许偏差规定见表 3-8。

桩的表面应平整、密实,《建筑桩基技术规范》(JGJ 94—2008)规定制作允许偏差应符合表 3-9。

表 3-8　预制桩钢筋骨架的允许偏差

| 项次 | 项　目 | 允许偏差(mm) |
|---|---|---|
| 1 | 主筋间距 | ±5 |
| 2 | 桩尖中心线 | 10 |
| 3 | 箍筋间距或螺旋筋的螺距 | ±20 |
| 4 | 吊环沿纵轴线方向 | ±20 |
| 5 | 吊环沿垂直于纵轴线方向 | ±20 |
| 6 | 吊环露出桩表面的高度 | ±10 |
| 7 | 主筋距桩顶距离 | ±5 |
| 8 | 桩顶钢筋网片位置 | ±10 |
| 9 | 多节桩预埋铁件位置 | ±3 |

表 3-9　预制桩制作允许偏差

| 桩型 | 项　目 | 允许偏差(mm) |
|---|---|---|
| 钢筋混凝土实心桩 | 横截面边长 | ±5 |
| | 桩顶对角线之差 | ≤5 |
| | 保护层厚度 | ±5 |
| | 桩身弯曲矢高 | 不大于1‰桩长且不大于20 |
| | 桩尖偏心 | ≤10 |
| | 桩端面倾斜 | ≤0.005 |
| | 桩节长度 | ±20 |
| 钢筋混凝土管桩 | 直径 | ±5 |
| | 长度 | ±0.5%桩长 |
| | 管壁厚度 | −5 |
| | 保护层厚度 | +10,−5 |
| | 桩身弯曲(度)矢高 | 1‰桩长 |
| | 桩尖偏心 | ≤10 |
| | 桩头板平整度 | ≤2 |
| | 桩头板偏心 | ≤2 |

5.混凝土预制桩的起吊、运输和堆存

混凝土预制桩达到设计强度的70％方可起吊,达到100％才能运输。桩起吊时应采取相应措施,保持平稳,保护桩身质量。水平运输时,应做到桩身平稳放置,无大的振动,严禁在场地上以直接拖拉桩体方式代替装车运输。

桩的堆放场地地面应平整、坚实;垫木和吊点应保持在同一横断平面上,且各层垫木应上下对齐;堆放层数不宜超过四层。

6.混凝土预制桩的接桩

混凝土预制桩的连接方法有焊接、法兰接及硫磺胶泥锚接三种,前两种可用于各类土层;硫磺胶泥锚接适用于软土层,且对重要建筑桩基或承受拔力的桩宜慎重选用。焊接接桩的钢板宜用低碳钢,焊条宜用 E43;法兰接桩的钢板和螺栓宜用低碳钢;硫磺胶泥锚接桩的硫磺胶泥配合比应通过试验确定,其物理力学性能指标应符合规范要求;采用焊接接桩时,应先将四角点焊接固定,然后对称焊接,并确保焊缝质量和设计尺寸。

7.混凝土预制桩的沉桩

混凝土预制桩的沉桩涉及到打(压)桩机械、打桩顺序、对相邻建筑物的影响以及由打桩引起的挤土效应而导致孔隙水压力的增加等因素,故应遵循一定的原则和要求。

沉桩前必须处理架空(高压线)和地下障碍物,场地应平整,排水应畅通,并满足打桩所需的地面承载力。

桩锤的选用应根据场地条件、桩型、桩的密集程度、单桩竖向承载力及现有的施工条件等决定。

桩打入时桩帽或送桩帽与桩周围的间隙应为 5～10 mm;锤与桩帽、桩帽与桩之间应加设弹性衬垫,如硬木、麻袋、草垫等;桩锤、桩帽或送桩应和桩身在同一条轴线上;

对于密集桩群,自中间向两个方向或向四周对称施打;当一侧毗邻建筑物时,由毗邻建筑物处向另一方向施打;根据基础的设计标高,宜先深后浅;根据桩的规格,宜先大后小,先长后短。

桩停止锤击的控制原则如下:

(1)桩端(指桩的全段面)位于一般土层时,以控制桩端设计标高为主,贯入度可作参考;

(2)桩端达到坚硬、硬塑的黏性土、中密以上粉土、碎石类土、风化岩时,以贯入度控制为主,桩端标高可作参考;

(3)贯入度已达到而桩端标高未达到时,应继续锤击 3 阵,按每阵 10 击的贯入度不大于设计规定的数值加以确认,必要时施工控制贯入度应通过试验与有关单位会商确定。

当遇到贯入度剧变,桩身突然发生倾斜、位移或有严重回弹,桩顶或桩身出现严重裂缝、破碎等情况时,应暂停打桩,并分析原因,采取相应措施。

当采用内(外)射水法沉桩时,射水法打桩适用于砂土和碎石土;水冲至最后 1～2 m 时,应停止射水,并用锤击至规定标高,停锤控制标准可按有关规范执行。

8.为避免或减小沉桩挤土效应和对邻近建筑物、地下管线等影响,施打大面积密集桩群时,可采取下列辅助措施:

(1)预钻孔沉桩,孔径约比桩径(或方桩对角线)小 50～100 mm,深度视桩距和土的密实度、渗透性而定,深度宜为桩长的 1/3～1/2,施工时应随钻随打;桩架宜具备钻孔锤击双重性能。

（2）设置袋装砂井或塑料排水板，以消除部分超孔隙水压力，减少挤土现象。袋装砂井直径一般为 70～80 mm，间距 1～1.5 m，深度 10～12 m；塑料排水板的深度和间距与袋装砂井相同。

（3）设置隔离板桩或地下连续墙。

（4）开挖地面防震沟可消除部分地面震动，可与其他措施结合使用，沟宽 0.5～0.8 m，深度按土质情况以边坡能自立为准。

（5）限制打桩速率。

（6）沉桩过程应加强邻近建筑物、地下管线等的观测、监护。

9.静力压桩适用于软弱土层，当存在厚度大于 2 m 的中密以上砂夹层时，不宜采用静力压桩。静力压桩应符合下列规定：

（1）压桩机应根据土质情况配足额定重量；

（2）桩帽、桩身和送桩的中心线应重合；

（3）压同一根（节）桩应缩短停顿时间。

# 第五节 钻（挖）孔桩的构造和施工

钻（挖）孔灌注桩具有施工机具成熟、技术简单、适用于各种土层等优点，已成为一种使用广泛的基础形式。目前在我国铁路桥梁基础尤其是高速铁路桥梁基础中，采用钻、挖孔桩基础应用相当普遍，深受设计和施工部门的欢迎。

## 一、钻、挖孔桩的构造

钻孔灌注桩的设计桩径（即钻头直径）一般采用 0.8 m、1.0 m、1.25 m 和 1.5 m，挖孔灌注桩的直径或边宽则不宜小于 1.25 m。

主筋宜采用光钢筋（挖孔灌注桩不考虑此项要求），必要时也可采用螺纹钢筋。主筋直径不宜小于 16 mm，净距不宜小于 120 mm，任何情况下不应小于 80 mm，主筋净保护层不应小于 60 mm。桩身主筋尽量不用束筋，在满足最小间距的情况下，尽可能采用单筋、小直径钢筋，以提高桩的抗裂性。若须采用束筋，每束不宜多于两根。箍筋直径可采用 8 mm，其间距为 200 mm。摩擦桩下部可增大至 400 mm。为增大钢筋笼的刚度，顺钢筋笼长度每隔 2～2.5 m 加一道直径为 16～22 mm 的骨架钢筋。桩身主筋可按桩身内力分段配筋。对于埋入地面线或局部冲刷线以下长度 $h \geqslant \dfrac{4.0}{\alpha}$（$\alpha$ 为桩的水平变形系数）的摩擦桩，从理论计算和试验说明在 $h = \dfrac{4.0}{\alpha}$ 处桩身弯矩很小（接近于零）。主筋层配置到 $h = \dfrac{4.0}{\alpha}$ 以下 2 m 处。

若在施工中为了预防钢筋笼被混凝土顶起，最好还是将一部分主筋伸至桩底，且其下端做成弯勾状。

## 二、钻孔桩施工

### （一）主要工序和钻孔方法

用钻孔桩施工桩基的主要工序有：场地准备、桩位放样、埋设护筒、钻孔、清孔、下钢筋笼、灌注混凝土或水下混凝土成桩、修筑承台等。

钻孔方法有:冲击式钻孔、冲抓式钻孔及旋转式钻孔法。上述三种钻孔方法分别采用相应的冲击式钻头(见图 3-24 和图 3-25)、冲抓式钻头(见图 3-26)、旋转式钻头(见图 3-27)进行钻孔,各种类型钻头适用土层情况见表 3-10 及表 3-11。由此可见,所谓"钻孔桩可适用于各种土层"这一说法的实质,指可根据不同土层选用不同类型钻头和钻孔方法而言的。

(二)钻孔桩施工要点

1.场地准备

在旱地施工时,包括平整和夯实场地,以防钻机机座发生不均匀沉陷。在浅水中,宜采用筑岛,岛面应高出施工水位 0.75~1.0 m,若有条件改河则可改水中施工为旱地施工。

2.埋设护筒

护筒的作用是固定桩位、给钻头导向、保护孔口不发生坍塌;必要时可人为地提高孔内水位以作为保护孔壁的一项措施。护筒的埋设方法有填筑式和挖埋式两种。当地下水位较高时可用填筑式。护筒的内径一般要比钻头直径大 20~40 cm,护筒一般用 4~6 mm 厚的钢板制成,每节高 1.5~2 m,可以接长。

3.钻孔

应根据地质条件选用合适的钻头和钻孔方式;应采取防止发生坍孔的措施,通常除采用泥浆护壁作为主要防坍孔措施之外,还要特别注意,预先做好护筒底面处的防坍孔措施,因为该处的特殊条件使其成为极易发生坍孔的部位;若在软土、淤泥和可能发生流砂的土层钻孔时,应谨慎一些,先作施工工艺试验,取得经验后再全面展开施工。

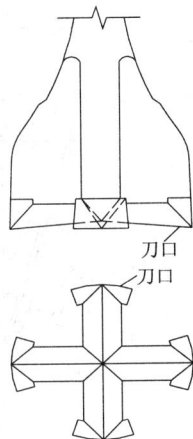

图 3-24 25~40 kN 的十字型冲击式钻头

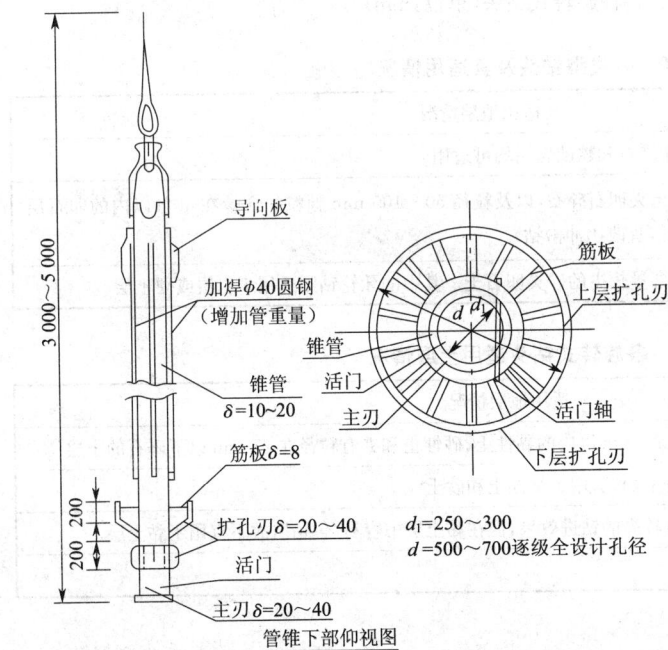

图 3-25 管形冲击式钻头(单位:mm)

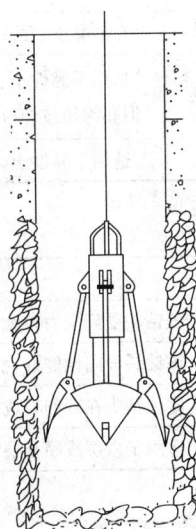

图 3-26 15~24 kN 的四瓣式冲抓钻头

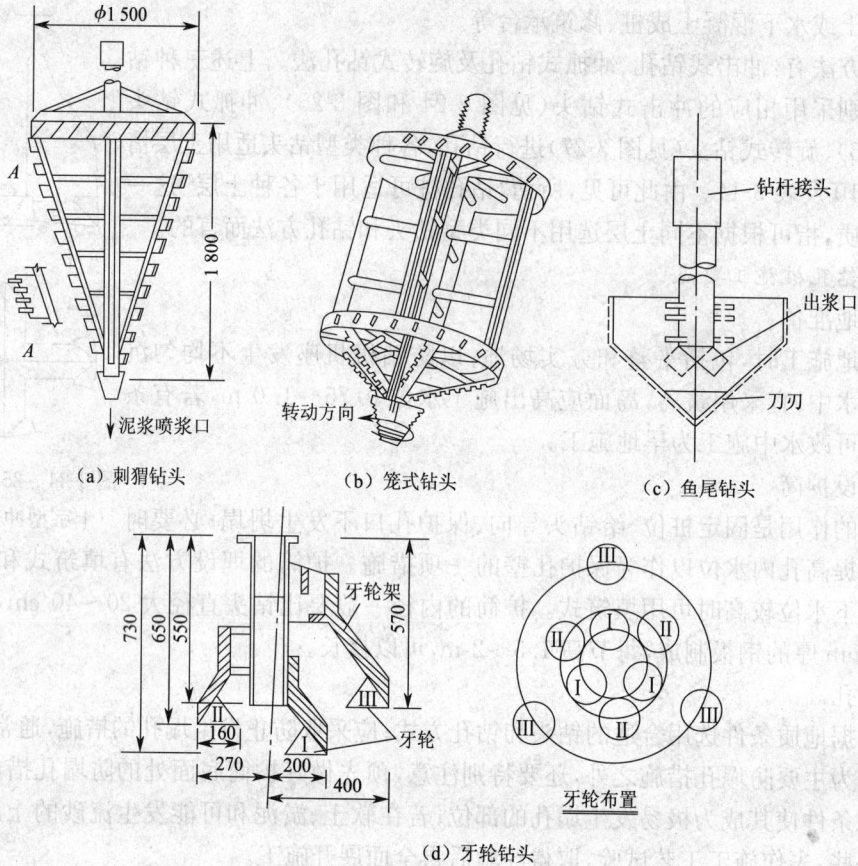

（a）刺猬钻头　　　　　　（b）笼式钻头　　　　　　（c）鱼尾钻头

（d）牙轮钻头

图 3-27　各种旋转式钻头（单位：mm）

**表 3-10　各类型钻头及其适用情况**

| 钻头类型 | 适用地层情况 |
|---|---|
| 冲击式钻头 | 在砂黏土、黏砂土、砂砾石、卵漂石和软硬岩层均可适用 |
| 冲抓式钻头 | 适用于黏性土、砂性土、砂黏土夹卵石碎石，以及粒径 50～100 mm 颗粒的含量在 40%以内的卵石层（但孔深超过 20 m 时，效率较低，宜改用冲击钻） |
| 旋转式钻头 | 适用于黏性土、砂性土、卵石含量较少的砂夹卵石土。其中的牙轮钻则适用于岩层或硬土层 |

**表 3-11　各旋转式钻头适用土层情况**

| 类型 | 适用地层情况 |
|---|---|
| 刺猬式 | 该钻头受到阻力较大，只适用于孔深 50 m 以内的黏性土，砂性土和夹粒径在 25 mm 以下砾石的土层 |
| 笼式 | 该钻头导向性能好，扩孔率小，钻进平稳，适用于黏性土和砂土 |
| 鱼尾式 | 此种钻头在砂卵石或风化岩层中有较高的钻进效果，但在黏土层中容易"包钻"，故不宜用于黏土层 |
| 牙轮钻 | 适用于岩层或硬土层 |

4. 排渣

在钻进过程中应及时排除钻渣，当采用冲击式钻孔法时，通常采用掏渣筒自孔内提取钻渣；对于旋转式钻孔法，通常采用循环泥浆排除钻渣。按泥浆循环方式的不同，旋转式钻孔工艺分为正循环和反循环。正循环法如图 3-28 所示,泥浆由泥浆泵从泥浆池泵入钻杆内腔,经钻头出浆口射出,泥浆携带钻渣沿钻孔上升至孔口,由护筒上预留的孔口溢流入泥浆槽并流入沉淀池中,经净化后再流回泥浆池供再次使用。反循环泥浆的流向与正循环者相反,其泥浆由泥浆池流入钻孔内与钻渣混合,由真空泵将钻渣与泥浆混合物自钻头的进渣孔抽吸入钻杆并经泵送至泥浆沉淀池,净化后再送至泥浆池供再次使用。反循环法需用反循环钻机,此法的优点是:靠泵排渣,故效果好,钻进速度比正循环法可快 4～5 倍;所需的泥浆比重较正循环者低,故耗费制浆的黏土量小,可免去正循环者成孔后所需的颇为费时的清孔换浆工序。其缺点是泥浆泵损耗较严重。这种反循环旋转钻孔工艺适用于黏性土、砂性土、砂卵石和风化岩层,但卵石粒径不得超过钻杆内径的三分之二,适用孔深在 35 m 以内。

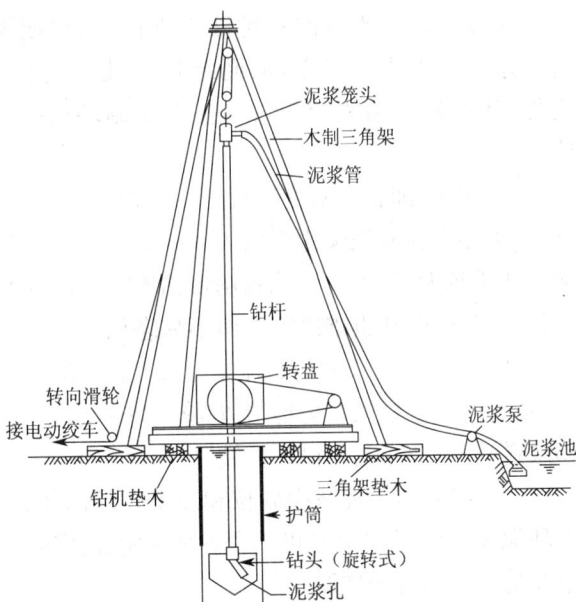

图 3-28　正循环旋转法钻孔(泥浆护壁)

5.清孔

在终孔后(达设计标高),灌注水下混凝土之前,应清除孔底沉渣,即清孔,以保证桩底承载能力。清孔的方法有:

(1)用掏渣筒掏渣清孔,此法适用于冲击、冲抓成孔的摩擦桩及在不稳定土层中清孔。

(2)用吸泥清孔法,将高压空气经射风管射入孔底翻起沉渣,用吸泥机排出孔外,还应及时向钻孔内补水以防孔内水头下降而导致孔壁坍塌。此法适用于不易坍塌的土层及岩层。

(3)循环泥浆换浆清孔法,当采用正循环旋转钻孔时,在终孔停钻后,将钻头向上提离孔底 10～20 cm,空转并继续保持正常的泥浆循环,使孔内泥浆含砂量逐步减少。换浆清孔时间一般需 4～6 h。

6.下钢筋笼和灌注水下混凝土

钢筋笼吊装就位一般多在清孔之前进行,以缩短清孔完毕至开始灌注水下混凝土的时间。

灌注水下混凝土是个关键工序,通常采用直升导管法。混凝土的坍落度以 18～22 cm 为宜。每根桩的灌注时间不应太长,尽量在 8 h 内灌完,以防顶层混凝土失去流动性而导致提升导管的困难,通常要求每小时的灌注高度宜不小于 10 m。导管埋入混凝土的深度任何时候都不得小于 1 m,一般控制在 2～4 m 以内,以防发生断桩事故。当混凝土面接近钢筋笼底时应保持较大埋管深度、放慢灌注速度,当混凝土面越过钢筋笼底 1～2 m 后,再减小导管埋深,加快灌注速度,这是为了防止发生钢筋笼被混凝土顶托上升的事故。混凝土应灌注到高出桩顶设计标高 0.5～1.0 m,以便清除浮浆。

**三、对泥浆性能的要求及有关指标**

泥浆的护壁机理是:由于充填于钻孔内的泥浆比重(即相对密度)比地下水大,且通常保持孔内泥浆液面略高于孔外地下水位,故孔内泥浆的液柱压力既足以平衡孔外地下水压而成为孔壁土体的一种液态支撑,又促使泥浆渗入孔壁土体并在其表面形成一层细密而透水性很小的泥皮,从而维护了孔壁的稳定。在钻孔桩施工中,泥浆除起护壁作用之外,还起悬浮钻渣、利于钻进,在正循环钻孔时还起了排渣作用,为此,对泥浆有如下性能要求:

(1)比重(即相对密度):对于一般地层,以 1.1~1.3 为宜,松散易坍地层以 1.4~1.6 为宜;冲击钻孔孔底泥浆比重以 1.4~1.6 为宜;反循环旋转钻孔则比重宜小些,以 1.1 为宜。如泥浆比重越大,其护壁性能和携带钻渣能力也越大,但若比重过大,则流动性差,泥浆循环阻力增加,夹带的砂料也难以除去而不易净化。

(2)黏度:是以 500 mL 泥浆通过 5 mm 漏斗孔所需的时间(s)来表示的。对于一般地层以16~22 s 为宜,松散易坍地层以 19~28 s 为宜。泥浆黏度大,则护壁及悬浮钻渣能力强,但不易泵送、抽吸和净化,且易"糊钻"。

(3)含砂率:指泥浆中砂粒和黏土颗粒的体积的百分比。新制泥浆含砂率不宜大于 4%;循环泥浆不得超过 8%,可用含砂率测定器测定。含砂率大的泥浆其护壁性能差、易磨损泥浆泵及造成孔内沉渣增厚。

(4)胶体率:指泥浆静置一昼夜的沉淀率,可用 100 mL 泥浆置入 100 mL 量杯,测定静置后上部澄清液体体积,以总体积减去此体积的值除以总体积来表示胶体率,新制泥浆不应低于 95%。

(5)pH 值:为防止泥浆对混凝土的侵蚀,其 pH 值要求大于 6.5(注:pH>7 为碱性,pH=7 为中性,pH<7 为酸性)。

为达到上述性能要求,除必须对造浆的主要材料黏土和水严格选择外,还常用一些化学处理剂及添加一些惰性材料来使泥浆达到优质指标。现简述如下:

造浆的黏土应采用膨润土,水的 pH 值应在 7~8 之间,即呈中性,并且不含杂质。

化学处理剂分为无机和有机两大类。无机处理剂有碱性、碳酸盐类等,在工地上常用的纯碱,它的作用是提高悬液中低价阳离子的浓度,通过离子交换作用去置换粘粒界面吸附层中的高价阳离子,从而加厚结合水膜厚度,达到促使颗粒分散和防止凝聚下沉,对于泥浆调制、维护、再生都有良好的作用。有机处理剂有:稀释剂,又称分散剂,如丹宁液、拷胶液等,用于降低黏度;降失水剂,又称增黏剂,起增加黏度和降低失水量的作用,有煤碱液、腐殖酸纤维素、木质素、丙稀酸衍生物等。

惰性物质:指一些不溶于水的物质,如重晶石粉、珍珠岩粉、石灰石粉等。在泥浆中掺入惰性物质,是为增加泥浆的比重。

在施工时,应先做试验确定各种材料的配合比。

**四、施工程序**

这里主要针对泥浆护壁成孔灌注桩、沉管灌注桩、内夯灌注桩和干作业成孔灌注桩的施工特点和需要注意的问题,分别就其共性和个性问题加以说明。灌注桩是一项质量要求高,须在一个短时间内连续完成多道工序的地下隐蔽工程。施工必须认真按程序进行(程序框图如图3-29 所示)。

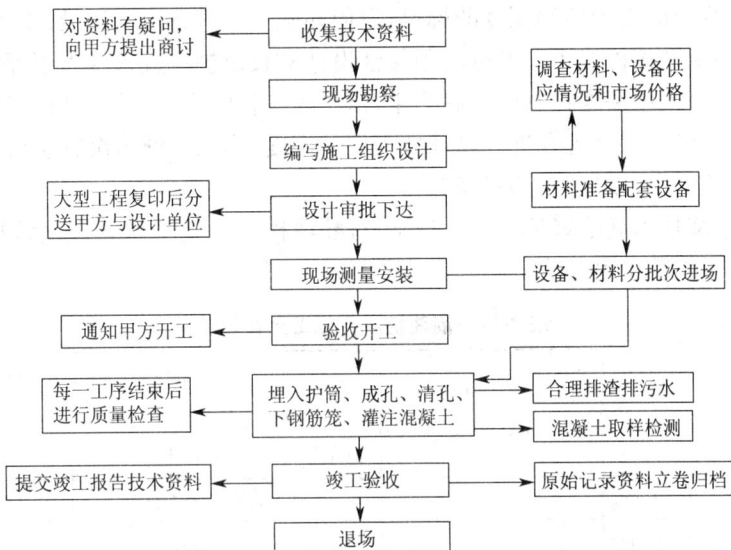

图 3-29　灌注桩施工程序框图

（一）施工前的准备

1.资料和场地准备

施工企业必须具备相应的施工资质；收集建筑场地工程地质资料和必要的水文地质资料；桩基施工图及图纸会审纪要，包括桩的类型尺寸，桩位平面布置图，桩与承台的连接，桩的配筋、混凝土强度等级及相关的承台构造等；建筑场地和邻近区域内的地下管线（管道、电缆）、地下构筑物、危房、精密仪器车间的调查资料；主要施工机械及其配套设备的技术性能资料；有关荷载、施工工艺和桩的静载试验和动测的试验资料；桩基工程的施工组织设计或施工方案；水泥、砂、石、钢筋等原材料及其制品的质检报告。

2.施工组织设计或施工方案的内容

施工平面图：标明桩位、编号、施工顺序、水电线路和临时设施的位置；采用泥浆护壁成孔时，应标明泥浆制备设施及其循环系统；确定成孔机械、配套设备以及施工工艺的有关部门资料，采用泥浆护壁成孔时，必须有泥浆处理措施；施工进度计划和劳动力组织计划；机械设备、备（配）件、工具（包括质量检查工具）、材料供应计划；桩基施工时，对安全、劳动保护、放火、防雨、防台风、爆破作业、文物和环境保护等方面应有关规定执行；工程质量、安全生产和季节性（冬、雨季）施工的技术保证措施。

3.需要注意的几个问题

成桩机械必须经鉴定合格，不合格机械不得使用。施工前的图纸会审，会审纪要连同施工图等作为施工依据并列入工程档案。施工现场应进行平整处理，桩基施工用的临时设施、如供水、供电、道路、排水、临设房屋等，必须在开工前准备就绪，以保证施工机械正常作业。基桩轴线的控制点和水准基点应设在不受施工影响的地方。开工前应进行复核并妥善保护，施工中应经常复测。

（二）施工中的一般规定

为核对地质资料、检验设备、工艺以及技术要求是否适宜，桩在施工前，宜进行"试成孔"。成孔设备就位后，必须平正、稳固，确保在施工中不发生倾斜、移动。成孔深度控制。

在桩架或桩管上应设置控制深度的标尺,以便在施工中进行观测记录;摩擦桩以设计桩长控制成孔深度;端承摩擦桩或中间型桩必须保证设计桩长及桩端进入持力层深度;当采用锤击沉管法成孔时,桩管入土深度控制以标高为主,以贯入度控制为辅;端承型桩或柱桩:当采用钻(冲)、挖掘成孔时,必须保证桩孔进入设计持力层的深度;当采用锤击沉管法成孔时,沉管入土深度控制以贯入度为主,以控制标高为辅。

根据《建筑桩基技术规范》(JGJ 94—2008)对灌注桩成孔施工的允许偏差规定见表 3-12。钢筋笼的制作允许偏差见表 3-13。

表 3-12　灌注桩成孔施工允许偏差

| 成孔方法 | | 桩径允许偏差(mm) | 垂直度允许偏差(%) | 桩位允许偏差(mm) | |
|---|---|---|---|---|---|
| | | | | 1～3 根桩、条形桩基沿垂直轴线方向和群桩基础中的边桩 | 条形桩基沿轴线方向和群桩基础的中间桩 |
| 泥浆护壁钻、挖、冲孔桩 | $d \leqslant 1\,000$ mm | ±50 | 1 | $d/6$ 且不大于 100 | $d/4$ 且不大于 150 |
| | $d > 1\,000$ mm | ±50 | | $100 + 0.01H$ | $150 + 0.01H$ |
| 锤击(振动)沉管振动冲击沉管成孔 | $D \leqslant 500$ mm | −20 | 1 | 70 | 150 |
| | $d > 500$ mm | | | 100 | 150 |
| 螺旋钻、机动洛阳铲干作业成孔 | | −20 | 1 | 70 | 150 |
| 人工挖孔桩 | 现浇混凝土护壁 | ±50 | 0.5 | 50 | 150 |
| | 长钢套管护壁 | ±20 | 1 | 100 | 200 |

注:①桩径允许偏差的负值是指个别断面;
　　②H 为施工现场地面标高与桩顶设计标高的距离,d 为设计直径。

分段制作的钢筋笼,其接头宜采用焊接并应遵守《混凝土结构工程施工质量验收规范》GB50204 的规定;加劲箍宜设在主筋外侧,主筋一般不设弯钩,根据施工工艺要求所设弯钩不得向内缘伸露,以免妨碍导管工作;钢筋笼的内径应比导管接头处的外径大 100 mm 以上;搬运和吊装时,应防止变形,安放要对准孔位,避免碰撞孔壁,就位后应立即固定;钢筋笼主筋的保护层允许偏差为:水下浇筑混凝土桩±20 mm,非水下浇筑混凝土桩±10 mm。

表 3-13　钢筋笼制作允许偏差

| 项　目 | 允许偏差(mm) |
|---|---|
| 主筋间距 | ±10 |
| 箍筋间距 | ±20 |
| 钢筋笼直径 | ±10 |
| 钢筋笼长度 | ±100 |

粗骨料可选用卵石或碎石,其最大粒径对于沉管灌注桩不宜大于 50 mm,并不得大于钢筋最小净间距的 1/3;对于素混凝土桩,不得大于桩径的 1/4,并不宜大于 70 mm。检查成孔质量合格后应尽快浇筑混凝土。桩身混凝土必须留有试件,直径大于 1 m 的桩,每根桩应有一组试块,且每个浇筑台班不得少于一组,每组 3 件。灌注桩施工现场所有的设备、设施、安全装置、工具配件以及个人劳保用品必须经常检查,确保完好和使用安全。

(三)泥浆护壁成孔灌注桩

1.泥浆制备和处理

除能自行造浆的土层外,均应制备泥浆。泥浆制备应选用高塑性黏土或膨润土。泥浆应根据施工机械、工艺及穿越的土层进行配比设计。膨润土泥浆可参考表 3-14 的性能指标制备。

表 3-14　制备泥浆的性能指标

| 项　目 | 性能指标 | 检验方法 |
|---|---|---|
| 比　重 | 1.1～1.15 | 泥浆比重计 |
| 黏　度 | 10～25 s | 50 000/70 000 漏斗法 |
| 含砂率 | <6％ | |
| 胶体率 | ≥95％ | 量杯法 |
| 失水量 | <30 mL/(30 min) | 失水量仪 |
| 泥皮厚度 | 1～3 mm/(30 min) | 失水量仪 |
| 静切力 | 1 min,20～30 mg/cm²;10 min,50～100 mg/cm² | 静切力计 |
| 稳定性 | <0.03 g/cm² | |
| pH 值 | 7～9 | |

施工期间护筒内的泥浆面应高出地下水位 1.0 m 以上,在受水位涨落影响时,泥浆面应高出最高水位 1.5 m 以上;清孔过程中,应不断置换泥浆,直至浇筑水下混凝土;浇筑混凝土前,孔底 500 mm 以内的泥浆比重应小于 1.25;含砂率 8％;黏度 28 s;在容易产生泥浆渗漏的土层中应采取维持孔壁稳定的措施;弃用泥浆、泥渣应按环境保护的有关规定处理。

2. 正反循环钻孔灌注桩的施工

应根据桩型、钻孔深度、土层情况、泥浆排放及处理等综合条件选择钻孔机具及工艺。对孔深大于 30 m 的端承型桩(柱桩),宜采用反循环工艺成孔或清孔。泥浆护壁成孔时,孔口宜采用护筒。在松软土层中钻进,应根据泥浆补给情况控制钻进速度;在硬层或岩层中的钻进速度以钻机不发生跳动为准。为保证钻孔的垂直度,在钻机的钻头和钻具上相应地应设置导向装置和扶正器。钻进过程中如发生斜孔、塌孔和护筒周围冒浆时,应停钻,待采取相应措施后再行钻进。钻孔达到设计深度,灌注混凝土之前,孔底沉渣厚度指标对端承型桩(柱桩)不应大于 50 mm;对摩擦型桩不应大于 100 mm;对抗拔、抗水平力桩不应大于 200 mm,若不满足要求的应进行换浆和清孔。

3. 冲击成孔灌注桩的施工

在冲孔桩的孔口应设置护筒,其内径应大于钻头直径 200 mm。在钻头锥顶和提升钢丝绳之间应设置保证钻头自动转向的装置,以防产生梅花孔。开孔时,应低锤密击,如表土为淤泥、细砂等软弱土层,可加黏土块夹小片石反复冲击造壁,孔内泥浆面应保持稳定。在不同的土层、岩层中钻进时,可按照表 3-15 进行。每钻进 4～5 m 深度验孔一次,遇到孤石时,可预爆或用高低冲程交替冲击,将大孤石击碎或挤入孔壁;在更换钻头前或容易缩孔处,均应验孔。进入基岩后,非桩端持力层每钻进 300～500 mm 和桩端持力层每钻进 100～300 mm 时,应清孔取样一次,并应做记录。

表 3-15　冲击成孔操作要点

| 项　目 | 操作要点 | 备　注 |
|---|---|---|
| 在护筒刃脚以下 2 m 范围内 | 小冲程 1 m 左右,泥浆相对密度 1.2～1.5,软弱土层投入黏土块夹小片石 | 1. 土层不好时提高泥浆比重或加黏土块 |
| 黏性土层 | 中、小冲程 1～2 m,泵入清水或稀泥浆,经常清除钻头上的泥块 | |
| 粉砂或中粗砂层 | 中冲程 2～3 m,泥浆相对密度 1.2～1.5,投入黏土块,勤冲、勤掏渣 | 2. 防黏钻可投入碎砖石 |
| 砂卵石层 | 中、高冲程 3～4 m,泥浆相对密度 1.3 左右,勤掏渣 | |
| 软弱土层或塌孔回填重钻 | 小冲程反复冲击,加黏土块夹小片石,泥浆相对密度 1.3～1.5 | |

### 4. 水下混凝土的灌注

钢筋笼吊装完毕,应进行隐蔽工程验收,合格后应即时浇注水下混凝土。水下混凝土应符合下列要求:一是水下混凝土必须具备良好的和易性,配合比应通过试验确定;坍落度宜为180~220 mm;水泥用量不少于 360 kg/m³。二是水下灌注混凝土的含砂率宜为 40%~50%,并宜选用中粗砂;粗骨料的最大粒径应小于 40 mm。三是为改善和易性和缓凝,水下灌注混凝土宜掺外加剂。

### 5. 导管的构造和使用

导管壁厚不宜小于 3 mm,直径宜为 200~250 mm;直径制作偏差不应超过 2 mm,导管的分节长度视工艺要求确定,底管长度不宜小于 4 m,接头宜采用双螺纹方扣快速接头;导管提升时,不得挂住钢筋笼,为此可设置防护三角形加劲钣或设置锥形法兰护罩;导管使用前应试拼装、试压,试水压力为 0.6~1.0 MPa。使用的隔水栓应有良好的隔水性能,保证顺利排出。

### 6. 浇注水下混凝土应注意的问题

为使隔水栓能顺利排出,导管底部至孔底的距离宜为 300~500 mm,桩直径小于600 mm时可适当加大导管底部至孔底距离;应有足够的混凝土储备量,使导管一次埋入混凝土面以下0.8 m以上;导管埋深宜为 2~6 m,严禁导管提出混凝土面,应有专人测量导管埋深及管内外混凝土面的高差,填写水下混凝土浇注记录;水下混凝土必须连续施工,每根桩的浇注时间按初盘混凝土的初凝时间控制,对浇注过程中的一切故障均应记录备案。控制最后一次灌注量,桩顶不得偏低,应凿除的泛浆高度必须保证暴露的桩顶混凝土达到强度设计值。

### (四)沉管灌注桩和内夯灌注桩

### 1. 锤击沉管灌注桩的施工

群桩基础和桩中心距小于 4 倍桩径的桩基,应提出保证相邻桩桩身质量的技术措施;混凝土预制桩尖或钢桩尖的加工质量和埋设位置应与设计相符,桩管与桩尖的接触应有良好的密封性;沉管全过程必须有专职记录员做好施工记录;每根桩的施工记录均应包括每米的锤击数和最后一米的锤击数;必须准确测量最后三阵,每阵十锤的贯入度及落锤高度。

拔管和混凝土灌注:沉管至设计标高后,应立即灌注混凝土,尽量减少间隔时间;灌注混凝土之前,必须检查桩管内有无吞桩尖或进泥、进水;当桩身配钢筋笼时,第一次混凝土应先灌至笼底标高,然后放置钢筋笼,再灌注混凝土至桩顶标高。第一次拔管高度应控制在能容纳第二次所需灌入的混凝土量为限,不宜拔得过高。在拔管过程中应有专用测锤或浮标检查混凝土面的下降情况;拔管速度要均匀,对一般土层以 1 m/min 为宜,在软弱土层和软硬土层交界处宜控制在 0.3~0.8 m/min。

混凝土的充盈系数不得小于 1.0;对于混凝土充盈系数小于 1.0 的桩,宜全长复打。成桩后的桩身混凝土顶面标高应不低于设计标高 500 mm。全长复打桩的入土深度宜接近原桩长,局部复打应超过断桩或缩径区 1 m 以上。当桩身配有钢筋时,混凝土的坍落度宜采用80~100 mm;素混凝土桩宜采用 60~80 mm。

### 2. 振动、振动冲击沉管灌注桩的施工

应根据土质情况和荷载要求,分别选用单打法、反插法、复打法等。单打法适用于含水量较小的土层,宜采用预制桩尖;反插法及复打法适用于饱和土层。

单打法施工:必须严格控制最后30 s的电流、电压值,其值按设计要求或根据试桩和当地经

验确定;桩管内灌满混凝土后,先振动 5～10 s,再开始拔管,应边振边拔,每拔 0.5～1.0 m 停拔,振动 5～10 s;如此反复,直至桩管全部拔出;在一般土层内,拔管速度宜为 1.2～1.5 m/min,用活瓣桩尖时宜慢,用预制桩尖时可适当加快;在软弱土层中,宜控制在 0.6～0.8 m/min。

反插法的施工:桩管灌满混凝土之后,先振动再拔管,每次拔管高度 0.5～1.0 m,反插深度 0.3～0.5 m;在拔管过程中,应分段添加混凝土,保持管内混凝土面始终不能低于地表面或高于地下水位 1.0～1.5 m 以上,拔管速度应小于 0.5 m/min;在桩尖处的 1.5 m 范围内,宜多次反插以扩大桩的端部断面;穿过淤泥夹层时,应当放慢拔管速度,并减少拔管高度和反插深度,在流动性淤泥中不宜使用反插法。

3.夯压成型灌注桩的施工

夯扩桩可采用静压或锤击沉管进行夯压、扩底、扩径。内夯管比外管短 100 mm,内夯管底端可采用闭口平底或闭口锥底,见图 3-30。

沉管过程中,外管封底可采用干硬性混凝土、无水混凝土配料,经夯击形成阻水、阻泥管塞,其高度一般为 100 mm,当不出现内、外管间隙涌水、涌泥时,也可不采用上述封底措施。

桩的长度较大或需配置钢筋笼时,桩身混凝土宜分段灌注;拔管时内夯管和桩锤应施压于外管中的混凝土顶面,边压边拔。

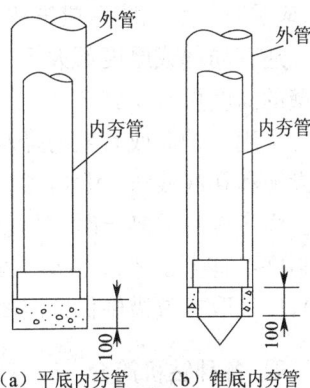

图 3-30　内外管及管塞(单位:mm)

工程施工前宜进行试成桩,应详细记录混凝土的分次灌入量,外管上拔高度,内管夯击次数,双管同步沉入深度,并检查外管的封底情况,有无进水、涌泥等,经核定后作为施工控制依据。

(五)干作业成孔灌注桩

1.钻孔(扩底)灌注桩的施工

钻孔时钻杆应保持垂直稳固,位置正确,防止因钻杆晃动引起扩大孔径;钻进速度应根据电流值的变化,及时调整;钻进过程中应随时清理孔口积土,遇到地下水,塌孔、缩孔等异常情况时,应及时处理。

对于钻孔扩底桩,扩底部位施工时,应根据电流值或油压值,调节扩孔刀片切削土量,防止出现超负荷现象;扩底直径应符合设计要求,经清底扫膛,孔底的虚土厚度应符合规定。成孔达到设计深度后,孔口应予以保护,并做好验收和记录。

浇注混凝土前,应先放置孔口护孔漏斗,随后放置钢筋笼并再次测量孔内虚土厚度,扩底桩灌注混凝土时,第一次应灌至扩底部位的顶面,随即振捣密实;浇注桩顶以下 5 m 范围内混凝土时,应随浇随振动,每次浇注高度不得大于 1.5 m。

2.人工挖孔灌注桩的施工

由于用人力开挖桩孔,故仅适用于无地下水或少地下水的土层,且桩的直径或边宽不得小于 1.25 m,人工挖孔桩要特别注意在设计和施工上确保工人安全,国外一些发达国家已不采用人工挖孔桩。

挖孔桩可作成圆形、方形或矩形截面。开挖时应视土质决定是否设置孔壁支撑。若土质不好,可采用混凝土围圈支撑孔壁,通常每下挖 0.6～1.6 m 就需立模灌注一次围圈,若土质太差时,每 20 cm 高度应加设一圈钢筋。开挖时,如遇大孤石或岩层可打眼放炮,但需注意排烟,以保护施工人员的安全。在施工过程中,要及时检查孔内的 $CO_2$ 及其他有害气体的浓度。

开孔前,桩位应定位放样准确,在桩位外设置定位龙门桩,安装护壁模板必须用桩中心点校正模板位置,并由专人负责。

第一节井圈护壁保证井圈中心线与设计轴线的偏差不得大于 20 mm;井圈顶面应比场地高出 100～150 mm,壁厚比下面井壁厚度增加 100～150 mm。

修筑井圈护壁应保证护壁的厚度、连接钢筋、配筋、混凝土强度均应符合设计要求;上下节护壁的搭接长度不得小于 50 mm;每节护壁均应在当日施工完毕;护壁混凝土必须保证密实,根据土层渗水情况使用速凝剂;模板的拆除宜在 24 h 之后进行;发现护壁有蜂窝、漏水现象时,应及时补强以防造成事故;同一水平面上的井圈任意直径的极差不得大于 50 mm。

遇有局部或厚度不大于 1.5 m 的流动性淤泥和可能出现涌土涌砂时,护壁施工时,每节护壁的高度可减少到 300～500 mm,并随挖、随验、随浇注混凝土。

采用钢护筒或有效的降水措施。挖至设计标高时,孔底不应积水,终孔后应清理好护壁上的淤泥和孔底残渣、积水,然后进行隐蔽工程验收。验收合格后,应立即封底和浇注桩身混凝土。浇注桩身混凝土时,混凝土必须通过溜槽;当高度超过 3 m 时,应用串筒,串筒末端离孔底高度不宜大于 2 m,混凝土宜采用插入式振捣器振实。当渗水量过大(影响混凝土浇注质量时),应采取有效措施保证混凝土的浇注质量。

## 四、各种钻机简介

国内通常使用的钻机有:与旋转式钻头配套的正循环旋转钻机和反旋转钻机;与筒形冲击式钻头配套的 YKC 钻机;而十字形冲击钻头及冲抓钻头,则配以钻架及卷扬机。

(1)潜水钻机:它也是一种正循环旋转钻机。不过它的电动机、传动装置均封闭防水,并与钻头紧连在一起潜入水下工作。钻孔时,钻杆不动,仅起导向和为钻头提供反扭矩,故具有中间损耗小、钻孔效率高的优点。其噪音小,适于城市内施工。钻孔深度可达 50 m 左右。

(2)加藤钻机:它为日本加藤公司产品,是一种能自行移动的履带式钻机,在工地移动和对正桩位都比较方便,并配有钻架、套管驱动装置、提升起重设备及操纵台等成套设备。该钻机最突出的特点是配有钢套管和用于下沉套管的液压操纵的套管驱动装置,可采用套管护壁法施工钻孔桩。加藤钻机还配有冲击式、冲抓式及旋转式钻头,可根据不同地质条件采用不同的钻头钻进。

套管是由套管驱动装置压入(或拔出)土内的,驱动装置包括用以夹住套管的摆动夹环、液压摆动缸(能使套管产生 12°～17°的左右摆动角)、上下移动缸(其上下移动冲程约 400～700 mm),故能使套管做左右和上下两个方向的活动而将套管压入土内(或拔出)。在松软土层中,应先下套管,然后钻进。在坚硬密实或中等硬度的土层中,宜随钻随下套管。

加藤钻机所备套管分上、中、下三种。上套管上部设有加强环,以防变形。下套管底部带刀刃,用以切入土内,套管可逐节接长。在钻孔过程中,套管既起可靠的护壁作用,也起给钻头导向的作用,并减少了扩孔率。各种规格的套管可供施工桩径为 1.0～2.0 m 的钻孔桩。

## 五、长螺旋钻孔压灌桩

长螺旋钻孔压灌桩成桩工艺是国内近年开发且使用较广的一种新工艺,适用于地下水位以上的黏性土、粉土、素填土、中等密实以上的砂土,属非挤土成桩工艺,该工艺有穿透力强、低噪声、无振动、无泥浆污染、施工效率高、质量稳定等特点。

长螺旋钻孔压灌桩成桩施工时,为提高混凝土的流动性,一般宜掺入粉煤灰。每方混凝土的煤灰掺量宜为 70～90 kg,坍落度应控制在 160～200 mm,这主要是考虑保证施工中混合料的顺利输送。坍落度过大,易产生泌水、离析等现象,在泵压作用下,骨料与砂浆分离,导致堵管;坍落度过小,混合料流动性差,也容易造成堵管。另外所有粗骨料石子粒径不宜大于 30 mm。

长螺旋钻孔压灌桩成桩,应准确掌握提拔钻杆时间,钻至预定标高后,开始泵送混凝土,管内空气从排气阀排出,待钻杆内管及输送软、硬管内混凝土达到连续时提钻。若提钻时间较晚,在泵送压力下钻头处的水泥浆液被挤出,容易造成管路堵塞。应杜绝在泵送混凝土前提拔钻杆,以免造成桩端处存在虚土或桩端混合料离析、桩身缩颈和断桩,目前施工多采用商品混凝土或现场用两台 0.5 m³ 的强制式搅拌机拌制。

灌注桩后插钢筋笼工艺近年有较大发展,插笼深度可达 20～30 m,较好地解决了地下水位以下压灌桩的配筋问题。但后插钢筋的导向问题没有得到很好的解决,施工时应注意根据具体条件采取综合措施控制钢筋笼的垂直度和保护层有效厚度。

### 六、灌注桩后注浆

灌注桩后注浆工法适应于各类钻、挖、冲孔灌注桩及地下连续墙的沉渣(虚土),泥皮和桩底、桩侧一定范围内土体的加固。灌注桩桩底和桩侧后注浆技术具有以下特点:一是桩底注浆采用管式单向注浆阀,有别于构造复杂的注浆预载箱、注浆囊、U 形注浆管,实施开敞式注浆,其竖向导管可与桩身完整性声速检测兼用,注浆后可代替纵向主筋;二是桩侧注浆是外置于桩土界面的弹性注浆管阀,不同于设置于桩身内的袖阀式注浆管,可实现桩身无损注浆。注浆装置安装简便、成本较低、可靠性高,适用于不同钻具成孔的锥形和平底孔型。

灌注桩后注浆是灌注桩的辅助工法。该技术旨在通过桩底桩侧后注浆固化沉渣(虚土)和泥皮,并加固桩底和桩周一定范围的土体,以大幅提高桩的承载力,增强桩的质量稳定性,减少桩基沉降。对于干作业的钻、挖孔灌注桩,经实践表明均取得良好成效。灌注桩桩底和桩侧后注浆技术在全国二十多个省市的数以千计的桩基工程中得到成功的应用。

桩底后注浆管阀的设置数量应根据桩径大小确定,最少不少于 2 根,对于 $d > 1 200$ mm 而不大于 2 500 mm 的桩,应对称布置 3 根。目的在于确保后注浆浆液扩散的均匀对称及后注浆的可靠性。桩侧注浆断面间距视土层性质、桩长、承载力增幅要求而定,宜为 6～12 m。对于桩长超过 15 m 且承载力要求较高者,宜采用桩端桩侧复式注浆,桩侧后注浆管阀设置数量应综合地层情况、桩长和承载力增幅要求等因素确定,可在离桩底 5～15 m 以上、桩顶 8 m 以下,每隔 6～12 m 设置一道桩侧注浆阀,当有粗粒土时,宜将注浆阀设置于粗粒土层下部,对于干作业成孔灌注桩宜设置于粗粒土层中部。

注浆阀应能承受 1 MPa 以上的静水压力;注浆阀外部保护层应能抵抗砂石等硬质物的刮撞而不致使注浆阀受损。注浆阀应具备逆止功能。

浆液水灰比应根据土的饱和度、渗透性和大量工程实践经验确定。水灰比过大容易造成浆液流失,降低后注浆的有效性,水灰比过小会增大注浆阻力,降低可注性,乃至转化为压密注浆。因此,水灰比的大小应根据土层类别、土的密实度、土是否饱和诸因素确定。对于饱和土,水灰比宜为 0.45～0.65;对于非饱和土,水灰比宜为 0.7～0.9,低水灰比浆液宜掺入减水剂。当浆液水灰比不超过 0.5 时,加入减水剂、微膨胀等外加剂在于增加浆液的流动性和对土体的增强效应。确保最佳注浆量是确保桩的承载力增幅达到要求的重要因素,过量注浆会增加不必要的消耗,应通过试注浆确定。

终止注浆的条件应符合规范要求,桩端注浆终止压力应根据土层性质及注浆点深度确定,控制终止注浆是为了保证后注浆的预期效果及避免无效过量注浆。采用间歇注浆的目的是通过一定时间的休止使已压入浆提高抗浆液流失能力。后注浆施工过程中,应经常性对后注浆的各项工艺参数进行检查,发现异常应采取相应的措施,当注浆量等主要参数达不到设计值时,应根据工程具体情况采取相应措施。

# 第六节 桩基检测技术

桩基工程为地下隐蔽工程,为确保桩基工程质量,应对桩基进行必要的检测,验证能否满足设计要求,保证正常使用。为控制和检验桩基质量,施工每道工序均应检验,及时发现和解决问题,并认真做好施工和检测记录,以对桩基质量作出评价。

根据桩的类型和施工方法不同,所需检验的内容和侧重点也有不同,桩基质量检验,通常均涉及下述三方面内容:

## 一、桩的几何受力条件检验

桩的几何受力条件主要是指有关桩位的平面布置、桩身倾斜度、桩顶和桩底标高等,要求这些指标在容许误差的范围之内。例如桩的中心位置误差不宜超过 50 mm,桩身的倾斜度应不大于 1/100 等,以确保桩在符合设计要求的受力条件下工作。

## 二、桩身质量检验

桩身质量检验是指对桩的尺寸、构造及其完整性进行检测,验证桩的制作或成桩的质量。

1. 沉桩(预制桩)质量检验

沉桩(预制桩)制作时应对桩的钢筋骨架、尺寸、混凝土强度等级和浇筑方面进行检测,验证是否符合选用的桩标准图或设计图的要求。检测的项目有主筋间距、箍筋间距、吊环位置与露出桩表面的高度、桩顶钢筋网片位置、桩尖中心线、桩的横截面尺寸和桩长、桩顶平整度及其与桩轴线的垂直度、钢筋保护层厚度等。关于钢筋骨架和桩外形尺度寸在制作时的允许偏差可参阅表3-8。对混凝土质量应检查其原材料质量与计量、配合比和坍落度、桩身混凝土试块强度及成桩后表面有否产生蜂窝麻面及收缩裂缝的情况。一般桩顶与桩尖不容许有蜂窝和损伤,表面蜂窝面积不应超过桩表面积的 0.5%,收缩裂缝宽度不应大于 0.2 mm。长桩分节施工时需检验接桩质量,接头平面尺寸不允许超出桩的平面尺寸,注意检查电焊质量。

2. 钻孔灌注桩质量检验

钻孔灌注桩的尺寸取决于钻孔的大小,桩身质量与施工工艺有关,因此桩身质量检验应对钻孔、成孔与清孔、钢筋笼制作与安放、水下混凝土配制与灌注三个主要过程进行质量监测与检查。检验孔径应不小于设计桩径;孔深应比设计深度稍深,摩擦桩不小于设计规定,端承桩(柱桩)不小于 0.05 m;孔内沉淀土厚度应不大于设计规定。对于摩擦桩,当设计无要求时,对直径≤1.5 m 的桩,允许偏差≤300 mm;对桩径>1.5 m 或桩长>40 m 或土质较差的桩,桩径允许偏差≤500 mm。还应检验成孔有无扩孔、颈缩现象;钢筋笼顶面、底面标高与设计值的误差是否在±50 mm 范围内等。

### 三、桩身质量检验方法

成孔后的钻孔灌注桩桩身结构完整性检验方法很多,常用的有以下几种方法。

(一)低应变动测法

1. 反射波法。它是用锤敲击桩顶,给桩一定的能量,使桩中产生应力波,检测和分析应力波在桩体中的传播历程,便可分析出基桩的完整性。

2. 水电效应法。在桩顶安装一高约 1 m 的水泥圆筒,筒内充水,在水中安放电极和水听器,电极高压放电,瞬时释放强电流产生声学效应,给桩顶一冲击能量,由水听器接收桩土体系的响应信号,对信号进行频谱分析,根据频谱曲线所含有的桩基质量信息,判断桩的质量和承载力。

3. 机械阻抗法。它是把桩土体系看成一线性不变振动系统,在桩头施加一激励力,就可在桩头同时观测到系统的振动响应信号,如位移、速度、加速度等,并可获得速度导纳曲线(导纳即响应与激励力之比)。分析导纳曲线,即可判定桩身混凝土的完整性,确定缺陷类型。

4. 动力参数法。该方法是通过简便地敲击桩头,激起桩土体系的竖向自由振动,按实测的频率及桩头振动初速度或单独按实测频率,根据质量弹簧振动理论推算出单桩动刚度,再进行适当的动静对比修正,换算成单桩的竖向承载力。

5. 声波透射法。它是将置于被测桩的声测管中的发射换能器发出的电信号,经转换、接收、放大处理后存储,并把它显示在显示器上加以观察、判读,即可作出被测桩混凝土的质量判定。

通过以上检测方法,可将灌注桩的桩身质量分为以下四类:

优质桩:动测波形规则衰减,无异常杂波,桩身完好,达到设计桩长,波速正常,混凝土强度等级高于设计要求。

合格桩:动测波形有小畸变,桩底反射清晰,桩身有小畸变,如轻微缩颈、混凝土局部轻度离析等,对单桩承载力没有影响。桩身混凝土波速正常,达到混凝土设计强度等级。

严重缺陷桩:动测波形出现较明显的不规则反射,对应桩身缺陷如裂纹、混凝土离析、缩颈 1/3 桩横截面以上,桩身混凝土波速偏低,达不到设计强度等级,对单桩承载力有一定的影响。该桩要求设计单位复核单桩承载力后提出是否处理的意见。

不合格桩:动测波形严重畸变,对应桩身缺陷如裂缝、混凝土严重离析、夹泥、严重缩颈、断裂等。这类桩一般不能使用,需进行工程处理。

工程上还习惯于将上述四种判定类别按Ⅰ类桩、Ⅱ类桩、Ⅲ类桩、Ⅳ类桩划分。

(二)钻芯检验法

钻芯验桩就是利用专用钻机,从混凝土结构中钻取芯样以检测混凝土强度的方法。它是大直径基桩工程质量检测的一种手段,是一种既简便又直观的必不可少的验桩方法,它具有以下特点:

(1)可检查基桩混凝土胶结、密实程度及其实际强度,发现断桩、夹泥及混凝土稀释层等不良状况,检查桩身混凝土灌注质量。

(2)可测出桩底沉渣厚度并检验桩长,同时直观认定桩端持力层岩性。

（3）用钻芯桩孔对出现断桩、夹泥或稀释层等缺陷桩进行压浆补强处理。

由于以上特点，钻心验桩法被广泛应用于大直径基桩质量检测工作中，它特别适用于大直径大载荷端承桩(柱桩)的质量检测。对于长径比较大的摩擦桩，则易因孔斜使钻具中途穿出桩外而受限制。

### 四、桩身强度与单桩承载力检验

桩的承载力取决于桩身强度和地基强度。桩身强度检验除了保证上述桩的完整性外，还要检测桩身混凝土的抗压强度，预留试块的抗压强度应不低于设计采用混凝土相应的抗压强度，对于水下混凝土应高出 20%。钻孔桩在凿平桩头后应抽查桩头混凝土质量，检验抗压强度。对于大桥的钻孔桩有必要抽查、钻取桩身混凝土芯样检验其抗压强度。

单桩承载力的检测，在施工过程中，对于打入桩习惯用最终贯入度和桩底标高进行控制，而钻孔灌注桩还缺少在施工过程中监测承载力的直接手段。成桩可做单桩承载力的检验，常采用单桩静载试验或高应变动力试验确定单桩承载力。

国内外工程实践证明，用静力检验法测试单桩竖向承载力，尽管检验仪器、设备笨重、造价高、劳动强度大、试验时间长，但迄今为止还是其他任何动力检验法无法替代的基桩承载力检测方法，其试验结果的可靠性也是明显的。而对于动力检验法确定单桩竖向承载力，无论是高应变法还是低应变法，均是近几十年来国内外发展起来的新的测试手段，目前仍处于发展和继续完善阶段。对于大桥与重要工程，地质条件复杂或成桩质量可靠性较低的桩基工程，均需做单桩承载力的检验。

### 五、桩基静载荷检测技术

桩基静载检测分为单桩竖向抗压、抗拔和水平静载试验。

（一）单桩竖向抗压静载试验

1.试验目的

采用接近于竖向抗压桩实际工作条件的试验方法，确定单桩竖向(抗压)极限承载力，作为设计依据，或对工程桩的承载力进行抽样检验和评价。当埋设有桩底反力、桩身应力、应变测量元件时，可直接测定桩周各土层的极限侧阻力和极限端阻力。

2.试验要求

静力试桩数量：采用现场静载荷试验确定单桩竖向极限承载力时，在同一条件下的试桩数量不宜小于总桩数的 1%，且不应小于 3 根，工程总数在 50 根以内时不应小于 2 根，对于工程量较大的工程可按设计要求的数量进行试桩。

从成桩到开始试验的间歇时间：在桩身强度达到设计要求的前提下，对于砂类土，不应少于 10 d；对于粉土和黏性土，不应少于 15 d；对于淤泥和淤泥质土，不应少于 25 d。

试桩制作要求：试桩顶部一般应予以加强，可在桩顶配置加密钢筋网 2~3 层，或以薄钢板圆筒作为加劲箍与桩顶混凝土浇成一体，用高强度等级的砂浆将桩顶抹平。对于预制桩，若桩顶未破损可不另作处理。为安设沉降测点和仪表，试桩顶部露出试坑地面的高度不宜小于600 mm，试坑地面宜与桩承台底设计标高一致。试桩的成桩工艺和质量控制标准应与工程桩一致。为缩短试桩养护时间，混凝土强度等级可适当提高，或掺入早强剂。

试桩、锚桩和基准桩之间的中心距应符合表 3-16 的规定。

**表 3-16　试桩、锚桩和基准桩之间的中心距**

| 反力系统 | 试桩与锚桩(或压重平台支墩边) | 试桩与基准桩 | 基准桩与锚桩(或压重平台支墩边) |
|---|---|---|---|
| 锚桩横梁反力装置 | ≥4$d$ 且 | ≥4$d$ 且 | ≥4$d$ 且 |
| 压重平台反力装置 | >2.0 m | >2.0 m | >2.0 m |

注:$d$ 为试桩或锚桩的设计直径,取其较大者。

3. 试验装置

试验加载装置一般采用油压千斤顶加载,千斤顶的加载反力装置可根据现场实际条件有下列几种形式:

锚桩横梁反力装置(见图 3-31):锚桩、反力梁装置能提供的反力应不小于预估最大试验荷载的 1.2 倍。采用工程桩作锚桩时,锚桩数量不得少于 4 根,并应对试验过程锚桩上拔量进行监测。

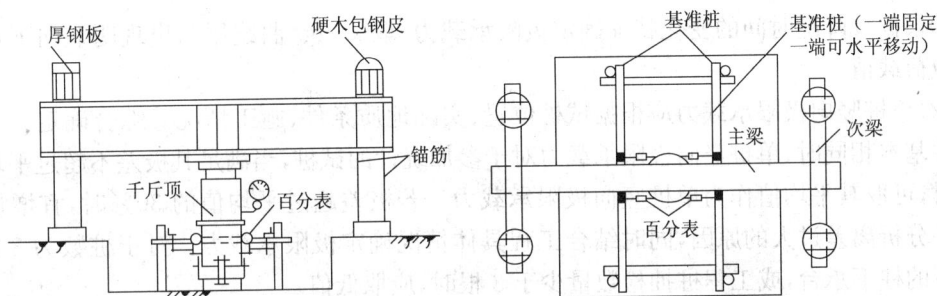

图 3-31　竖向静载试验装置

压重平台反力装置:压重不得少于预估试桩破坏荷载的 1.2 倍;压重应在试验开始前一次加上,并均匀稳固放置于平台上。

锚桩压重联合反力装置:当试桩最大加载量超过锚桩的抗拔能力时,可在横梁上放置或悬挂一定重物,由锚桩和重物共同承受千斤顶加载反力。

地锚反力装置:对于单桩极限承载力较小的摩擦桩可用土锚作反力;对于岩面浅的嵌岩桩,可利用岩锚提供反力。

千斤顶平放于试桩中心,当采用 2 个以上千斤顶加载时,应千斤顶将并联同步工作,并使千斤顶的合力通过试桩中心。

荷载与沉降的量测仪表:荷载可用放置于千斤顶上的应力环、应变式压力传感器直接测定,或采用并联于千斤顶的压力表测定油压,根据千斤顶率定曲线换算荷载。试桩沉降一般采用百分表或电子位移计测量。对于大直径桩应在其 2 个正交直径方向对称安置 4 个位移测试仪表,中等和小直径桩径可安置 2 个或 3 个位移测试仪表。沉降测定平面离桩顶距离不应小于 0.5 倍桩径,固定和支承百分表的夹具和基准梁在构造上应确保不受气温、振动及其他外界因素影响而发生竖向变位。

4. 资料整理

把基桩的构造、尺寸、地层剖面、土的物理力学指标等整理成表,并应对成桩和试验过程出现的异常现象作补充说明。单桩竖向抗压静载试验记录表和单桩竖向抗压静载试验荷载、沉降汇总表可参阅有关规范。绘制荷载与沉降的关系曲线($Q—s$ 曲线)和沉降量和时间的关系曲线($s$—$\lg t$ 曲线)。

当进行桩身应力、应变和桩端反力测定时,测试数据的测读时间宜符合试验加载观测时间间隔,同时应整理出有关数据的记录表和绘制桩身轴力分布、摩阻力分布、桩端反力等与各级荷载关系曲线。

5.单桩竖向极限荷载的确定

(1)单桩竖向极限承载力可按下列方法综合分析确定:

①根据沉降随荷载的变化特征确定极限承载力:对于陡降型 $Q$—$s$ 曲线取 $Q$—$s$ 曲线发生明显陡降的起始点的荷载值;

②根据沉降量确定极限承载力:对于缓变型 $Q$—$s$ 曲线一般可取 $s=40\sim60$ mm 对应的荷载。对于大直径桩可取 $s=0.03D\sim0.06D$($D$ 为桩端直径,大桩径取低值,小桩径取高值)所对应的荷载值;对细长桩($L/d>80$)可取 $s=60\sim80$ mm 对应的荷载;当桩长大于 40 m 时,宜考虑桩身的弹性压缩;

③根据沉降随时间的变化特征确定极限承载力:取 $s$—$\lg t$ 曲线尾部出现明显向下弯曲的前一级荷载值。

(2)单桩竖向极限承载力应根据试桩位置、实际地质条件、施工情况等综合确定。当各试桩条件基本相同时,单桩竖向极限承载力对于参加统计的试桩,当满足其极差不超过平均值的30%时,可取其平均值作为单桩竖向极限承载力。若极差超过平均值的30%时,宜增加试桩数量并分析离差过大的原因,同时结合工程具体情况确定极限承载力。对于桩数为3根或3根以下的柱下承台,或工程桩抽检数量少于3根时,应取低值。

(二)单桩水平静载试验

1.试验目的

(1)桩顶自由的单桩静载试验,采用接近于水平受力桩的实际工作条件的试验方法确定单桩的水平承载力和地基土的水平抗力系数,以及对工程桩的水平承载力进行检验和评价;

(2)当埋设有桩身应力测量元件时,可测定出桩身应力变化,并由此求得桩身弯矩分布。

2.试验要求

(1)试桩间歇时间

钢筋混凝土预制桩沉桩到开始试验的间歇时间:对于砂土不少于 3 d,对于黏性土不应少于 14 d;钻孔灌注桩从灌注混凝土到开始试验的时间一般不少于 28 d。

(2)沉桩时桩顶中心偏差不大于 $\frac{1}{8}d$($d$ 为桩径),并不大于 10 cm,轴线倾斜度不大于 1/100。对于埋设有测量元件的试桩应严格控制方向,应使最终实际受荷方向与设计方向之间的夹角小于±10°。

3.试验设备与仪表装置

千斤顶施加水平力,水平力作用线应通过地面标高处(地面标高应与实际工程桩基承台底面标高一致)。在千斤顶与试桩接触处宜安置一球形铰座,以保证千斤顶作用力能水平通过桩身轴线。

桩的水平位移宜采用大量程百分表测量。每一试桩在力的作用水平面上和在该平面以上 50 cm 左右各安装一只或两只百分表(下表测量桩身在地面处的水平位移,上表测量桩顶水平位移,根据两表位移差与两表距离的比值求得地面以上桩身的转角)。如果桩身露出地面较短,可只在力的作用水平面上安装百分表测量水平位移。

固定百分表的基准桩宜布置在试桩侧面靠位移的反方向,与试桩的净距不少于1倍试桩直径。

单桩水平静载试验装置如图3-32所示。

4.试验工作

(1)试验加载方法:对于承受反复水平荷载作用的桩基或需要测量桩身应力或应变的试桩宜采用单向多循环加卸载法。对于个别受长期水平荷载的桩基也可采用慢速维持加载法(稳定标准可参照竖向静载试验)进行试验。

(2)多循环加卸载试验法,按下列规定进行加卸载和位移观测。

荷载分级:取预估水平极限承载力的 1/10～

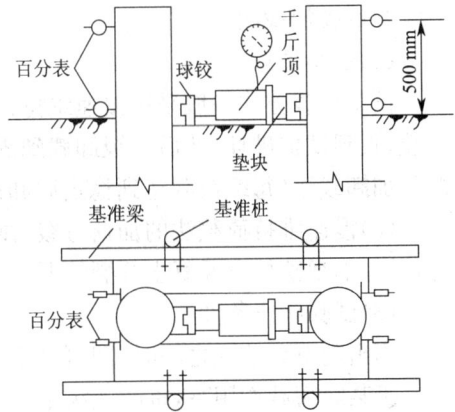

图 3-32　水平静载试验装置

1/15作为每级荷载的加载增量。根据桩径大小并适当考虑土层软硬,对于直径 300～1 000 mm 的桩,每级荷载增量可取 2.5～20 kN。

(3)加载程序与位移观测:每级荷载施加后,恒载 4 min 测读水平位移,然后卸载至零,停 2 min,测读残余水平位移,至此完成一个加卸载循环,如此循环 5 次完成一级荷载的试验观测。加载时间应尽量缩短,测量位移的间隔时间应严格准确,试验不得中途停歇。

(4)终止试验的条件:

①当桩身折断;

②水平位移超过 30～40 mm(软土取 40 mm)时,可终止试验;

③桩侧地表出现明显裂缝或隆起;

④水平位移达到设计要求的水平位移允许值。

5.单桩水平静载试验报告内容及资料整理

单桩水平静载试验概况应整理成表格形式,对成桩和试验过程发生的异常现象应作补充说明。

(三)单桩竖向抗拔静载试验

1.试验目的

(1)采用接近于竖向抗拔桩的实际工作条件的试验方法,确定单桩抗拔极限承载力。

(2)当埋设有桩身应力、应变测量传感器或桩端埋设有位移传感器时,可直接测定桩周各土层的抗拔侧阻力或桩端上拔量。

2.试验要求可参照单桩竖向抗压试验的有关规定

3.试验装置

(1)试验加载装置:一般采用油压千斤顶加载,千斤顶的加载反力装置可根据现场实际条件确定,试验反力装置宜采用工程桩提供支座反力,也可根据现场情况采用天然地基提供支座反力。反力系统应具有 1.2 倍的安全系数并符合下列规定:

①采用工程桩提供反力时,反力桩顶面应平整并具有一定的强度,抗拔试桩与支座桩的最小间距可根据表 3-16 确定。

②采用天然地基提供反力时,施加于地基的压应力不宜超过地基承载力特征值的 1.5 倍;反力梁的支点重心应与支座中心重合。

(2)荷载与沉降量测仪表的技术要求与单桩竖向抗压试验相同。

4. 试验加载测试

(1)试验加载方式

试验加载方式一般采用慢速维持荷载法,即逐级加载,每级荷载达到相对稳定后加下一级荷载,直到试桩破坏,然后分级卸载到零。当考虑结合实际工程桩的荷载特征时,也可采用多循环加卸载法(每级荷载达到稳定后卸载到零)。

(2)慢速维持荷载法的加荷分级、试验方法及稳定标准可按单桩竖向抗压试验有关规定执行,并仔细观察桩身混凝土开裂情况。

(3)试验终止条件

当出现下列情况之一时,即可终止加荷:

①某级荷载作用下,桩的上拔量为前一级荷载作用下上拔量的 5 倍;

②累计上拔量超过 100 mm;

③桩顶上拔荷载为桩受拉钢筋抗拉强度的 0.9 倍;

④对于工程检验桩,已达到设计要求的最大上拔量。

5. 资料整理

(1)单桩竖向抗拔静载试验概况及其检测数据整理参照相关规范。

(2)绘制上拔荷载 $U$ 与上拔量 $\Delta$ 的关系曲线($U$—$\Delta$ 曲线)和上拔量和时间的关系曲线($\Delta$—$\lg t$)曲线。

(3)当进行桩侧摩阻力或桩底上拔位移测定时,测试数据的测读时间宜按单桩竖向抗压试验有关规定执行,同时应整理出有关数据的记录表和绘制桩身轴力分布、摩阻力分布等与各级荷载关系曲线。

6. 单桩竖向抗拔极限荷载的确定

(1)单桩竖向极限承载力

按下列方法综合分析确定:

①根据上拔量随荷载的变化特征确定:对于陡变型 $U$—$\Delta$ 曲线,取陡升起始点对应的荷载值;

②根据上拔量随时间的变化特征确定:取 $\Delta$—$\lg t$ 曲线斜率明显变陡或曲线尾部明显弯曲的前一级荷载值;

③当某一级荷载下抗拔钢筋断裂时,取其前一级荷载为该桩的抗拔极限承载力。

(2)单桩竖向抗拔极限承载力统计值的确定应根据试桩位置、实际地质条件、施工情况等综合确定。当各试桩条件基本相同时,单桩竖向抗拔极限承载力对于参加统计的试桩,当满足其极差不超过平均值的 30% 时,可取其平均值作为单桩竖向抗拔极限承载力。极差超过平均值的 30% 时,宜增加试桩数量并分析离差过大的原因,同时结合工程具体情况确定单桩上拔极限承载力。对于桩数为 3 根或 3 根以下的桩下承台,或工程桩抽检数量少于 3 根时,应取低值。

7. 单桩竖向抗拔承载力特征值的确定

确定单桩竖向抗拔承载力特征值,可将单桩竖向抗拔极限承载力统计值除以安全系数 2

即得。

当工程桩不允许带裂缝工作时,取桩身开裂的前一级荷载作为单桩竖向抗拔承载力特征值,并与按极限荷载一半取值确定的承载力特征值相比取小值。

## ？复习思考题

1. 何为桩基础? 桩基有何特点? 它适用于什么情况?

2. 桩是如何分类的? 端承桩(柱桩)和摩擦桩受力情况有什么不同?

3. 高承台和低承台各有哪些优缺点?

4. 如何确定桩的最小中心距?

5. 简述预制桩和钻孔桩的施工程序。

6. 钻孔灌注桩成孔时,泥浆起什么作用? 制备泥浆应控制哪些指标?

7. 简述长螺旋压灌桩的特点及优缺点?

8. 简述灌注桩压浆技术的优缺点。

9. 为什么在黏土中打桩,桩打入土中静置一段时间后,承载力一般会增加?

10. 简述桩基施工步骤。

11. 打入桩的施工应注意哪些问题?

12. 桩的质量检验方法有哪些?

13. 桩基静载荷检测有哪些? 有哪些方法检测桩基质量?

# 第 四 章
# 桩基础的设计计算

桩基础具有承载力高、稳定性好、沉降变形小、抗震能力强,以及能适应各种复杂地质条件的显著优点,是桥梁工程的常用基础结构。

在受到上部结构传来的荷载作用时,桩基础通过承台将其分配给各桩,再由桩传递给周围的岩土层。当为低承台桩基础时,承台同时也将部分荷载传递给承台周边的土体。由于桩基础的埋置深度更大,与岩土层的接触界面和相互作用关系更为复杂,所以桩基础的设计计算远比浅基础繁琐和困难。

本章主要依据《铁路桥涵地基和基础设计规范》TB 10002.5—2005(以下简称《铁桥地基规范》)的相关规定介绍铁路桥涵桩基础的设计与计算。

## 第一节　桩基础的设计原则

设计桩基础时,应先根据荷载、地质及水文等条件,初步拟定承台位置和尺寸、桩的类型、直径、长度、桩数以及桩的排列形式等,然后经过反复试算和比较将其确定下来。在上述设计过程中,设计者必须注意遵守相关设计规范的基本原则和具体规定,因此,在讨论设计计算方法之前,先将桩基础的设计原则介绍如下。

### 一、承台座板底面高程的确定

低承台桩基和高承台桩基在计算原理及方法上没有根本的不同,但将影响到施工难易程度和桩的受力大小,故在拟定承台座板底面高程时,应根据荷载的大小、施工条件及河流的地质、水文、通航、流冰等情况加以决定。一般对于常年有水且水位较高,施工时不易排水或河床冲刷深度较大的河流,为方便施工,多采用高承台桩基。若河流不通航无流冰时,甚至可以把承台座板底面设置在施工水位之上,使施工更加方便。但若河流航运繁忙或有流冰时,应将承台座板适当放低或在承台四周安设伸至通航或流冰水位以下一定深度的钢筋混凝土围板,以避免船只、排筏或流冰直接撞击桩身。对于有强烈流冰的河流,则应将承台底面置于最低流冰层底面以下且不少于0.25 m处。低承台桩基的稳定性较好,但水中施工难度较大,故多用于季节性河流或冲刷深度较小的河流。若承台位于冻胀性土中时,承台座板底面应置于冻结线以下不少于0.25 m处。

若从桩的受力方面考虑,当桩基上的水平外力及力矩较大,或桩侧土较差时,为了缩短桩的长度并减小桩身的弯矩和剪力,承台的座板底面宜适当降低。

### 二、桩和桩基类型的选择

桩和桩基的类型可根据基础受力情况及地质和施工条件选择。一般地,打入桩适用于中密、稍松的砂类土和可塑性黏土,震动下沉桩一般适用于砂类土、黏性土和碎石类土;钻孔灌注桩可适用于各类土层和岩层;挖孔灌注桩一般用于无水或地下水较少的土层;管柱基础一般用于深水、无覆盖层或有覆盖层、岩面起伏不平等困难条件下,可支承于较密实的土层或新鲜岩层内。管柱基础对施工技术、机具设备和电力供应等要求较高,故多用于深水江河中的重要桥梁及地质条件复杂的情况。

可根据地质条件,主要视岩层埋藏的深浅来选用摩擦桩或柱桩(端承桩)。但在同一个桩基中不应同时采用摩擦桩和柱桩,也不宜采用不同材料,不同直径和长度相差过大的桩。当采用摩擦桩时,桩的长度不宜太短,以利于较充分地发挥桩基础能减小沉降量的优势。

可根据外力的组合情况及桩径的大小来考虑是否采用带斜桩的桩基。但钻(挖)孔灌注桩做成斜桩尚有困难,故目前都将其设计为竖直桩。

由于铁路桥梁墩台的荷载大而集中,横向外力也较大,故绝大多数桩基都设计为群桩基础,但当桥跨较短和桥梁高度较小

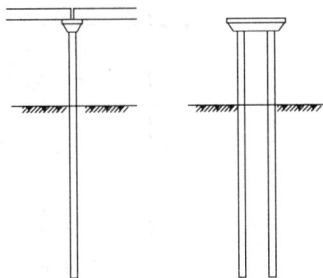

图 4-1　单排桩桩基

时,也可采用单排排架式桩基,如图 4-1 所示,这种桩基由于取消了实体墩身,故既节省了圬工,又减少了竖向自重荷载。

### 三、设计荷载的确定

作用在桩基承台底面处的外荷载,包括竖向力、水平力及力矩,应按下述原则进行荷载组合,即分别按主力,主力加附加力以及主力加特殊力三种方式进行荷载组合,不考虑主力加附加力加特殊力这种组合方式,进行主力加附加力组合时,仅考虑主力与一个方向的附加力(顺桥向或横桥向)相组合。对于不同的检算项目,应选取相应的最不利荷载组合。

### 四、土的横向抗力

所谓横向抗力,是指基础在外力作用下发生侧移挤压土体时,基础侧面的土体对基础的抗力。横向抗力具有抵抗外荷载的作用,而且随着基础埋置深度的加大其作用也愈加明显。对于桩基、管柱和沉井等深基础,因基础的埋置深度大,该项抗力将构成基础抵抗横向荷载的主体,故在计算时应予以考虑,以使设计结果更为经济合理。

桥梁墩台桩基的设计经验表明,地面处的水平位移若超过 1 cm,则墩台顶面的横向位移将太大。而实际上基础的允许侧移量是较小的,故在确定横向抗力时,可假设基础侧面的土体处于弹性状态,将其视为弹性变形介质,并假设横向抗力的大小与横向位移成正比。由此,土体的横向抗力也称为弹性抗力。

### 五、桩基础的计算模式及主要检算项目

(一)力学计算模式

1. 单桩(含单排桩桩基)

由单根桩构成的桩基,或由与水平外力相垂直的平面内的 $n$ 根桩构成的单排桩桩基(图 4-1),且承台为刚性,外力作用在桩基对称面上时,各桩的受力情况相同,故上述两种情况的力学计算模式均如图 4-2 所示。通常,在计算时又进一步将其分解为横向受力情况和轴向受力

情况,如图 4-3 所示。为方便分析,具体计算时认为作用在桩顶的横向力(剪力和弯矩)主要使桩发生横向位移和挠曲,计算时考虑桩侧土的横向抗力,而轴向力主要使桩产生轴向位移。桩身内力也分别按这两种受力情况进行计算。

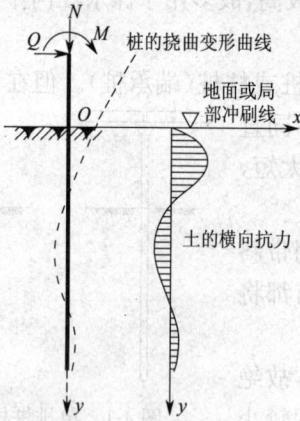

图 4-2 单桩的受力和变形

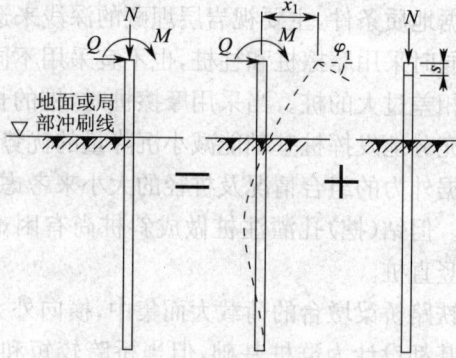

图 4-3 横向受力桩和轴向受力桩

**2.群桩基础**

群桩基础即包含多根桩的基础,其力学计算模式可表示为图 4-4。由于承台板的刚度一般都远大于桩的刚度,桩与承台的联结也大多处理为刚性,故可将桩基视为一个带有刚性承台板的超静定刚架。又由于桥梁桩基中桩的布置一般都比较规则,往往具有一个或两个竖直对称面,当外力也可简化为作用于对称面内的等效力系时,桩基便可简化为平面刚架进行计算。

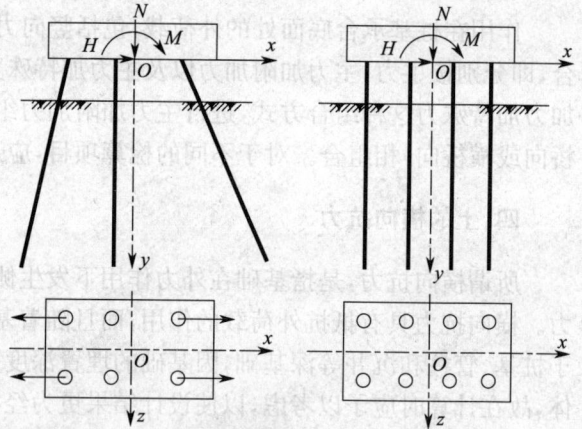

群桩基础的计算要比单桩复杂得多,须先求解刚架的整体位移和桩顶内力,然后才能求解桩身的内力并进行相关检算。在进行刚架的位移计算时,通常以采用结构力学中的位移法最为简

图 4-4 群桩基础的计算图式

便,因为对于具有刚性承台的平面刚架,用位移法求解时的独立未知数只有三个,故比采用力法方便得多。

**(二)桩基的主要检算项目**

桩基的设计必须满足各项力学检算的要求,主要有下面几项:

(1)单桩轴向承载力:为了检算单桩的轴向承载力,首先必须求解桩基中各桩的桩顶轴向力并确定单桩轴向容许承载力。

(2)桩身的材料强度:为了检算桩身的材料强度,就必须解算作用在桩身上的轴力、弯矩和剪力,然后检算桩身的材料强度或进行配筋计算。

(3)桩基承载力:这里主要指整个桩基础的竖向承载力。在很多情况下,由于桩基础中各桩之间的相互影响,桩基础的竖向承载力并不简单地等于各单桩的竖向承载力之和,这也就是通常所说的群桩共同作用效应。因而,在检算桩基础的竖向承载力之前,需要先根据桩基础的具体情况分析其是否存在上述群桩效应,然后再确定检算方法。

(4)墩台顶的水平位移:为了这项检算,就必须解算承台的转角和水平位移,再据以求得墩台顶的水平位移,其值不得超过规定的容许值。

(5)桩基础的沉降:摩擦型桩基的总沉降量可将桩基视作实体基础按浅基础的沉降计算方法计算。对于桩基础的工后沉降,虽然已提出了不少计算方法,但由于桩土之间的相互作用关系复杂,计算结果尚难以达到满意的程度,目前仍在研究之中。

# 第二节　单桩的横向位移和桩身内力计算

本节讨论单桩桩顶作用横向外力(剪力和弯矩),并考虑土的横向抗力时,桩的横向位移和桩身内力计算方法,这在桩基分析中是一个基本课题。由于需要考虑桩侧土体的弹性抗力,故本节先介绍横向抗力的计算,然后再介绍桩的位移和内力计算方法。

另外需要指出,本节介绍的方法虽然是以桩为分析对象,但实际上对于具有类似力学特征的深基础,如沉井、管柱和地下连续墙等也是适用的。

## 一、桩侧土体的横向抗力

桩侧横向抗力的分布规律比较复杂,故现有的各种桩基计算方法都对此作了一些简化,即做出一些基本假定,使得能够将桩侧横向抗力表达为函数式(通常表达为桩体横向位移的函数),以便于进行桩的力学分析。

(一)地基土的抗力

假设地基土为弹性变形介质,可采用文克勒假设,即地基土的抗力与其位移成正比:

横向抗力 $\qquad\qquad\sigma_y = C_y \cdot \Delta_x$

竖向抗力 $\qquad\qquad\sigma = C_0 \cdot \Delta_y$

式中　$\Delta_x, \Delta_y$——地基土的横向位移和竖向位移;

$\quad C_y, C_0$——$y$ 深度处地基土的横向地基系数和竖向地基系数,其物理意义为在弹性范围内,土体产生单位压缩位移时所产生的抗力(或者说需要施加的压力)。

(二)桩侧地基土的横向抗力

桩在产生横向位移 $x$ 时,桩侧的地基土横向抗力 $p$(kN/m)可按文克勒假设写出如下:

$$p = b_0 \sigma_y = C_y x b_0 \qquad\qquad (4-1)$$

式中　$b_0$——桩的计算宽度(m);

$\quad x$——桩身截面的横向位移(m);

$\quad C_y$——土的横向抗力系数(也称水平抗力系数、水平基床系数或地基系数)(kN/m³)。

文克勒假设用于桩的分析比用于弹性地基梁的分析更为恰当,因为土体的抗拉能力接近于零,所以地基梁在产生向上的挠曲时本不应考虑土的抗力,然而桩的两侧都有土,当桩身产生侧向挠曲时总会挤压土体,于是总会产生土抗力。

桩侧土的横向抗力系数 $C_y$ 沿桩身的分布规律是国内外学者长期以来研究的课题,目前仍在不断探讨中。因为对 $C_y$ 的不同假设,将直接影响挠曲线微分方程的形式、求解过程和截面内力的计算结果。$C_y$ 与土的种类和桩的入土深度有关。对 $C_y$ 的分布所作的假定不同，就区分为不同的计算分析方法，目前一般倾向于采用 $C_y = ky^n$ 的表达形式，用得较多的求解方法有以下几种：

（1）常数法

此法为我国学者张有龄于 20 世纪 30 年代提出。该法假定 $C_y$ 沿深度为均匀分布，即 $n=0$，见图 4-5(a)。由于假设 $C_y$ 不变，而桩在地面处的变形一般又最大，因此，该处的计算土抗力也为最大值，这与实际情况不符。但由于此法的数学处理较为简单，若适当选择 $C_y$ 的大小，仍然可以保证一定的精度并满足工程需要。此法在日本和美国应用较多。

（2）k 法

此法假定 $C_y$ 在桩身弹性位移曲线第一位移零点以上按直线或抛物线变化，以下则保持为常数 $k$，见图 4-5(b)。该法由前苏联学者安盖尔斯基于 1934 年提出，求解也比较容易，适合于计算一般预制桩或灌注桩的内力和横向位移，曾在我国广泛应用。

（3）m 法

假定地基横向抗力系数随深度呈线性增加，即 $n=1$，$C_y = m \cdot y$，这里 $m$ 为比例系数。$C_y$ 的分布形式见图 4-5(c)。该法由前苏联学者于 1939 年提出，适合于计算横向抗弯刚度 $EI$ 较大的灌注桩，在我国的铁路、公路和建筑部门广泛应用。

（4）c 法

假定地基横向抗力系数随深度呈抛物线增加，如图 4-5(d)所示，即 $n=0.5$，$C_y = c \cdot y^{0.5}$，其中 $c$ 为比例常数。该法于 1964 年由日本的久保浩一提出。

除上述计算方法外，还有采用 $C_y$ 随深度按梯形分布的方法等。

实测资料表明，当桩的横向位移较大时，m 法的计算结果比较接近实际；而当横向位移较小时，c 法比较接近实际。

由于 m 法是目前最为常用的一种分析方法，以下仅介绍按 m 法求解桩基础的基本过程。

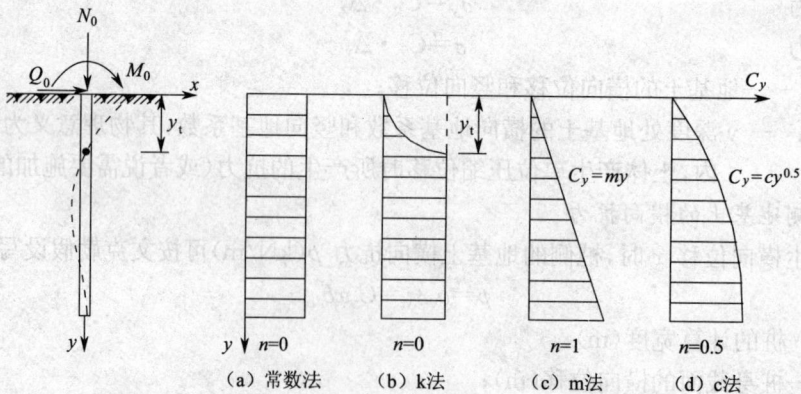

图 4-5 地基横向抗力系数的分布图式

（三）m 法的横向地基系数

m 法假设横向地基系数 $C_y$ 随深度成正比例增加，即

$$C_y = my \tag{4-2}$$

上式中，$m$ 称为横向地基系数的比例系数，应根据试验实测值采用，无实测资料时可参考表

4-1取用，$y$ 为地面或局部冲刷线至计算位置的深度。由上式可见，按这种假设，地面或局部冲刷线处的横向地基系数等于零，因而该处地基土的横向抗力也等于零。

**表 4-1 铁路桥涵桩基地基系数的比例系数 $m$ 和 $m_0$**

| 土的类别 | $m$ 和 $m_0$（MN/m⁴） | 土的类别 | $m$ 和 $m_0$（MN/m⁴） |
|---|---|---|---|
| 流塑黏性土、淤泥 | 3～5 | 坚硬黏性土、粗砂 | 20～30 |
| 软塑黏性土、粉砂、粉土 | 5～10 | 角砾土、圆砾土、碎石土、卵石土 | 30～80 |
| 硬塑黏性土、细砂、中砂 | 10～20 | 块石土、漂石土 | 80～120 |

注：1. 当桩在地面处的水平位移大于 6 mm 时，表列 $m$ 值应适当降低；

　2. 当基础侧面设有斜坡或台阶，且其坡度或台阶总宽度与地面以下或局部冲刷线以下深度之比大于 1：20 时，$m$ 值应减小一半。

当地基由数种不同土层组成时，如图 4-6 或图 4-7 所示，则需要将计算深度范围内各土层的 $m$ 值换算为一个统一的 $m$ 值。换算的目的是为了简化计算，具体可根据桩的刚度按下列所谓等面积法进行。

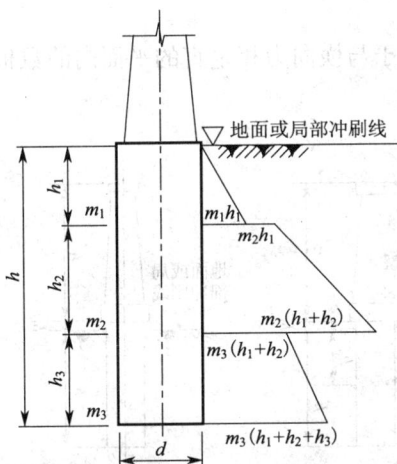

图 4-6　刚性基础的土层 $m$ 值换算图式　　图 4-7　弹性基础的计算深度

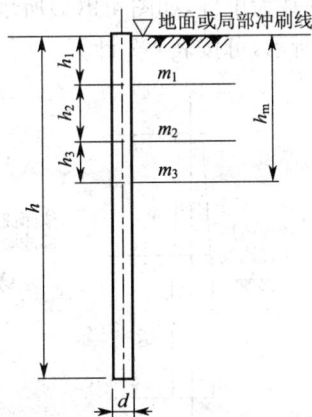

1. 刚性桩

对于入土深度较小且直径较大的桩，在横向力作用下自身的变形不明显，为简化计算可将其视为刚性桩。如图 4-6 所示，刚性桩应以整个入土深度（$h$ 范围）内的土层进行换算。令换算前后的地基系数的分布面积相等，当 $h$ 范围内的土层为三层时，则有

$$\frac{1}{2}m_1h_1^2+\frac{m_2h_1+m_2(h_1+h_2)}{2}h_2+\frac{m_3(h_1+h_2)+m_3(h_1+h_2+h_3)}{2}h_3=\frac{mh^2}{2}$$

得

$$m=\frac{m_1h_1^2+m_2(2h_1+h_2)h_2+m_3(2h_1+2h_2+h_3)h_3}{h^2} \tag{4-3a}$$

当 $h$ 范围内存在三层以上的不同土层时，可类推。

当 $h$ 范围内仅有两层不同土层时，可在上式中令 $h_3=0$，得

$$m=\frac{m_1h_1^2+m_2(2h_1+h_2)h_2}{h^2} \tag{4-3b}$$

## 2. 弹性桩

不宜视为刚性桩的桩均应按弹性桩计算。弹性桩在横向力作用下将发生较明显的挠曲变形。根据已有的试验和研究成果,地面以下一定深度的土体性质对于桩身变形和内力的大小影响很大。因此,应将地面以下的主要影响深度 $h_m$ 视为计算深度,将该范围内各土层的换算 $m$ 值作为整个入土深度范围内的 $m$ 值。一般地,可取 $h_m = 2(d+1)$,其中 $d$ 为桩径,以 m 计。对于钻孔灌注桩,$d$ 应为成孔桩径。确定了 $h_m$ 以后,将其作为 $h$ 代入公式(4-3)计算换算后的 $m$ 值。

(四)桩的计算宽度 $b_0$

大量试验结果表明,在同一水平面上桩侧的横向抗力分布已超出桩的实际宽度 $b$,如图 4-8 所示,其主要原因是桩两侧摩擦阻力的扩散传递对横向抗力的分布范围有明显影响。此外,横向抗力的分布宽度还受桩断面形状的影响,且在空间上呈不均匀分布形式。为了简化计算,可将其简化为平面分布,并将各种断面形状的桩都转化为宽度为 $b_0$ 的矩形断面。于是将 $b_0$ 称为桩的计算宽度,且假定土抗力沿该宽度方向

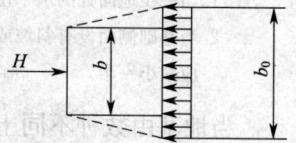

图 4-8 桩的计算宽度 $b_0$

为均匀分布。在以后的结构分析公式中,都将各种桩当作宽度为 $b_0$ 的矩形桩来考虑。桩的计算宽度 $b_0$ 可按下列方法计算。

(1)当桩基为单桩,如图 4-9(a)所示,或由位于与横向力相垂直的平面内的数根桩组成者,如图 4-9(c)所示,可按表 4-2 计算。

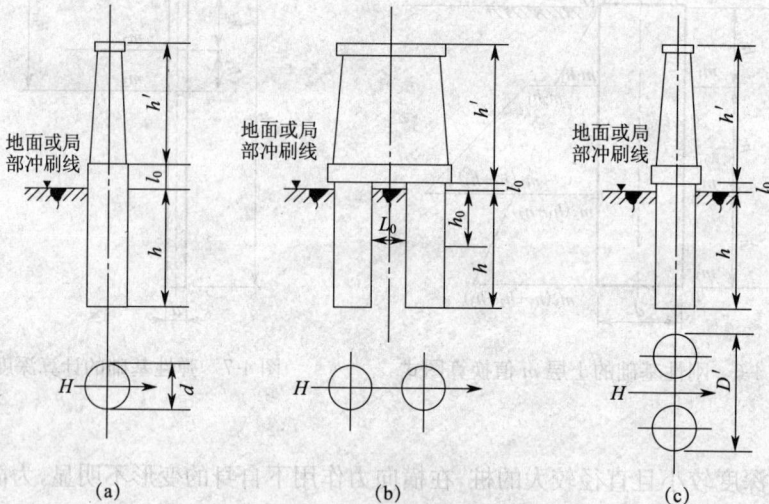

(a)　　　　　　　　　(b)　　　　　　　　　(c)

图 4-9 桩的计算宽度 $b_0$

(2)当桩基由位于横向力所在竖直平面内的数根桩组成,且由承台板联结时,如图 4-9(b)所示,可将表 4-2 中的各式乘以系数 $K$ 后作为桩的计算宽度。这里,$K$ 为桩的相互影响系数。当桩与桩之间的净距 $L_0 \geqslant 0.6h_0$ 时,$K=1$,当 $L_0 < 0.6h_0$ 时,$K$ 按下式计算:

$$K = C + \frac{1-C}{0.6} \cdot \frac{L_0}{h_0} \tag{4-4}$$

式中 $C$ 为随桩的排数 $n$ 而变化的系数:$n=1$ 时,$C=1.0$;$n=2$ 时,$C=0.6$;$n=3$ 时,$C=0.5$;$n \geqslant 4$ 时,$C=0.45$;$h_0$ 为桩埋入地面或局部冲刷线以下的计算深度,$h_0 = 3(d+1)$,式中 $d$ 为桩径,以 m 计。

表 4-2　桩的计算宽度 $b_0$(m)

| 基础平面形状 | | 矩形 | 圆形 | 圆端形 |
|---|---|---|---|---|
| 单个构件的直径或与水平力 $H$ 作用方向相垂直的宽度大于或等于 1 m 时 | 由单个构件[图 4-9(a)]或由位于水平外力 $H$ 作用面内数个构件组成的基础[图 4-9(b)] | $b+1$ | $0.9(d+1)$ | $\left(1-0.1\dfrac{d}{D}\right)(D+1)$ |
| | 由位于与水平外力 $H$ 相垂直的同一平面内 $n$ 个构件组成的基础[图 4-9(c)] | $n(b+1)$ 但不得大于 $D'+1$ | $0.9n(d+1)$ 但不得大于 $D'+1$ | $n\left(1-0.1\dfrac{d}{D}\right)(D+1)$ 但不得大于 $D'+1$ |
| 单个构件的直径或与水平力 $H$ 作用方向相垂直的宽度小于 1 m 时 | 由单个构件[图 4-9(a)]或由位于水平外力 $H$ 作用面内数个构件组成的基础[图 4-9(b)] | $1.5b+0.5$ | $0.9(1.5d+0.5)$ | $\left(1-0.1\dfrac{d}{D}\right)(1.5D+0.5)$ |
| | 由位于与水平外力 $H$ 相垂直的同一平面内 $n$ 个构件组成的基础[图 4-9(c)] | $n(1.5b+0.5)$ 但不得大于 $D'+1$ | $0.9n(1.5d+0.5)$ 但不得大于 $D'+1$ | $n\left(1-0.1\dfrac{d}{D}\right)(1.5D+0.5)$ 但不得大于 $D'+1$ |

表 4-2 不仅适用于桩基础,也适用于管柱和沉井等具有类似力学特征的深基础。

**二、单桩的位移和内力计算**

一般地,桩的工作状态如同一个埋在弹性介质里的弹性杆件,可在做出某些假设后建立桩身受力后的挠曲线微分方程,通过挠曲线微分方程的解答,可求出桩身各截面的弯矩与剪力,并以此检算桩身的强度。

下面介绍按 m 法求解桩身位移和内力的方法和过程。

**(一)桩顶与地面或局部冲刷线齐平时的计算方法**

**1. 桩身弹性挠曲线微分方程**

为了叙述方便,先将有关变量的正负号作如下规定:在如图 4-10 所示的坐标系中,设 $x$ 轴向右为正,$y$ 轴向下为正,剪力 $Q_0$ 以沿 $x$ 轴正向为正,弯矩 $M_0$ 以使桩的左侧受拉为正,位移 $x_0$ 以沿 $x$ 轴向右为正,转角 $\varphi_0$ 以沿逆时针方向转动为正。

设单桩在 $Q_0$、$M_0$ 和地基土横向抗力 $p$ 的共同作用下产生挠曲,由材料力学可写出其挠曲线微分方程为

$$EI\frac{\mathrm{d}^4 x}{\mathrm{d}y^4}+p=0 \qquad (4\text{-}5)$$

引入式(4-1)和式(4-2),得

$$\frac{\mathrm{d}^4 x}{\mathrm{d}y^4}+\frac{mb_0}{EI}yx=0 \qquad (4\text{-}6)$$

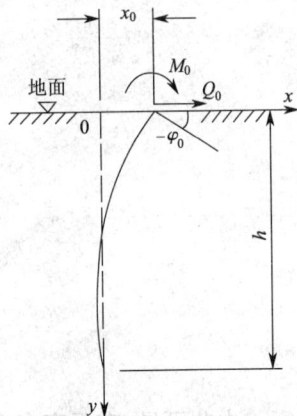

图 4-10　桩顶与地面或局部冲刷线齐平时的分析图式

令

$$\alpha=\sqrt[5]{\frac{mb_0}{EI}} \tag{4-7}$$

$\alpha$ 称为桩的横向变形系数,单位是 $m^{-1}$,它在一定程度上反映了桩土间的相对刚度。将式 (4-7)代入式(4-6),则得

$$\frac{d^4x}{dy^4}+\alpha^5yx=0 \tag{4-8}$$

即为单桩挠曲线微分方程的标准形式。式中的 $x$ 为桩身 $y$ 深度处的截面横向位移,$EI$ 为桩的抗弯刚度,当为钢筋混凝土桩时,取 $EI=0.8E_cI$,其中 $E_c$ 为混凝土的受压弹性模量,$I$ 为桩身横截面的惯性矩。

2. 幂级数解答

假定式(4-8)具有如下形式的幂级数解答:

$$x=\sum_{i=0}^{\infty}a_iy^i \tag{4-9}$$

求出式(4-9)的前 4 阶导数如下:

$$\frac{dx}{dy}=\sum_{i=1}^{\infty}ia_iy^{i-1} \tag{4-10}$$

$$\frac{d^2x}{dy^2}=\sum_{i=2}^{\infty}i(i-1)a_iy^{i-2} \tag{4-11}$$

$$\frac{d^3x}{dy^3}=\sum_{i=3}^{\infty}i(i-1)(i-2)a_iy^{i-3} \tag{4-12}$$

$$\frac{d^4x}{dy^4}=\sum_{i=4}^{\infty}i(i-1)(i-2)(i-3)a_iy^{i-4} \tag{4-13}$$

将式(4-9)和式(4-13)代入式(4-8)中,整理后得

$$\sum_{i=4}^{\infty}i(i-1)(i-2)(i-3)a_iy^{i-4}=-\alpha^5\sum_{i=0}^{\infty}a_iy^{i+1}$$

上式成立的条件是等式两边关于 $y$ 的同幂次项的系数相同,由此可以写出

$$a_4=0$$

$$a_5=-\frac{\alpha^5}{2 \cdot 3 \cdot 4 \cdot 5}a_0$$

$$a_6=-\frac{\alpha^5}{3 \cdot 4 \cdot 5 \cdot 6}a_1$$

$$a_7=-\frac{\alpha^5}{4 \cdot 5 \cdot 6 \cdot 7}a_2$$

$$a_8=-\frac{\alpha^5}{5 \cdot 6 \cdot 7 \cdot 8}a_3$$

$$a_9=-\frac{\alpha^5}{6 \cdot 7 \cdot 8 \cdot 9}a_4=0$$

$$\cdots$$

由此可见,在无穷多个 $a_i$ 中,只有前 4 个是独立的,其余各 $a_i$ 均可表示为它们的函数。

系数 $a_0 \sim a_3$ 决定于桩的边界条件。注意到材料力学中梁的挠度 $x$、转角 $\varphi$、弯矩 $M$ 和剪力 $Q$ 之间的微分关系,写出如下桩顶边界条件:

$$x\big|_{y=0}=x_0$$

$$\frac{\mathrm{d}x}{\mathrm{d}y}\bigg|_{y=0}=\varphi_0$$

$$\frac{\mathrm{d}^2x}{\mathrm{d}y^2}\bigg|_{y=0}=\frac{M_0}{EI}$$

$$\frac{\mathrm{d}^3x}{\mathrm{d}y^3}\bigg|_{y=0}=\frac{Q_0}{EI}$$

(4-14)

将其代入式(4-9)~式(4-12)中,得

$$a_0=x_0$$

$$a_1=\varphi_0$$

$$a_2=\frac{M_0}{2EI}$$

$$a_3=\frac{Q_0}{6EI}$$

进一步可求出其余各系数。将计算结果代入式(4-9)中,整理后可得

$$x=x_0A_1+\frac{\varphi_0}{\alpha}B_1+\frac{M_0}{\alpha^2EI}C_1+\frac{Q_0}{\alpha^3EI}D_1$$

(4-15)

上式即桩轴线的挠曲变形方程,也称为桩身挠曲线的初参数方程,式中的 $x_0$、$\varphi_0$、$M_0$ 和 $Q_0$ 分别为桩在地面处的挠度、转角、弯矩和剪力,称为方程的初参数。$A_1$、$B_1$、$C_1$ 和 $D_1$ 代表 4 个无穷级数,其表达式为

$$A_1=1-\frac{1}{5!}(\alpha y)^5+\frac{1\cdot6}{10!}(\alpha y)^{10}-\frac{1\cdot6\cdot11}{15!}(\alpha y)^{15}+\cdots$$

$$=1+\sum_{k=1}^{\infty}(-1)^k\frac{(5k-4)!!}{(5k)!}(\alpha y)^{5k}$$

$$B_1=\alpha y-\frac{2}{6!}(\alpha y)^6+\frac{2\cdot7}{11!}(\alpha y)^{11}-\frac{2\cdot7\cdot12}{16!}(\alpha y)^{16}+\cdots$$

$$=\alpha y+\sum_{k=1}^{\infty}(-1)^k\frac{(5k-3)!!}{(5k+1)!}(\alpha y)^{5k+1}$$

$$C_1=\frac{1}{2!}(\alpha y)^2-\frac{3}{7!}(\alpha y)^7+\frac{3\cdot8}{12!}(\alpha y)^{12}-\frac{3\cdot8\cdot13}{17!}(\alpha y)^{17}+\cdots$$

$$=\frac{(\alpha y)^2}{2!}+\sum_{k=1}^{\infty}(-1)^k\frac{(5k-2)!!}{(5k+2)!}(\alpha y)^{5k+2}$$

$$D_1=\frac{1}{3!}(\alpha y)^3-\frac{4}{8!}(\alpha y)^8+\frac{4\cdot9}{13!}(\alpha y)^{13}-\frac{4\cdot9\cdot14}{18!}(\alpha y)^{18}+\cdots$$

$$=\frac{(\alpha y)^3}{3!}+\sum_{k=1}^{\infty}(-1)^k\frac{(5k-1)!!}{(5k+3)!}(\alpha y)^{5k+3}$$

由材料力学,桩身地面以下任意截面的转角、弯矩和剪力可由式(4-15)逐次求导后求得

$$\frac{\varphi}{\alpha}=x_0A_2+\frac{\varphi_0}{\alpha}B_2+\frac{M_0}{\alpha^2EI}C_2+\frac{Q_0}{\alpha^3EI}D_2$$

(4-16)

$$\frac{M}{\alpha^2EI}=x_0A_3+\frac{\varphi_0}{\alpha}B_3+\frac{M_0}{\alpha^2EI}C_3+\frac{Q_0}{\alpha^3EI}D_3$$

(4-17)

$$\frac{Q}{\alpha^3EI}=x_0A_4+\frac{\varphi_0}{\alpha}B_4+\frac{M_0}{\alpha^2EI}C_4+\frac{Q_0}{\alpha^3EI}D_4$$

(4-18)

式中的 $A_2$、$B_2$、$\cdots$、$C_4$ 和 $D_4$ 共 12 个系数可由 $A_1$、$B_1$、$C_1$ 和 $D_1$ 对 $y$ 逐次求导后得

$$A_2 = \sum_{k=1}^{\infty} (-1)^k \frac{(5k-4)!!}{(5k-1)!} (\alpha y)^{5k-1}$$

$$B_2 = 1 + \sum_{k=1}^{\infty} (-1)^k \frac{(5k-3)!!}{(5k)!} (\alpha y)^{5k}$$

$$C_2 = \alpha y + \sum_{k=1}^{\infty} (-1)^k \frac{(5k-2)!!}{(5k+1)!} (\alpha y)^{5k+1}$$

$$D_2 = \frac{(\alpha y)^2}{2!} + \sum_{k=1}^{\infty} (-1)^k \frac{(5k-1)!!}{(5k+2)!} (\alpha y)^{5k+2}$$

$$A_3 = \sum_{k=1}^{\infty} (-1)^k \frac{(5k-4)!!}{(5k-2)!} (\alpha y)^{5k-2}$$

$$B_3 = \sum_{k=1}^{\infty} (-1)^k \frac{(5k-3)!!}{(5k-1)!} (\alpha y)^{5k-1}$$

$$C_3 = 1 + \sum_{k=1}^{\infty} (-1)^k \frac{(5k-2)!!}{(5k)!} (\alpha y)^{5k}$$

$$D_3 = \alpha y + \sum_{k=1}^{\infty} (-1)^k \frac{(5k-1)!!}{(5k+1)!} (\alpha y)^{5k+1}$$

$$A_4 = \sum_{k=1}^{\infty} (-1)^k \frac{(5k-4)!!}{(5k-3)!} (\alpha y)^{5k-3}$$

$$B_4 = \sum_{k=1}^{\infty} (-1)^k \frac{(5k-3)!!}{(5k-2)!} (\alpha y)^{5k-2}$$

$$C_4 = \sum_{k=1}^{\infty} (-1)^k \frac{(5k-2)!!}{(5k-1)!} (\alpha y)^{5k-1}$$

$$D_4 = 1 + \sum_{k=1}^{\infty} (-1)^k \frac{(5k-1)!!}{(5k)!} (\alpha y)^{5k}$$

从上列各式可看出，$A_1$、$B_1$、$\cdots$、$C_4$ 和 $D_4$ 共 16 个系数都是 $\alpha y$ 的函数，也是无量纲系数，可根据不同的 $\alpha y$ 制成表格以方便计算（参看《铁路桥涵地基规范》附录 D）。

式(4-15)～式(4-18)中的 $x_0$ 和 $\varphi_0$ 尚属未知，该两个初参数通常借助于桩下端的边界条件求出。

3. 确定 $x_0$ 和 $\varphi_0$

桩端的支承条件一般分为两种，即桩端嵌入岩层内和桩端支立于岩层表面或土层中。以下即按此两种情况分别讨论。

(1)桩端嵌入岩层。如果桩端嵌入岩层，可以假定桩端的挠度 $x_h$ 和 $\varphi_h$ 等于零，即

$$\left. \begin{aligned} x_h &= x_0 A_{1h} + \frac{\varphi_0}{\alpha} B_{1h} + \frac{M_0}{\alpha^2 EI} C_{1h} + \frac{Q_0}{\alpha^3 EI} D_{1h} = 0 \\ \frac{\varphi_h}{\alpha} &= x_0 A_{2h} + \frac{\varphi_0}{\alpha} B_{2h} + \frac{M_0}{\alpha^2 EI} C_{2h} + \frac{Q_0}{\alpha^3 EI} D_{2h} = 0 \end{aligned} \right\} \tag{4-19}$$

系数 $A_{1h}$、$\cdots$、$D_{2h}$ 可令 $y=h$ 从前述相关公式计算，也可从规范或相关手册查得，而初参数 $M_0$ 和 $Q_0$ 已知，所以由式(4-19)可以求得

$$x_0 = \frac{\frac{Q_0}{\alpha^3 EI}(D_{1h} B_{2h} - D_{2h} B_{1h}) + \frac{M_0}{\alpha^2 EI}(C_{1h} B_{2h} - C_{2h} B_{1h})}{A_{2h} B_{1h} - A_{1h} B_{2h}}$$

$$= \frac{Q_0}{\alpha^3 EI}\bar{\delta}_{QQ} + \frac{M_0}{\alpha^2 EI}\bar{\delta}_{QM}$$

$$= Q_0 \delta_{QQ} + M_0 \delta_{QM} \tag{4-20a}$$

$$\varphi_0 = \frac{\dfrac{Q_0}{\alpha^2 EI}(D_{2h}A_{1h}-D_{1h}A_{2h}) + \dfrac{M_0}{\alpha EI}(C_{2h}A_{1h}-C_{1h}A_{2h})}{A_{2h}B_{1h}-A_{1h}B_{2h}}$$

$$= -\left(\frac{Q_0}{\alpha^2 EI}\bar{\delta}_{MQ} + \frac{M_0}{\alpha EI}\bar{\delta}_{MM}\right)$$

$$= -(Q_0 \delta_{MQ} + M_0 \delta_{MM}) \tag{4-20b}$$

式中

$$\left.\begin{array}{l} \delta_{QQ} = \dfrac{1}{\alpha^3 EI}\bar{\delta}_{QQ} = \dfrac{1}{\alpha^3 EI}\dfrac{(D_{1h}B_{2h}-D_{2h}B_{1h})}{A_{2h}B_{1h}-A_{1h}B_{2h}} \\[4mm] \delta_{QM} = \dfrac{1}{\alpha^2 EI}\bar{\delta}_{QM} = \dfrac{1}{\alpha^2 EI}\dfrac{(C_{1h}B_{2h}-C_{2h}B_{1h})}{A_{2h}B_{1h}-A_{1h}B_{2h}} \\[4mm] \delta_{MQ} = \dfrac{1}{\alpha^2 EI}\bar{\delta}_{MQ} = \dfrac{1}{\alpha^2 EI}\dfrac{(-D_{2h}A_{1h}+D_{1h}A_{2h})}{A_{2h}B_{1h}-A_{1h}B_{2h}} \\[4mm] \delta_{MM} = \dfrac{1}{\alpha EI}\bar{\delta}_{MM} = \dfrac{1}{\alpha EI}\dfrac{(-C_{2h}A_{1h}+C_{1h}A_{2h})}{A_{2h}B_{1h}-A_{1h}B_{2h}} \end{array}\right\} \tag{4-21}$$

系数 $\bar{\delta}_{QQ}$、$\bar{\delta}_{QM}$、$\bar{\delta}_{MQ}$、$\bar{\delta}_{MM}$ 可按式(4-21)计算,也可从规范或相关手册查得。

$\delta_{QQ}$、$\delta_{QM}$、$\delta_{MQ}$ 和 $\delta_{MM}$ 称为桩的柔度系数,结合式(4-20)可以看出各系数的物理意义。其中,$\delta_{QQ}$、$\delta_{MQ}$ 为当 $Q_0=1$、$M_0=0$ 时桩顶的横向位移和转角,而 $\delta_{QM}$、$\delta_{MM}$ 为当 $Q_0=0$、$M_0=1$ 时桩顶的横向位移和转角,如图4-11所示。

(2)桩端支立于岩层表面或土层中。此时的桩端边界条件可写出如下:

第一个边界条件是:当桩端转动 $\varphi_h$ 角时,如图4-12所示,桩端岩土体产生的反力矩为

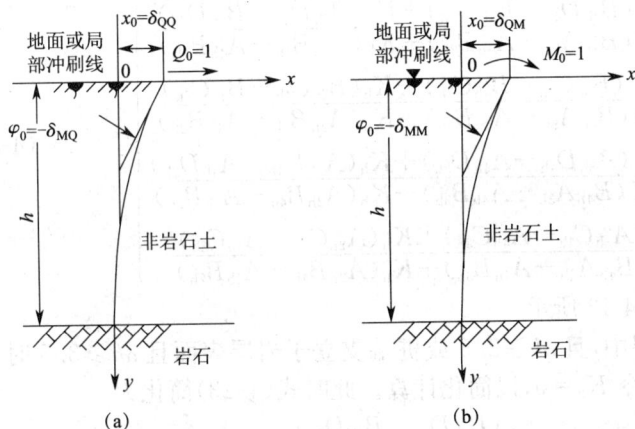

图4-11　桩端嵌入岩层时的柔度系数

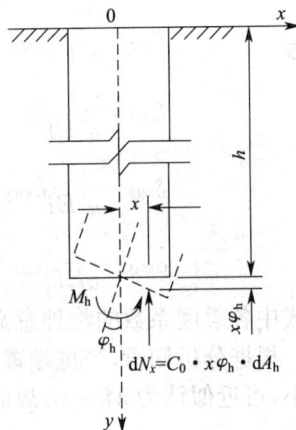

图4-12　桩端的反力矩

$$M_h = \int_{A_h} x \cdot dN_x = -\int_{A_h} x \cdot C_0 x\varphi_h dA = -C_0\varphi_h \int_{A_h} x^2 dA = -C_0\varphi_h I_h \tag{4-22}$$

式中　$A_h$——桩端底面面积;

$I_h$——桩端底面面积对其形心轴的惯性矩;

$C_0$——桩端土的竖向地基系数,确定方法如下述。

"m 法"假设桩端岩土体的竖向地基系数为 $C_0 = m_0 h$，式中的 $m_0$ 称为竖向地基系数的比例系数，无实测资料时可参考表 4-1 取值；$h$ 为自地面或局部冲刷线算起的桩端入土深度。考虑到即使在地面处竖向地基反力也不会为零，且据分析自地面至 10 m 深度范围内土的竖向抗力变化不大，故当 $h \leqslant 10$ m 时，都令 $h = 10$ m 代入 $C_0$ 的计算式中，即 $C_0 = 10 m_0$；当 $h > 10$ m 时，则以实际值代入计算，即 $C_0 = m_0 h$。

当桩端支立于岩层表面时，因岩层的竖向地基系数 $C_0$ 不随岩层的埋藏深度而变，故《铁路桥涵地基规范》规定岩石地基的 $C_0$ 可直接按下述方法确定：当岩石试样的单轴抗压强度 $R = 1$ MPa 时，$C_0 = 300$ MPa/m；当 $R \geqslant 25$ MPa 时，$C_0 = 15\,000$ MPa/m；当 $1$ MPa $< R < 25$ MPa 时，$C_0$ 按线性内插法确定。

式(4-22)中引入负号的原因是当桩端沿顺时针方向转动时，$\varphi_h$ 为负值，而由它引起的桩端竖向反力所产生的 $M_h$ 为正值（使桩的左侧受拉）。

将式(4-22)代入式(4-17)，得

$$\frac{-C_0 \varphi_h I_h}{\alpha^2 EI} = x_0 A_{3h} + \frac{\varphi_0}{\alpha} B_{3h} + \frac{M_0}{\alpha^2 EI} C_{3h} + \frac{Q_0}{\alpha^3 EI} D_{3h}$$

令 $K_h = \dfrac{C_0 I_h}{\alpha EI}$，并将 $\varphi_h$ 用式(4-16)代入，得

$$-K_h \left( x_0 A_{2h} + \frac{\varphi_0}{\alpha} B_{2h} + \frac{M_0}{\alpha^2 EI} C_{2h} + \frac{Q_0}{\alpha^3 EI} D_{2h} \right) = x_0 A_{3h} + \frac{\varphi_0}{\alpha} B_{3h} + \frac{M_0}{\alpha^2 EI} C_{3h} + \frac{Q_0}{\alpha^3 EI} D_{3h}$$

第二个边界条件是：忽略桩端与土体间的摩擦力，于是桩端处的剪力等于零，即 $Q_h = 0$，故由式(4-18)得

$$x_0 A_{4h} + \frac{\varphi_0}{\alpha} B_{4h} + \frac{M_0}{\alpha^2 EI} C_{4h} + \frac{Q_0}{\alpha^3 EI} D_{4h} = 0$$

上列两式联立求解，所得的最后结果与公式(4-20)具有相同的形式，不过相关柔度系数应按下式计算：

$$\left.\begin{aligned}
\delta_{QQ} &= \frac{1}{\alpha^3 EI} \bar{\delta}_{QQ} = \frac{1}{\alpha^3 EI} \frac{(B_{3h} D_{4h} - B_{4h} D_{3h}) + K_h (B_{2h} D_{4h} - B_{4h} D_{2h})}{(B_{4h} A_{3h} - A_{4h} B_{3h}) + K_h (A_{2h} B_{4h} - A_{4h} B_{2h})} \\
\delta_{QM} &= \frac{1}{\alpha^2 EI} \bar{\delta}_{QM} = \frac{1}{\alpha^2 EI} \frac{(B_{3h} C_{4h} - B_{4h} C_{3h}) + K_h (B_{2h} C_{4h} - B_{4h} C_{2h})}{(B_{4h} A_{3h} - A_{4h} B_{3h}) + K_h (A_{2h} B_{4h} - A_{4h} B_{2h})} \\
\delta_{MQ} &= \frac{1}{\alpha^2 EI} \bar{\delta}_{MQ} = \frac{1}{\alpha^2 EI} \frac{(A_{3h} D_{4h} - A_{4h} D_{3h}) + K_h (A_{2h} D_{4h} - A_{4h} D_{2h})}{(B_{4h} A_{3h} - A_{4h} B_{3h}) + K_h (A_{2h} B_{4h} - A_{4h} B_{2h})} \\
\delta_{MM} &= \frac{1}{\alpha EI} \bar{\delta}_{MM} = \frac{1}{\alpha EI} \frac{(A_{3h} C_{4h} - A_{4h} C_{3h}) + K_h (A_{2h} C_{4h} - A_{4h} C_{2h})}{(B_{4h} A_{3h} - A_{4h} B_{3h}) + K_h (A_{2h} B_{4h} - A_{4h} B_{2h})}
\end{aligned}\right\} \quad (4\text{-}23)$$

上式中各柔度系数的物理意义如图 4-13 所示。

根据分析知道，当桩端置于土层中，且 $\alpha h \geqslant 2.5$ 或桩端支立于岩层表面且 $\alpha h \geqslant 3.5$ 时，$\varphi_h$ 很小，可近似认为 $M_h = 0$，故此时可令 $K_h = 0$，以简化计算。此时式(4-23)简化为

$$\left.\begin{aligned}
\delta_{QQ} &= \frac{1}{\alpha^3 EI} \bar{\delta}_{QQ} = \frac{1}{\alpha^3 EI} \frac{(B_{3h} D_{4h} - B_{4h} D_{3h})}{(B_{4h} A_{3h} - A_{4h} B_{3h})} \\
\delta_{QM} &= \frac{1}{\alpha^2 EI} \bar{\delta}_{QM} = \frac{1}{\alpha^2 EI} \frac{(B_{3h} C_{4h} - B_{4h} C_{3h})}{(B_{4h} A_{3h} - A_{4h} B_{3h})} \\
\delta_{MQ} &= \frac{1}{\alpha^2 EI} \bar{\delta}_{MQ} = \frac{1}{\alpha^2 EI} \frac{(A_{3h} D_{4h} - A_{4h} D_{3h})}{(B_{4h} A_{3h} - A_{4h} B_{3h})} \\
\delta_{MM} &= \frac{1}{\alpha EI} \bar{\delta}_{MM} = \frac{1}{\alpha EI} \frac{(A_{3h} C_{4h} - A_{4h} C_{3h})}{(B_{4h} A_{3h} - A_{4h} B_{3h})}
\end{aligned}\right\} \quad (4\text{-}24)$$

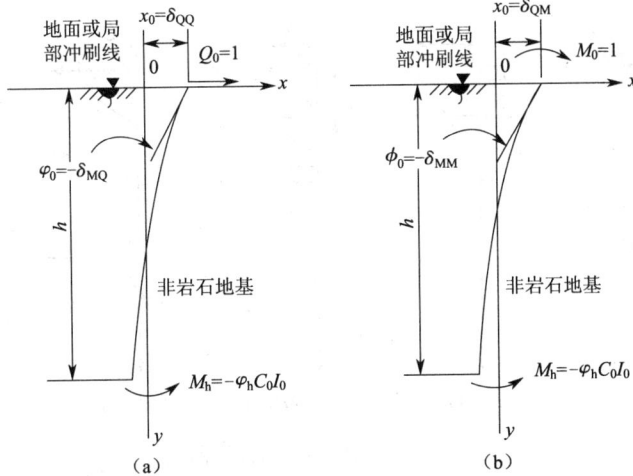

图 4-13　桩端支立于岩面或土层中时的柔度系数

### 4. 桩身位移及内力的计算步骤

(1)计算桩的计算宽度 $b_0$。

(2)计算桩的变形系数 $\alpha$，计算桩的换算入土深度 $\alpha h$。

(3)计算 $x_0$ 和 $\varphi_0$，注意按桩端支承条件选用相应的计算公式。但当 $\alpha h \geqslant 4.0$ 时，则用哪一种公式均可，因为大量的计算结果表明，当 $\alpha h \geqslant 4.0$ 时，按桩端嵌入岩层和桩端支立于土中两种公式计算的结果十分接近。计算公式中的 $A_h$ 等系数应由 $\alpha h$ 值确定。

(4)计算桩身任一深度 $y$ 处的 $x_y$、$\varphi_y$、$M_y$ 和 $Q_y$，这只要将上面算得的 $x_0$、$\varphi_0$ 以及原来已知的 $M_0$ 和 $Q_0$ 代入式(4-15)至式(4-18)中即可一一求得，但这些式中的 $A_1$、$\cdots$、$D_4$ 系数应根据 $\alpha y$ 值确定。

由上述计算过程可见，用"m 法"计算一根单桩的位移和内力的工作相当繁重。

### 5. 简捷计算法

计算分析结果证实，弹性桩只要符合下述条件，便可按所谓"简捷计算法"计算：桩端嵌入岩层者，桩端支立于土层中且 $\alpha h \geqslant 2.5$ 者，或桩端支立于岩面且 $\alpha h \geqslant 3.5$ 者。

桩身各截面的位移、内力以及桩侧土抗力的简捷算法表达式如下：

$$
\left.
\begin{aligned}
x_y &= \frac{Q_0}{\alpha^3 EI} A_x + \frac{M_0}{\alpha^2 EI} B_x \\
\varphi_y &= \frac{Q_0}{\alpha^2 EI} A_\varphi + \frac{M_0}{\alpha EI} B_\varphi \\
M_y &= \frac{Q_0}{\alpha} A_M + M_0 B_M \\
Q_y &= Q_0 A_Q + \alpha M_0 B_Q \\
\sigma_y &= \frac{\alpha Q_0}{b_0} A_\sigma + \frac{\alpha^2 M_0}{b_0} B_\sigma
\end{aligned}
\right\}
\tag{4-25}
$$

式中的 $A_x$，$B_x$，$A_\varphi$，$B_\varphi$，$A_m$，$B_M$，$A_Q$，$B_Q$，$A_\sigma$，$B_\sigma$ 均为无量纲系数，决定于 $\alpha h$ 和 $\alpha y$，可从有关设计规范或手册查用。表 4-3 列出了 $\alpha h \geqslant 4.0$ 时的系数值。按上式计算出的桩身内力、变形和桩侧土的横向抗力随深度的变化情况如图 4-14 所示。

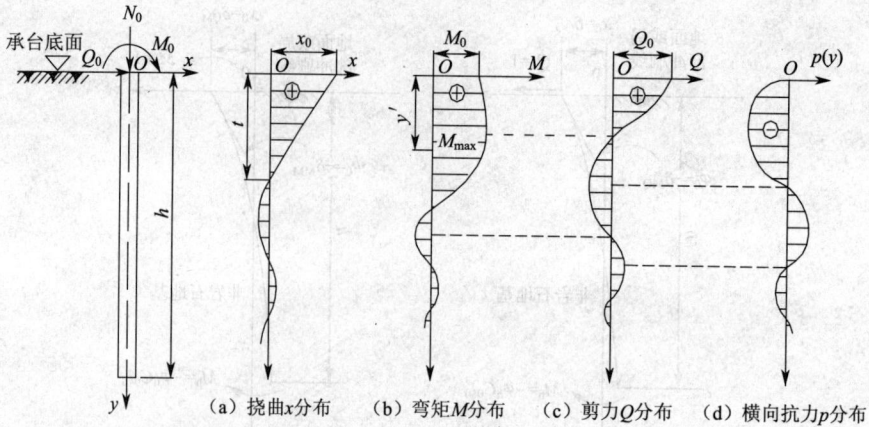

图 4-14 单桩内力与位移曲线

**表 4-3 简捷计算法系数表**(仅列出 $\alpha h \geqslant 4.0$ 者)

| $\alpha y$ | $A_x$ | $A_\varphi$ | $A_M$ | $A_Q$ | $A_\sigma$ | $B_x$ | $B_\varphi$ | $B_M$ | $B_Q$ | $B_\sigma$ |
|---|---|---|---|---|---|---|---|---|---|---|
| 0.0 | 2.441 | −1.621 | 0 | 1.000 | 0 | 1.621 | −1.751 | 1.000 | 0 | 0 |
| 0.1 | 2.279 | −1.616 | 0.100 | 0.988 | 0.228 | 1.451 | −1.651 | 1.000 | −0.008 | 0.145 |
| 0.2 | 2.118 | −1.601 | 0.197 | 0.956 | 0.424 | 1.291 | −1.551 | 0.998 | −0.028 | 0.258 |
| 0.3 | 1.959 | −1.577 | 0.290 | 0.905 | 0.588 | 1.141 | −1.451 | 0.994 | −0.058 | 0.342 |
| 0.4 | 1.803 | −1.543 | 0.377 | 0.839 | 0.721 | 1.001 | −1.352 | 0.986 | −0.096 | 0.400 |
| 0.5 | 1.650 | −1.502 | 0.458 | 0.761 | 0.825 | 0.870 | −1.254 | 0.975 | −0.137 | 0.435 |
| 0.6 | 1.503 | −1.452 | 0.529 | 0.675 | 0.902 | 0.750 | −1.157 | 0.959 | −0.182 | 0.450 |
| 0.7 | 1.360 | −1.396 | 0.592 | 0.582 | 0.952 | 0.639 | −1.062 | 0.938 | −0.227 | 0.447 |
| 0.8 | 1.224 | −1.334 | 0.646 | 0.458 | 0.979 | 0.537 | −0.970 | 0.913 | −0.271 | 0.430 |
| 0.9 | 1.094 | −1.267 | 0.689 | 0.387 | 0.984 | 0.445 | −0.880 | 0.884 | −0.312 | 0.400 |
| 1.0 | 0.970 | −1.196 | 0.723 | 0.289 | 0.970 | 0.361 | −0.793 | 0.851 | −0.351 | 0.361 |
| 1.1 | 0.854 | −1.123 | 0.747 | 0.193 | 0.940 | 0.286 | −0.710 | 0.814 | −0.384 | 0.315 |
| 1.2 | 0.746 | −1.047 | 0.762 | 0.102 | 0.895 | 0.219 | −0.630 | 0.774 | −0.413 | 0.263 |
| 1.3 | 0.645 | −0.971 | 0.768 | 0.015 | 0.838 | 0.160 | −0.555 | 0.732 | −0.437 | 0.208 |
| 1.4 | 0.552 | −0.894 | 0.765 | −0.066 | 0.772 | 0.108 | −0.484 | 0.687 | −0.455 | 0.151 |
| 1.5 | 0.466 | −0.818 | 0.755 | −0.140 | 0.699 | 0.063 | −0.418 | 0.641 | −0.467 | 0.094 |
| 1.6 | 0.338 | −0.743 | 0.737 | −0.206 | 0.621 | 0.024 | −0.356 | 0.594 | −0.474 | 0.039 |
| 1.7 | 0.317 | −0.671 | 0.714 | −0.264 | 0.540 | −0.008 | −0.299 | 0.546 | −0.475 | −0.014 |
| 1.8 | 0.254 | −0.601 | 0.685 | −0.313 | 0.457 | −0.036 | −0.247 | 0.499 | −0.471 | −0.064 |
| 1.9 | 0.197 | −0.534 | 0.651 | −0.355 | 0.375 | −0.058 | −0.199 | 0.452 | −0.462 | −0.110 |
| 2.0 | 0.147 | −0.471 | 0.614 | −0.388 | 0.294 | −0.076 | −0.156 | 0.407 | −0.449 | −0.151 |
| 2.2 | 0.065 | −0.356 | 0.532 | −0.432 | 0.142 | −0.099 | −0.084 | 0.320 | −0.412 | −0.219 |
| 2.4 | 0.003 | −0.258 | 0.443 | −0.446 | 0.008 | −0.110 | −0.028 | 0.243 | −0.363 | −0.265 |
| 2.6 | −0.040 | −0.178 | 0.355 | −0.437 | −0.104 | −0.111 | 0.014 | 0.175 | −0.307 | −0.290 |
| 2.8 | −0.069 | −0.116 | 0.270 | −0.406 | −0.193 | −0.105 | 0.044 | 0.120 | −0.249 | −0.295 |
| 3.0 | −0.087 | −0.070 | 0.193 | −0.361 | −0.262 | −0.095 | 0.063 | 0.076 | −0.191 | −0.284 |
| 3.5 | −0.105 | −0.012 | 0.051 | −0.200 | −0.367 | −0.057 | 0.083 | 0.014 | −0.067 | −0.199 |
| 4.0 | −0.108 | −0.003 | 0 | −0.001 | −0.432 | −0.015 | 0.085 | 0 | 0 | −0.059 |

桩侧土抗力除了可直接按公式(4-25)的第 5 式计算外,也可在计算出桩的横向位移后由文克勒假定计算得到。

设计承受横向荷载的单桩时,为了配筋,设计人员最关心的是桩身的最大弯矩及其所在位置。为了简化计算过程,可根据桩顶内力 $Q_0$、$M_0$ 和桩的横向变形系数 $\alpha$ 计算如下系数 $C_I$:

$$C_{\mathrm{I}}=\alpha M_0/Q_0 \tag{4-26}$$

由系数 $C_{\mathrm{I}}$ 从表 4-4 查得最大弯矩所在位置的换算深度 $\bar{h}$，于是求得最大弯矩的深度

$$y_0=\bar{h}/\alpha \tag{4-27}$$

由系数 $C_{\mathrm{I}}$ 从表 4-4 查得相应的系数 $C_{\mathrm{II}}$，则桩身的最大弯矩按下式计算：

$$M_{\max}=C_{\mathrm{II}}M_0 \tag{4-28}$$

需要注意的是，表 4-4 适合于 $\alpha h \geqslant 4.0$ 即桩长 $h \geqslant 4.0/\alpha$ 的长桩。

**表 4-4　计算最大弯矩位置及最大弯矩的系数 $C_{\mathrm{I}}$ 和 $C_{\mathrm{II}}$ 值**

| $\bar{h}=\alpha\cdot y$ | $C_{\mathrm{I}}$ | $C_{\mathrm{II}}$ | $\bar{h}=\alpha\cdot y$ | $C_{\mathrm{I}}$ | $C_{\mathrm{II}}$ |
|---|---|---|---|---|---|
| 0.0 | $\infty$ | 1.000 | 1.4 | -0.145 | -4.596 |
| 0.1 | 131.252 | 1.001 | 1.5 | -0.299 | -1.876 |
| 0.2 | 34.186 | 1.004 | 1.6 | -0.434 | -1.128 |
| 0.3 | 15.544 | 1.012 | 1.7 | -0.555 | -0.740 |
| 0.4 | 8.781 | 1.029 | 1.8 | -0.665 | -0.530 |
| 0.5 | 5.539 | 1.057 | 1.9 | -0.768 | -0.396 |
| 0.6 | 3.710 | 1.101 | 2.0 | -0.865 | -0.304 |
| 0.7 | 2.566 | 1.169 | 2.2 | -1.048 | -0.187 |
| 0.8 | 1.791 | 1.274 | 2.4 | -1.230 | -0.118 |
| 0.9 | 1.238 | 1.441 | 2.6 | -1.420 | -0.074 |
| 1.0 | 0.824 | 1.728 | 2.8 | -1.635 | -0.045 |
| 1.1 | 0.503 | 2.299 | 3.0 | -1.893 | -0.026 |
| 1.2 | 0.246 | 3.876 | 3.5 | -2.994 | -0.003 |
| 1.3 | 0.034 | 23.438 | 4.0 | -0.045 | -0.011 |

**（二）桩顶高于地面或局部冲刷线时的计算方法**

分析图示如图 4-15 所示，此时可将桩分为两段，一是地下段，其长度为 $h$；另一段为地上段，长度为 $l_0$。假定桩顶的作用力分别为 $M_1$ 和 $Q_1$。

根据材料力学可写出桩在地面处的弯矩和剪力如下：

$$\left.\begin{array}{l}M_0=M_1+Q_1l_0\\Q_0=Q_1\end{array}\right\} \tag{4-29}$$

确定了 $M_0$ 和 $Q_0$ 以后就可以按桩顶与地面或局部冲刷线齐平的情况计算地下段的位移和内力了。

地上段的内力可按悬臂梁计算。桩顶的位移表达式可写出为

$$\left.\begin{array}{l}x_1=x_0-\varphi_0l_0+x_Q+x_M\\\varphi_1=\varphi_0+\varphi_Q+\varphi_M\end{array}\right\} \tag{4-30}$$

式中　$x_Q, x_M$——当地上段的下端固定时，分别由 $Q_1$ 和 $M_1$ 引起的桩顶横向位移；

$\varphi_Q, \varphi_M$——当地上段的下端固定时，分别由 $Q_1$ 和 $M_1$ 引起的桩顶转角。

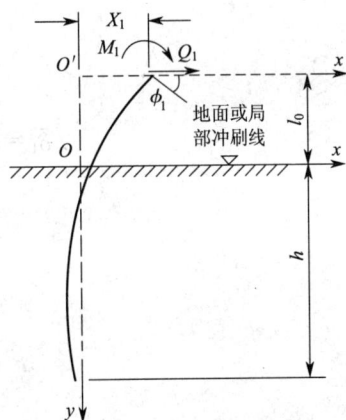

图 4-15　桩顶高于地面或局部冲刷线时的计算图式

上式 $\varphi_0 l_0$ 前的负号是因为 $\varphi_0$ 为负值时桩顶的横向位移加大。

由材料力学可得

$$x_Q = \frac{Q_1 l_0^3}{3EI}, x_M = \frac{M_1 l_0^2}{2EI}$$

$$\varphi_Q = -\frac{Q_1 l_0^2}{2EI}, \varphi_M = -\frac{M_1 l_0}{EI}$$

由于地下段上端的荷载如式(4-29)所示,故由式(4-20)得

$$x_0 = Q_0 \delta_{QQ} + M_0 \delta_{QM} = Q_1 \delta_{QQ} + (Q_1 l_0 + M_1) \delta_{QM}$$

$$\varphi_0 = -(Q_0 \delta_{MQ} + M_0 \delta_{MM}) = -Q_1 \delta_{MQ} - (Q_1 l_0 + M_1) \delta_{MM}$$

将上述相关各式代入式(4-30),整理后得

$$x_1 = \frac{Q_1}{\alpha^3 EI} \overline{\delta}_1 + \frac{M_1}{\alpha^2 EI} \overline{\delta}_3 = Q_1 \delta_1 + M_1 \delta_3 \tag{4-31}$$

$$\varphi_1 = -\left( \frac{Q_1}{\alpha^2 EI} \overline{\delta}_3 + \frac{M_1}{\alpha EI} \overline{\delta}_2 \right) = -(Q_1 \delta_3 + M_1 \delta_2) \tag{4-32}$$

式中的 $\delta_1$、$\delta_2$ 和 $\delta_3$ 是当桩顶作用单位力时的桩顶位移,称为桩顶的柔度系数,其力学意义如图 4-16 所示。对应的 $\overline{\delta}_1$、$\overline{\delta}_2$ 和 $\overline{\delta}_3$ 称为无量纲柔度系数,可由公式(4-33)计算得到,也可从规范或手册中的相关表格直接查取,表 4-5 中列出了 $\alpha h \geqslant 4.0$ 时的无量纲柔度系数值。$\delta_1$、$\delta_2$ 和 $\delta_3$ 的表达式为公式(4-34)。

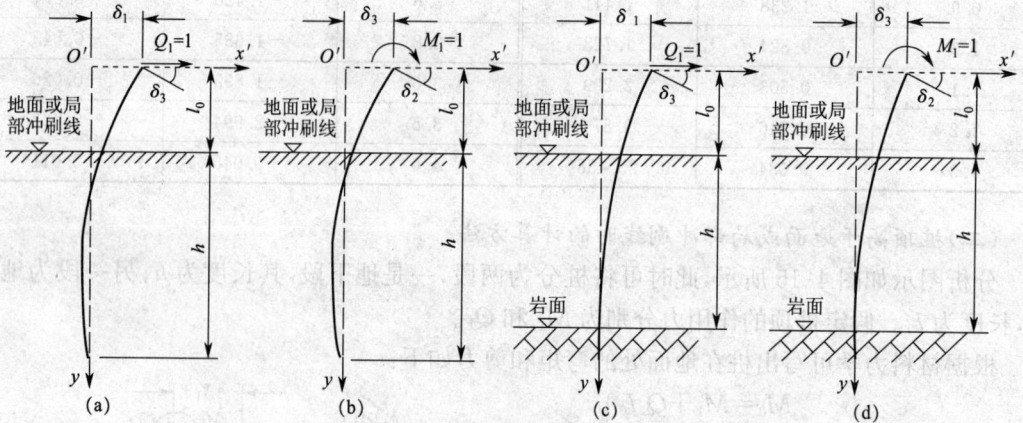

图 4-16 桩顶的柔度系数

$$\left. \begin{array}{l} \overline{\delta}_1 = \overline{\delta}_{QQ} + 2\alpha l_0 \, \overline{\delta}_{QM} + (\alpha l_0)^2 \, \overline{\delta}_{MM} + \frac{(\alpha l_0)^3}{3} \\[2mm] \overline{\delta}_2 = -\overline{\delta}_{MM} + \alpha l_0 \\[2mm] \overline{\delta}_3 = \overline{\delta}_{QM} + \alpha l_0 \, \overline{\delta}_{MM} + \frac{(\alpha l_0)^2}{2} \end{array} \right\} \tag{4-33}$$

$$\left. \begin{array}{l} \delta_1 = \frac{1}{\alpha^3 EI} \overline{\delta}_1 \\[2mm] \delta_2 = \frac{1}{\alpha EI} \overline{\delta}_2 \\[2mm] \delta_3 = \frac{1}{\alpha^2 EI} \overline{\delta}_3 \end{array} \right\} \tag{4-34}$$

表 4-5　$\delta_1$、$\delta_2$ 和$\delta_3$ 表(仅列出 $\alpha h \geqslant 4.0$ 者)

| $\alpha l_0$ | $\alpha h \geqslant 4.0$ | | | $\alpha l_0$ | $\alpha h \geqslant 4.0$ | | | $\alpha l_0$ | $\alpha h \geqslant 4.0$ | | |
|---|---|---|---|---|---|---|---|---|---|---|---|
| | $\delta_1$ | $\delta_2$ | $\delta_3$ | | $\delta_1$ | $\delta_2$ | $\delta_3$ | | $\delta_1$ | $\delta_2$ | $\delta_3$ |
| 0.0 | 2.44 | 1.75 | 1.62 | 3.2 | 41.66 | 4.95 | 12.34 | 6.4 | 182.27 | 8.15 | 33.30 |
| 0.2 | 3.16 | 1.95 | 1.99 | 3.4 | 46.80 | 5.15 | 13.35 | 6.8 | 210.24 | 8.55 | 36.64 |
| 0.4 | 4.04 | 2.15 | 2.40 | 3.6 | 52.35 | 5.35 | 14.40 | 7.2 | 240.95 | 8.95 | 40.15 |
| 0.6 | 5.09 | 2.35 | 2.85 | 3.8 | 58.33 | 5.55 | 15.49 | 7.6 | 274.52 | 9.35 | 43.81 |
| 0.8 | 6.33 | 2.55 | 3.34 | 4.0 | 64.75 | 5.75 | 16.62 | 8.0 | 311.08 | 9.75 | 47.63 |
| 1.0 | 7.77 | 2.75 | 3.87 | | | | | | | | |
| 1.2 | 9.43 | 2.95 | 4.44 | 4.2 | 71.63 | 5.95 | 17.79 | 8.5 | 361.19 | 10.25 | 52.63 |
| 1.4 | 11.32 | 3.15 | 5.05 | 4.4 | 78.99 | 6.15 | 19.00 | 9.0 | 416.42 | 10.75 | 52.88 |
| 1.6 | 13.47 | 3.35 | 5.70 | 4.6 | 86.84 | 6.35 | 20.25 | 9.5 | 477.02 | 11.25 | 63.78 |
| 1.8 | 15.89 | 3.55 | 6.39 | 4.8 | 95.20 | 6.55 | 21.54 | 10.0 | 543.25 | 11.75 | 69.13 |
| 2.0 | 18.59 | 3.75 | 7.12 | 5.0 | 104.08 | 6.75 | 22.87 | | | | |
| 2.2 | 21.60 | 3.95 | 7.89 | 5.2 | 113.50 | 6.95 | 24.24 | | | | |
| 2.4 | 24.91 | 4.15 | 8.70 | 5.4 | 123.48 | 7.15 | 25.65 | | | | |
| 2.6 | 28.56 | 4.35 | 9.55 | 5.6 | 134.03 | 7.35 | 27.10 | | | | |
| 2.8 | 32.56 | 4.55 | 10.44 | 5.8 | 145.17 | 7.55 | 28.59 | | | | |
| 3.0 | 36.92 | 4.75 | 11.37 | 6.0 | 156.91 | 7.75 | 30.12 | | | | |

### 三、刚性桩的简化计算法

#### (一)刚性桩与弹性桩

刚性桩和弹性桩可按下述标准划分:若桩埋置于地面或局部冲刷线以下的深度为 $h$,桩的变形系数为 $\alpha$[见公式(4-7)],则当 $\alpha h \leqslant 2.5$ 时为刚性桩(即在推导其位移及内力的计算公式时,可以认为桩轴线不发生挠曲),当 $\alpha h > 2.5$ 时为弹性桩(即在横向外力作用下,桩的轴线将发生较明显的挠曲变形,为求解其位移和内力,需先求解桩轴线的挠曲线方程,这又涉及到建立挠曲线微分方程及解高阶变系数微分方程问题,故其位移和内力计算公式的推导及计算过程要比刚性桩复杂和繁琐)。

对于上述划分标准须作一点说明。严格地讲,只有理想的绝对刚性桩才不会发生挠曲变形,而任何有限刚度的桩在横向力作用下或多或少总是有挠曲变形的,$\alpha h \leqslant 2.5$ 的桩即属此种有限刚度者,故理论上应按弹性桩来计算。不过,大量计算结果表明,对于 $\alpha h \leqslant 2.5$ 的桩,分别按刚性桩和弹性桩计算,其结果十分相近,而按前者计算比较简单,故将其归入刚性桩范畴,亦即可用本小节所介绍的方法和公式进行计算。

#### (二)置于非岩石地基中的刚性桩(包括桩端置于岩石风化层中和风化层面上)

该类桩的力学分析图式如图 4-17 所示。

为便于分析,先将所有竖向力移至桩底面中心处,其合力为 $N$,所有水平外力移至地面或局部冲刷线处,其合力为 $H$,而所有外力对地面或局部冲刷线 $O$ 点的力矩为 $M$。

按横向受力情况,刚性桩在横向外力 $H$ 和 $M$

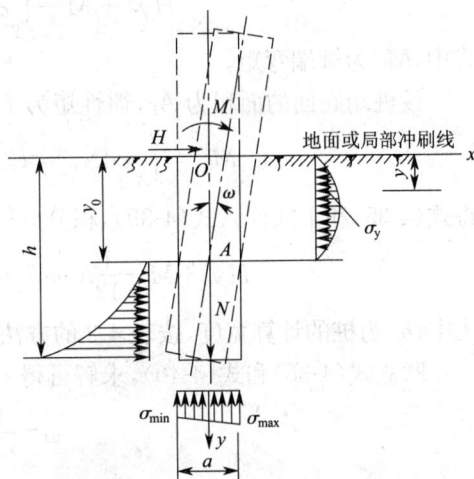

图 4-17　置于非岩石地基上的刚性桩计算图式

作用下将绕深度为 $y_0$ 处的 $A$ 轴（垂直于纸面）转动 $\omega$ 角，于是，深度为 $y$ 处的桩的水平位移为 $\Delta_x = (y_0 - y)\tan\omega$，因为在正常使用条件下的 $\omega$ 是很小的，故可取 $\tan\omega = \omega$，于是得 $\Delta_x = (y_0 - y)\omega$

$$\sigma_y = \Delta_x \cdot C_y = (y_0 - y)\omega \cdot m \cdot y \tag{4-35}$$

由上式看出，桩侧土体的横向抗力在深度方向上是按二次抛物线的规律分布的，如图4-17所示。

桩端的竖向抗力受外力 $N$ 和 $M$ 所控制，按文克勒假定，由 $N$ 产生的抗力沿桩端平面是均匀分布的，而由 $M$ 产生的抗力则与桩端的转角相关。因为是刚性桩，故桩端的转角也为 $\omega$，由此可写出桩端两边缘点的基底反力

$$\begin{matrix} \sigma_{\max} \\ \sigma_{\min} \end{matrix} = \frac{N}{A} \pm \frac{a}{2}\omega C_0 \tag{4-36}$$

式中　$a$——桩端平面沿弯矩作用方向的直径或边长；

　　　$N$——作用于桩端平面上的竖向力，当桩端置于岩层中或岩层表面时，不考虑桩侧摩阻力的影响；

　　　$A$——桩端底面面积；

　　　$C_0$——桩端地基土的竖向地基系数，按公式（4-22）中的方法确定。

地面或局部冲刷线以下 $y$ 深度处桩身横截面上的弯矩为

$$M_y = M + y\left[H - \frac{b_0\omega my^2}{12}(2y_0 - y)\right] \tag{4-37}$$

上述各式中的 $y_0$ 和 $\omega$ 为两个待定未知数，根据图 4-17 可建立两个平衡方程式，即

由 $x$ 方向的合力为零，即 $\sum X = 0$，得

$$H - \int_0^h \sigma_y b_0 \mathrm{d}y = 0$$

将式（4-35）代入，积分后得

$$H - \frac{1}{6}b_0 mh^2(3y_0 - 2h)\omega = 0 \tag{4-38}$$

由对 $A$ 点的合力矩为零，即 $\sum M_A = 0$，得

$$Hy_0 + M - \int_0^h \sigma_y b_0(y_0 - y)\mathrm{d}y - M_h = 0 \tag{4-39}$$

式中，$M_h$ 为桩端弯矩。

设桩端底面的面积为 $A_h$，惯性矩为 $I_h$，截面模量为 $W$，可写出 $M_h$ 的表达式为

$$M_h = \int_A x\mathrm{d}N_x = C_0\omega\int_A x^2\mathrm{d}A = C_0\omega I_h = \frac{a}{2}C_0\omega W$$

将式（4-35）和上式代入式（4-39），积分后得

$$Hy_0 + M - \frac{1}{12}b_0 mh^2(6y_0^2 - 8y_0 h + 3h^2)\omega - \frac{a}{2}W\omega C_0 = 0 \tag{4-40}$$

式中，$b_0$ 为桩的计算宽度，按表 4-2 的方法计算。

联立式（4-38）和式（4-40），求解可得

$$\omega = \frac{12(2Hh + 3M)}{mb_0 h^4 + 18C_0 aW} \tag{4-41}$$

$$y_0 = \frac{b_0 mh^3(4M + 3Hh) + 6HC_0 aW}{2b_0 mh^2(3M + 2Hh)} \tag{4-42}$$

（2）桩端嵌入基岩内的刚性桩

若桩端嵌入基岩内，在水平力和竖向偏心荷载作用下，可假定基底不产生水平位移，桩的旋转中心 $A$ 将与基底中心重合，即 $y_0 = h$（图 4-18）。而在基底嵌入处将存在一水平阻力 $P$，该阻力对 $A$ 点的力矩一般可忽略不计。由对 $A$ 点的力矩平衡可导得转角 $\omega$ 为

$$\omega = \frac{12(M + Hh)}{mb_0 h^4 + 6C_0 a W} \tag{4-43}$$

由 $\sum X = 0$ 可求得嵌固端的水平阻力 $P$ 为

$$P = \int_0^h b_0 \sigma_y \mathrm{d}y - H = \frac{1}{6} b_0 m\omega h^3 - H \tag{4-44}$$

若算出的 $P$ 为负值，则其方向与图 4-18 所示者相反。

桩端反力和桩身横截面上的弯矩仍可按式（4-36）和式（4-37）计算。桩侧土抗力 $\sigma_y$ 仍然决定于转角 $\omega$ 和位置 $y$，故可按式（4-35）计算，只不过该式中的 $y_0$ 应取为 $h$。

对比本节三和本节四的计算过程，可知刚性桩的计算要简单得多。

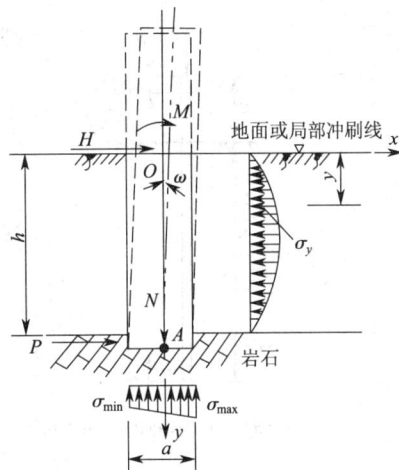

图 4-18　嵌于岩石地基内的刚性桩计算图式

# 第三节　群桩基础的位移及桩顶内力计算

为了检算桩的承载力，首先应计算桩基础中各桩的桩顶内力。一般情况下，群桩基础可看作为埋置于土层中的空间结构体系，但当桩基础具有一个竖直方向的结构对称平面，而且外荷载也可简化为作用于该平面内的某一个力系时，就可将桩基础简化为平面结构。在铁路桥梁工程中，大量的桩基础都可归结为平面结构进行分析。另外，当符合一些条件时，桩顶内力还可近似按简化算法计算。

本节主要介绍群桩基础的平面分析方法和桩顶内力的简化计算法。

## 一、单桩刚度系数

用位移法求解群桩基础时需用到单桩的刚度系数。由于桩的下部弹性固着于土中，故桩的刚度系数除了受控于桩身材料外，更决定于土层性质。

单桩的刚度系数是指当桩顶仅发生某一单一形态的单位位移时相应的桩顶作用力，其力学意义可形象地以图 4-19 表示。桩的刚度系数是连接桩顶作用力和桩顶位移的纽带，计算单桩刚度系数是按位移法进行桩基分析的基础。

桩基平面分析时所涉及到的单桩刚度系数一共有 4 个，分别以 $\rho_1$、$\rho_2$、$\rho_3$ 和 $\rho_4$ 表示，其定义可表达为：

$\rho_1$——桩顶仅产生单位轴向位移时的桩顶轴向力；

$\rho_2$——桩顶仅产生单位横向位移时的桩顶剪力；

$\rho_3$——桩顶仅产生单位横向位移时的桩顶弯矩，或当桩顶仅产生单位转角时的桩顶剪力；

$\rho_4$——桩顶仅产生单位转角时的桩顶弯矩。

上述定义可对照图 4-19 加以理解，由此可进一步推求各刚度系数的表达式。

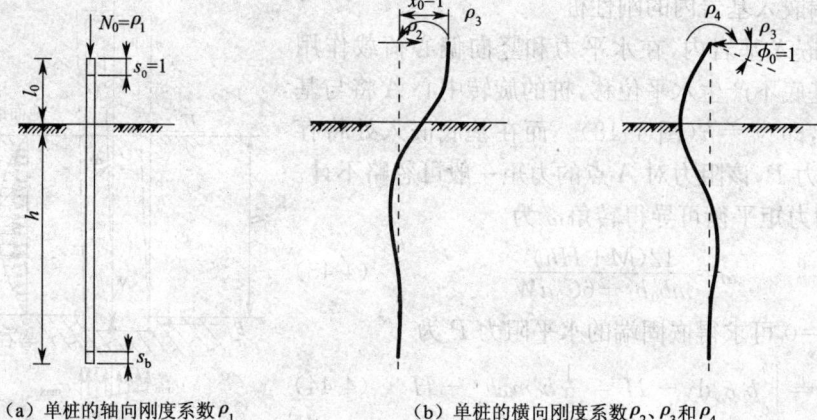

(a) 单桩的轴向刚度系数 $\rho_1$　　　　　　(b) 单桩的横向刚度系数 $\rho_2$、$\rho_3$ 和 $\rho_4$

图 4-19　单桩刚度系数的力学意义

1. 轴向刚度系数 $\rho_1$

单桩的轴向刚度系数 $\rho_1$ 可按下列公式求得

$$\rho_1 = \frac{1}{\dfrac{l_0+\xi h}{EA}+\dfrac{1}{C_0 A_0}} \tag{4-45}$$

式中　$l_0$——桩在地面或局部冲刷线以上的长度；

　　　　$h$——桩在地面或局部冲刷线以下的长度；

　　$E,A$——分别为桩材的弹性模量和桩身的截面面积；

　　　$C_0$——桩端土的竖向地基系数；

　　　$A_0$——桩端的换算支承面积；

　　　　$\xi$——与桩的类型有关的系数，柱桩（端承桩）取 1.0，摩擦型预制桩取 2/3，摩擦型灌注桩取 1/2。

公式（4-45）的推导过程如下：

桩顶的轴向位移 $s_0$ 等于桩身的弹性压缩量 $s_e$ 与桩端的土层压缩量 $s_b$ 之和，如图 4-19(a) 所示，即有

$$s_0 = s_e + s_b \tag{4-46}$$

先分析桩身的弹性压缩量 $s_e$，假定桩侧摩阻力的作用规律为 $f(y)$，则地面以上的桩身轴力恒为 $N_0$，地面以下 $y$ 深度处的桩身轴力为

$$N(y) = N_0 - u\int_0^y f(y)\mathrm{d}y \tag{4-47}$$

式中，$u$ 为桩身的截面周长。

桩身的弹性压缩量为

$$s_e = \int_0^h \varepsilon_y \mathrm{d}y = \int_0^h \frac{N(y)}{EA}\mathrm{d}y = \frac{N_0 l_0}{EA} + \int_0^h \frac{N_0 - u\int_0^y f(y)\mathrm{d}y}{EA}\mathrm{d}y \tag{4-48}$$

由上式可以看出，$s_e$ 决定于摩阻力 $f(y)$ 的分布模式。下面讨论几种简单情形。

对于柱桩，假设桩侧摩阻力 $f(y)$ 为零，于是由式（4-48）积分得到

$$s_e = \frac{N_0 l_0}{EA} + \int_0^h \frac{N_0 - 0}{EA}\mathrm{d}y = \frac{N_0(l_0+h)}{EA}$$

对于摩擦型钻挖孔灌注桩,假设桩侧摩阻力 $f(y)$ 沿桩身为均匀分布且桩端的轴向力为零,如图 4-20(a)所示,由式(4-48)积分得

$$s_e = \frac{N_0 l_0}{EA} + \int_0^h \frac{N_0 - \frac{N_0}{h}y}{EA} dy = \frac{N_0(l_0 + 0.5h)}{EA}$$

对于摩擦型预制桩,假设桩侧摩阻力 $f(y)$ 为上小下大的三角形分布且桩端的轴向力为零,如图 4-20(b)所示,由式(4-48)积分得

$$s_e = \frac{N_0 l_0}{EA} + \int_0^h \frac{N_0 - \frac{N_0}{h^2}y^2}{EA} dy = \frac{N_0\left(l_0 + \frac{2}{3}h\right)}{EA}$$

将上述三种情况合并在一起,写成

$$s_e = \frac{N_0(l_0 + \xi h)}{EA} \tag{4-49}$$

在上式中,对于柱桩,$\xi=1$;对于摩擦型钻挖孔灌注桩,$\xi=1/2$;对于摩擦型预制桩,$\xi=2/3$。

在上述推导过程中,摩阻力的分布模式是人为假定的,这与实际情况有一定差距,所以计算结果是近似的。

推求桩端土的压缩量时假设桩侧摩阻力的影响可用一应力扩散角加以考虑,并且认为桩端土层符合文克勒弹性地基的假设,于是可将 $s_b$ 写为

$$s_b = \frac{N_0}{C_0 A_0} \tag{4-50}$$

式中的 $C_0$ 为桩端土的竖向地基系数,可按公式(4-22)的方法确定;$A_0$ 为考虑应力扩散角影响后的桩端土承压面积。应力扩散角一般取桩侧土层按层厚加权平均内摩擦角的 $1/4$,如图 4-21 所示。

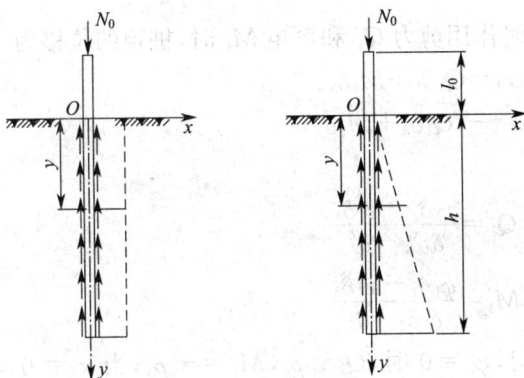

(a) 钻挖孔灌注桩的摩阻力分布模式　(b) 预制桩的摩阻力分布模式

图 4-20　摩擦桩桩侧摩阻力的假设分布模式

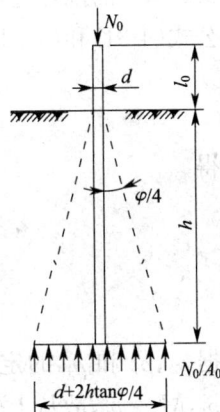

图 4-21　$s_b$ 的计算图式

将式(4-49)和式(4-50)代入式(4-46),得

$$s_0 = \frac{N_0(l_0 + \xi h)}{EA} + \frac{N_0}{C_0 A_0}$$

由 $\rho_1$ 定义,令 $s_0=1$,相应的 $N_0$ 即为桩的轴向刚度系数 $\rho_1$,由此得到公式(4-45)。

**2. 横向刚度系数 $\rho_2$、$\rho_3$ 和 $\rho_4$**

单桩横向刚度系数的定义已如前述,按 m 法导出的计算公式如式(4-51)。

$$\rho_2 = \alpha^3 EIY_Q, \quad \rho_3 = \alpha^2 EIY_M, \quad \rho_4 = \alpha EI\phi_M \tag{4-51}$$

其中 $Y_Q$、$Y_M$ 和 $\phi_M$ 为无量纲系数,可查表 4-6 确定,其余符号的意义同前。

**表 4-6 $Y_Q$、$Y_M$、和 $\phi_M$ 表**(仅列出 $\alpha h \geqslant 4.0$ 者)

| $\alpha l_0$ | $\alpha h \geqslant 4.0$ | | | $\alpha l_0$ | $\alpha h \geqslant 4.0$ | | | $\alpha l_0$ | $\alpha h \geqslant 4.0$ | | |
|---|---|---|---|---|---|---|---|---|---|---|---|
| | $Y_Q$ | $Y_M$ | $\phi_M$ | | $Y_Q$ | $Y_M$ | $\phi_M$ | | $Y_Q$ | $Y_M$ | $\phi_M$ |
| 0.0 | 1.064 | 0.985 | 1.484 | 3.2 | 0.092 | 0.229 | 0.773 | 6.4 | 0.022 | 0.088 | 0.484 |
| 0.2 | 0.886 | 0.904 | 1.435 | 3.4 | 0.082 | 0.213 | 0.746 | 6.8 | 0.019 | 0.081 | 0.462 |
| 0.4 | 0.736 | 0.822 | 1.383 | 3.6 | 0.074 | 0.198 | 0.720 | 7.2 | 0.016 | 0.074 | 0.442 |
| 0.6 | 0.614 | 0.745 | 1.329 | 3.8 | 0.066 | 0.185 | 0.697 | 7.6 | 0.014 | 0.068 | 0.424 |
| 0.8 | 0.513 | 0.673 | 1.273 | 4.0 | 0.060 | 0.173 | 0.674 | 8.0 | 0.013 | 0.062 | 0.407 |
| 1.0 | 0.432 | 0.607 | 1.219 | | | | | | | | |
| 1.2 | 0.365 | 0.549 | 1.166 | 4.2 | 0.054 | 0.162 | 0.653 | 8.5 | 0.011 | 0.056 | 0.387 |
| 1.4 | 0.311 | 0.499 | 1.117 | 4.4 | 0.049 | 0.152 | 0.633 | 9.0 | 0.010 | 0.051 | 0.369 |
| 1.6 | 0.265 | 0.451 | 1.066 | 4.6 | 0.045 | 0.143 | 0.615 | 9.5 | 0.008 | 0.047 | 0.353 |
| 1.8 | 0.228 | 0.411 | 1.021 | 4.8 | 0.041 | 0.135 | 0.597 | 10.0 | 0.007 | 0.043 | 0.338 |
| 2.0 | 0.197 | 0.375 | 0.978 | 5.0 | 0.038 | 0.128 | 0.580 | | | | |
| 2.2 | 0.172 | 0.343 | 0.938 | 5.2 | 0.035 | 0.121 | 0.564 | | | | |
| 2.4 | 0.150 | 0.315 | 0.900 | 5.4 | 0.032 | 0.114 | 0.549 | | | | |
| 2.6 | 0.132 | 0.289 | 0.865 | 5.6 | 0.029 | 0.108 | 0.535 | | | | |
| 2.8 | 0.116 | 0.267 | 0.832 | 5.8 | 0.027 | 0.103 | 0.521 | | | | |
| 3.0 | 0.103 | 0.247 | 0.802 | 6.0 | 0.025 | 0.098 | 0.508 | | | | |

公式(4-51)的推导过程如下。

由公式(4-31)和(4-32),当桩顶同时作用剪力 $Q_1$ 和弯矩 $M_1$ 时,桩顶的位移为

$$x_1 = Q_1\delta_1 + M_1\delta_3$$

$$\varphi_1 = -(Q_1\delta_3 + M_1\delta_2)$$

由此解得

$$Q_1 = \frac{x_1\delta_2 - \varphi_1\delta_3}{\delta_1\delta_2 - \delta_3^2}$$

$$M_1 = \frac{\varphi_1\delta_1 - x_1\delta_3}{\delta_1\delta_2 - \delta_3^2}$$

根据 $\rho_2$、$\rho_3$ 和 $\rho_4$ 的定义,当 $x_1 = 1$,$\varphi_1 = 0$ 时,$Q_1 = \rho_2$,$M_1 = -\rho_3$;当 $x_1 = 0$,$\varphi_1 = 1$ 时,$Q_1 = -\rho_3$,$M_1 = \rho_4$,故从上列两式得

$$\rho_2 = \frac{\delta_2}{\delta_1\delta_2 - \delta_3^2} \tag{4-52}$$

$$\rho_3 = \frac{\delta_3}{\delta_1\delta_2 - \delta_3^2} \tag{4-53}$$

$$\rho_4 = \frac{\delta_1}{\delta_1\delta_2 - \delta_3^2} \tag{4-54}$$

将式(4-34)代入，整理后即得式(4-51)

$$\rho_2 = \alpha^3 EI \frac{\overline{\delta}_2}{\overline{\delta}_1\,\overline{\delta}_2 - \overline{\delta}_3^2} = \alpha^3 EI Y_Q$$

$$\rho_3 = \alpha^2 EI \frac{\overline{\delta}_3}{\overline{\delta}_1\,\overline{\delta}_2 - \overline{\delta}_3^2} = \alpha^2 EI Y_M$$

$$\rho_4 = \alpha EI \frac{\overline{\delta}_1}{\overline{\delta}_1\,\overline{\delta}_2 - \overline{\delta}_3^2} = \alpha EI \phi_M$$

应该指出，上列刚度系数的计算建立在桩土体系均为线弹性的基础上，实际上，桩土体系（特别是桩周土层）在通常意义下并不是线弹性的，尤其是在临界荷载以后，所以上述计算是近似的。

### 二、高承台桩基础的平面分析

高承台桩基主要用于大江大河和近海等深水条件下，在桥梁、码头和海洋石油平台等工程中用得较多。

在桥梁桩基工程中，承台的厚度通常较大，计算时可近似认为承台为刚体，桩与承台也通常考虑为刚性连接。进行桩基的平面分析时，为了简化计算，将坐标原点设置在承台底面各桩竖向刚度的中心处，作用于桩基上的外力也向该点简化。高承台桩基的平面分析简图如图4-22所示，图中所示荷载与位移均为正值。

设在荷载作用下，承台在 $x$ 方向发生的位移为 $a$，在 $y$ 方向发生的位移为 $b$，在 $xOy$ 平面内转动的角度为 $\beta$。将各桩从承台底面处切开，取承台为脱离体，则由承台的静力平衡可得

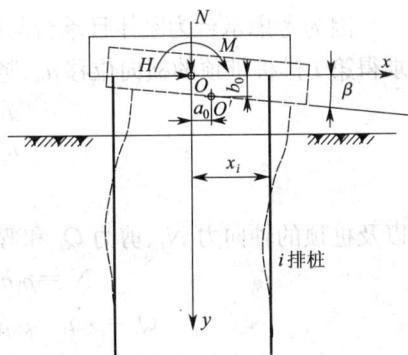

图4-22　高承台群桩基础的平面分析图式

$$\left.\begin{array}{l} a\gamma_{aa} + b\gamma_{ab} + \beta\gamma_{a\beta} = H \\ a\gamma_{ba} + b\gamma_{bb} + \beta\gamma_{b\beta} = N \\ a\gamma_{\beta a} + b\gamma_{\beta b} + \beta\gamma_{\beta\beta} = M \end{array}\right\}$$

(4-55)

式中　$\gamma_{aa}$，$\gamma_{ba}$，$\gamma_{\beta a}$——分别为承台仅产生单位水平位移时，各桩作用于承台的所有水平力之和、竖向力之和及力矩之和；

$\gamma_{ab}$，$\gamma_{bb}$，$\gamma_{\beta b}$——分别为承台仅产生单位竖向位移时，各桩作用于承台的所有水平力之和、竖向力之和及力矩之和；

$\gamma_{a\beta}$，$\gamma_{b\beta}$，$\gamma_{\beta\beta}$——分别为承台仅产生单位转角时，各桩作用于承台的所有水平力之和、竖向力之和及力矩之和。

$\gamma_{ij}$ 称为群桩基础的整体刚度系数。平面分析时的整体刚度系数一共有9个，由桩基础中各桩自身的刚度和位置决定。

当各桩均为竖直桩时，$\gamma_{ab} = \gamma_{ba} = \gamma_{b\beta} = \gamma_{\beta b} = 0$，且有 $\gamma_{a\beta} = \gamma_{\beta a}$，于是式(4-55)可以简化为

$$\left.\begin{array}{l} a\gamma_{aa} + \beta\gamma_{a\beta} = H \\ b\gamma_{bb} = N \\ a\gamma_{a\beta} + \beta\gamma_{\beta\beta} = M \end{array}\right\}$$

(4-56)

解为

$$b=\frac{N}{\gamma_{bb}}$$

$$a=\frac{\gamma_{\beta\beta}H-\gamma_{a\beta}M}{\gamma_{aa}\gamma_{\beta\beta}-\gamma_{a\beta}^2}$$

$$\beta=\frac{\gamma_{aa}M-\gamma_{a\beta}H}{\gamma_{aa}\gamma_{\beta\beta}-\gamma_{a\beta}^2}$$

(4-57)

上式中的刚度系数 $\gamma_{ij}$ 按下列公式求得

$$\gamma_{aa}=\sum n_i\rho_{2i}$$

$$\gamma_{bb}=\sum n_i\rho_{1i}$$

$$\gamma_{a\beta}=\gamma_{\beta a}=-\sum n_i\rho_{3i}$$

$$\gamma_{\beta\beta}=\sum n_i\rho_{4i}+\sum n_1\rho_{1i}x_i^2$$

(4-58)

式中的 $n_i$ 为第 $i$ 排桩所包含的桩的根数。

当不满足上述简化条件时,$\gamma_{ij}$ 的计算要复杂一些,具体可参考相关手册。

因为考虑承台为刚体且承台与桩为刚性连接,故求得承台的整体位移以后,可由下列公式求得第 $i$ 排桩桩顶的横向位移 $a_i$、竖向位移 $b_i$ 和转角 $\beta_i$

$$a_i=a\cos\alpha_i-(b+x_i\beta)\sin\alpha_i$$

$$b_i=a\sin\alpha_i+(b+x_i\beta)\cos\alpha_i$$

$$\beta_i=-\beta$$

以及桩顶的轴向力 $N_i$、剪力 $Q_i$ 和弯矩 $M_i$

$$N_i=\rho_1 b_i=\rho_1[a\sin\alpha_i+(b+x_i\beta)\cos\alpha_i]$$

$$Q_i=\rho_2 a_i-\rho_3\beta_i=\rho_2[a\cos\alpha_i-(b+x_i\beta)\sin\alpha_i]-\rho_3\beta$$

$$M_i=\rho_4\beta_i-\rho_3 a_i=\rho_4\beta-\rho_3[a\cos\alpha_i-(b+x_i\beta)\sin\alpha_i]$$

(4-59)

上列式中的 $\alpha_i$ 为第 $i$ 排桩的轴线与铅垂线的夹角,其正负号的规定参见图 4-10,如为竖直桩,则 $\alpha_i=0$。注意桩顶的转角 $\beta_i$ 以沿逆时针方向为正,与承台转角的正负号规定相反。

### 三、低承台桩基础的平面分析

低承台桩基础的计算简图如图 4-23 所示。低承台桩基可以较好地利用承台侧面土体的抗力,故抵抗水平荷载的能力较强,自身的稳定性也较好,在各类结构工程中均用得较多。

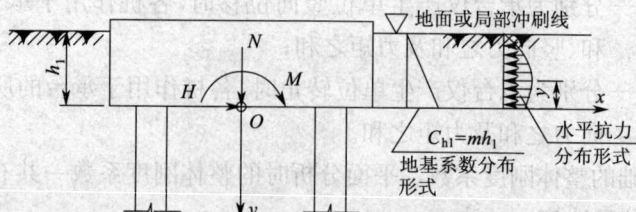

图 4-23  低承台群桩基础的平面分析图式

低承台桩基在计算上有别于高承台桩基的地方在于前者在产生整体变形时承台周围将产生土抗力,该抗力的大小与位移量值和土的性质密切相关。

在进行低承台桩基的整体分析时,目前通常不考虑承台底面的土抗力作用。一是为了简化计算,二是出于安全方面的考虑,因为在一些桥梁基础的实例调查中曾发现有一些承台的底面与土层之间存在脱离现象。

按 m 法分析时,在外荷载的作用下,承台侧面土体的抗力可表达为承台的水平位移和转角的函数,其一般情况下的分布形式如图 4-23 所示。设承台的计算宽度为 $B_0$,$B_0$ 可参照表 4-2 计算,承台底面距地面或局部冲刷线的距离为 $h_1$,则承台底面处的地基系数为 $C_h=mh_1$,承台侧面任意高度 $y$ 处的水平位移为 $a+y\beta$,总土抗力 $E_x$ 及其对原点的力矩 $M_x$ 为

$$E_x = B_0 \int_0^{h_1} (a+y\beta) \frac{h_1-y}{h_1} C_h \mathrm{d}y = aB_0 \frac{C_h h_1}{2} + \beta B_0 \frac{C_h h_1^2}{6} \qquad (4\text{-}60)$$

$$M_x = B_0 \int_0^{h_1} (a+y\beta) \frac{h_1-y}{h_1} C_h y \mathrm{d}y = aB_0 \frac{C_h h_1^2}{6} + \beta B_0 \frac{C_h h_1^3}{12} \qquad (4\text{-}61)$$

上列两式的适用条件是承台顶面高于地面或局部冲刷线(如图 4-23)。如果承台顶面位于地面或局部冲刷线以下,则上两式的积分上限应改为承台厚度 $h_c$,所得公式将有所不同(参见本章第七节算例 3)。

忽略土体对承台的摩擦力,取承台为脱离体,则承台在 $E_x$、$M_x$、外荷载和桩顶力的共同作用下保持平衡,于是得

$$\left. \begin{array}{l} a\gamma_{aa} + b\gamma_{ab} + \beta\gamma_{a\beta} = H - E_x \\ a\gamma_{ba} + b\gamma_{tb} + \beta\gamma_{t\beta} = N \\ a\gamma_{\beta a} + b\gamma_{\beta b} + \beta\gamma_{\beta\beta} = M - M_x \end{array} \right\} \qquad (4\text{-}62)$$

由式(4-62)看出,$E_x$ 和 $M_x$ 可以部分抵消作用于承台的横向荷载,由此可减小承台的整体位移,有利于改善桩基础的受力状态,因而在施工中应注意保护承台周围的土体。

将 $E_x$、$M_x$ 的表达式代入公式(4-62),整理后得

$$\left. \begin{array}{l} a\left(\gamma_{aa} + B_0 \frac{C_h h_1}{2}\right) + b\gamma_{ab} + \beta\left(\gamma_{a\beta} + B_0 \frac{C_h h_1^2}{6}\right) = H \\ a\gamma_{ba} + b\gamma_{tb} + \beta\gamma_{t\beta} = N \\ a\left(\gamma_{\beta a} + B_0 \frac{C_h h_1^2}{6}\right) + b\gamma_{\beta b} + \beta\left(\gamma_{\beta\beta} + B_0 \frac{C_h h_1^3}{12}\right) = M \end{array} \right\} \qquad (4\text{-}63)$$

令

$$\gamma'_{aa} = \gamma_{aa} + B_0 \frac{C_h h_1}{2}$$

$$\gamma'_{a\beta} = \gamma_{a\beta} + B_0 \frac{C_h h_1^2}{6}$$

$$\gamma'_{\beta a} = \gamma_{\beta a} + B_0 \frac{C_h h_1^2}{6}$$

$$\gamma'_{\beta\beta} = \gamma_{\beta\beta} + B_0 \frac{C_h h_1^3}{12}$$

在计算刚度系数 $\gamma_{ij}$ 时假设桩侧土的横向抗力系数 $C_y$ 在承台底面处为零,以下按线性规律递增,于是 $\gamma_{ij}$ 仍可按公式(4-58)计算,只不过其中的 $l_0=0$。由此,式(4-63)可以写为

$$\left. \begin{array}{l} a\gamma'_{aa} + b\gamma_{ab} + \beta\gamma'_{a\beta} = H \\ a\gamma_{ba} + b\gamma_{tb} + \beta\gamma_{t\beta} = N \\ a\gamma'_{\beta a} + b\gamma_{\beta b} + \beta\gamma'_{\beta\beta} = M \end{array} \right\} \qquad (4\text{-}64)$$

上式与高承台桩基的表达式类似。当各桩竖直,且坐标原点位于各桩竖向刚度的中心时,

公式(4-64)可以简化为

$$
\left.\begin{array}{r}
a\gamma'_{aa}+\beta\gamma'_{a\beta}=H \\
b\gamma_{tb}=N \\
a\gamma'_{\beta a}+\beta\gamma'_{\beta\beta}=M
\end{array}\right\}
\tag{4-65}
$$

求得各刚度系数后可由上式求出承台的整体位移 $a$、$b$ 和 $\beta$，其表达式与公式(4-57)类似，只不过相应的刚度系数 $\gamma_{ij}$ 应改为 $\gamma'_{ij}$。进一步可求出各桩的桩顶内力，其过程与高承台桩基相同。

需要注意的是，当计算中考虑了承台侧面土体的水平抗力时，一定要有相应的工程措施作为保障，即必须保证承台周围土体在施工中不受破坏且能可靠地承受荷载作用。

### 四、桥台桩基础的平面分析

桥台桩基(包括承受侧向土压力的桥墩桩基)当其承台底面高于地面时，计算时需要考虑路基填土作用于桩身上的土压力，如图 4-24(a)所示。此时，将承受土压力的各桩由土压力引起的桩顶剪力和弯矩作用于承台底面，得位移法的平衡方程组为

$$
\left.\begin{array}{l}
a\gamma_{aa}+b\gamma_{ab}+\beta\gamma_{a\beta}=H-\sum n_i Q_q\cos\alpha_i \\
a\gamma_{ta}+b\gamma_{tb}+\beta\gamma_{t\beta}=N+\sum n_i Q_q\sin\alpha_i \\
a\gamma_{\beta a}+b\gamma_{\beta b}+\beta\gamma_{\beta\beta}=M-\sum n_i M_q+\sum n_i x_i Q_q\sin\alpha_i
\end{array}\right\}
\tag{4-66}
$$

式中　$\alpha_i$——斜桩的倾斜角，其正负号规定见图 4-24；

$M_q$，$Q_q$——作用于桩身上的土压力在桩顶引起的弯矩和剪力，如图 4-24(b)所示。

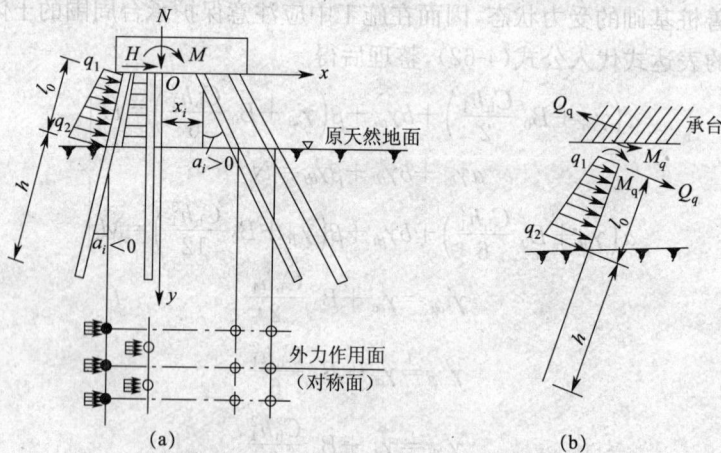

图 4-24　桩身承受土压力的桥台桩基

由此可见，欲解方程组(4-66)，需先求得 $M_q$ 和 $Q_q$。为此，先按图 4-25(a)写出地面处的桩身弯矩和剪力方程，即

$$
\left.\begin{array}{l}
M_{l0}=M_q+Q_q l_0+\left(\dfrac{q_1}{2}+\dfrac{q_2-q_1}{6}\right)l_0^2 \\
Q_{l0}=Q_q+\left(q_1+\dfrac{q_2-q_1}{2}\right)l_0
\end{array}\right\}
\tag{4-67}
$$

式中　$q_1$，$q_2$——作用于桩身上的土压力强度，按桩身直径或宽度计算(kN/m)。

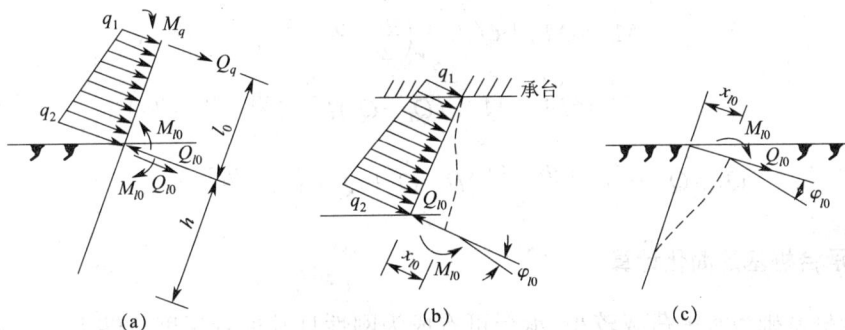

图 4-25　$M_{l0}$ 和 $Q_{l0}$ 的计算图式

上式中含有 4 个未知数,故还需要补充 2 个方程才能求解。现考虑将一根上端嵌固于承台,下端弹性固着于土中,桩身上作用有土压力的桩自地面处切开,则该桩上段可视为一根悬臂梁,截面上的内力为 $M_{l0}$ 和 $Q_{l0}$,如图 4-25(b)所示。根据材料力学,截面(地面处)的横向位移 $x_{l0}$ 和转角 $\varphi_{l0}$ 为

$$x_{l0} = \frac{M_{l0} l_0^2}{2EI} - \frac{Q_{l0} l_0^3}{3EI} + \frac{q_1 l_0^4}{8EI} + \frac{11(q_2 - q_1) l_0^4}{120EI}$$

$$\varphi_{l0} = \frac{M_{l0} l_0}{EI} - \frac{Q_{l0} l_0^2}{2EI} + \frac{q_1 l_0^3}{6EI} + \frac{(q_2 - q_1) l_0^3}{8EI}$$

再将式(4-67)代入,得

$$x_{l0} = \frac{1}{EI} \left[ \frac{M_q l_0^2}{2} + \frac{Q_q l_0^3}{6} + \frac{q_1 l_0^4}{24} + \frac{(q_2 - q_1) l_0^4}{120} \right]$$
$$\varphi_{l0} = \frac{1}{EI} \left[ M_q l_0 + \frac{Q_q l_0^2}{2} + \frac{q_1 l_0^3}{6} + \frac{(q_2 - q_1) l_0^3}{24} \right]$$

(4-68)

对桩身下段,如图 4-25(c)所示,将其视为桩顶与地面齐平的单桩,桩顶上作用有 $M_{l0}$ 和 $Q_{l0}$,则桩顶(地面处)的位移和转角为

$$x_{l0} = Q_{l0} \delta_{QQ} + M_{l0} \delta_{QM}$$
$$\varphi_{l0} = Q_{l0} \delta_{MQ} + M_{l0} \delta_{MM}$$

(4-69)

根据变形连续条件,桩身的上下两段在地面处的位移应相等,故由式(4-68)和式(4-69),得

$$\frac{1}{EI} \left[ \frac{M_q l_0^2}{2} + \frac{Q_q l_0^3}{6} + \frac{q_1 l_0^4}{24} + \frac{(q_2 - q_1) l_0^4}{120} \right] = Q_{l0} \delta_{QQ} + M_{l0} \delta_{QM}$$
$$\frac{1}{EI} \left[ M_q l_0 + \frac{Q_q l_0^2}{2} + \frac{q_1 l_0^3}{6} + \frac{(q_2 - q_1) l_0^3}{24} \right] = Q_{l0} \delta_{MQ} + M_{l0} \delta_{MM}$$

(4-70)

由式(4-67)和式(4-70)联立便可解得 4 个未知数 $M_{l0}$、$Q_{l0}$、$M_q$ 和 $Q_q$,然后将解得的 $M_q$ 和 $Q_q$ 代入式(4-66),解之即得承台位移 $a$、$b$ 和 $\beta$,然后便可计算桩顶内力 $N_i$、$Q_i$ 和 $M_i$。

对于直接承受土压力的桩,因其桩顶上还受有土压力所引起的弯矩 $M_q$ 和剪力 $Q_q$,故其桩顶的弯矩 $M'_i$ 和剪力 $Q'_i$ 为

$$M'_i = M_i + M_q$$
$$Q'_i = Q_i + Q_q$$

(4-71)

地面处的弯矩 $M_0$ 和剪力 $Q_0$ 为

$$M_0 = M'_i + Q'_i l_0 + \left(\frac{q_1}{2} + \frac{q_2 - q_1}{6}\right)l_0^2$$

$$= M_i + M_q + (Q_i + Q_q)l_0 + \left(\frac{q_1}{2} + \frac{q_2 - q_1}{6}\right)l_0^2 \left.\begin{matrix} \\ \\ \\ \\ \\ \end{matrix}\right\} \quad (4\text{-}72)$$

$$Q_0 = Q'_i + \left(q_1 + \frac{q_2 - q_1}{2}\right)l_0 = Q_i + Q_q + \left(q_1 + \frac{q_2 - q_1}{2}\right)l_0$$

### 五、低承台桩基的简化计算

低承台桩基础当水平荷载较小，承台可看成为刚性且其埋置深度足够大时，为了简化计算，实用上常假定水平荷载由承台侧面的土抗力所平衡，并忽略承台水平位移和转角的影响，认为各桩只发生轴向位移。这样，基础各桩只承受由竖向力和弯矩引起的轴向力。

如图 4-26 所示的低承台桩基础，设其有 $n$ 根桩，各桩截面积均为 $A$，荷载 $N$、$H$ 和 $M_z$ 均作用于承台底面的桩群形心 $O$，该点亦即图示坐标系的原点。由材料力学可知，$N$ 和 $M_z$ 在任意第 $i$ 桩顶面引起的轴向力为

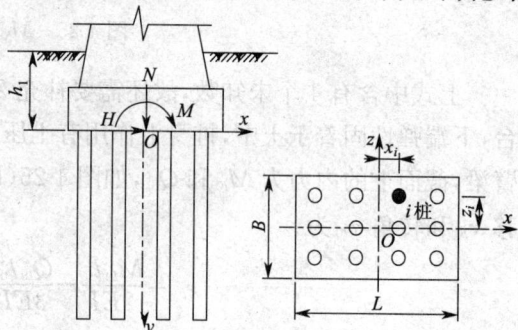

图 4-26  低承台桩基础的简化计算图式

$$N_i = A\left(\frac{N}{nA} + \frac{M_z x_i}{I_z}\right) = \frac{N}{n} + \frac{M_z x_i}{I_z}A \quad (4\text{-}73)$$

式中  $I_z$——桩群对其形心轴 $z$ 的惯性矩；

$x_i$——第 $i$ 根桩的 $x$ 坐标，计算时注意代入正负号。

若一根桩的横截面对其自身与 $z$ 轴平行的形心轴的惯性矩为 $I'_z$，则桩群的惯性矩 $I_z$ 为

$$I_z = \sum_{i=1}^{n}(I'_z + Ax_i^2)$$

其中，$I'_z$ 一般比 $Ax_i^2$ 小许多，可忽略不计，故得

$$I_z = \sum_{i=1}^{n}Ax_i^2$$

将上式代入式(4-73)，得

$$N_i = \frac{N}{n} + \frac{M_z x_i}{\sum\limits_{i=1}^{n}x_i^2} \quad (4\text{-}74)$$

式(4-74)等号右边的两项分别为竖向力 $N$ 和力矩 $M_z$ 引起的桩顶轴向力，若所得 $N_i < 0$，则说明该桩承受上拔力。

上面讨论的是单向偏心受力情形，相当于竖向力 $N$ 作用于 $x$ 轴上而对 $z$ 轴有偏心距。若为双向偏心受力，即竖向力 $N$ 对 $x$ 和 $z$ 轴都有偏心距，相当于同时有绕 $x$ 轴的力矩 $M_x$ 和绕 $z$ 轴的力矩 $M_z$ 作用。此时，$N_i$ 可由叠加原理求得

$$N_i = \frac{N}{n} + \frac{M_z x_i}{\sum\limits_{i=1}^{n}x_i^2} + \frac{M_x z_i}{\sum\limits_{i=1}^{n}z_i^2} \quad (4\text{-}75)$$

式中  $z_i$——第 $i$ 根桩的 $z$ 坐标，计算时注意代入正负号。

其余符号的意义同前。

应用式(4-74)和式(4-75)计算桩顶轴力时,不但要注意桩顶坐标的正负号,还需要注意力矩的正负号。

若基础承受中心荷载,即承台底面以上的竖向力 $N$ 作用于桩群形心时,则 $N$ 由各桩平均分担,即

$$N_i = \frac{N}{n} \tag{4-76}$$

前面曾提到,按上述简化算法计算桩顶内力时,要求承台埋入土层中有足够的深度。在以往的设计中,常按作用于承台的水平力不大于承台侧面被动土压力 2 倍的条件决定承台应埋入的深度 $h_1$。相应的条件为

$$h_1 \geqslant \tan\left(45° - \frac{\varphi}{2}\right)\sqrt{\frac{H}{B\gamma}} \tag{4-77}$$

式中 $\gamma, \varphi$——承台埋置深度范围内土的重度和内摩擦角;

$B$——与 $H$ 作用方向相垂直的承台宽度。

如果是双向偏心,则应分别在两个方向上对承台的埋置深度进行检算。

应注意的是,为保证承台周边土体的抗力稳定可靠,在承台的基坑开挖中不应使其附近的土体受到扰动,灌注承台时必须使其与周边的土体密贴;在抗震设防区,若承台底面以上为可液化土层,则不应考虑承台侧面的土抗力。

另外应该指出,上述低承台桩基的简化算法在理论上是有缺陷的。即既然考虑水平力 $H$ 由承台侧面的土抗力所平衡,承台就要有相应的水平位移,使土抗力得以发挥;而承台产生水平位移时必定会在桩顶引起剪力和弯矩,使桩发生挠曲变形。当承台在力矩作用下发生转动时,也会在桩内引起同样的反应。因而前述水平荷载由承台侧面的土抗力全部承担的假定存在一个难以自圆其说的矛盾。

因此,有人建议除按上述简化算法计算桩顶轴向力外,还将水平力 $H$ 平均分配给各桩,即按下式计算桩顶剪力:

$$Q_i = H/n \tag{4-78}$$

必要时进行相应的检算,以弥补简化算法的不足。

## 第四节 桩的轴向承载力

桩的承载力是指单桩承受荷载的能力,通常用桩在某特定状态下的桩顶荷载来度量。确定单桩承载力是桩基设计的基本内容之一。

根据受力状态,桩的承载力包括轴向(受压或受拉)承载力、横向(受弯和受剪)承载力和受扭承载力三种类型。对于桥梁桩基础,桩的轴向受压承载力是最主要的,其次是受弯承载力,受剪和受扭承载力通常不起控制作用,而受拉承载力只在某些特定情形下才需要考虑(例如发生地震或撞击力作用时)。本节介绍单桩轴向承载力的确定方法,下一节将介绍单桩横向承载力的确定方法。

在轴向荷载作用下,无论受压或受拉,桩丧失承载能力一般表现为两种形式:其一,桩周岩土的阻力不足,发生急剧而大量的轴向位移(下沉或上拔),或者位移虽不急剧增加,但因位移量过大而不适于继续承载;其二,桩自身的强度不够,被压坏或拉坏。所以,桩的轴向承载力应

分别根据桩周岩土的阻力和桩身强度确定,并采用其中较小者。一般来讲,轴向受压时摩擦桩的承载力决定于桩周土的阻力,其材料强度往往不能充分发挥,只是对于超长桩、柱桩以及有质量缺陷的桩,桩身的材料强度才起控制作用。轴向受拉桩的承载力也往往由土的阻力决定,但对于长期或经常承受拉力的桩,还需限制桩身的裂缝宽度甚至不允许出现裂缝。在这种情况下,除需控制桩身强度外,还应进行抗裂计算。

按岩土阻力确定单桩承载力是以下讨论的重点,其方法较多,概括起来可分为:①由原位试验确定;②用经验公式计算;③用理论公式计算。下面将根据铁路桥梁工程实际应用的情况介绍其中部分方法。对桩身强度及抗裂计算,本课程只介绍一般原则,详细算法见《结构设计原理》、《钢筋混凝土结构》或有关设计手册。

**一、轴向受压桩的破坏模式和荷载传递特征**

（一）轴向受压桩的破坏模式

单桩在轴向荷载作用下,其破坏模式主要取决于桩周土的抗剪强度、桩端支承情况、桩的尺寸以及桩的类型等条件。图4-27给出了轴向受压桩的基本破坏模式简图。

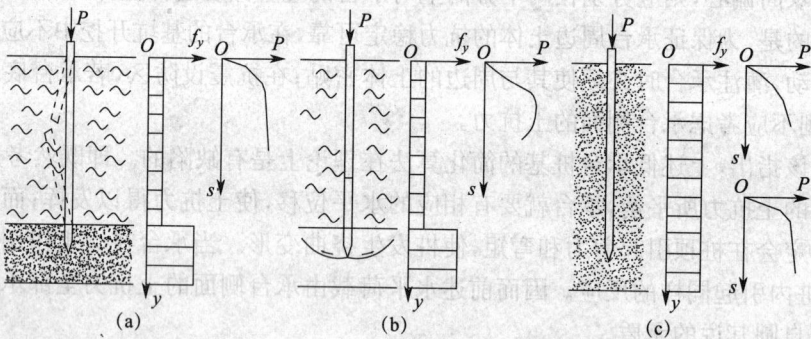

图4-27　轴向受力桩的破坏模式

1.压曲破坏

当桩端支承在坚硬的土层或岩层上,桩周土层极为软弱,对桩身无约束或约束很小,在轴向荷载作用下,桩如细长压杆一样容易出现纵向挠曲破坏。相应的荷载—沉降（P—s）关系曲线为陡降型,具有明确的破坏荷载[图4-27（a）]。桩的承载力取决于桩身的材料强度。如穿越深厚淤泥质土层中的小直径柱桩或嵌岩桩,细长的木桩等多属此种破坏。

2.整体剪切破坏

当具有足够强度的桩穿过抗剪强度较低的土层,达到强度较高的土层,且桩的长度不大时,桩在轴向荷载作用下,由于上部土层不能阻止下部滑动土楔的形成,桩端土体形成滑动面而出现整体剪切破坏,P—s曲线也为陡降型,具有明确的破坏荷载[图4-27（b）]。桩的承载力主要取决于桩端土的支承能力。一般打入式短桩、钻扩短桩等属于此种破坏。

3.刺入破坏

当桩的入土深度较大或桩周土层的抗剪强度较均匀时,桩在轴向荷载作用下将出现刺入破坏,如图4-27（c）所示。此时桩顶荷载主要由桩侧摩阻力承受,桩端阻力极小,桩的沉降量较大。一般当桩周土较软弱时,P—s曲线为渐进破坏的缓变型,无明显拐点,极限荷载难以判断,桩的承载力主要由上部结构所能容许的极限沉降 $s_u$ 确定;但当桩周土的抗剪强度较高时,$P—s$ 曲线可能为陡降型,有明显拐点,桩的承载力主要取决于桩周土的强度。一般情况下的钻孔灌注桩多属此种情况。

（二）轴向受压桩的荷载传递

1. 轴向受压桩的荷载传递方程

当桩顶作用竖向压力时,桩身材料会产生弹性压缩变形,桩和桩侧土之间产生相对位移,因而桩侧土对桩身产生向上的摩阻力。如果桩侧摩阻力不足以抵抗竖向荷载,一部分竖向荷载会传递到桩端,桩端持力层随之产生压缩变形和桩端阻力。通过桩侧摩阻力和桩端阻力,桩将荷载传递给桩周土体。

设桩顶竖向荷载为 $P$,桩侧总摩阻力为 $N_s$,桩端总阻力为 $N_b$,取桩为脱离体,由静力平衡条件,得到关系式

$$P = N_s + N_b \tag{4-79}$$

当桩顶荷载加大到极限值时,式(4-79)可改写为

$$P_u = N_{su} + N_{bu} \tag{4-80}$$

式中　$P_u$——单桩竖向极限荷载;

　　　$N_{su}$——单桩总极限侧阻力;

　　　$N_{bu}$——单桩总极限端阻力。

如图 4-28(b)所示的桩,竖向荷载 $P$ 在桩身各截面引起的轴向力 $N_y$,可以通过桩的静载试验,利用埋设于桩身内的测试元件的量测结果求得,从而可以绘出轴力沿桩身的分布曲线如图 4-28(e)所示。由于桩侧土的摩阻作用,轴向力 $N_y$ 随深度 $y$ 的增大而减小,其衰减的快慢反映了桩侧土摩阻作用的强弱。桩顶的轴向力 $N_0$ 与桩顶竖向荷载 $P$ 相等,即 $N_0 = P$;桩端的轴向力 $N_h$ 与总桩端阻力 $N_b$ 相等,故总侧阻 $N_s = P - N_b$。

荷载传递曲线确定了 $y$ 深度处轴向力 $N_y$ 与 $y$ 的函数关系。有了该曲线,可以由桩的微分方程求得 $y$ 深度处截面的轴向位移 $s_y$ 以及桩侧单位面积的摩阻力 $f_y$。

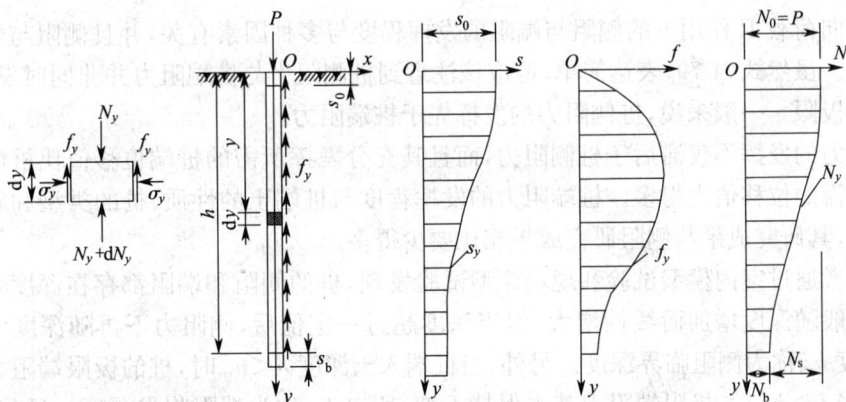

（a）微桩段的受力　（b）轴向受压的单桩　（c）截面位移分布　（d）摩阻力分布　（e）轴向力分布

图 4-28　单桩轴向荷载传递

设桩的长度为 $h$,横截面积为 $A$,周长为 $u$。现从桩身任意深度 $y$ 处取 $dy$ 微段,如图 4-28(a)所示,根据微段的竖向力平衡(忽略桩身自重),可得

$$N_y - f_y u\,\mathrm{d}y - (N_y + \mathrm{d}N_y) = 0$$

简化后，写为

$$f_y = -\frac{1}{u}\frac{\mathrm{d}N_y}{\mathrm{d}y} \qquad (4\text{-}81)$$

式（4-81）表明，任意深度处侧摩阻力 $f_y$ 的大小与该处轴力 $N_y$ 的变化率成比例。负号表明当 $f_y$ 方向向上（即 $f_y$ 为正值）时，桩身轴力 $N_y$ 将随深度的增加而减少。一般称式（4-81）为桩的荷载传递基本微分方程。

2. 荷载传递的基本分析方法

只要测得桩身轴力 $N_y$ 的分布曲线，即可求得桩侧摩阻力的大小与分布（对 $N_y$ 微分一次），见图 4-28(d)。

当桩顶作用有轴向力 $N_0$ 时，桩顶截面的位移 $s_0$（亦即桩顶沉降）由 2 部分组成，一部分为桩端下沉量 $s_b$，另一部分则为桩身材料在轴力 $N_y$ 作用下产生的压缩变形 $s_e$，可表示为

$$s_0 = s_e + s_b$$

由单桩静载试验可测出桩顶的轴向位移 $s_0$，利用上述轴力分布曲线 $N_y$，根据材料力学，可以求出任意深度处的桩截面位移 $s_y$ 和桩端位移 $s_b$，即

$$s_y = s_0 - \frac{1}{EA}\int_0^y N_y\,\mathrm{d}y \qquad (4\text{-}82)$$

$$s_b = s_0 - \frac{1}{EA}\int_0^h N_y\,\mathrm{d}y \qquad (4\text{-}83)$$

式中　$A$——桩的横截面面积；

　　　$E$——桩身材料的受压弹性模量。

上述从桩的荷载传递曲线分析其轴向位移 $s_y$ 和侧阻 $f_y$，是较为常用的竖向荷载传递分析方法。用不同荷载下的传递曲线按上述过程进行分析，可以较为清楚地了解侧阻和端阻随荷载增大的发展变化、它们的发挥程度以及两种阻力与桩身位移的关系等规律，所得结果对合理地确定桩的承载力和设计桩基础都是很有意义的。

3. 荷载传递的一般规律

桩在轴向荷载 $P$ 作用下的侧阻与端阻的发挥程度与多种因素有关，并且侧阻与端阻也是相互影响的。虽然式（4-79）表达简单，但应该注意到桩侧阻力与桩端阻力并非同时发挥，更不是同时达到极限。一般来说，桩侧阻力的发挥先于桩端阻力。

桩端阻力的发挥不仅滞后于桩侧阻力，而且其充分发挥所需的桩端位移值比桩侧摩阻力到达极限所需的位移值大得多。桩端阻力的发挥程度与桩端土的性质、桩的类型和施工方法等因素有关，其研究成果与侧阻研究成果相比要少得多。

许多学者通过室内模型试验和现场原型试验发现，桩的侧阻和端阻都存在深度效应。桩侧摩阻力一般随深度增加而线性增大，但当深度超过一定值后，侧阻力不再随深度增加而增大，故该深度 $h_{cs}$ 称为侧阻临界深度。另外，当桩端入土深度 $h < h_{cb}$ 时，桩的极限端阻力随深度而增加，但当 $h > h_{cb}$ 后，极限端阻力基本保持不变，所以 $h_{cb}$ 称为端阻临界深度。目前，关于侧阻和端阻的深度效应尚有不少问题有待进一步研究。

澳大利亚学者 H G Poulos 等运用弹性理论来分析桩基，结果表明轴向受压时桩的荷载传递有以下规律：

（1）轴向压力下桩的荷载传递与其长径比 $h/d$ 及桩端土与桩侧土的相对刚度 $R_{bs}$ 有关。

$R_{bs}$ 定义为桩端土与桩侧土的压缩模量或变形模量之比 $E_b/E_s$。其值越大,说明桩端土抵抗变形的能力越强于桩侧土,反之则越弱。当 $R_{bs}=0$ 时,荷载全部由桩侧阻力承担,属于摩擦桩。在 $h/d$ 一定且为中长桩($h/d \approx 25$)的情况下,传递到桩端的荷载即桩端阻力 $N_b$ 随 $R_{bs}$ 的增大而上升,但当 $R_{bs}$ 大到一定程度后,$N_b$ 几乎不再随 $R_{bs}$ 变化。

(2)桩端阻力 $N_b$ 和桩与桩侧土的相对刚度 $R_{ps}$ 有关。$R_{ps}$ 定义为桩的弹模与桩侧土的压缩模量或变形模量之比 $E_p/E_s$。当 $R_{ps}$ 增大,桩端阻力 $N_b$ 也增大;反之,桩端阻力分担的荷载比例降低。对于 $R_{ps} \leqslant 10$ 的中长桩,其桩端阻力接近于零。

(3)对扩底桩,增大扩底直径与桩身直径之比 $D/d$,桩端分担的荷载可以提高。在均质土中,当 $h/d \approx 25$ 时,桩端土分担的百分比(即 $N_b/P$)对等直径桩仅约 5%,对 $D/d=3$ 的扩底桩可增至 35% 左右。

(4)$N_b$ 随桩的长径比 $h/d$ 增大而减小,桩身下部侧阻的发挥也相应降低。当桩长较大时,桩端土的性质对荷载传递的影响较小,荷载主要由桩侧摩阻力分担。当桩很长时,则不论桩端土的刚度多大,端阻均可忽略不计,荷载全部由桩侧阻力分担。因此,很长的桩实际上总是摩擦桩,此种情况下,用扩大桩端直径来提高承载力是没有什么效果的。

上述理论分析结果表明,为了有效地发挥桩的承载性能和取得良好的经济效益,设计时应根据桩周土层的性质并注意桩的荷载传递特性,合理地确定桩长、桩径和桩端持力层。

(三)负摩阻力

1. 负摩阻力的概念

前面讨论了正常情况下桩和周围土体之间的荷载传递情况。在桩顶荷载作用下,桩侧土对桩产生向上的摩阻力,是桩承载力的一部分,称之为正摩阻力。

但有时会发生相反的情况,即桩周围的土体由于某些原因发生下沉,且下沉量大于相应深度处桩的下沉量,此时桩侧土体对桩产生向下的摩阻力,这种摩阻力即称为负摩阻力。通常,在下列情况下应考虑桩侧土的负摩阻力作用:

(1)在软土地区,大范围地下水位下降,使土中有效应力增加,导致桩侧土层沉降;

(2)桩侧的大面积地面堆载使桩侧土层压缩;

(3)桩侧有较厚的欠固结土或新填土,这些土层在自重下沉降;

(4)在自重湿陷性黄土地区,由于浸水而引起桩侧土的湿陷;

(5)在冻土地区,由于温度升高而引起桩侧土的融陷。

必须指出,在桩侧引起负摩阻力的本质原因是,桩周围的土体下沉量大于桩的沉降量。

负摩阻力对桩基础是一种不利因素。负摩阻力相当于在桩上施加了附加的下拉荷载 $Q_n$,它使桩所承受的荷载加大,并可导致桩基础发生过量的沉降。工程中,因负摩阻力引起的不均匀沉降造成建筑物开裂、倾斜或因沉降量过大而影响使用的现象屡有发生。当前,我国的高等级铁路和公路大量兴建,对地基基础的工后沉降提出了相当严格的要求,因而,当有可能发生负摩阻力时,必须充分考虑其对工程的影响并采取可靠的预防措施。

2. 负摩阻力的分布特征

(1)中性点。桩身的负摩阻力并不一定发生于整个软弱压缩土层中,而是在桩周土相对于桩产生下沉的范围内。在地面发生沉降的地基中,长桩的上部为负摩阻力而下部往往仍为正摩阻力。正负摩阻力分界的地方称为中性点。图 4-29 给出了桩穿过产生负摩阻力的土层而到达坚硬土层的轴向荷载传递情况。

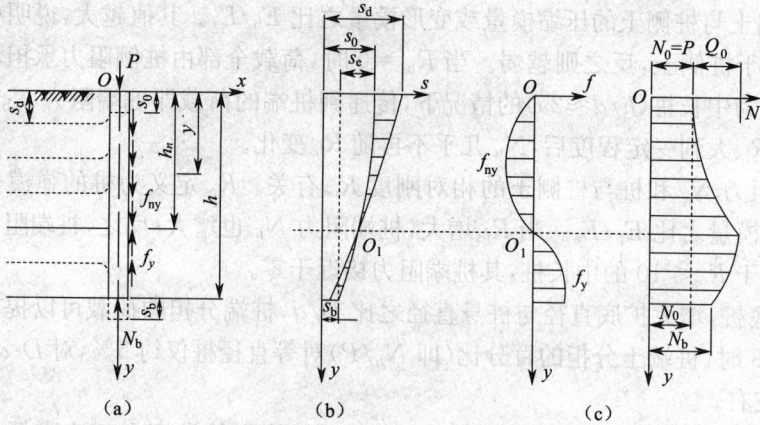

图 4-29 桩的负摩阻力

由于桩周摩阻力的大小与桩土间的相对位移有关,而中性点处的摩阻力为零,故负摩阻力的累积量在中性点处达到最大值,即在中性点截面桩身轴力达到最大值($P+Q_n$)。中性点的深度 $h_n$ 与桩周土的压缩性、变形条件以及桩和持力层土的刚度等因素有关。虽然从理论上讲可根据桩的竖向位移和桩周土层竖向位移相等的条件来确定中性点的位置,但由于桩土体系相互作用关系复杂,要准确确定中性点的位置还比较困难,目前一般根据现场试验的经验以 $h_n$ 与桩周土层沉降的下限深度 $h_0$ 的比值 $\beta$ 的经验数值来确定中性点的位置。

国外有些现场试验资料指出,对于柱桩,如果允许产生沉降但不超过有害的范围,可取$\beta=0.85\sim0.95$;对不允许产生沉降和基岩上的桩可取 $\beta=1.0$;对于摩擦桩可取 $\beta=0.7\sim0.8$。表4-7 为《建筑桩基技术规范》JGJ 94—2008(以下简称《桩基规范》)给出的中性点深度比$h_n/h_0$,可供设计时参考。

表 4-7　中性点的深度比 $h_n/h_0$

| 持力层土类 | 黏性土、粉土 | 中密以上砂 | 砾石、卵石 | 基岩 |
|---|---|---|---|---|
| $h_n/h_0$ | 0.5~0.6 | 0.7~0.8 | 0.9 | 1.0 |

注:1. 桩穿越自重湿陷性黄土时,$h_n$ 按表列值增大 10%(持力层为基岩者除外);

　　2. 当桩周土层固结与桩基固结沉降同时完成时,取 $h_n=0$;

　　3. 当桩周土层计算沉降量小于 20 mm 时,$h_n$ 应按表列数值乘以 0.4~0.8 折减。

(2)桩周土层的固结随时间而变化,故土层的竖向位移和桩身截面位移都是时间的函数。因此,在桩顶荷载 $P$ 的作用下,中性点位置、摩阻力以及轴力等也都相应发生变化。当桩身位移稳定后,则土层固结的程度和速率是影响 $Q_n$ 的大小和分布的主要因素。固结程度高、地面沉降大,则中性点往下移;固结速率大,则 $Q_n$ 增长快。但 $Q_n$ 的增长经过一定的时间后将逐步逼近其极限值,在该过程中,桩身在 $Q_n$ 作用下产生进一步压缩,同时随着 $Q_n$ 的增大,桩端轴力增加,桩的沉降相应增大,由此导致桩土相对位移减少,$Q_n$ 降低。在此调整过程中,桩土体系逐渐达到稳定状态。

3. 负摩阻力的确定方法

在现场进行桩的负摩阻力试验是一种最直接而可靠的方法,但需要的时间很长,费用也大。故国内外进行这一试验的桩数远比桩的一般静载试验少得多。

由于影响负摩阻力的因素较多,从理论上精确计算负摩阻力是复杂而困难的。目前国内外学者已提出了一些有关负摩阻力的计算方法，但都是带有经验性质的近似公式。

多数学者认为桩侧负摩阻力的大小与桩侧土的有效应力水平有关。根据大量试验与工程实测结果，《桩基规范》建议，当无实测资料时，可按下述方法计算桩侧负摩阻力：

$$q_{si}^n = \xi_{ni}\sigma'_i \tag{4-84}$$

式中　$q_{si}^n$——第 $i$ 层土的桩侧负摩阻力，当计算值大于正摩阻力时，取正摩阻力的数值；

　　　$\xi_{ni}$——桩周第 $i$ 层土的负摩阻力系数，可按表 4-8 取值；

　　　$\sigma'_i$——桩周第 $i$ 层土的平均竖向有效应力，当填土、自重湿陷性黄土、欠固结土层产生固结和地下水降低时，$\sigma'_i = \sigma'_{\gamma i}$，当地面有大面积分布荷载时 $\sigma'_i = p + \sigma'_{\gamma i}$，这里 $\sigma'_{\gamma i}$ 为由土自重引起的桩周第 $i$ 层土的平均竖向有效应力，桩群外围桩自地面算起，桩群内部桩自承台底算起，$p$ 为地面均布荷载。

表 4-8　负摩阻力系数 $\xi_n$

| 桩周土类 | 饱和软土 | 黏性土、粉土 | 砂　土 | 自重湿陷性黄土 |
|---|---|---|---|---|
| $\xi_n$ | 0.15~0.25 | 0.25~0.40 | 0.35~0.50 | 0.20~0.35 |

注：1. 在同一类土中，对于打入桩或沉管灌注桩，取表中较大值，对钻孔灌注桩，取表中较小值；

　　2. 填土按其组成取表中同类土较大值。

此外，也有资料建议根据土的类别，按下列经验公式计算：

软土或中等强度黏土　　　　　$q_{si}^n = c_u \tag{4-85}$

砂类土（$q_{si}^n$ 以 kPa 计）　　$q_{si}^n = \dfrac{N_i}{5} + 3 \tag{4-86}$

式中　$c_u$——土的不排水抗剪强度（kPa）；

　　　$N_i$——桩周第 $i$ 层土经探杆长度修正后的平均标准贯入试验击数。

桩侧总的负摩阻力（下拉荷载）$Q_n$ 可按下式计算：

$$Q_n = u\sum q_{si}^n l_i \tag{4-87}$$

式中　$u$——桩身截面周长；

　　　$l_i$——中性点以上各土层的厚度。

《桩基规范》中还给出了考虑群桩效应时的下拉荷载计算方法，可供设计时参考。

4. 消除或减小负摩阻力的工程措施

工程中可采取适当措施来消除或减小负摩阻力。例如，对填土建筑场地，填筑时应保证填土的密实度符合要求，并应尽量在填土的沉降稳定后成桩；当建筑场地有大面积堆载时，成桩前采取预压措施，可减小堆载时引起的桩侧土沉降；对湿陷性黄土地基，可先进行强夯或采用素土、灰土挤密桩等方法进行处理以消除或减轻桩侧土的湿陷性。在预制桩中性点以上的表面涂刷沥青，或者对钢桩再包裹一层厚度为 3 mm 的塑料薄膜（兼作防锈蚀用），在现场灌注桩的桩、土之间灌注斑脱土浆等方法对消除或降低负摩阻力的影响也十分有效。

**二、按静载试验确定单桩轴向承载力**

静载试验是确定单桩承载力最为直观和可靠的方法，因为该法除了能考虑场地地基土的实际支承能力外，也计入了桩身材料强度对于承载力的影响。因此静载试验的结果常作为评价其他方法可靠性的依据，后面要介绍的经验公式中的承载力计算参数也主要是根据静载试验资料得出的。

《铁桥地基规范》规定,对重要桥梁或地质复杂的桥梁,摩擦桩的容许承载力应通过试桩确定。因为规范没有规定试桩的数量,在实际工程中,如遇到复杂地层并对单桩的承载力确定没有把握时,设计者应提出试桩的数量和位置,并计列相应的概算费用。在《建筑基桩检测技术规范》JGJ 106—2003(以下简称《基桩检测规范》)中,规定对于设计等级为甲级、乙级的桩基,或地质条件复杂、施工质量可靠性低的桩基,或本地区采用的新桩型、新工艺的桩基,施工前应采用静载试验确定桩的承载力;在同一条件下的试桩数量,不宜少于总数的1‰,并不应少于3根,工程桩总数在50根以内时不应少于2根。上述规定可供铁路工程参考。

1. 静载试验装置及方法

试验设备包含加载系统、反力系统和量测系统。加载系统一般采用油压千斤顶和油泵。反力系统的基本形式有三种,其一是堆载平台式;其二是锚桩反力梁方式;其三是利用既有结构物提供反力的方式。量测系统包括位移量测系统、荷载量测系统和桩身应力量测系统。

由于试验桩通常为竖向设置,且作用力也通常沿竖直方向,故单桩轴向静载试验也常称为单桩竖向静载试验。

位移量测系统一般采用在基准桩上架设基准梁的方式;荷载的量测可采用在千斤顶上设置力传感器的方法,也可利用油泵上的油压表间接测量;桩身应力量测系统仅在需要时设置,关于此方面的详细内容请参阅相关文献。

常用的锚桩反力梁加载系统和堆载平台系统的布置分别如图 4-30 和图 4-31 所示。

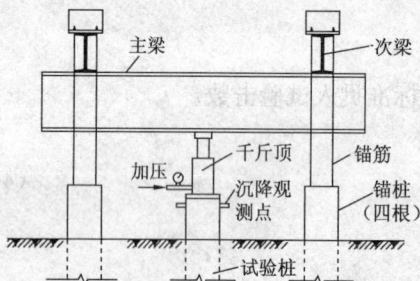

图 4-30 锚桩反力梁加载装置

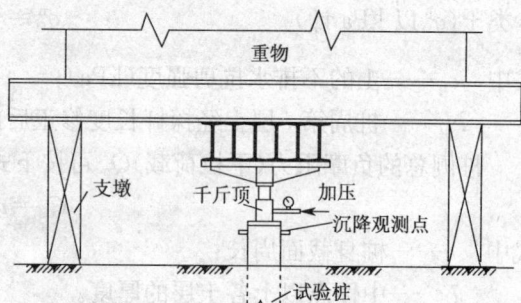

图 4-31 堆载平台加载装置

试桩与锚桩(或与压重平台的支墩、地锚等)之间、试桩与支承基准梁的基准桩之间以及锚桩与基准桩之间,都应有一定的间距(参见图 4-32),以减少彼此的相互影响,保证量测精度。表 4-9 和表 4-10 分别列出了建筑部门和公路部门的相关要求,可供实际工作参考。

试验加载方式通常有慢速维持荷载法、快速维持荷载法、等贯入速率法、等时间间隔加载法以及循环加载法等。工程中最常用的是慢速维持荷载法。即逐级加载,每级荷载值为预估极限荷载的 $1/10 \sim 1/15$;当一级荷载下桩的沉降速率小于规定值时便认为沉降已稳定,然后施加下一级荷载;重复上述过程直到试桩破坏或达到预定的最大加载量,再分级卸载到零。

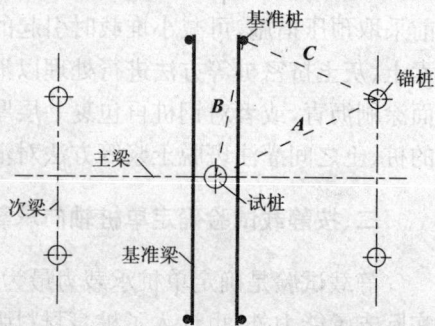

图 4-32 试桩、锚桩和基准桩的平面布置

表 4-9　试桩、锚桩和基准桩之间的间距要求(《基桩检测规范》)

| 反力装置 ＼ 距离 | A(或压重平台支墩边) | B | C(或压重平台支墩边) |
|---|---|---|---|
| 锚桩横梁 | ≥4(3)D,且>2.0 m | ≥4(3)D,且>2.0 m | ≥4(3)D,且>2.0 m |
| 压重平台 | ≥4D,且>2.0 m | ≥4(3)D,且>2.0 m | ≥4D,且>2.0 m |
| 地锚装置 | ≥4D,且>2.0 m | ≥4(3)D,且>2.0 m | ≥4D,且>2.0 m |

注:1. D 为试桩、锚桩或地锚的设计直径或边宽,取其较大者;

2. 如试桩或锚桩为扩底或多支盘桩时,A 不应小于 2 倍扩大端直径;

3. 括号内数值可用于工程桩验收检测时多排桩设计桩中心距离小于 4D 的情况;

4. 软土场地堆载重量较大时,宜增加支墩边与基准桩中心和试桩中心之间的距离,并在试验过程中观测基准桩的竖向位移。

表 4-10　试桩、锚桩和基准桩之间的间距要求(《公路桥涵施工技术规范》JTJ 041—2000)

| 反力系统 | A(或压重平台支承边) | B | C(或压重平台支承边) |
|---|---|---|---|
| 锚桩横梁反力装置 | ≥5d | ≥4d | ≥4d |
| 压重平台反力装置 | ≥5d | ≥2.0 m | ≥2.0 m |

注:表中为试桩的直径或边长 d≤800 mm 的情况;若试桩直径 d>800 mm 时,间距 A(或试桩中心至压重平台支承边的距离)不得小于 4 m,基准桩中心至试桩中心(或压重平台支承边)的距离不宜小于 4 m。

应该指出的是,关于位移测读时间、稳定标准及终止加载的准则等尚不统一,试验时可根据桩周土层的性质和有关的行业或地方标准确定。

2. 确定单桩承载力

一般认为,当桩进入破坏状态时桩顶会发生剧烈或不停滞的沉降,相应的桩顶荷载称为极限荷载(相当于桩的极限承载力)$P_u$。由桩的静载试验结果绘出 $P$—$s$ 曲线(荷载与桩顶沉降的关系曲线),如图 4-33 所示,再根据 $P$—$s$ 曲线的特性,按下述方法确定单桩竖向极限承载力。

如果桩的 $P$—$s$ 曲线出现陡降,即沉降随荷载的增加而急剧增大,如图 4-33 中曲线 1 所示,一般可取陡降段起点对应的荷载作为试桩的极限承载力 $P_u$。

$P$—$s$ 曲线也往往如图 4-33 中曲线 2 所示,在加载过程中,沉降随荷载增大而缓慢增长。此时需借助于经验准则确定桩的轴向承载力。例如《基桩检测规范》规定,在上述情况下,一般可取 $s=40$ mm 对应的荷载值为 $P_u$,对于大直径桩可取 $s=0.05D$($D$ 为桩端直径)所对应的荷载值,当桩长大于 40 m 时,宜考虑桩身的弹性压缩量。上述规定可供实际工作参考。

对于桥梁桩基础,一般取安全系数为 2,则单桩轴向受压容许承载力为 $[P]=P_u/2$。

试桩施工完成后应停歇一段时间才能开始加载试验。停歇时间的长短与桩的类型及桩周土性有关。一般地,对于打入桩,当桩周为砂土时,不宜少于 7 d;若桩周为黏性土或粉土,应视土的强度恢复情况而定,一般应不少于 15 d;当为饱和软黏土时,一般不得少于 25 d。对钻挖孔灌注桩,应在桩身混凝土达到设计强度后才能加载试验。

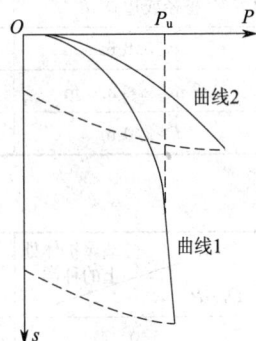

图 4-33　试桩的 $P$—$s$ 曲线

### 三、按岩土阻力确定单桩轴向承载力

**(一)经验公式**

我国铁路和公路的桥梁桩基设计均采用定值设计法,所用单桩轴向受压容许承载力[P]的经验公式,是以式(4-80)为基本模式建立的,即先确定桩的极限侧阻 $N_{su}$ 和极限端阻 $N_{bu}$,在考虑安全系数 $K$ 后得到桩的容许承载力。计算 $N_{su}$ 和 $N_{bu}$ 所用的摩阻力、端阻力等参数,是以桩的静载试验资料为主要依据,经过统计分析和大量检算后制定的。

根据《铁桥地基规范》的规定,按岩土阻力确定桩的容许承载力时,可按本小节的下述方法计算,并宜通过试桩验证,打入桩可在施工时以冲击试验验证。

1. 摩擦桩的轴向受压容许承载力

(1)打入桩、震动下沉桩及桩端爆扩桩

这几类桩的单桩轴向抗压容许承载力均按下式计算:

$$[P]=\frac{1}{2}(U\sum\alpha_i f_i l_i+\lambda AR\alpha) \tag{4-88}$$

式中　　[P]——桩的轴向受压容许承载力;

　　　　 $U$——桩身横截面周长;

　　　　 $l_i$——桩侧或爆扩桩桩端爆扩体顶面以上各土层厚度;

　　　　 $A$——桩端支承面积;

　　 $\alpha_i,\alpha$——震动沉桩对桩周各土层摩擦力和桩端阻力的影响系数,由表4-11查用,对打入桩 $a_i$ 和 $a$ 均为1.0;

　　　　 $\lambda$——与桩端爆扩桩爆扩体直径 $D_p$ 和桩身直径 $d$ 的比值(即 $D_p/d$)有关的系数,由表4-12查用;

　　 $f_i,R$——桩侧各土层的极限摩阻力和桩端土的极限承载力,可根据土的类别和状态分别由表4-13和表4-14查用,也可根据双桥静力触探试验按式(4-89)计算确定。

**表 4-11　震动下沉桩的系数 $\alpha_i,\alpha$**

| 桩径或边宽 d | 砂类土 | 粉土 | 粉质黏土 | 黏土 |
|---|---|---|---|---|
| $d\leqslant0.8$ m | 1.1 | 0.9 | 0.7 | 0.6 |
| $0.8$ m$<d\leqslant2.0$ m | 1.0 | 0.9 | 0.7 | 0.6 |
| $d>2.0$ m | 0.9 | 0.7 | 0.6 | 0.5 |

**表 4-12　桩端爆扩桩的系数 $\lambda$**

| $D_p/d$　　桩端爆扩体处土的种类 | 砂类土 | 粉土 | 粉质黏土 $I_L=0.5$ | 黏土 $I_L=0.5$ |
|---|---|---|---|---|
| 1.0 | 1.0 | 1.0 | 1.0 | 1.0 |
| 1.5 | 0.95 | 0.85 | 0.75 | 0.70 |
| 2.0 | 0.90 | 0.80 | 0.65 | 0.50 |
| 2.5 | 0.85 | 0.75 | 0.50 | 0.40 |
| 3.0 | 0.80 | 0.60 | 0.40 | 0.30 |

注:d 为桩的直径,$D_p$ 为爆扩桩的爆扩体直径。

表 4-13 桩侧土的极限摩阻力 $f_i$(kPa)

| 土类 | 状态 | 极限摩阻力 $f_i$ | 土类 | 状态 | 极限摩阻力 $f_i$ |
|---|---|---|---|---|---|
| 黏性土 | $1.0 \leqslant I_L < 1.5$ | 15~30 | 粉、细砂 | 稍松 | 20~35 |
| | $0.75 \leqslant I_L < 1$ | 30~45 | | 稍、中密 | 35~65 |
| | $0.5 \leqslant I_L < 0.75$ | 45~60 | | 密实 | 65~80 |
| | $0.25 \leqslant I_L < 0.5$ | 60~75 | 中砂 | 稍、中密 | 55~75 |
| | $0 \leqslant I_L < 0.25$ | 75~85 | | 密实 | 75~90 |
| | $I_L < 0$ | 85~95 | 粗砂 | 稍、中密 | 70~90 |
| 粉土 | 稍松 | 20~35 | | 密实 | 90~105 |
| | 中密 | 35~65 | | | |
| | 密实 | 65~80 | | | |

表 4-14 桩端土的极限承载力 $R$(kPa)

| 土类 | 状态 | 桩端土的极限承载力 | | |
|---|---|---|---|---|
| 黏性土 | $1 \leqslant I_L$ | 1 000 | | |
| | $0.65 \leqslant I_L < 1$ | 1 600 | | |
| | $0.35 \leqslant I_L < 0.65$ | 2 200 | | |
| | $I_L < 0.35$ | 3 000 | | |
| | | 桩端进入持力层的相对深度 | | |
| | | $\dfrac{h'}{d} < 1$ | $1 \leqslant \dfrac{h'}{d} < 4$ | $4 \leqslant \dfrac{h'}{d}$ |
| 粉土 | 中密 | 1 700 | 2 000 | 2 300 |
| | 密实 | 2 500 | 3 000 | 3 500 |
| 粉砂 | 中密 | 2 500 | 3 000 | 3 500 |
| | 密实 | 5 000 | 6 000 | 7 000 |
| 细砂 | 中密 | 3 000 | 3 500 | 4 000 |
| | 密实 | 5 500 | 6 500 | 7 500 |
| 中、粗砂 | 中密 | 3 500 | 4 000 | 4 500 |
| | 密实 | 6 000 | 7 000 | 8 000 |
| 圆砾土 | 中密 | 4 000 | 4 500 | 5 000 |
| | 密实 | 7 000 | 8 000 | 9 000 |

注:表中 $h'$ 为桩端进入持力层的深度(不包括桩靴),$d$ 为桩的直径或边长。

当根据双桥静力触探试验确定桩侧土的极限摩阻力和桩端土的极限承载力时,按下列公式计算 $f_i$ 和 $R$:

$$f_i = \beta_i \overline{f}_{si}, R = \beta \overline{q}_c \tag{4-89}$$

式中 $\overline{f}_{si}$——第 $i$ 层土的探头平均侧阻力,当小于 5 kPa 时,取 $\overline{f}_{si} = 5$ kPa;

$\overline{q}_c$——桩端(不包括桩靴)平面以上和以下各 $4d$($d$ 为桩的直径或边长)范围内的探头平均端阻力 $\overline{q}_{c1}$ 和 $\overline{q}_{c2}$ 的平均值,但当 $\overline{q}_{c1} > \overline{q}_{c2}$ 时,则取 $\overline{q}_c = \overline{q}_{c2}$;

$\beta_i,\beta$——侧摩阻和端阻的综合修正系数,当桩侧第 $i$ 层土的 $\overline{q}_{ci}<2\,000$ kPa,且 $\overline{f}_{si}/\overline{q}_{ci}\leqslant$ 0.014 时,$\beta_i=5.067\overline{f}_{si}^{-0.45}$,当不满足上述 $\overline{q}_{ci}$ 和 $\overline{f}_{si}/\overline{q}_{ci}$ 的条件时,$\beta_i=10.045$ $\overline{f}_{si}^{-0.55}$,当桩端土的 $\overline{q}_{c2}>2\,000$ kPa,且 $\overline{f}_{s2}/\overline{q}_{c2}\leqslant0.014$ 时,$\beta=3.975\,\overline{q}_c^{-0.25}$,当不满足上述 $\overline{q}_{c2}$ 和 $\overline{f}_{s2}/\overline{q}_{c2}$ 的条件时,$\beta=12.064\,\overline{q}_c^{-0.35}$。

(2)钻(挖)孔灌注桩

该类桩的单桩轴向抗压容许承载力均按下式计算:

$$[P]=\frac{1}{2}U\sum f_i l_i+m_0 A[\sigma] \tag{4-90}$$

式中　$m_0$——钻(挖)孔灌注桩桩端土层的承载力折减系数,钻孔灌注桩可按表 4-15 采用,人工挖孔桩可根据具体情况决定,一般可取 $m_0=1$;

$[\sigma]$——桩端地基土的容许承载力,根据桩的入土深度 $h$ 按下述公式计算确定:

当 $h\leqslant4d$ 时,$[\sigma]=\sigma_0+k_2\gamma_2(h-3)$

当 $4d<h\leqslant10d$ 时,$[\sigma]=\sigma_0+k_2\gamma_2(4d-3)+k'_2\gamma_2(h-4d)$

当 $h>10d$ 时,$[\sigma]=\sigma_0+k_2\gamma_2(h-3)+6k'_2\gamma_2 d$

其中　$\sigma_0$——地基土的基本承载力,其意义与浅基础者相同,可按土力学教材或《铁桥地基规范》相关表格采用,

$k_2,k'_2$——深度修正系数,可按有关规定采用,对于黏性土、粉土和黄土取 $k'_2=1.0$,其余情况 $k'_2=k_2/2$,

$\gamma_2$——桩侧土的天然重度,当有不同土层时,采用各土层重度的加权平均值,若桩端持力层在水面以下,且为透水者,水中部分应采用浮重度,如为不透水者,不论桩端以上水中部分土的透水性质如何,应采用饱和重度。

其余符号的含义与公式(4-88)相同。其中,$f_i$ 由表 4-16 查用;$A$ 按设计桩径(即钻头直径)计算;$U$ 按成孔桩径计算。一般情况下钻孔桩的成孔桩径按钻头类型分别比设计桩径增大下列数值:旋转钻为 30~50 mm;冲击钻为 50~100 mm;冲抓钻为 100~150 mm。

表 4-15　钻孔灌注桩桩端土承载力折减系数 $m_0$

| 土质及清底情况 | $m_0$ | | |
|---|---|---|---|
| | $5d<h\leqslant10d$ | $10d<h\leqslant25d$ | $25d<h\leqslant50d$ |
| 土质较好,不易坍塌,清底良好 | 0.9~0.7 | 0.7~0.5 | 0.5~0.4 |
| 土质较差,易坍塌,清底稍差 | 0.7~0.5 | 0.5~0.4 | 0.4~0.3 |
| 土质差,难以清底 | 0.5~0.4 | 0.4~0.3 | 0.3~0.1 |

注:$h$ 为地面线或局部冲刷线以下桩长,$d$ 为桩的直径,均以 m 计。

表 4-16　钻孔灌注桩桩周土极限摩阻力 $f_i$(kPa)

| 土的名称 | 土性状态 | 极限摩阻力 |
|---|---|---|
| 软土 | | 12~22 |
| 黏性土 | 流　塑 | 20~35 |
| | 软　塑 | 35~55 |
| | 硬　塑 | 55~75 |

续上表

| 土的名称 | 土性状态 | 极限摩阻力 |
|---|---|---|
| 粉　土 | 中　密 | 30～55 |
| | 密　实 | 55～70 |
| 粉砂、细砂 | 中　密 | 30～55 |
| | 密　实 | 55～70 |
| 中　砂 | 中　密 | 45～70 |
| | 密　实 | 70～90 |
| 粗砂、砾砂 | 中　密 | 70～90 |
| | 密　实 | 90～150 |
| 圆砾土、角砾土 | 中　密 | 90～150 |
| | 密　实 | 150～220 |
| 碎石土、卵石土 | 中　密 | 150～220 |
| | 密　实 | 220～420 |

注:1.漂石土、块石土的极限摩阻力可采用 400～600 kPa;

　2.挖孔灌注桩的极限摩阻力可参照本表采用。

2.柱桩的轴向受压容许承载力

柱桩是指桩端支承于坚硬的岩层上或岩层内,桩侧土层较为软弱,以至于在计算桩的轴向承载力时可以忽略桩侧阻力的桩,其含义与端承桩相当。《铁桥地基规范》规定,柱桩的轴向受压容许承载力按下述方法计算。

(1)支承于岩石层上的打入、震动下沉桩及管柱的容许承载力

$$[P]=CRA \tag{4-91}$$

式中　$[P]$——桩的容许承载力;

　　　$R$——岩石单轴抗压强度;

　　　$C$——系数,匀质无裂缝的岩石层采用 $C=0.45$,有严重裂缝的、风化的或易软化的岩石层采用 $C=0.30$;

　　　$A$——桩端面积。

(2)支承于岩层表面与嵌入岩层内的钻(挖)孔灌注桩及管柱的容许承载力

$$[P]=R(C_1A+C_2Uh) \tag{4-92}$$

式中　$U$——嵌入岩层内的桩及管柱的钻孔周长;

　　　$h$——自新鲜岩石面(平均高程)算起的嵌入深度;

　$C_1,C_2$——系数,根据岩石层破碎程度和清底情况决定,按表 4-17 采用;

其余符号的意义同前。

表 4-17　系数 $C_1,C_2$

| 岩石层及清底情况 | $C_1$ | $C_2$ |
|---|---|---|
| 良　好 | 0.5 | 0.04 |
| 一　般 | 0.4 | 0.03 |
| 较　差 | 0.3 | 0.02 |

注:当 $h \leqslant 0.5$ m 时,$C_1$ 应乘以 0.7,$C_2$ 采用 0。

当桩或管柱下端嵌固于基岩内时,所需嵌入深度 $h$ 应根据桩或管柱在嵌固面处的弯矩 $M$

和剪力 $Q$ 通过计算确定。通常认为岩面即为桩的嵌固面,对管柱则假定其嵌固面在岩面以下 $d/3$ 深度处。一般情况下,剪力 $Q$ 对嵌固深度的影响可以忽略,计算时可只考虑弯矩 $M$。

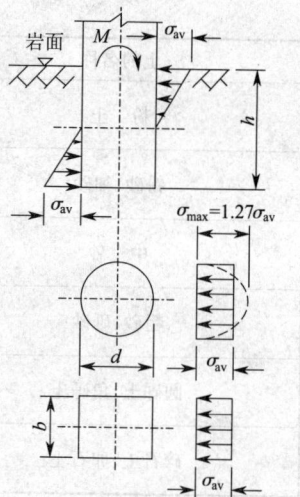

按 $M$ 计算嵌固深度 $h$ 时,假定 $M$ 完全由嵌固段侧壁的岩体承受,不考虑桩或管柱底面岩基的反力矩。于是,$h$ 可从图 4-34 推得。

对圆截面桩和管柱,从图 4-34 可得

$$M = \frac{1}{2} \cdot \sigma_{av} \cdot \frac{h}{2} \cdot d \cdot \frac{2}{3}h = \frac{1}{2} \cdot \frac{\sigma_{max}}{1.27} \cdot \frac{h}{2} \cdot d \cdot \frac{2}{3}h$$

由上式解得

$$\sigma_{max} = \frac{6 \times 1.27M}{h^2 d}$$

设计时应使 $\sigma_{max}$ 满足下面的条件:

$$\sigma_{max} \leqslant KCR$$

图 4-34  嵌固深度的计算图式

由此可以推得圆截面桩和管柱所需的嵌岩深度为

$$h = \sqrt{\frac{6 \times 1.27M}{KCRd}} \tag{4-93}$$

如取 $C \approx 0.5$,则上式可以改写为

$$h = \sqrt{\frac{M}{0.066KRd}} \tag{4-94}$$

式中  $h$——自桩下端锚固点算起的锚固需要深度;

$M$——桩下端锚固点处的弯矩;

$K$——根据岩层构造在水平方向的岩石容许压力换算系数,$0.5 \sim 1.0$;

$d$——钻孔直径;

其余符号的意义与前相同。

如前所述,对于管柱,$h$ 应从岩面以下 $d/3$ 深处算起,故当从岩面算起时,管柱嵌固于岩层内的深度应不小于 $h+d/3$。

当桩的截面为矩形时,类似地得

$$h = \sqrt{\frac{M}{0.083KRd}} \tag{4-95}$$

式中  $b$——桩垂直于弯矩作用平面的边长;

其余符号的意义同前。

3. 摩擦桩轴向受拉容许承载力

前面曾经指出,当桩轴向受拉时,可认为荷载完全通过桩侧摩阻的作用传至周围土体;随着上拔量的增加,侧阻力会因土层松动及摩阻面积减小而比受压时低。根据试验结果,轴向受拉时的极限摩阻力约为轴向受压时的 $60\%$,安全系数仍采用 2,则得轴向受拉容许承载力

$$[P'] = 0.3U \sum \alpha_i f_i l_i \tag{4-96}$$

式中  $[P']$——摩擦桩轴向受拉的容许承载力;

其余符号的意义同前。

#### 四、按桩身强度确定桩的轴向容许承载力

一般情况下,桩基中的桩同时受到轴向力 $N$ 和弯矩 $M$ 的作用,属于偏心受压构件,应分别按轴心受压(稳定性)和偏心受压(材料强度)两种情况来检算桩身承载力。应该指出的是,由于桩土体系相互作用关系的复杂性,目前对于竖向荷载作用下桩的结构强度还难以准确计算,现有的各种计算方法都是近似的。

按轴心受压计算时将用到纵向弯曲折减系数 $\varphi$,按偏心受压计算时将用到弯矩增大系数 $\eta$,而在计算这两个系数时均需确定桩的计算长度 $l_c$。考虑到桩身屈曲将受到桩侧土体的约束作用,其屈曲临界荷载与材料力学所述的一般杆件有所不同,故 $l_c$ 也需另行确定。

表 4-18  桩的计算长度 $l_c$

| 单桩或与外力作用面垂直的单排桩 | | | | 多排桩 | | | |
|---|---|---|---|---|---|---|---|
| 桩下端支承于土中 | | 桩下端嵌入岩层 | | 桩下端支承于土中 | | 桩下端嵌入岩层 | |
| $\alpha h<4.0$ | $\alpha h\geqslant4.0$ | $\alpha h<4.0$ | $\alpha h\geqslant4.0$ | $\alpha h<4.0$ | $\alpha h\geqslant4.0$ | $\alpha h<4.0$ | $\alpha h\geqslant4.0$ |
| $l_c=l_0+h$ | $l_c=0.7\times\left(l_0+\dfrac{4.0}{\alpha}\right)$ | $l_c=0.7\times(l_0+h)$ | $l_c=0.7\times\left(l_0+\dfrac{4.0}{\alpha}\right)$ | $l_c=0.7\times(l_0+h)$ | $l_c=0.5\times\left(l_0+\dfrac{4.0}{\alpha}\right)$ | $l_c=0.5\times(l_0+h)$ | $l_c=0.5\times\left(l_0+\dfrac{4.0}{\alpha}\right)$ |

桩身的计算长度 $l_c$ 可根据桩顶约束情况、桩身露出地面的自由长度、桩的入土长度、桩侧和桩端的土质条件等情况按表 4-18 确定。

一般情况下,可不考虑弯曲对于桩身承载力的影响,即取 $\varphi=1.0$;但当桩的自由长度较大或桩周有厚度较大的软弱土层或较厚的可液化土层时,应根据桩身计算长度 $l_c$ 和桩的直径按表 4-19 确定纵向弯曲折减系数 $\varphi$。

表 4-19  纵向弯曲折减系数 $\varphi$

| $l_c/r$ | $\leqslant28$ | 35 | 42 | 48 | 55 | 62 | 69 | 76 | 83 | 90 | 97 | 104 |
|---|---|---|---|---|---|---|---|---|---|---|---|---|
| $l_c/d$ | $\leqslant7$ | 8.5 | 10.5 | 12 | 14 | 15.5 | 17 | 19 | 21 | 22.5 | 24 | 26 |
| $l_c/b$ | $\leqslant8$ | 10 | 12 | 14 | 16 | 18 | 20 | 22 | 24 | 26 | 28 | 30 |
| $\varphi$ | 1.0 | 0.98 | 0.95 | 0.92 | 0.87 | 0.81 | 0.75 | 0.70 | 0.65 | 0.60 | 0.56 | 0.52 |

注:$r$——截面的回转半径,$r=\sqrt{\dfrac{I}{A}}$,式中 $I$ 为桩身截面的惯性矩,$A$ 为截面积。

$d$——圆形截面桩的直径。

$b$——对于轴心受压,为矩形截面桩的短边长度;当为偏心受压时,$b$ 为与弯矩作用平面相垂直方向的边宽。

为了考虑成桩条件对桩身承载力的影响,在计算混凝土桩的轴心受压和偏心受压承载力

时,可参考《桩基规范》的规定将混凝土的轴心抗压强度乘以下列成桩工艺系数 $\psi_c$:

对于混凝土预制桩、预应力混凝土空心桩,$\psi_c=0.85$;

对于干作业非挤土灌注桩,$\psi_c=0.9$;

对于泥浆护壁和套管护壁非挤土灌注桩、部分挤土灌注桩、挤土灌注桩,$\psi_c=0.7\sim0.8$;

对于软土地区的挤土灌注桩,$\psi_c=0.6$。

确定上述各种参数后,可根据桩身材料按现行的《混凝土结构设计规范》或《钢结构设计规范》检算由桩身材料确定的单桩轴向容许承载力。

此外,预制桩在堆放、吊运及吊立时应注意支点及吊点位置的选择,以免发生材料强度破坏。

对于普通钢筋混凝土桩,当水或土对钢筋有侵蚀作用时,还需进行抗裂性检算,其计算方法可参考相关手册。

### 五、桩的轴向承载力检算

一般地,桩的承载力既受控于桩身的材料强度,更决定于桩周岩土层的阻力。因而,除了需要按上一小节的要求检算桩身的材料强度外,《铁桥地基规范》还对桩的轴向承载力检算做出了下述规定:

摩擦桩桩顶承受的轴向压力加上桩身自重与桩身入土部分所占同体积土重之差,不得大于按土阻力计算的单桩受压容许承载力;柱桩桩顶承受的轴向压力加桩身自重不得大于按岩石强度计算的单桩受压容许承载力;受拉桩桩顶承受的拉力减去桩身自重不得大于按土阻力计算的单桩受拉容许承载力;仅在主力作用时,桩不得承受轴向拉力。

当主力加附加力作用时,按岩土阻力求得的桩的轴向受压容许承载力可提高 20%,当主力加特殊荷载(地震力除外)作用时柱桩可提高 40%,摩擦桩可提高 20%~40%。

桩基础还应按实体基础检算其整体承载力,当桩基础底面以下有软弱土层时,尚应检算该土层的压应力,相关内容见本章第六节。

位于湿陷性黄土和软土地基中的桩基础,当地基可能出现湿陷或固结下沉时应考虑桩侧土的负摩阻力作用。

### 六、按动力试桩法确定桩的轴向承载力简介

工程中用动力法预估桩的轴向受压承载力已有很长的历史,最早采用的是打桩公式。这是根据牛顿刚体碰撞定律建立的一种半经验、半理论公式,其基本点是假定用锤击法打桩时,锤击的能量瞬间即传至桩端,并认为桩锤一次锤击的能量等于桩克服打入阻力并贯入一定距离(即贯入度)所做的功与不可避免的各种能量损耗之和。按上述思路建立承载力与贯入度的关系式(通常称为打桩公式),工程中则根据打桩时量测的贯入度估算桩的轴向受压承载力。据介绍,人们在长期的工程实践中已提出过成百个打桩公式,但几乎所有公式的估算结果的变化都很大。因此,研究新的、可靠而又便于应用的动力试验方法为人们所关注。

现在已有多种动力试验方法,根据试验时桩土体系振动效应的剧烈程度,大致可以分为高应变法和低应变法两类。一般除用于预测桩的轴向受压承载力外,还可用于检查桩的质量,有的方法还可用来监测打桩过程和判断打桩机具的效率。从已有的研究成果看,预测桩的承载

力宜采用高应变法中基于波动理论的各种方法。这类方法是用质量适度的锤撞击桩顶，使桩土体系发生较为剧烈而持续时间很短的振动；应用波动理论，把这种振动效应当作撞击引起的应力波在桩内传播的过程来研究。桩周阻力作为桩振动时的阻尼因素，根据土的性质假定其变化规律和参数，可按波动理论求得撞击后任一时刻不同深度处桩身横截面的位移、速度和应力。若计算结果与实测结果吻合较好，则表明桩周阻力的假定是合理的，然后由此估计桩的轴向受压承载力。包括我国在内的一些国家已根据上述原理研制了便于携带的打桩分析仪，由计算机自动采集和处理数据，具有前面提到的几种功能。这种试验不需要静载试验的反力系统，可以大大降低试验成本，是一种很有前途的试验方法。但荷载短时间作用下桩的性状与长期受载时的差别等问题还需进一步研究，用于预测承载力时可靠性尚不稳定，同静载试验的结果相比，其实测值可能会有较大出入。

# 第五节　桩的横向承载力

桥梁工程中的桩基础以承受竖向荷载为主，但在风荷载、地震荷载、车辆牵引或制动荷载及土压力、水压力等作用下，也将承受较大的横向荷载。在横向力作用下，桩的破坏同样可表现为桩侧土的抗力不足或桩身强度不足两种形态。因此，除了满足轴向承载力的要求之外，还必须对桩的横向承载力进行检算。

## 一、单桩承受横向荷载作用时的工作特点

单桩承受横向荷载的能力称为桩的横向承载力，当为竖直桩时，也称为水平承载力。桩的横向承载力主要受控于桩周土体的横向抗力。当桩的入土深度较小时，在横向荷载作用下整个桩身易被推倒或发生倾斜[图 4-35(a)]，此时桩的横向承载力很低。桩的入土深度越大，土的横向抵抗能力也越大。长桩为一细长的杆件，在横向荷载作用下，桩类似于一端嵌固的地基梁，其变形呈波浪状，沿桩长向深处逐渐消失[图 4-35(b)]。如果横向荷载过大，桩会在土中某处折断。因此，对于长桩来说，桩的横向承载力由桩的横向位移和桩身弯矩所控制，而短桩则为横向位移和倾斜控制。

单桩的横向承载力远小于轴向承载力，当桩基承受的横向荷载很大时，仅用竖直桩就不合适也不经济，这时可考虑采用斜桩或叉桩来承担横向荷载。

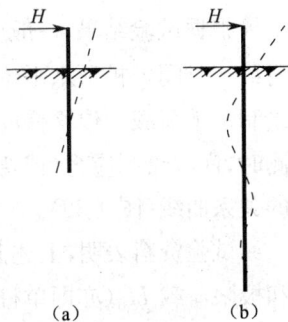

(a)　　　　(b)

图 4-35　竖直桩的横向变形

单桩横向承载力的大小主要取决于桩身的强度、刚度、桩周土的性质、桩的入土深度以及桩顶的约束条件等因素。如何确定桩的横向承载力是个复杂的问题。目前确定单桩横向承载力的途径有两类：一类是通过横向静载试验，另一类是通过理论计算，二者中以前者更为可靠。本节仅介绍通过静载试验确定单桩横向承载力的方法。

## 二、单桩横向静载试验

### 1. 试验装置
一般采用水平放置的千斤顶施加横向力，千斤顶与试桩接触处宜设置一个球形铰支座，以保证作用力能沿水平向通过桩身轴线。因为试验桩通常为竖直设置，而作用力的方向通常为

水平,故单桩横向静载试验也称为单桩水平静载试验。桩的横向位移可用大量程百分表量测,若需测定地面以上的桩身转角时,在横向力作用线以上 500 mm 左右还应安装一或二只百分表(图 4-36)。固定百分表的基准桩与试桩之间应有足够的间距。

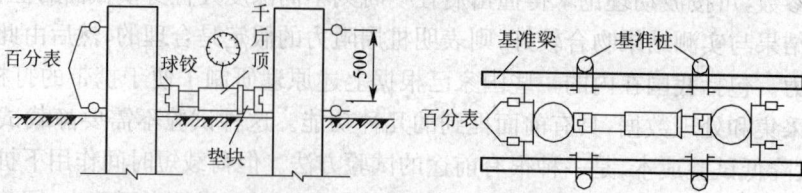

图 4-36 单桩横向静载试验装置示意(单位:mm)

### 2.试验加载方法

每级荷载增量可取为预估极限承载力的 1/10～1/15,常用的试验方法有如下两种:

(1)慢速维持荷载法:该法也称为连续加载法或单循环加载法。即与前述轴向受压静载试验一样,荷载分级施加,每级荷载均维持至桩身位移达到稳定,然后施加下一级荷载。

(2)多循环加载法:每级荷载施加后,稳定 10 min 后测读横向位移,然后卸载至零,测读残余位移,如此循环 5～6 次后,再施加下一级荷载。采用多循环加载法的目的是模拟结构所承受的反复作用的横向荷载(如风力、地震力、制动力等)。

### 3.终止加载条件

当横向位移长时间不能稳定,桩侧地表出现明显裂缝或隆起,桩身折断或混凝土严重开裂,或地面处的桩身横向总位移超过 30～40 mm(软土取 40 mm)时,可终止试验。

### 三、横向容许承载力的确定

根据试验结果,一般应绘制横向荷载－位移($H_0-x_0$)曲线(与图 4-33 类似)或桩顶水平荷载－时间－桩顶水平位移($H_0-t-x_0$)曲线(图 4-37)。当上述曲线的特征不明显时,也可绘制水平荷载－位移梯度($H_0-\Delta x_0/\Delta H_0$)曲线(图 4-38)以帮助分析。当进行了桩身应力量测时,尚应绘制应力(或弯矩)沿桩身的分布图及水平荷载与最大弯距截面钢筋应力($H_0-\sigma_g$)的关系曲线(图 4-39)。

试验资料表明,上述曲线中通常有两个特征点,所对应的桩顶荷载分别称为临界荷载 $H_{cr}$ 和极限荷载 $H_u$(亦即单桩横向极限承载力)。$H_{cr}$ 是相当于桩身开裂、受拉区混凝土退出工作时的桩顶水平力,一般可取:①$H_0-t-x_0$ 曲线出现突变点(相同荷载增量的条件下出现比前一级明显增大的位移增量)的前一级荷载;②$H_0-\Delta x_0/\Delta H_0$ 曲线的第一直线段的终点或 $\lg H_0-\lg x_0$ 曲线拐点所对应的荷载;③$H_0-\sigma_g$ 曲线第一突变点对应的荷载。

$H_u$ 相当于桩的极限承载力,一般可取:①$H_0-t-x_0$ 曲线明显陡降的前一级荷载或水平位移包络线出现向下凹曲(图 4-37)时的前一级荷载;②$H_0-\Delta x_0/\Delta H_0$ 曲线第二直线段终点所对应的荷载;③桩身折断或钢筋应力达到流限的前一级荷载。

桩的极限承载力确定后,考虑安全系数后可确定单桩的横向容许承载力。另外,也可根据结构的容许变形量直接按 $H_{cr}$ 或综合考虑 $H_u$ 和 $H_{cr}$ 两者的情况确定一个适宜的 $H$ 值作为单桩的横向容许承载力。

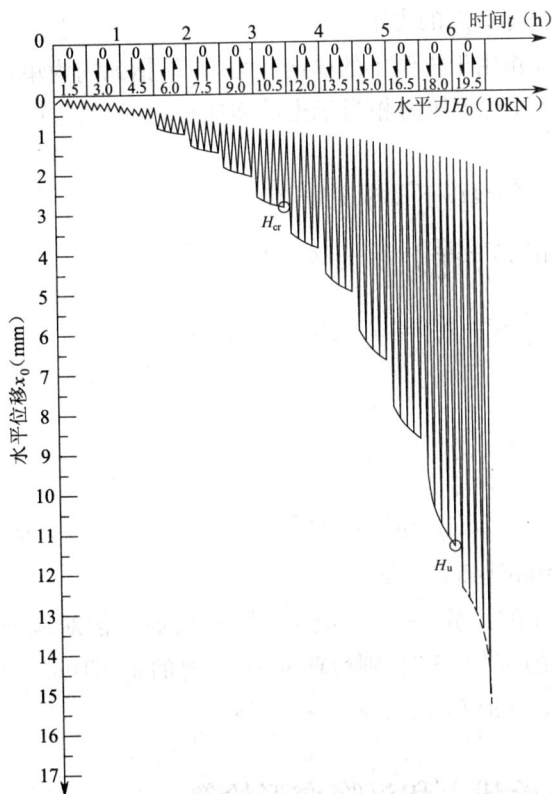

图 4-37　横向静载试验 $H_0-t-x_0$ 曲线

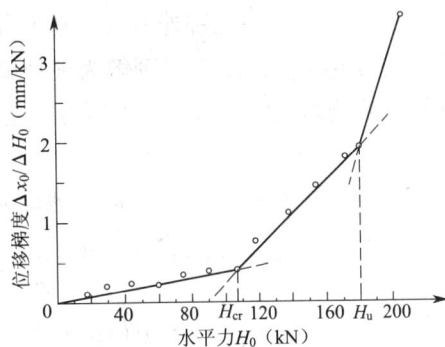

图 4-38　$H_0-\Delta x_0/\Delta H_0$ 曲线

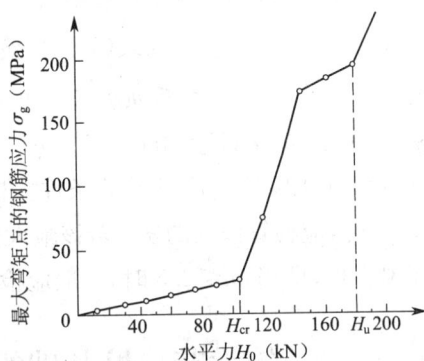

图 4-39　$H_0-\sigma_g$ 曲线

#### 四、桩侧土体的稳定性检算

在横向力的作用下,桩侧土在对桩产生横向抗力 $\sigma_y$ 的同时,也受到桩身的横向压应力 $\sigma_{xy}$ 的作用,在数值上 $\sigma_{xy}=\sigma_y$,但两者的作用方向相反。由此,$\sigma_{xy}$ 可根据桩的具体情况按式(4-25)或式(4-35)计算。

当桩产生横向变形时,其两侧土体将分别产生被动性质和主动性质的土压力。在桥梁桩基设计中,为保证桩侧土体的稳定性,要求桩对土的横向压应力不超过桩两侧被动土压力与主动土压力之差,并具有必要的安全储备。这一要求可表示如下:

$$d\sigma_{xy}\leqslant\eta_1\eta_2(b_0e_p-de_a) \tag{4-97}$$

式中　$d$——桩的直径或垂直于横向力方向的边宽;

　　　$e_p$——桩侧的被动土压力强度;

　　　$e_a$——桩侧的主动土压力强度;

　　　$\eta_1$——考虑上部结构安全度的系数,对超静定推力拱桥的墩台桩基采用 0.7,其他结构体系的墩台桩基采用 1.0;

　　　$\eta_2$——考虑总荷载中恒载所占比例的系数,按下式计算:

$$\eta_2=1-0.8\frac{M_n}{M_m}$$

其中　$M_n$——恒载对桩基承台底面坐标原点的力矩,

$M_m$——全部外力对桩基承台底面坐标原点的力矩。

式(4-97)左端的 $\sigma_{xy}$ 可理解为桩身单位长度作用于桩侧土的横向压力,右端括弧内为单位桩长上的被动土压力与主动土压力之差。由于被动土压力相当于土的横向抗力,故按桩的计算宽度 $b_0$ 计算。

土压力可按朗肯理论计算,在地面或局部冲刷线以下 $y$ 深度处,有

$$e_a = \gamma \cdot y\tan^2\left(45° - \frac{\varphi}{2}\right) - 2c\tan\left(45° - \frac{\varphi}{2}\right) = \gamma \cdot yK_a - 2c\sqrt{K_a}$$

$$e_p = \gamma \cdot y\tan^2\left(45° + \frac{\varphi}{2}\right) + 2c\tan\left(45° + \frac{\varphi}{2}\right) = \gamma \cdot yK_p + 2c\sqrt{K_p}$$

式中　$\gamma$——土的重度,水位以下用浮重度;

$\varphi, c$——土的内摩擦角和黏聚力。

将上面的 $e_a$ 和 $e_p$ 代入式(4-97),整理后得

$$\sigma_{xy} \leqslant \eta_1 \eta_2 \left[ \gamma \cdot y(\eta K_p - K_a) + 2c(\eta\sqrt{K_p} + \sqrt{K_a}) \right] \tag{4-98}$$

其中,$\eta = b_0/d$;$K_p = \tan^2(45° + \varphi/2)$;$K_a = \tan^2(45° - \varphi/2)$。

式(4-98)即为 $\sigma_{xy}$ 应满足的条件。根据以往的经验,一般情况下,当 $\sigma_{xy}$ 的最大值对应的 $y \leqslant h/3$ 时,应检算该处的 $\sigma_{xy}$;若该最大值对应的 $y > h/3$ 时,则检算 $y = h/3$ 时的 $\sigma_{xy}$ 即可。但对于刚性桩,即当 $\alpha h \leqslant 2.5$ 时,一般应检算 $y = h/3$ 时和 $y = h$ 时的 $\sigma_{xy}$。

## 第六节　桩基础的竖向承载力和沉降变形检算

本章第四节所介绍的单桩轴向承载力的确定方法是就独立单桩而言的。在实际工程中,除少量大直径桩外,一般都是群桩基础,按前述方法确定的单桩承载力是否即为群桩基础中一根桩的承载力? 或者说,群桩基础的承载力是否等于独立单桩的承载力之和? 桩基的整体沉降量是否与独立单桩相同? 为弄清这些问题,需要对群桩共同作用的性状进行研究。

### 一、群桩的共同作用

群桩的共同作用实质上是承台—桩群—土的共同工作。不同类型的桩基有不同的工作特点。对于柱桩(端承桩),桩端处为岩层或坚实的土层,轴向压力作用下桩身几乎只有弹性压缩而无整体位移,桩侧摩阻力的发挥受到较大限制,在桩端平面处地基所受压力可认为只分布在桩端面积范围内,如图 4-40 所示。在这种情况下,可以认为群桩基础各桩的工作情况与独立单桩相同。对于摩擦桩,随着桩侧摩阻力的发挥,桩土间发生荷载传递,故桩端平面处地基所受的压力就扩散分布到较大的面积上,如图 4-41(a)所示。试验研究结果表明,当相邻桩的中心距 $s_a > 6d$ 时(其中 $d$ 为桩的直径,有斜桩时 $s_a$ 采用桩端平面处的桩距),桩端平面处的压力分布才不致明显重叠,因而群桩中的一根桩与独立单桩的工作情况相同,如图 4-41(b)所示。而当桩间距较小(中心距 $s_a \leqslant 6d$)时,桩端平面处相邻桩的压力图将部分地发生重叠现象,引起压力叠加,地基所受压力无论在数值及其影响范围和深度上都会明显加大,如图 4-41(c)所示;此时,群桩基础的沉降量也将比独立单桩的大。这种现象常称为群桩作用或群桩效应,设计时应予以重视。

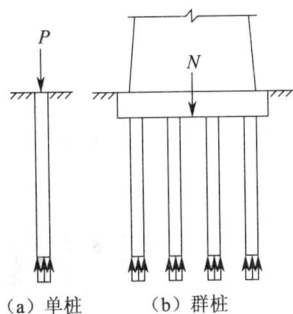

（a）单桩　　（b）群桩

图 4-40　柱桩基础的单桩与群桩

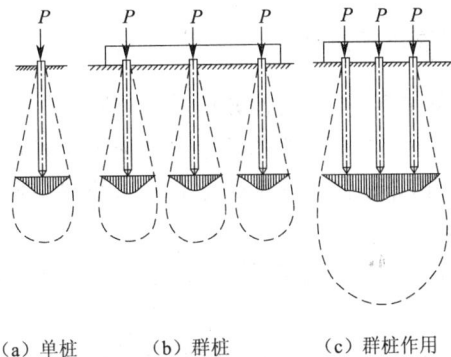

（a）单桩　　（b）群桩　　（c）群桩作用

图 4-41　摩擦桩基础的单桩、群桩及群桩作用

　　根据以上的分析可得如下结论:对于柱桩群桩和桩的中心距大于 $6d$ 的摩擦桩群桩,群桩的竖向承载力可认为等于各独立单桩的承载力之和,沉降量也与独立单桩一致,因而仅需作单桩的轴向承载力检算即可。而对于桩的中心间距小于或等于 $6d$ 的摩擦型群桩,则除了检算单桩的轴向承载力之外,还须检算群桩的竖向承载力及沉降。对桥梁桩基,此项检算通常采取将桩基近似当作一个实体基础,以实体基础的基底压力近似地代替群桩底面处的应力分布,要求此基底压力不超过该处的地基容许承载力。具体检算方法如下述。

**二、地基承载力检算**

　　如图 4-42 所示的几种常见桩基类型,检算时把群桩基础看成图中 1、2、3、4 各点围成的实体基础。图中 $\varphi$ 为桩侧土的内摩擦角,当有不同土层时采用按层厚加权的平均值。按下式检算桩端平面处(即持力层土)的地基承载力:

$$\frac{N}{A}+\frac{M}{W}\leqslant[\sigma] \tag{4-99}$$

式中　$N$——作用于实体基础底面的竖向力,包括承台底面以上的竖向力、桩重及 1234 范围内土的重力;

　　　　$M$——低承台桩基承台底面以上外力对该平面处桩基重心的力矩,或高承台桩基局部冲刷线以上外力对该平面处桩基重心的力矩;

　　$A,W$——实体基础底面的面积和截面模量;

　　　　$[\sigma]$——桩端平面处地基土的容许承载力。

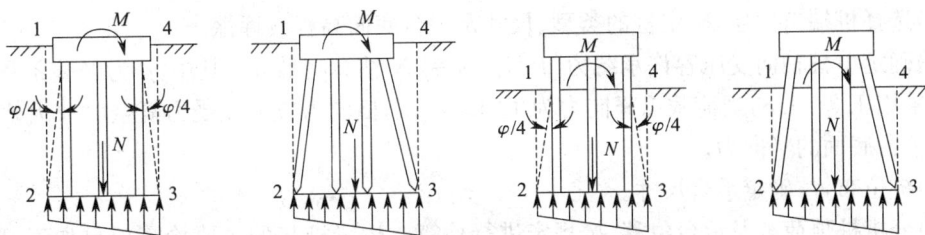

图 4-42　群桩基础地基承载力检算图式

　　若桩端平面以下有软弱下卧层,还应检算其承载力,检算方法与浅基础者相同。

### 三、桩基沉降检算

在下列情况下,需要检算桩基的沉降量:

(1)地基为非岩石地基且上部结构为超静定时;

(2)当相邻墩台下的基底土有显著不同、或相邻跨度差别悬殊时;

(3)跨线桥或跨线渡槽下的净高需要预先考虑沉降影响时;

(4)地基土为湿陷性黄土或软土时;

(5)受力条件复杂或线路等级高时。

沉降量计算可按分层总和法进行,计算时将桩基础简化为如前所述的实体深基础,如图 4-43 所示。计算荷载仅考虑恒载;作用于实体深基础底面的自重应力仅考虑土层的重力,当有不同土层时采用按层厚加权的平均值$\bar{\gamma}$;附加应力的作用面积按上一小节的方法确定。经过上述简化处理后,桩基沉降的计算过程与浅基础者相同。

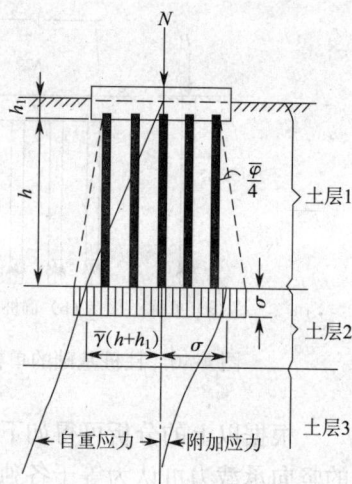

图 4-43　群桩基础的沉降计算图式

要求桩基总沉降量与施工期沉降量之差(即所谓工后沉降)不得超过容许沉降值。

### 四、墩台顶面的水平位移检算

桥梁墩台设计除应考虑基础沉降外,还需检验因地基变形和墩身弹性水平变形所引起的墩顶水平位移。具体方法可参考相关手册进行。

# 第七节　桩基础的设计步骤和算例

### 一、桩基础的设计步骤

一般地,桩基础的设计同其他类型的基础一样,应在掌握有关资料的基础上初步拟定设计方案,然后进行验算,根据验算结果对方案作必要修改后再验算。这样反复进行,直至满足各项要求而结果又较为合理为止。一般情况下,桩基础的设计可参照下述步骤进行:

(1)收集设计资料。其中主要有:上部结构类型、荷载及对地基基础的要求;桥址处的工程地质、水文地质及环境情况;可供采用的施工技术、设备及材料。

(2)选择桩端持力层,确定桩的类型、尺寸及承台底面高程或埋深。

(3)确定单桩轴向受压容许承载力$[P]$,按 $n=\mu N$ 估算桩数 $n$。其中,$\mu$ 为经验系数,桥梁桩基可采用 1.3~1.8,当荷载以竖向力为主时取小值,横向力较大或受力复杂时取大值,$N$ 为作用于承台底面的竖向力。

(4)桩位布置,确定承台尺寸。

(5)分析桩顶荷载及承台位移,按规定进行检算。桥梁桩基的主要检算项目如下:单桩轴向容许承载力$[P]$;摩擦桩基础地基持力层和软弱下卧层的容许承载力及基础沉降;桩对其侧面土的横向压应力;墩台顶面的水平位移。

(6)桩身强度及抗裂计算。

(7)桩基承台结构设计,确定桩与承台的连接方式。

上述步骤仅为初学者提供参考,各项检算的先后顺序可根据设计者的习惯进行调整。设计计算工作完成后,再按有关规范或标准的要求绘制施工图。

## 二、算　例

(一)算例1:单排桩桩基础设计

某小桥位于直线区段,桥下无水。该桥采用单排桩的排架式桥墩,每个桥墩基础由2根设计直径1.0 m的钢筋混凝土钻孔灌注桩组成,桩身混凝土为C20。该墩由主力加纵向附加力控制设计,已知:$N = 5\ 000$ kN,$H = 100$ kN,$M = 320$ kN・m。其余设计资料示于图 4-44 中,试求桩身弯矩、桩侧土的横向压应力及桩顶的横向位移和转角。

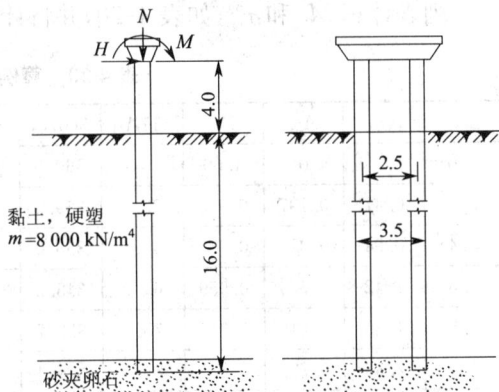

图 4-44　某单排桩桩基的设计方案(单位:m)

该基础的设计计算过程如下。

1.各桩桩顶所受的外力

由于是单排桩,考虑两桩受力情况相同,得单桩的桩顶作用力为

$$N_1 = \frac{N}{2} = \frac{5\ 000}{2} = 2\ 500 \text{ kN}, Q_1 = \frac{H}{2} = \frac{100}{2} = 50 \text{ kN}, M_1 = \frac{M}{2} = \frac{320}{2} = 160 \text{ kN・m}$$

2.桩的变形系数

桩的计算宽度 $b_0$ 按表 4-2 计算,$b_0 = 0.9(d+1) = 0.9 \times (1+1) = 1.8$ m

截面惯性矩　　　　　　　　　$I = \frac{\pi d^4}{64} = \frac{\pi \times 1^4}{64} = 0.049 \text{ m}^4$

桩身材料为 C20 混凝土,其受压弹性模量 $E_c = 2.55 \times 10^7$ kPa

截面受弯刚度　　$EI = 0.8 E_c I = 0.8 \times 0.049 \times 2.55 \times 10^7 = 1.0 \times 10^6 \text{ kN・m}^2$

由式(4-7)算得桩的变形系数 $\alpha$ 为

$$\alpha = \sqrt[5]{\frac{mb_0}{EI}} = \sqrt[5]{\frac{8\ 000 \times 1.8}{1.0 \times 10^6}} = 0.428 \text{ m}^{-1}$$

桩的换算入土深度为:$\alpha h = 0.428 \times 16 = 6.85 > 4.0$,属于弹性长桩。

3.计算桩身入土部分的弯矩 $M_y$ 和桩侧土的横向压应力

桩身地面处的剪力 $Q_0$ 和弯矩 $M_0$ 为

$$Q_0 = Q_1 = 50 \text{ kN}$$

$$M_0 = Q_1 l_0 + M_1 = 50 \times 4 + 160 = 360 \text{ kN・m}$$

桩下端置于土中且 $\alpha h > 2.5$,故可用简捷计算法计算。

(1)求 $y$ 深度处桩身截面上的弯矩 $M_y$

由公式(4-25)中第3式,得

$$M_y = \frac{Q_0}{\alpha} A_M + M_0 B_M = \frac{50}{0.428} A_M + 360 B_M = 117 A_M + 360 B_M$$

(2)求 $y$ 深度处桩侧土的 $\sigma_{xy}$

由公式(4-25)中第5式,得

$$\sigma_{xy} = \frac{\alpha Q_0}{b_0}A_\sigma + \frac{\alpha^2 M_0}{b_0}B_\sigma = \frac{0.428 \times 50}{1.8}A_\sigma + \frac{0.428^2 \times 360}{1.8}B_\sigma = 11.9A_\sigma + 36.6B_\sigma$$

列表计算 $M_y$ 和 $\sigma_{xy}$，如表 4-20，并将计算结果绘于图 4-45 中。

**表 4-20　算例 1 的 $M_y$ 和 $\sigma_{xy}$ 计算表**

| $\alpha y$ | $y(\text{m})$ | $A_M$ | $B_M$ | $117A_M$ | $360B_M$ | $M_y(\text{kN}\cdot\text{m})$ | $A_\sigma$ | $B_\sigma$ | $11.9A_\sigma$ | $36.6B_\sigma$ | $\sigma_{xy}(\text{kPa})$ |
|---|---|---|---|---|---|---|---|---|---|---|---|
| 0.0 | 0 | 0 | 1.00 | 0 | 360.0 | 360.0 | 0 | 0 | 0 | 0 | 0 |
| 0.2 | 0.47 | 0.197 | 0.998 | 23.0 | 359.3 | 382.3 | 0.424 | 0.258 | 5.0 | 9.4 | 14.4 |
| 0.4 | 0.94 | 0.377 | 0.986 | 44.1 | 355.0 | 399.1 | 0.721 | 0.400 | 8.6 | 14.6 | 23.2 |
| 0.6 | 1.42 | 0.529 | 0.959 | 61.9 | 345.2 | 407.1 | 0.902 | 0.450 | 10.7 | 16.5 | 27.2 |
| 0.8 | 1.89 | 0.646 | 0.913 | 75.6 | 328.7 | 404.3 | 0.979 | 0.430 | 11.6 | 15.7 | 27.3 |
| 1.0 | 2.36 | 0.723 | 0.851 | 84.6 | 306.4 | 391.0 | 0.970 | 0.361 | 11.5 | 13.2 | 24.7 |
| 1.2 | 2.84 | 0.762 | 0.774 | 89.2 | 278.7 | 367.9 | 0.895 | 0.263 | 10.6 | 9.6 | 20.2 |
| 1.4 | 3.31 | 0.765 | 0.687 | 89.5 | 247.3 | 336.8 | 0.772 | 0.151 | 9.2 | 5.5 | 14.7 |
| 1.6 | 3.78 | 0.737 | 0.594 | 86.2 | 213.8 | 300.0 | 0.621 | 0.039 | 7.4 | 1.4 | 8.8 |
| 1.8 | 4.26 | 0.685 | 0.499 | 80.1 | 179.6 | 259.7 | 0.457 | −0.064 | 5.4 | −2.3 | 3.1 |
| 2.0 | 4.73 | 0.614 | 0.407 | 71.8 | 146.5 | 218.3 | 0.294 | −0.151 | 3.5 | −5.5 | −2.0 |
| 2.2 | 5.20 | 0.532 | 0.320 | 62.2 | 115.2 | 177.4 | 0.142 | −0.219 | 1.7 | −8.0 | −6.3 |
| 2.4 | 5.67 | 0.443 | 0.243 | 51.8 | 87.5 | 139.3 | 0.008 | −0.265 | 0.1 | −9.7 | −9.6 |
| 2.6 | 6.15 | 0.355 | 0.175 | 41.5 | 63.0 | 104.5 | −0.104 | −0.290 | −1.2 | −10.6 | −11.8 |
| 2.8 | 6.62 | 0.270 | 0.120 | 31.6 | 43.2 | 74.8 | −0.193 | −0.295 | −2.3 | −10.8 | −13.1 |
| 3.0 | 7.09 | 0.193 | 0.076 | 22.6 | 27.4 | 50.0 | −0.262 | −0.284 | −3.1 | −10.4 | −13.5 |
| 3.5 | 8.27 | 0.051 | 0.014 | 6.0 | 5.0 | 11.0 | −0.367 | −0.199 | −4.4 | −7.3 | −11.7 |
| 4.0 | 9.46 | 0 | 0 | 0 | 0 | 0 | −0.432 | −0.059 | −5.1 | −2.2 | −7.3 |

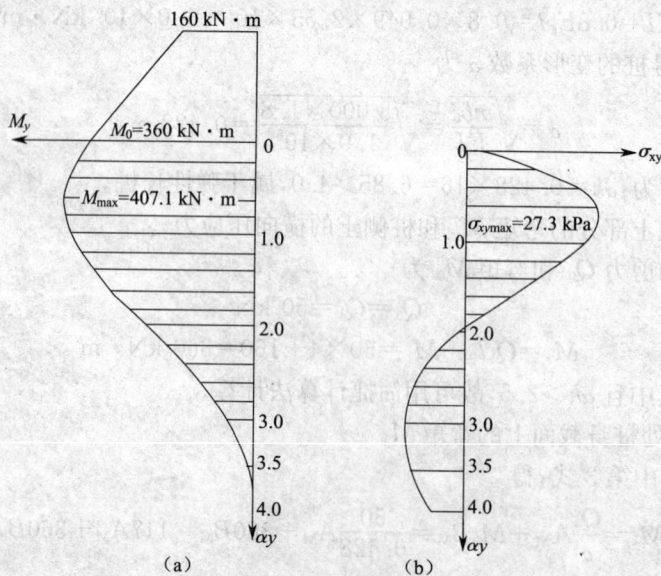

图 4-45　算例 1 的桩身弯矩和桩侧土抗力分布图

4. 地面处的桩身横向位移 $x_0$ 和转角 $\varphi_0$

由公式(4-25)中第 1 和第 2 式,并从表 4-3 中查得相关系数,计算得

$$x_0 = \frac{Q_0}{\alpha^3 EI}A_x + \frac{M_0}{\alpha^2 EI}B_x$$

$$= \frac{50}{0.428^3 \times 1.0 \times 10^6} \times 2.441 + \frac{360}{0.428^2 \times 1.0 \times 10^6} \times 1.621$$

$$= 0.004\,7\ \text{m}$$

$$\varphi_0 = \frac{Q_0}{\alpha^2 EI}A_\varphi + \frac{M_0}{\alpha EI}B_\varphi$$

$$= \frac{50}{0.428^2 \times 1.0 \times 10^6} \times (-1.621) + \frac{360}{0.428 \times 1.0 \times 10^6} \times (-1.751)$$

$$= -0.001\,9\ \text{rad}$$

5. 求桩顶位移 $x_1$ 和转角 $\varphi_1$

已知 $\alpha h = 6.85 > 4.0$,$\alpha l_0 = 0.428 \times 4 = 1.712$,故可按 $\alpha h = 4.0$,$\alpha l_0 = 1.712$ 由表 4-5 查得 $\bar{\delta}_1 = 14.82$,$\bar{\delta}_2 = 3.46$,$\bar{\delta}_3 = 6.09$,所以由公式(4-31)和(4-32)算得桩顶位移 $x_1$ 和转角 $\varphi_1$ 为

$$x_1 = \frac{Q_1}{\alpha^3 EI}\bar{\delta}_1 + \frac{M_1}{\alpha^2 EI}\bar{\delta}_3 = \frac{50 \times 14.82}{0.428^3 \times 1.0 \times 10^6} + \frac{160 \times 6.09}{0.428^2 \times 1.0 \times 10^6} = 0.014\,8\ \text{m}$$

$$\varphi_1 = -\left(\frac{Q_1}{\alpha^2 EI}\bar{\delta}_3 + \frac{M_1}{\alpha EI}\bar{\delta}_2\right) = -\left(\frac{50 \times 6.09}{0.428^2 \times 1.0 \times 10^6} + \frac{160 \times 3.46}{0.428 \times 1.0 \times 10^6}\right) = -0.003\ \text{rad}$$

(二)算例 2:高承台桩基础设计

某单线铁路桥位于线路的直线区段,该桥某墩采用钻孔桩基础,其设计方案如图 4-46 所示。基础所在位置的河床上部为厚度很大的中密卵石层,其重度 $\gamma = 20\ \text{kN/m}^3$,内摩擦角 $\varphi = 40°$,基本承载力 $\sigma_0 = 800\ \text{kPa}$。

桩的设计直径取为 1.2 m,用冲击钻施工。该墩由主力加附加力双孔活载控制桩基设计,作用于承台底面桩群形心处的荷载为

$N = 11\,700\ \text{kN}$,$H = 420\ \text{kN}$,$M = 6\,400\ \text{kN} \cdot \text{m}$

设计时,根据地勘报告取桩侧土的极限摩阻力为 $f = 150\ \text{kPa}$,横向地基系数的比例系数 $m = 70\ \text{MN/m}^4$;取桩身混凝土的强度等级为 C25,其受压弹性模量 $E_c = 2.8 \times 10^7\ \text{kPa}$。

该基础的设计计算过程如下。

1. 桩的计算宽度 $b_0$

水平力作用方向上相邻两桩的净距 $L_0 = 3.3 - 1.2 = 2.1\ \text{m}$,考虑相互影响时桩的计算深度

$$h_0 = 3(d+1) = 3(1.2+1) = 6.6\ \text{m}$$

因 $L_0 = 2.1\ \text{m} < 0.6h_0 = 3.96\ \text{m}$,故 $K$ 按式(4-4)计算,由该公式的说明,桩的排数为 2,取 $C = 0.6$,所以

$$K = C + \frac{1-C}{0.6} \cdot \frac{L_0}{h_0} = 0.6 + \frac{1-0.6}{0.6} \times \frac{2.1}{6.6} = 0.812$$

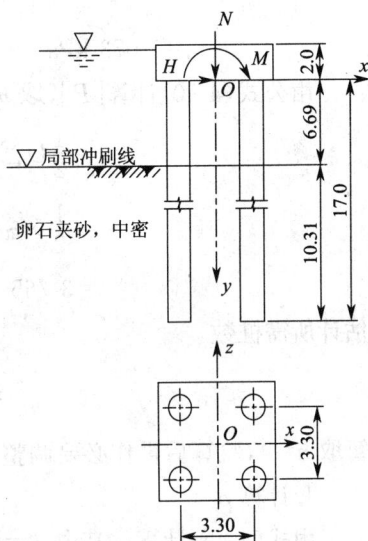

图 4-46　算例 2 的设计方案(单位:m)

得 $\qquad b_0 = 0.9(d+1)K = 0.9 \times (1.2+1) \times 0.812 = 1.61 \text{ m}$

每一排桩包含 2 根桩,因:$nb_0 = 2 \times 1.61 = 3.22 \text{ m} < D'+1 = 3.3+1.2+1 = 5.5 \text{ m}$,所以取 $b_0 = 1.61 \text{ m}$。

2. 变形系数 $\alpha$

按式(4-7)计算,其中

$$EI = 0.8 E_c I = 0.8 \times 2.8 \times 10^7 \times \frac{\pi \times 1.2^4}{64} = 2.28 \times 10^6 \text{ kN} \cdot \text{m}^2$$

故

$$\alpha = \sqrt[5]{\frac{mb_0}{EI}} = \sqrt[5]{\frac{1.61 \times 70\,000}{2.28 \times 10^6}} = 0.55 \text{ m}^{-1}$$

$$\alpha h = 0.55 \times 10.31 = 5.67 > 4.0$$

所以属于弹性长桩。

3. 估算所需桩数

按 $n = (1.3 \sim 1.8)N/[P]$ 估算,需要先要确定 $[P]$。

本例河床上部的中密卵石层厚度大,承载力高,可将桩的入土部分完全设置于该土层内。取桩的入土深度 $h = 10.31 \text{ m}$(注:这样选取的目的是使承台底面以下的桩长取整,因为 $l_0 + h = 6.69 + 10.31 = 17 \text{ m}$),由《铁桥地基规范》表 4.1.3 查得中密卵石土的 $k_2 = 6$,又因为桩的入土深度 $4d < h \leqslant 10d$,则由公式(4-90)的说明算得桩端地基土的容许承载力为

$$
\begin{aligned}
[\sigma] &= \sigma_0 + k_2 \gamma_2 (4d-3) + k_2' \gamma_2 (h-4d) \\
&= 800 + 6 \times (20-10)(4 \times 1.2-3) + \frac{6}{2} \times (20-10)(10.31 - 4 \times 1.2) \\
&= 1\,073 \text{ kPa}
\end{aligned}
$$

由公式(4-90)计算 $[P]$,取 $m_0 = 0.6$,成孔桩径采用 $1.25 \text{ m}$,则

$$
\begin{aligned}
[P] &= \frac{1}{2} U \sum f_i l_i + m_0 A [\sigma] \\
&= \frac{1}{2} \times \pi \times 1.25 \times 150 \times 10.31 + 0.6 \times \pi \times \frac{1.2^2}{4} \times 1\,073 \\
&= 3\,765 \text{ kN}
\end{aligned}
$$

估计所需桩数

$$n = \frac{\mu N}{[P]} = \frac{1.3 \times 11\,700}{3\,765} = 4.04$$

暂取 $n = 4$,验算后再作必要调整。

4. 计算 $\rho_1$

由式(4-45)计算。其中,$\xi = 0.5$

$$EA = E_c A = 2.7 \times 10^7 \times \frac{\pi \times 1.2^2}{4} = 3.05 \times 10^7 \text{ kN}$$

$$\frac{l_0 + \xi h}{EA} = \frac{6.69 + 0.5 \times 10.31}{3.05 \times 10^7} = 3.884 \times 10^{-7} \text{ m/kN}$$

又 $\qquad C_0 = m_0 h = 70\,000 \times 10.31 = 7.217 \times 10^5 \text{ kN/m}^3$

因 $A_0$ 的直径 $D_0=d+2h\tan(\varphi/4)=1.2+2\times10.31\times\tan(40°/4)=4.84$ m$>3.3$ m(相邻桩中心距),故取 $D_0=3.3$ m,算得

$$A_0=\frac{\pi D_0^2}{4}=\frac{\pi\times3.3^2}{4}=8.55 \text{ m}^2$$

$$\rho_1=\frac{1}{\dfrac{l_0+\xi h}{EA}+\dfrac{1}{C_0A_0}}=\frac{1}{3.884\times10^{-7}+\dfrac{1}{7.217\times10^5\times8.55}}=1.817\times10^6 \text{ kN/m}$$

5. 计算 $\rho_2$、$\rho_3$ 和 $\rho_4$

按式(4-51)计算,得

$$\alpha l_0=0.55\times6.69=3.68;\alpha h=0.55\times10.31=5.67>4.0$$

取 $\alpha h=4.0$,查表 4-6 得

$$Y_Q=0.07, Y_M=0.193, \varphi_M=0.711$$

得
$$\rho_2=\alpha^3 EIY_Q=0.55^3\times2.2\times10^6\times0.07=2.562\times10^4 \text{ kN/m}$$
$$\rho_3=\alpha^2 EIY_M=0.55^2\times2.2\times10^6\times0.193=1.284\times10^5 \text{ kN}\cdot\text{m/m}$$
$$\rho_4=\alpha EI\varphi_M=0.55\times2.2\times10^6\times0.711=8.603\times10^5 \text{ kN}\cdot\text{m/rad}$$

6. 计算承台位移 $a$、$b$ 和 $\beta$

按式(4-58)计算整体刚度系数 $\gamma_{aa}$、$\gamma_{bb}$、$\gamma_{a\beta}$ 和 $\gamma_{\beta\beta}$

$$\gamma_{aa}=\sum n_i\rho_{2i}=4\times2.562\times10^4=1.025\times10^5 \text{ kN/m}$$
$$\gamma_{bb}=\sum n_i\rho_{1i}=4\times1.817\times10^6=7.268\times10^6 \text{ kN/m}$$
$$\gamma_{a\beta}=\gamma_{\beta a}=-\sum n_i\rho_{3i}=-4\times1.284\times10^5=-5.136\times10^5 \text{ kN/rad}$$
$$\gamma_{\beta\beta}=\sum n_i\rho_{4i}+\sum n_i\rho_{1i}x_i^2=4\times8.603\times10^5+4\times1.817\times10^6\times\left(\frac{3.3}{2}\right)^2$$
$$=2.323\times10^7 \text{ kN}\cdot\text{m/rad}$$

按式(4-57)计算 $a$、$b$ 和 $\beta$

$$a=\frac{\gamma_{\beta\beta}H-\gamma_{a\beta}M}{\gamma_{aa}\gamma_{\beta\beta}-\gamma_{a\beta}^2}=\frac{2.323\times10^7\times420+5.136\times10^5\times6\,400}{1.025\times10^5\times2.323\times10^7-(-5.136\times10^5)^2}=6.15\times10^{-3} \text{ m}$$

$$b=\frac{N}{\gamma_{bb}}=\frac{11\,700}{7.268\times10^6}=1.61\times10^{-3} \text{ m}$$

$$\beta=\frac{\gamma_{aa}M-\gamma_{a\beta}H}{\gamma_{aa}\gamma_{\beta\beta}-\gamma_{a\beta}^2}=\frac{1.025\times10^5\times6\,400+5.136\times10^5\times420}{1.025\times10^5\times2.323\times10^7-(-5.136\times10^5)^2}=4.11\times10^{-4} \text{ rad}$$

7. 计算桩顶内力 $N_i$、$Q_i$ 和 $M_i$

按式(4-59)计算,分别以 $x=\pm3.3/2=\pm1.65$ m 代入式(4-59)的第 1 式,得该基础的最大和最小桩顶轴向力为

$$\begin{matrix}N_{max}\\N_{min}\end{matrix}=\rho_1[a\sin\alpha_i+(b\pm x_{max}\beta)\cos\alpha_i]=\rho_1[b\pm x_{max}\beta]$$
$$=1.817\times10^6\times(1.61\times10^{-3}\pm1.65\times4.11\times10^{-4})$$
$$=\begin{matrix}4\,157\\1\,693\end{matrix} \text{ kN}$$

此外算得

$$Q_i = \rho_2[a\cos\alpha_i - (b+x_i\beta)\sin\alpha_i] - \rho_3\beta = \rho_2 a - \rho_3\beta$$
$$= 2.562 \times 10^4 \times 6.15 \times 10^{-3} - 1.284 \times 10^5 \times 4.11 \times 10^{-4}$$
$$= 105 \text{ kN}$$

$$M_i = \rho_4\beta - \rho_3[a\cos\alpha_i - (b+x_i\beta)\sin\alpha_i] = \rho_4\beta - \rho_3 a$$
$$= 8.603 \times 10^5 \times 4.11 \times 10^{-4} - 1.284 \times 10^5 \times 6.15 \times 10^{-3}$$
$$= -436 \text{ kN} \cdot \text{m}$$

本例的桩基础由竖直桩组成,且假定承台为刚性,故各桩桩顶的剪力和弯矩相同。

8. 验算单桩轴向受压容许承载力

由于桩端置于透水土中,计算桩身自重和与桩入土部分同体积的土重时均应考虑水的浮力,所以算得

桩身自重 $\quad \dfrac{\pi}{4}(1.2^2 \times 6.69 + 1.25^2 \times 10.31)(25-10) = 202 \text{ kN}$

与桩入土部分同体积的土重 $\quad \dfrac{\pi}{4}(1.2^2 \times 6.69 + 1.25^2 \times 10.31)(20-10) = 127 \text{ kN}$

验算 $\quad 4\ 157 + 202 - 127 = 4\ 232 \text{ kN} < 1.2[P] = 1.2 \times 3\ 765 = 4\ 518 \text{ kN}$

因为是主力+附加力作用,所以单桩轴向受压容许承载力提高了 20%。故设计结果满足要求,且富余不多(不到 7%),设计结果较为理想。

9. 局部冲刷线处桩身横向位移 $x_0$ 和转角 $\varphi_0$。

因桩下端在土层内,且 $\alpha h > 2.5$,故 $x_0$ 和 $\varphi_0$ 可利用式(4-25)计算,即

$$x_0 = x_{y=0} = \frac{Q_0}{\alpha^3 EI}A_x + \frac{M_0}{\alpha^2 EI}B_x$$

$$\varphi_0 = \varphi_{y=0} = \frac{Q_0}{\alpha^2 EI}A_\varphi + \frac{M_0}{\alpha EI}B_\varphi$$

其中 $\quad M_0 = M_i + Q_i l_0 = -436 + 105 \times 6.69 = 266 \text{ kN} \cdot \text{m}, Q_0 = Q_i = 105 \text{ kN}$

系数 $A_x$、$B_x$、$A_\varphi$ 和 $B_\varphi$ 可根据 $y=0$ 及 $\alpha h = 4.0$ 查表 4-3,得

$$A_x = 2.441, B_x = 1.621, A_\varphi = -1.621, B_\varphi = -1.751$$

算得

$$x_0 = \frac{105}{0.55^3 \times 2.2 \times 10^6} \times 2.441 + \frac{266}{0.55^2 \times 2.2 \times 10^6} \times 1.621 = 1.32 \times 10^{-3} \text{ m}$$

$$\varphi_0 = \frac{105}{0.55^2 \times 2.2 \times 10^6} \times (-1.621) + \frac{266}{0.55 \times 2.2 \times 10^6} \times (-1.751) = -6.30 \times 10^{-4} \text{ rad}$$

10. 计算桩身弯矩

由公式(4-25)中第 3 式,得

$$M_y = \frac{Q_0}{\alpha}A_M + M_0 B_M = \frac{105}{0.55}A_M + 266B_M = 191A_M + 266B_M$$

系数 $A_M$、$B_M$ 的值可根据 $\alpha y$ 及 $\alpha h = 4.0$ 从表 4-3 查得,今将局部冲刷线以下的 $M_y$ 值列表计算如表 4-21,桩顶以下的弯矩分布如图 4-47 所示。

表 4-21 $M_y$ 计算表

| $\alpha y$ | $y$ | $A_M$ | $B_M$ | $191A_M$ | $266B_M$ | $M_y$ |
|---|---|---|---|---|---|---|
| 0 | 0 | 0 | 1.000 | 0 | 266.0 | 266.0 |
| 0.2 | 0.36 | 0.197 | 0.998 | 37.6 | 266.5 | 303.1 |
| 0.4 | 0.72 | 0.377 | 0.986 | 71.9 | 262.3 | 334.2 |
| 0.6 | 1.09 | 0.529 | 0.959 | 100.9 | 255.1 | 356.0 |
| 0.8 | 1.45 | 0.646 | 0.913 | 123.2 | 242.9 | 366.1 |
| 1.0 | 1.82 | 0.723 | 0.851 | 137.9 | 226.4 | 364.3 |
| 1.2 | 2.18 | 0.762 | 0.774 | 145.3 | 205.9 | 351.2 |
| 1.4 | 2.55 | 0.765 | 0.687 | 145.9 | 182.7 | 328.6 |
| 1.6 | 2.91 | 0.737 | 0.594 | 140.5 | 158.0 | 298.5 |
| 1.8 | 3.27 | 0.685 | 0.499 | 130.6 | 132.7 | 263.3 |
| 2.0 | 3.64 | 0.614 | 0.407 | 117.1 | 108.3 | 225.4 |
| 2.2 | 4.08 | 0.532 | 0.320 | 101.5 | 85.1 | 186.6 |
| 2.6 | 4.73 | 0.355 | 0.175 | 67.7 | 46.6 | 114.2 |
| 3.0 | 5.45 | 0.193 | 0.076 | 36.8 | 20.2 | 57.0 |
| 3.5 | 6.36 | 0.051 | 0.014 | 9.7 | 3.7 | 13.4 |
| 4.0 | 7.27 | 0 | 0 | 0 | 0 | 0 |

本例的其他检算过程与上例相同,故从略。

(三)算例 3:低承台桩基础设计(按 m 法计算)

某铁路桥梁位于线路的直线平坡段,桥下为季节性河流,平日无水。该桥采用圆端形桥墩,其尺寸及地质、水文资料如图 4-48 所示。由于桥位处浅层地基的承载力低,故采用桩基础。设计时将承台座板底面置于局部冲刷线以下 2.5 m,采用直径 40 cm 的预制钢筋混凝土圆桩,其混凝土的强度等级为 C30,$E_c = 3.0 \times 10^7$ kPa。

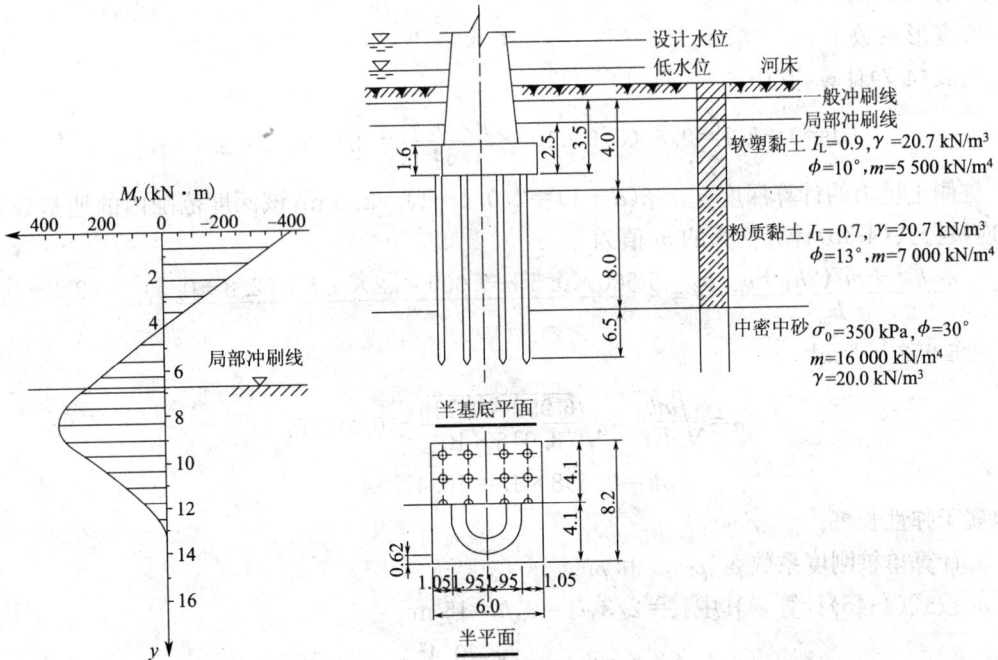

图 4-47 例 3 的桩身弯矩图

图 4-48 算例 3 的设计方案(长度单位:m)

承台厚度拟定为 1.60 m,其平面尺寸为 8.20 m×6.00 m,桩的平面布置如图 4-49 所示,符合打入桩桩尖处中心距不小于 3d 及最外一排桩至承台边缘净距的要求。

控制设计之荷载组合为两孔活载,主力+纵向附加力,作用在承台座板底面坐标原点的荷载为

$$N=12\ 645\ \text{kN}, H=418\ \text{kN}, M=7\ 885\ \text{kN} \cdot \text{m}$$

由初步设计已拟定桩长为 15 m,桩尖进入中密中砂层中 6.5 m,现要求按 m 法计算承台的位移和各桩的桩顶内力。

本例的计算过程如下:

1. 桩的计算宽度 $b_0$

水平力作用方向上相邻两桩的净距按桩距的平均值计算

$$L_0=\frac{2+2\times1.5}{3}-0.4=1.27\ \text{m}$$

考虑相互影响时桩的计算入土深度

$$h_0=3(d+1)=3\times(0.4+1)=4.2\ \text{m}$$

因 $L_0=1.27\ \text{m}<0.6h_0=2.52\ \text{m}$,故 K 按式(4-4)计算,由该公式的说明,桩的排数为 4,取 C=0.45,得

$$K=C+\frac{1-C}{0.6} \cdot \frac{L_0}{h_0}=0.45+\frac{1-0.45}{0.6} \cdot \frac{1.27}{4.2}=0.726$$

$$b_0=0.9(1.5d+0.5)K=0.9\times(1.5\times0.4+0.5)\times0.726=0.719\ \text{m}$$

每一排桩包含 5 根桩,因 $nb_0=5\times0.719=3.595\ \text{m}<D'+1=7.2+0.4+1=8.6\ \text{m}$,所以取 $b_0=0.719\ \text{m}$。

2. 变形系数

按式(4-7)计算,其中

$$EI=0.8E_cI=0.8\times3.0\times10^7\times\frac{\pi\times0.4^4}{64}=3.016\times10^4\ \text{kN} \cdot \text{m}^2$$

桩侧土抗力的计算深度 $h_m=2(d+1)=2(0.4+1)=2.8\ \text{m}$,该深度范围内的地基分为两层,应按公式(4-3b)计算换算的 m 值为

$$m=\frac{m_1h_1^2+m_2(2h_1+h_2)h_2}{h_m^2}=\frac{5\ 500\times0.5^2+7\ 000\times[2\times0.5+(2.8-0.5)]\times(2.8-0.5)}{2.8^2}$$

$$=6\ 952\ \text{kN/m}^4$$

故

$$\alpha=\sqrt[5]{\frac{mb_0}{EI}}=\sqrt[5]{\frac{6\ 952\times0.719}{3.016\times10^4}}=0.698\ \text{m}^{-1}$$

$$\alpha h=0.698\times15=10.47>4.0$$

所以属于弹性长桩。

3. 计算单桩刚度系数 $\rho_1$、$\rho_2$、$\rho_3$ 和 $\rho_4$

$\rho_1$ 按式(4-45)计算。其中,$\xi=2/3, l_0=0, h=15\ \text{m}$

$$EA=E_cA=3.0\times10^7\times\frac{\pi\times0.4^2}{4}=3.77\times10^6\ \text{kN}$$

$$C_0=m_0h=16\ 000\times15=2.4\times10^5\ \text{kN/m}^3$$

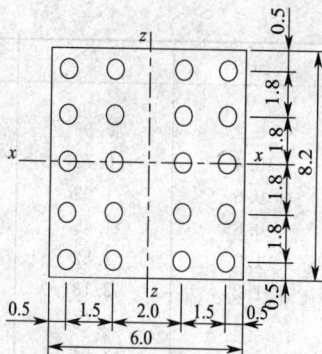

图4-49  桩的平面布置图(单位:m)

$$\bar{\varphi}=\frac{10°\times0.5+13°\times8+30°\times6.5}{15}=20.27°$$

因 $A_0$ 的直径 $D_0=d+2h\cdot\tan(\varphi/4)=0.4+2\times15\times\tan(20.27°/4)=3.06\ \text{m}>(1.5+1.8)/2=1.65\ \text{m}$（取两方向桩中距的平均值），故取 $D_0=1.65\ \text{m}$，算得

$$A_0=\frac{\pi D_0^2}{4}=\frac{\pi\times1.65^2}{4}=2.14\ \text{m}^2$$

所以

$$\rho_1=\frac{1}{\dfrac{l_0+\xi h}{EA}+\dfrac{1}{C_0A_0}}=\frac{1}{\dfrac{15\times2/3}{3.77\times10^6}+\dfrac{1}{2.4\times10^5\times2.14}}=2.174\times10^5\ \text{kN/m}$$

$\rho_2$、$\rho_3$ 和 $\rho_4$ 按式（4-51）计算。$\alpha l_0=0$，$\alpha h=0.698\times15=10.47>4.0$，取 $\alpha h=4.0$，查表 4-6 得

$$Y_Q=1.064,\ Y_M=0.985,\ \varphi_M=1.484$$

得

$$\rho_2=\alpha^3 EIY_Q=0.698^3\times3.016\times10^4\times1.064=1.091\times10^4\ \text{kN/m}$$

$$\rho_3=\alpha^2 EIY_M=0.698^2\times3.016\times10^4\times0.985=1.447\times10^4\ \text{kN}\cdot\text{m/m}$$

$$\rho_4=\alpha EI\varphi_M=0.698\times3.016\times10^4\times1.484=3.124\times10^4\ \text{kN}\cdot\text{m/rad}$$

**4. 计算承台所受的土抗力**

参照表 4-2，$B_0=8.2+1=9.2\ \text{m}$；另外，$C_h=mh_1=5\ 500\times2.5=13\ 750\ \text{kN/m}^3$。

承台厚度 $h_c=1.6\ \text{m}$，小于埋深 $h_1$，故不能直接应用公式（4-63），需另行推导 $E_x$ 和 $M_x$ 的计算公式。

$$E_x=B_0\int_0^{h_c}(a+y\beta)\frac{h_1-y}{h_1}C_h\mathrm{d}y=B_0C_h\left[\left(h_c-\frac{h_c^2}{2h_1}\right)a+\left(\frac{h_c^2}{2}-\frac{h_c^3}{3h_1}\right)\beta\right]$$

$$=9.2\times13\ 750\times\left[\left(1.6-\frac{1.6^2}{2\times2.5}\right)a+\left(\frac{1.6^2}{2}-\frac{1.6^3}{3\times2.5}\right)\beta\right]$$

$$=1.376\times10^5 a+9.283\times10^4\beta$$

$$M_x=B_0\int_0^{h_c}(a+y\beta)\frac{h_1-y}{h_1}C_hy\mathrm{d}y=B_0C_h\left[\left(\frac{h_c^2}{2}-\frac{h_c^3}{3h_1}\right)a+\left(\frac{h_c^3}{3}-\frac{h_c^4}{4h_1}\right)\beta\right]$$

$$=9.2\times13\ 750\times\left[\left(\frac{1.6^2}{2}-\frac{1.6^3}{3\times2.5}\right)a+\left(\frac{1.6^3}{3}-\frac{1.6^4}{4\times2.5}\right)\beta\right]$$

$$=9.283\times10^4 a+8.981\times10^4\beta$$

**5. 计算桩基础的整体刚度系数**

先按式（4-58）计算 $\gamma_{aa}$、$\gamma_{bb}$、$\gamma_{a\beta}$ 和 $\gamma_{\beta\beta}$

$$\gamma_{aa}=\sum n_i\rho_{2i}=5\times4\times1.091\times10^4=2.182\times10^5\ \text{kN/m}$$

$$\gamma_{bb}=\sum n_i\rho_{1i}=5\times4\times2.174\times10^5=4.348\times10^6\ \text{kN/m}$$

$$\gamma_{a\beta}=\gamma_{\beta a}=-\sum n_i\rho_{3i}=-5\times4\times1.447\times10^4=-2.894\times10^5\ \text{kN/rad}$$

$$\gamma_{\beta\beta}=\sum n_i\rho_{4i}+\sum n_i\rho_{1i}x_i^2=5\times4\times3.124\times10^4+5\times2.174\times[(2.5^2+1^2)\times2]\times10^5$$

$$=1.639\times10^7\ \text{kN}\cdot\text{m/rad}$$

再计算 $\gamma'_{aa}$、$\gamma'_{a\beta}$ 和 $\gamma'_{\beta\beta}$

$$\gamma'_{aa}=\gamma_{aa}+B_0C_h\left(h_c-\frac{h_c^2}{2h_1}\right)=(2.182+1.376)\times10^5=3.558\times10^5\ \text{kN/m}$$

$$\gamma'_{\alpha\beta}=\gamma'_{\beta\alpha}=\gamma_{\alpha\beta}+B_0C_h\left(\frac{h_c^2}{2}-\frac{h_c^3}{3h_1}\right)=(-2.894+0.928)\times10^5=-1.966\times10^5\ \text{kN/m}$$

$$\gamma'_{\beta\beta}=\gamma_{\beta\beta}+B_0C_h\left(\frac{h_c^3}{3}-\frac{h_c^4}{4h_1}\right)=(1.639+0.009)\times10^7=1.648\times10^7\ \text{kN/m}$$

6. 计算承台位移 $a$、$b$ 和 $\beta$

将上述 $\gamma'_{ij}$ 作为 $\gamma_{ij}$ 代入式(4-57)中计算 $a$、$b$ 和 $\beta$

$$a=\frac{\gamma'_{\beta\beta}H-\gamma'_{\alpha\beta}M}{\gamma'_{\alpha\alpha}\gamma'_{\beta\beta}-\gamma'^2_{\alpha\beta}}=\frac{1.648\times10^7\times418-(-1.966\times10^5\times7\ 885)}{3.558\times10^5\times1.648\times10^7-(-1.966\times10^5)^2}=1.45\times10^{-3}\ \text{m}$$

$$b=\frac{N}{\gamma_{tb}}=\frac{12\ 645}{4.348\times10^6}=2.91\times10^{-3}\ \text{m}$$

$$\beta=\frac{\gamma'_{\alpha\alpha}M-\gamma'_{\alpha\beta}H}{\gamma'_{\alpha\alpha}\gamma'_{\beta\beta}-\gamma'^2_{\alpha\beta}}=\frac{3.558\times10^5\times7\ 885-(-1.966\times10^5\times418)}{3.558\times10^5\times1.648\times10^7-(-1.966\times10^5)^2}=4.96\times10^{-4}\ \text{rad}$$

7. 计算各排桩的桩顶内力 $N_i$、$Q_i$ 和 $M_i$

按式(4-59)计算。

(1)第 1 排桩，$x_1=-2.5$ m，$\alpha_1=0$

$$N_1=\rho_1[a\sin\alpha_1+(b+x_1\beta)\cos\alpha_1]=\rho_1[b+x_1\beta]$$
$$=2.174\times10^5\times(2.91\times10^{-3}-2.5\times4.96\times10^{-4})$$
$$=363.0\ \text{kN}$$

$$Q_1=\rho_2[a\cos\alpha_1-(b+x_1\beta)\sin\alpha_1]-\rho_3\beta=\rho_2a-\rho_3\beta$$
$$=1.091\times10^4\times1.45\times10^{-3}-1.447\times10^4\times4.96\times10^{-4}$$
$$=8.64\ \text{kN}$$

$$M_1=\rho_4\beta-\rho_3[a\cos\alpha_1-(b+x_1\beta)\sin\alpha_1]=\rho_4\beta-\rho_3a$$
$$=3.124\times10^4\times4.96\times10^{-4}-1.447\times10^4\times1.45\times10^{-3}$$
$$=-5.49\ \text{kN}\cdot\text{m}$$

由于各桩均为竖直，且假定承台为刚性，故各桩桩顶的剪力和弯矩相同。以下仅计算其余各桩的桩顶轴向力。

(2)第 2 排桩，$x_2=-1.0$ m，$\alpha_2=0$

$$N_2=\rho_1[a\sin\alpha_2+(b+x_2\beta)\cos\alpha_2]=\rho_1(b+x_2\beta)$$
$$=2.174\times10^5\times(2.91\times10^{-3}-1.0\times4.96\times10^{-4})$$
$$=524.8\ \text{kN}$$

(3)第 3 排桩，$x_3=1.0$ m，$\alpha_3=0$

$$N_3=\rho_1[a\sin\alpha_3+(b+x_3\beta)\cos\alpha_3]=\rho_1(b+x_3\beta)$$
$$=2.174\times10^5\times(2.91\times10^{-3}+1.0\times4.96\times10^{-4})$$
$$=740.5\ \text{kN}$$

(4)第 4 排桩，$x_4=2.5$ m，$\alpha_4=0$

$$N_4=\rho_1[a\sin\alpha_4+(b+x_4\beta)\cos\alpha_4]=\rho_1(b+x_4\beta)$$
$$=2.174\times10^5\times(2.91\times10^{-3}+2.5\times4.96\times10^{-4})$$
$$=902.2\ \text{kN}$$

从上述计算过程看出，承台侧面的土抗力对减小承台的位移和桩顶内力有明显作用，故施工时应注意保护承台周围的土体。

桩身内力计算及承载力检算与前例类似，从略。

**(四)算例 4：低承台桩基础设计(按简化算法计算)**

设计资料同算例 3。现要求按低承台桩基的简化算法和实体基础法检算桩基的承载力。

计算过程如下。

1. 检验是否满足简化算法的要求

按公式(4-77)进行本项检算。

$$h_1 = \tan\left(45° - \frac{\varphi}{2}\right)\sqrt{\frac{H}{B\gamma}} = \tan\left(45° - \frac{10°}{2}\right)\sqrt{\frac{418}{8.2 \times (20.7 - 10)}} = 1.83 \text{ m}$$

为安全计，上式中土的重度采用浮重度。

承台的实际埋置深度为 2.5 m，大于上述计算值，但承台的厚度为 1.6 m，又低于该值，故应进一步检算承台侧面的被动土压力是否足够。

被动土压力系数为

$$K_p = \tan^2\left(45° + \frac{\varphi}{2}\right) = \tan^2\left(45° + \frac{10°}{2}\right) = 1.42$$

承台侧面上边缘的被动土压力强度为

$$p_{p1} = \gamma(h_1 - h_c)K_p = (20.7 - 10)(2.5 - 1.6) \times 1.42 = 13.7 \text{ kPa}$$

承台侧面下边缘的被动土压力强度为

$$p_{p2} = \gamma h_1 K_p = (20.7 - 10) \times 2.5 \times 1.42 = 38.0 \text{ kPa}$$

承台侧面的总被动土压力为

$$E_p = \frac{1}{2}(p_{p1} + p_{p2})h_c B = \frac{1}{2}(13.7 + 38.0) \times 1.6 \times 8.2 = 339.2 \text{ kN}$$

则有

$$2E_p = 2 \times 339.2 = 678.4 \text{ kN} > H = 418 \text{ kN}$$

所以该桩基础满足按简化算法进行计算的要求。

2. 桩顶轴向力

因考虑采用低承台桩基的简化算法，荷载为单向偏心，故按(4-74)式求该桩基础所受的最大和最小轴向力，为

$$\begin{matrix} N_{max} \\ N_{min} \end{matrix} = \frac{12\ 645}{20} \pm \frac{7\ 885 \times 2.5}{5 \times 2 \times (2.5^2 + 1.0^2)} = \begin{matrix} 904.1 \\ 360.4 \end{matrix} \text{ kN}$$

与上例比较，可知两者的结果相差很小，但如果按(4-78)式计算各桩的桩顶剪力，则误差较大。

3. 单桩容许承载力

根据各土层的土性指标自表 4-13 查得 $f_1 = 30$ kPa，$f_2 = 45$ kPa，$f_3 = 65$ kPa；根据桩端为中密中砂及桩端进入持力层的深度与桩径之比值大于 4 的条件查表 4-14 得 $R = 4\ 500$ kPa；因为是打入桩，且为摩擦桩，故 $\alpha_i = \alpha = 1$；由于不是爆扩桩，故 $\lambda = 1$。

所以由公式(4-88)算得相应的轴向容许承载力为

$$[P] = \frac{1}{2}(U\sum\alpha_i f_i l_i + \lambda ARa)$$

$$= \frac{1}{2}\left[0.4 \times \pi(30 \times 0.5 + 45 \times 8.0 + 65 \times 6.5) + \frac{\pi \times 0.4^2}{4} \times 4\ 500\right]$$

$$= 783.8 \text{ kN}$$

荷载为主力＋附加力,故桩的轴向容许承载力[P]可提高20%,即

$$[P]=1.2\times783.8=940.6\text{ kN}$$

**4.检算**

**(1)单桩轴向承载力检算**

桩的自重为

$$G=\frac{\pi}{4}(0.4^2\times1\times15)(25-10)=28.3\text{ kN}$$

与桩入土部分同体积的土重为

$$G'=\frac{\pi\times0.4^2}{4}\times[8.5\times(20.7-10)+6.5\times(20-10)]=19.6\text{ kN}$$

上述计算中均考虑了浮力作用,故

$$N_{max}+G-G'=904.1+28.3-19.6=912.8\text{ kN}<[P]=940.6\text{ kN}$$

$$N_{min}>0$$

满足要求。

**(2)群桩基础竖向承载力检算**

该摩擦桩桩基中,桩尖平面处桩的中心距小于6d,故需作此项检算。该桩基为竖直桩桩基,已知桩群的外轮廓尺寸为a=7.60 m,b=5.40 m;故假想实体深基础的底面尺寸a'和b',如图4-50所示,可按下列公式求出:

$$\bar{\varphi}=\frac{\sum\varphi_ih_i}{h}=\frac{10°\times0.5+13°\times8+30°\times6.5}{15}=20.27°$$

$$a'=a+2h\tan\frac{\bar{\varphi}}{4}=7.60+2\times15\times0.088\ 7=10.26\text{ m}$$

$$b'=b+2h\tan\frac{\bar{\varphi}}{4}=5.40+2\times15\times0.088\ 7=8.06\text{ m}$$

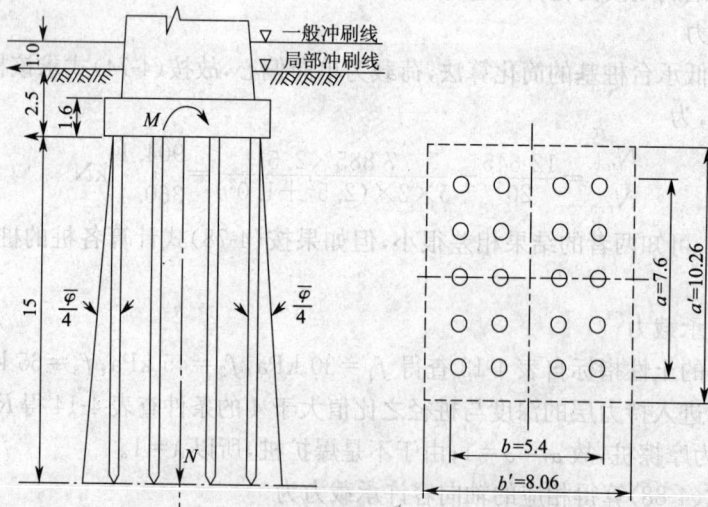

图 4-50 桩基整体承载力计算图式(单位:m)

则假想实体基础底面面积A及截面模量W为

$$A=a'\times b'=10.26\times8.06=82.7\text{ m}^2$$

$$W = \frac{1}{6}a'b'^2 = \frac{1}{6} \times 10.26 \times 8.06^2 = 111.1 \text{ m}^3$$

作用于此基底处的 $M$ 应取用承台座板底面处之 $M$ 值,而竖向力 $N$ 可按下式求得:

$$N = 12\,645 + \gamma(10.26 \times 8.06) \times 17.50 - \gamma(6.0 \times 8.20) \times 2.5$$

上式中的 $\gamma$ 应取假想实体基础的单位体积重(即桩、土等平均重度,一般可采用 20 kN/m³,考虑浮力时,用 10 kN/m³),式中,第三项意为扣除第一、二项中重复计算的承台及承台上面填土的重力,所以

$$\begin{aligned}
N &= 12\,645 + \gamma(10.26 \times 8.06) \times 17.50 - \gamma(6.0 \times 8.20) \times 2.5 \\
&= 12\,645 + 10 \times (10.26 \times 8.06) \times 17.50 - 10 \times (6.0 \times 8.20) \times 2.5 \\
&= 25\,886.7 \text{ kN}
\end{aligned}$$

基底压应力为

$$\begin{matrix}\sigma_{\max} \\ \sigma_{\min}\end{matrix} = \frac{N}{A} \pm \frac{M}{W} = \frac{25\,886.7}{82.7} \pm \frac{7\,885}{111.1} = \begin{matrix}384.0 \\ 242.0\end{matrix} \text{ kPa}$$

基底容许压应力按下式计算:

$$[\sigma] = \sigma_0 + k_1\gamma_1(b-2) + k_2\gamma_2(h-3)$$

桩端平面处为中密中砂,查《铁桥地基规范》表 4.1.2—3,得 $\sigma_0 = 370$ kPa;查表 4.1.3,$k_1 = 2$,$k_2 = 4$;考虑浮力,$\gamma_1 = 10$ kN/m³;$h = 18.5$ m,而 $\gamma_2$ 按下式计算:

$$\gamma_2 = \frac{10.7 \times 4 + 10.7 \times 8 + 10 \times 6.5}{18.5} = 10.45 \text{ kN/m}^3$$

所以      $[\sigma] = 370 + 2 \times 10 \times (8.06-2) + 4 \times 10.45 \times (18.5-3) = 1\,139.1$ kPa

检算      $\sigma_{\max} = 384.0$ kPa $< 1.2[\sigma] = 1\,366.9$ kPa

$$\sigma_{\min} = 242.0 \text{ kPa} > 0$$

满足要求。

# ？复习思考题

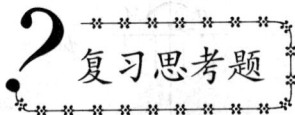

1.摩擦桩的入土深度越大,嵌岩桩嵌岩越深,则桩的轴向受压承载力越高。你认为上述说法有无不妥之处?为什么?

2.什么情况下可能产生负摩阻力?它对桩的轴向受压承载力有何不利影响?

3.桩基简化为平面结构计算的条件是什么?试举例说明不能简化为平面结构的情形。

4.建立低承台桩基础的整体分析模型时,为什么不考虑承台底面的竖向土抗力?试分析该抗力对桩基础整体位移的影响。

5.图 4-51 中钻孔桩的设计桩径 $d = 1.2$ m,桩身混凝土的强度等级为 C25,其受压弹性模量 $E_c = 2.80 \times 10^7$ kPa,桩顶荷载为:$N = 583.1$ kN,$H = 41.4$ kN,$M = 54.2$ kN·m,地质资料如图所示,试求桩顶水平位移 $x_1$ 并列表计算桩身弯矩 $M_y$ 和桩侧水平土抗力 $\sigma_y$。

6.试按 m 法计算图 4-52 所示桩基中各桩桩顶的内力及桩身弯矩 $M_y$。桩为钻孔桩,设计桩径为 1.0 m。桩身混凝土采用 C25,混凝土的受压弹性模量 $E_c = 2.8 \times 10^7$ kPa,作用于承台底面中心的荷载为:$N = 11\,975.0$ kN,$H = 295.4$ kN,$M = 4\,834.3$ kN·m,其他资料如图 4-52 所示。

图 4-51　（长度单位:m）

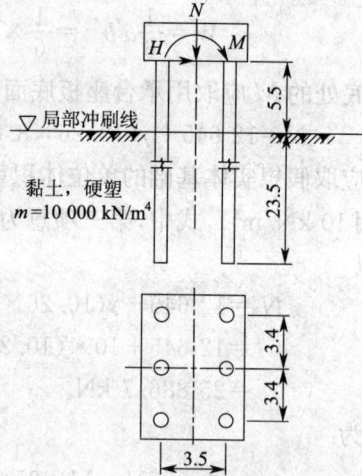

图 4-52　（长度单位:m）

7. 某直线线路上的桥墩桩基,桩端嵌固于倾斜岩层内,如图 4-53 所示。桩身混凝土采用 C30,混凝土受压弹性模量 $E_c = 3.00 \times 10^7$ kPa,桩的直径为 1.0 m,$C_0 = 1\,500$ MPa/m。已知作用在承台底面中心点 $O$ 处之外荷载为:$N = 10\,200$ kN,$H = 280$ kN,$M = 3\,000$ kN·m。又根据水文调查,洪水时覆盖土层将会全部被冲走。试计算承台位移及各桩桩顶的内力。

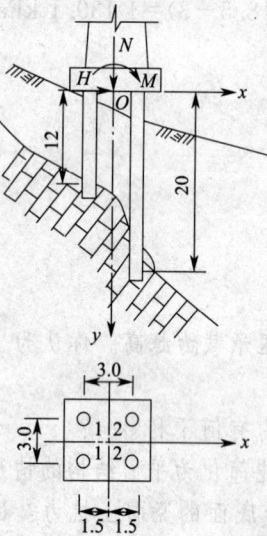

图 4-53　（长度单位:m）

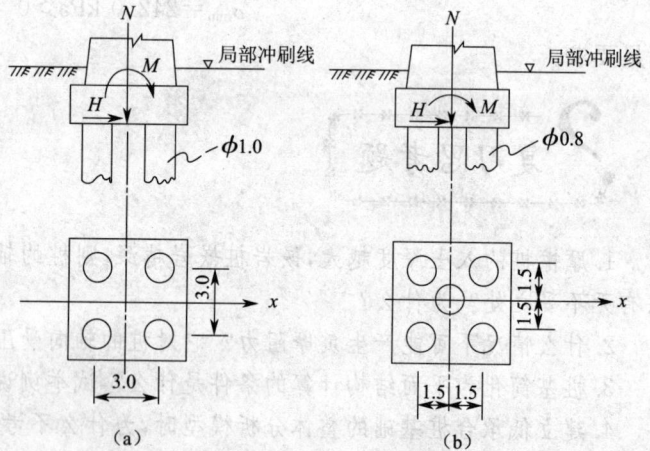

（a）　（b）

图 4-54　（长度单位:m）

8. 作用在低承台桩基之承台底面形心处的荷载为:$N = 12\,000$ kN,$M = 11\,000$ kN·m,$H = 600$ kN。如承台底面的埋置深度满足低承台桩基简化算法的相关要求,试按该算法计算图 4-54(a)和图 4-54(b)所示桩基中各桩桩顶的轴向力。

9. 试按土阻力计算图示某钻孔灌注桩的单桩轴向容许承载力。该桩用旋转钻成孔,设计桩径为 1.2 m,成孔桩径为 1.25 m,清底质量按稍差考虑,其他资料见图 4-55。

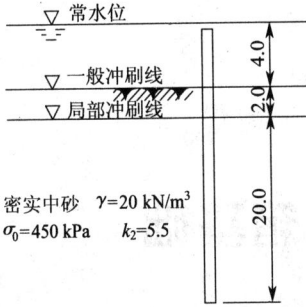

图 4-55　（长度单位：m）

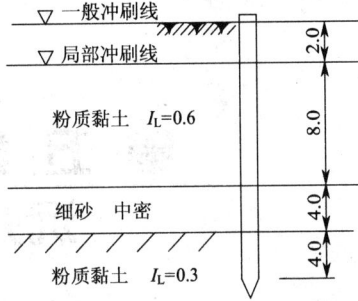

图 4-56　（长度单位：m）

10. 试按土阻力计算图 4-56 所示打入桩之单桩轴向受压容许承载力，已知该桩为预制钢筋混凝土圆桩，桩径为 0.4 m。

11. 图 4-57 所示的挖孔灌注桩，设计直径 1.0 m，混凝土护壁厚 150 mm，试求该桩由土阻力控制的轴向受压容许承载力。

12. 试求习题 10 所示打入桩的单桩受拉轴向容许承载力。

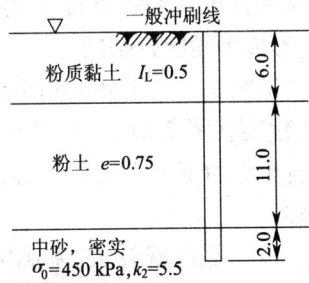

图 4-57　（长度单位：m）

13. 考虑承台底面的竖向土抗力作用，试按 m 法建立低承台桩基础的整体分析模型并导出相应的计算公式（提示：假定承台底面的土抗力服从文克勒假定）。

# 第 五 章
# 沉井和沉箱基础

沉井一般是由钢筋混凝土或混凝土等材料制成的上下开口的井筒状地下结构物(图5-1)。依靠其自重克服井壁摩阻力后下沉至设计标高,形成桥梁墩台基础。

沉箱是一个无底的箱形结构物,由顶盖和侧壁组成(图 5-17)。通过在工作室内排土和在自重作用下下沉到设计标高,形成桥梁墩台基础。

当上部荷载较大、基础需要埋置较深,地质、水文及施工条件适宜时,可选用沉井或沉

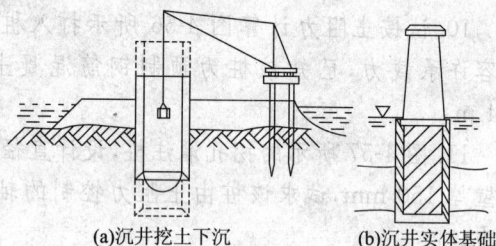

(a)沉井挖土下沉    (b)沉井实体基础

图 5-1　沉井基础

箱基础。沉井或沉箱作为深基础,其刚度、整体性、抗震性能都较好。它们可以穿过较厚覆盖层使基底置放在承载力较大的土层或岩面上,形成深平基。采用沉井或沉箱基础,可避免用明挖法修建深基础时面临的许多施工困难。

本章主要介绍一般沉井和沉箱基础的构造、制造和下沉以及设计计算方法。

## 第一节　天然地基上沉井基础的修筑方法

沉井法施工步骤如下:在墩台位置上,先按基础外形尺寸,用钢筋混凝土或混凝土等材料预先制成一段井筒,然后在井孔内挖土,井筒在自重作用下克服四周井壁摩阻力而逐渐下沉,当一节井筒快沉入土中时,再接筑另一节井筒,这样逐节接筑,不断挖土下沉,直到下沉至设计标高,随后灌注一层混凝土将井底封住,再在井孔内填充圬工(或中空),在井顶上做一钢筋混凝土盖板,即构成沉井基础,在上面修筑墩台。

用沉井法修筑的沉井基础,其外观同平基类似,只是入土要深一些。沉井在下沉和回填井孔的过程中,起着挡土和防水的临时围堰作用;当其底部沉至设计标高,封底和修筑顶盖后,它就成了一个深埋的实体基础。所以,沉井既是深基础的一种施工方法,又是基础的组成部分。

沉井比较适合在不太透水的土层中下沉,因为这时可排水挖土,比较容易控制沉井下沉方向,避免倾斜。若遇到土层大量透水时,井孔内水无法抽干或抽水容易引起的涌砂造成沉井倾斜时,就只能采用不排水挖土下沉,此时挖土困难,效率不高,若遇障碍物时清理难度较大。

一般沉井适用于水深不太大的场地,当水深较大,流速适宜时可考虑采用浮运沉井。沉井下沉过程中若可能遇到大漂石、流砂、倾斜较大的岩面、地基承载力较低的软土层等不利条件时,施工较为困难,应慎重选用。

与其他铁路桥梁基础相比,沉井基础具有较大的承载面积,可以承受较大的竖向和横向荷

· 154 ·

载;本身刚度大,能承受较大横向力和弯矩;抗震性能可靠,稳定性好,所需机具设备简单,施工简便,当一座桥中有大量墩台基础时,可全面开工,缩短工期,有利于在大、中桥中使用。因此,沉井是深基础或地下结构中应用较为广泛的一种基础类型,除了广泛应用作为桥梁墩台基础外,也应用于地下泵房、地下沉淀池和水池、地下油库、矿用竖井、大型设备基础、高层和超高层建筑物基础等方面。

自 20 世纪 60 代以来,我国在沉井设计和施工方面有了长足进步。在南京长江大桥的修建中,下沉了一个底面尺寸为 20.2 m×24.9 m 的大型沉井,下沉深度 54.87 m。在江苏江阴长江大桥北锚墩沉井基础施工中,成功地下沉了一个底面尺寸长 69.2 m,宽 51.2 m,深 58 m 的巨型沉井,其平面面积、总排土量、施工技术和水平,处于当今世界前列。在下沉工艺方面,已掌握用触变泥浆助沉沉井的方法,在九江长江大桥和江阴长江大桥的基础施工中又成功地取得了用空气幕下沉沉井的经验。在一些沉井下沉中,还运用了先进的电测技术,对刃脚反力、钢筋混凝土应力应变、侧壁摩阻力等进行检测,以掌握下沉情况,科学指导施工,使沉井的下沉更平稳、快速。

# 第二节　沉井的类型和构造

## 一、沉井分类

按下沉的方法,沉井类型可分成一般沉井和浮运沉井。

一般沉井:因为沉井本身自重大,一般直接在基础的设计位置上制造并就地下沉。在浅水地区,需先人工筑岛,在岛上制井下沉。

浮运沉井:在深水地区(水深超过 10~15 m),或河流的水流流速大,或有通航要求时,无法人工筑岛,采用在岸边制造,然后浮运到桥位上下沉。这类沉井叫浮运沉井。

按沉井材料,沉井类型可分为混凝土沉井、钢筋混凝土沉井和钢沉井等。

混凝土沉井:因为混凝土的抗压强度较高,抗拉强度较低,故常做成圆形,使混凝土主要承受压应力。当井壁较厚,下沉不深时,也可做成圆端形或矩形。但无筋混凝土沉井一般只适用于下沉深度不大(4~7 m)的松软土层中。

钢筋混凝土沉井:它是最常用的沉井类型。可做成重型的或薄壁的就地制造、下沉的沉井,也可做成薄壁浮运沉井及钢丝网水泥沉井等。

钢沉井:其刚度、强度都很高,拼装方便,但用钢量大,适于制造空心浮运沉井。

其他材料的沉井:如竹筋混凝土沉井、木筋混凝土沉井、木沉井、砖砌圬工和浆砌片石圬工沉井等,这类沉井以前曾用过,现在除非在特殊情况下考虑因地制宜,就地取材外,已基本上不用。

## 二、一般沉井的构造

常用的钢筋混凝土沉井如图 5-2 所示,通常由井壁、刃脚、隔墙、井孔、凹槽、射水管组和探测管、封底混凝土、顶盖诸部分组成。

### (一)沉井的平面形状及尺寸

沉井的平面形状及尺寸应根据墩台底面的形状、尺寸和地基承载力而定,还并应考虑阻水较少、受力有利、简单对称、便于施

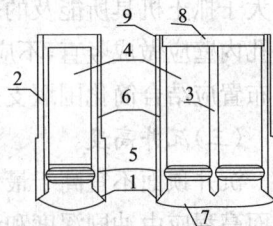

图 5-2　一般沉井的构造
1—刃脚;2—井壁;3—隔墙;4—井孔;5—凹槽;6—射水管组、探测管;7—封底混凝土;8—顶盖;9—环墙

工等因素。

沉井的平面形状常用圆形，圆端形和矩形等。根据井孔的布置方式，可分为单孔、双孔及多孔沉井，如图 5-3 所示。

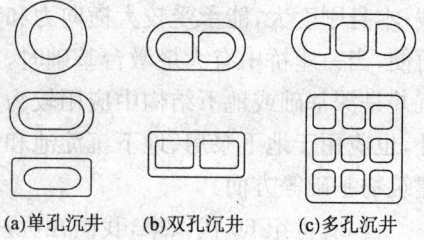

(a)单孔沉井　(b)双孔沉井　(c)多孔沉井

图 5-3　沉井的平面形状

### 1. 圆形沉井

圆形沉井下沉过程中，四周土层对其约束较好，比较容易控制下沉方向，采用抓土斗在井孔内取土时，容易保证刃脚均匀支承在土层上。当四周承受相同的侧压力时，井壁只受轴向力，无筋或少筋混凝土多做成圆形。圆形沉井用于斜交桥或流向不稳定的河流，较为有利；尤其适合于圆形(或方形)桥墩的基础。

但其缺点是：基底压力的最大值比同面积的矩形者为大，如当上部墩台身为矩形或圆端形时，更使得一部分基础圬工不能充分发挥作用。

### 2. 矩形沉井

优点是制造简单，与上部墩台身的圆端形或矩形截面容易吻合；可节省基础圬工和挖土数量，能较充分地利用地基的承载力；对于基础受力和抗倾覆稳定有利。

缺点是用机械挖土下沉时，不如圆形沉井容易控制。在河流中阻水较大，冲刷较严重。沉井外壁在侧压力作用下，将使井壁产生较大的弯曲应力。井壁长宽比愈大，则井壁长边挠曲应力愈大。为减少该应力，可在沉井内设置隔墙，以减少井壁受挠跨度，把沉井可分成多孔如图 5-2(b)和(c)所示。棱角处宜做成圆角或钝角，以易于施工下沉。

### 3. 圆端形沉井

平面上由中间一个矩形、两端两个半圆组合而成。在阻水冲刷方面较矩形沉井有利，但沉井制造相对复杂。

沉井顶面尺寸应比墩台身底面稍大，沉井顶面边缘与墩台身底面外缘的距离称为襟边。襟边设置宽度应根据沉井施工容许偏差和满足安装墩台身模板的需要而定，一般不得小于沉井总高的 1/50 或 20 cm。沉井底面尺寸应满足地基承载面积的要求。

### (二)井孔布置及大小

井孔也称取土井，主要为排土用。井孔的布置和大小应满足取土机具所需净空和取土范围的要求。采用抓泥斗抓土，井孔最小边长不宜小于 2.5～3.0 m；水下抓土时，各井孔间距不得大于抓土机具所能及的范围。井孔布置注意与沉井中心线对称布置，以便均匀挖土与纠偏。井孔内壁应做成竖直，不应有台阶，以保证取土机具能顺利升降。对顶部设置围堰的沉井，井孔布置应结合简化围堰支架结构统一考虑。

### (三)沉井高度

沉井顶面不宜高于最低水位，如地面高于最低水位且不受冲刷时，则不宜高出地面。沉井底面高程应由冲刷深度和地基容许承载力而定。井顶与井底标高之差即为沉井高度。

高沉井可分节制造和下沉，每节高度不宜大于 5～6 m。底节沉井不宜过高，一般为 4～6 m。在松软土层中下沉时，还不应大于沉井宽度的 0.8 倍。若高度过大，沉井过重，则会给模板设置、岛面处理、抽垫和下沉带来困难。第二节沉井也不宜过高，因沉井重心高，下沉过程中易发生倾斜，也易使入土不深的底节沉井下沉过快而发生问题。

**（四）井　壁**

井壁是沉井的主要部分,它应有足够的强度和重量。沉井外壁通常可做成竖直型、台阶型和斜坡型,如图 5-4 所示。竖直外壁下沉中不易倾斜,但外壁上土的摩擦力较大,一般在入土不深或松软土层中采用。当沉井入土深度较大而土又较紧密时,外壁可在沉井分节处设置台阶,台阶宽度一般为 100 mm 左右,以减少下沉时土的摩擦力。无论台阶型或斜坡型,其外侧斜度不宜过大,一般为 1/100~1/50。

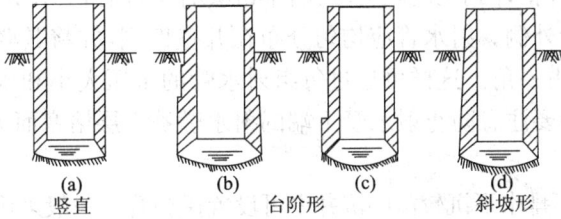

图 5-4　沉井外壁的形式

井壁厚度应根据结构强度、下沉需要的重量、便于取土和清基而定。一般为 0.7~1.5 m,厚者可达 2 m 左右。

**（五）刃　脚**

井壁下缘的尖利部分称为刃脚。其作用是使沉井在自重作用下易于切入土中而下沉。它是受力复杂而且受力最集中的部分,应有足够的强度,因此常以角钢或槽钢包护,以免挠曲与受损。刃脚有多种形式,如图 5-5 所示,沉井沉入坚硬土层和到达岩层者,宜采用有钢刃尖的刃脚;沉入松软土层者,宜用带踏面的刃脚,踏面可使沉井下沉初期不致下沉过快造成倾斜,但踏面宽度一般不大于 150 mm,否则会增大沉井下沉时的底部向上正面阻力。刃脚斜面与水平面夹角应大于 45°,斜面高度视井壁厚度而定,并应考虑便于抽出垫木和挖土。

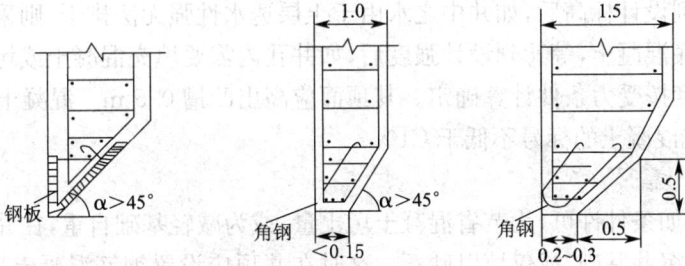

图 5-5　刃脚的构造（长度单位:m）

沉井需要下沉至稍有倾斜的岩面时,在掌握岩层高低差变化的情况下,可将刃脚做成与岩面倾斜相适应的高低刃脚。

**（六）隔　墙**

隔墙的作用是将沉井分成两个或多个井孔,以缩小井壁跨度,减小井壁弯矩,同时也把沉井分为若干个取土井,便于掌握挖土位置以控制下沉方向。隔墙间距通常小于 5~6 m,厚度一般为 0.8~1.2 m。

在隔墙上,离顶部 2~3 m 深处宜预设直径为 200 mm 的水平向连通管或 200 mm×

200 mm大小的透水孔若干个,以便单孔抽水或吸泥下沉补水时,各井孔水位保持一致。

隔墙底面距刃脚踏面的高度,既要考虑支承刃脚悬臂,使其和水平方向的封闭框架共同起作用,而又不使隔墙底面下的土搁住沉井妨碍下沉,此高度一般不小于0.5 m,必要时内隔墙底部可设1.0 m×1.2 m大小的水平向过人孔,以便各井孔内人员联络和排水。

(七)射水管组和探测管

1. 射水管组

当沉井下沉较深,并估计到土的阻力较大,下沉会有困难时,可在井壁中预埋射水管组,管口设在刃脚下端和井壁外侧。射水管应均匀分布在井壁四周,并将其联成与平面中心线对称的相互独立的四组,各占一角。这样可通过每组射水管的水压大小和水量多少来调整沉井的下沉方向。沉井下沉中要注意防止射水管下端的射水嘴被土层堵塞而失去作用。

2. 探测管

在平面尺寸较大、不排水下沉较深的沉井中可设置探测管。一般采用直径200～500 mm的钢管或在井壁中预制管道。其作用是:探测刃脚和隔墙底面下的泥面标高,清基射水或破坏沉井正面土层阻力以利下沉,沉井水下封底后,又可当作刃脚和隔墙下封底混凝土的质量检查孔。

(八)凹槽

凹槽的作用是使封底混凝土嵌入井壁,形成整体,使封底混凝土底面的反力更好地传递给井壁。此外,当遇到意外困难,需将沉井改为沉箱时,可在凹槽处浇灌钢筋混凝土顶盖。凹槽的位置如图5-2所示,其深度约为0.15～0.25 m,高约1.0 m。若井孔准备用混凝土或圬工填实的,也可不设凹槽。

(九)井顶围堰

沉井顶面按设计要求位于地面或岛面以下一定深度时,井顶需接筑围堰,以挡土防水。井顶围堰可用木板桩或钢板桩等材料做成,视井顶在土面下的深度和是否防水而定。

(十)封底混凝土

当沉井下沉到设计标高后,如井中之水由于土层透水性强无法排干,则采用导管法在井底水下灌注一层封底混凝土,等达到设计强度后,如井孔内需要填充混凝土或圬工,可进行抽水。封底混凝土的厚度按受力条件计算确定。其顶面应高出凹槽0.5 m。混凝土标号一般不低于C15。井孔内填充混凝土的标号不低于C10。

(十一)顶盖

沉井封底后,如条件许可,为节省混凝土圬土量,或为减轻基础自重,在井孔内可不填充任何东西,作成空心沉井基础,或仅填以砂石。这时在井顶应设置钢筋混凝土顶盖,以承托上部墩台传来的全部荷重。顶盖厚度一般为1.5～2.0 m。钢筋配置按受力条件由计算决定。

沉井井孔是否填充,应根据受力或稳定要求决定。在严寒地区,低于冻结线0.25 m以上部分,必须用混凝土或圬工填实。

# 第三节　一般沉井的制造和下沉

沉井施工前,应现场踏勘,充分了解现场地形地貌和土层情况,制定相应的施工措施。在水中施工的沉井,对河流的汛期、河床的冲刷、漂流物、航道等情况应作好调研。工期安排应充分利用枯水季节。需要在施工中渡汛的沉井,应有可靠措施,确保汛期施工安全。

**一、场地准备工作**

制造沉井的场地应预先清理、整平和压实,并要求地面有一定的承载能力。

(一)无水区的场地准备工作

在无水地区,如天然地面土质较好,只需将地面杂物清除干净和整平,就可在墩台位置上制造和下沉沉井。如土质松软,则应换土或在其上铺填一层不小于 0.5 m 的砂或砂夹卵石并夯实,以免沉井在混凝土浇灌之初,因地面沉降不均引起井身开裂。有时为减少沉井在土中的穿入深度,还可先开挖一个浅坑,使其坑底低于地面,但需高出地下水位 0.5~1.0 m,然后在坑底上制造沉井。

(二)岸滩或浅水地区的场地准备工作

在岸滩或浅水地区,需先筑造人工岛制作沉井。

1. 对人工岛的一般要求

(1)岛面标高一般比施工期最高水位至少高出 0.5 m。

(2)岛面面积等于沉井平面尺寸加护道宽。护道宽度在无围堰岛上一般不小于 2 m;在有围堰的岛上尽可能使沉井的重量对围堰壁不产生附加侧压力,否则应考虑其附加侧压力对堰壁的作用。

(3)筑岛材料应采用低压缩性、透水性好、易于压实的土(砂土,砾石和较小的卵石)。地基如有淤泥等软土,应挖掉换填,填土要分层夯实或用机械碾压。岛面及地基承载力应满足灌注第一节沉井混凝土时产生的最大压应力的要求。

(4)岛的临水面边坡应满足稳定和抗冲刷的要求,一般采用 1:2。有围堰的岛,围堰应防止漏土,否则,在制造和下沉过程中,引起岛面沉降变形会危及沉井安全。

筑岛施工时,还应考虑筑岛后压缩流水断面、加大流速和提高水位的影响。

2. 常用人工岛的结构和适用条件

土岛:可分为没有围堰和有围堰防护的两种,如图 5-6(a)、(b)所示。没有围堰防护的土岛适用于水深不大于 2~3 m,流速不大于 1.5 m/s 时的情况。当水的平均流速超过上述数值时。可用片石或盛土的草袋作为护坡,犹如草(麻)袋围堰一样,以防边坡被水冲刷。

土岛的缺点是:挡水面积大,需要土方多,而且由于河道受到压缩引起新的冲刷等。

有围堰防护的土岛,适用于水深在 1.5 m~15 m 时。围堰可以由板桩或木桩夹挡板等构成,它的位置应立在岛的坡脚处,其入土深度应在冲刷以下一定深度,主要承受水流的冲击力。

筑岛围堰:当水深较大(通常在 15 m 以内)时,或者水虽不深,但流速较大时,宜采用围堰筑岛,如图 5-6(c)所示。

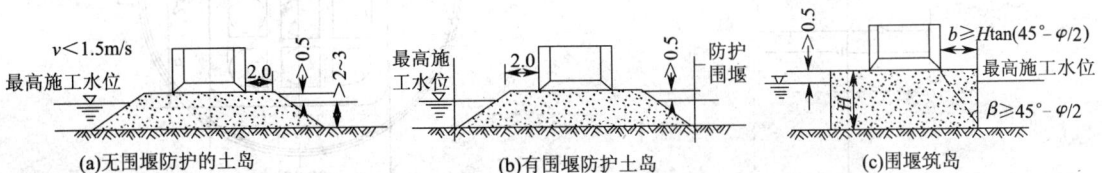

图 5-6 人工岛 (单位:m)

筑岛围堰的形状可分为矩形和圆形两种:矩形围堰适用于水深不太深(5~6 m 以内)时的矩形基础。其优点是:围堰面积较小,挡水面积不大,对河道的堵塞较轻。其缺点是:围堰外侧所需的支撑结构较为复杂,堰板内产生较大的力矩。当水深较大时,这些缺点更为突出。圆形筑岛围堰却相反,适用于水深较大时的圆形或长宽比较小的基础。圆形围堰填土后,只受到圆周环向拉力,材料强度可得到充分利用,也没有复杂的支撑结构,设计和施工较简单。

常用的筑岛围堰有木板桩和钢板桩围堰等。它们的适用范围取决于水的深浅、河床土质情况等。

木板桩围堰岛:当水深小于 5 m,流速在 3.0 m/s 以内,河床能够打桩时,用单层木板桩围堰筑岛较为有效,如图 5-7 所示。

钢板桩围堰岛:钢板桩具有强度高、锁口紧密、不易漏土的特点,用它可打入较硬土层,可作深水筑岛围堰。它不仅可用来筑矩形岛,也可用来筑圆形岛。

矩形岛宜用槽型钢板桩。圆形岛宜用平直型钢板桩,平直型者锁口抗拉强度高,能承受很大的圆周环向拉力,故不必设置任何支撑,这种围堰构造简单。槽型板桩的锁口,原则上不能承受拉力,否则,板桩断面会产生变形,因此,用槽型板桩筑圆形岛,其外围必须加设支承钢环。在填土的侧压力作用下,板桩只在竖直方向产生挠曲,其作用和矩形板桩围堰堰壁一样。板桩把侧压力传递到支承外钢环上,钢环将承受由此产生的轴向拉力。

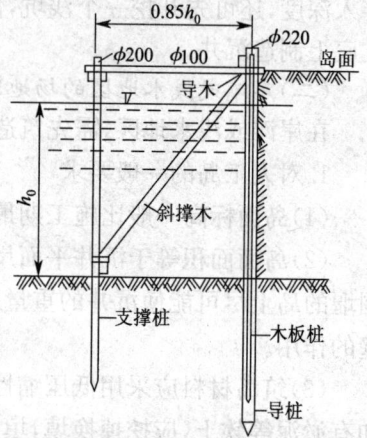

图 5-7　单层木板桩围堰

图 5-8 为南京长江大桥一号墩沉井的圆形钢板桩围堰人工岛。围堰外径 34.4 m,采用长度为 18~20 m 的拉森Ⅲa 及Ⅳa 型钢板桩组成围堰外壁。钢板桩入土深度为 13~16 m。围堰内外均设有以型钢制成的钢环各一道。内环承受在围堰内挖泥时钢板桩传来的压力,外环承受在岛面制造及下沉沉井过程中钢板桩传来的拉力。

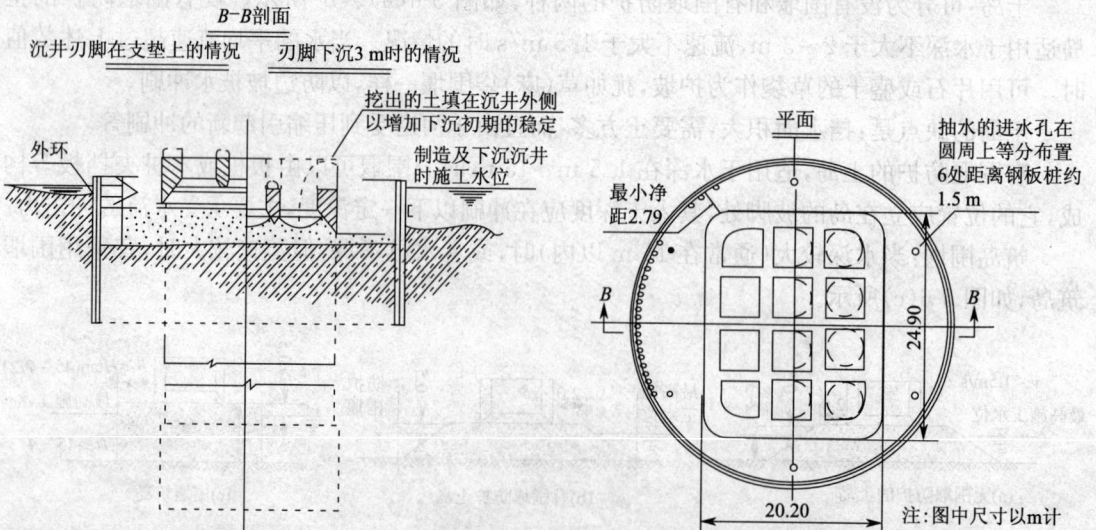

图 5-8　圆形钢板桩围堰人工岛

由于河床表面的淤泥质粉土承载力小,难以承受沉井初期荷载,需换土,故挖除 4.5 m 厚的淤泥,回填材料主要是粗砂,其上再铺以薄层卵石及泥砂垫层(各 15 cm 厚),并以 120 kN 压路机辗压密实。用 0.5 m×0.5 m 荷载板在上面做静载试验,压力达到 500 kPa 时,下沉量仅 1 cm,而灌注第一节沉井混凝土时垫木下的压应力约在 100 kPa 以下,故满足地基强度要求。

### 二、底节沉井的制造

#### (一)铺 垫 木

底节沉井制造前,应先在刃脚处对称地铺设垫木,如图 5-9 所示。铺设垫木的原因是因为沉井自重较大,而刃脚踏面尺寸较小,受力集中,地面土往往承受不了过大的压力。至于垫木数量,应按垫木底面压力不大于 100 kPa 求算,其布置应考虑抽垫的方便。垫木一般为枕木或方木。

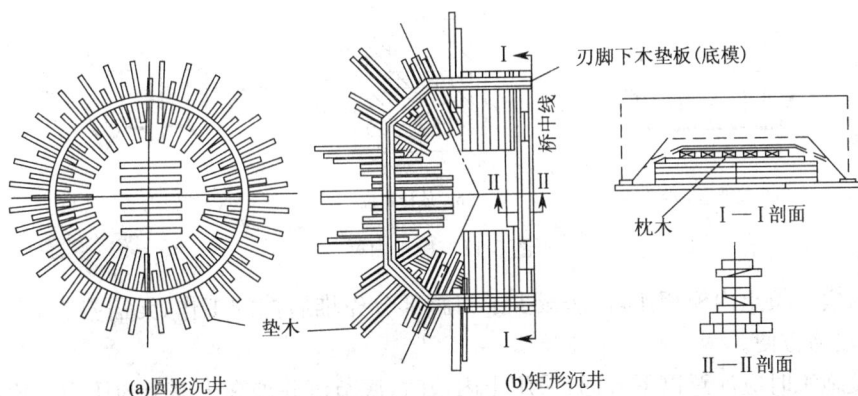

图 5-9　铺设垫木实例

为考虑抽取垫木方便,垫木方向应垂直刃脚,垫木下需垫一层厚约 0.3 m 的砂,其间隙用砂填实(填到半高即可)。

#### (二)立模板,绑扎钢筋

如有钢刃脚时,垫木铺好后要先拼装就位。然后立内模。其顺序如下:刃脚斜坡底模,隔墙底模,井孔内模。再绑扎与安装钢筋。最后安装外模和模板拉杆。

模板及支撑应有较好的刚度,内隔墙与井壁连接处承垫应联成整体,以防止不均匀沉陷。

#### (三)土 模

在条件容许情况下,还可在工地上采用土内模制造沉井刃脚。这不但可节省大量垫木以及刃脚斜坡和隔墙的底模,并省去撤除垫木的工序。

土模有填土内模和挖土内模之分。

填土内模:如图 5-10 所示,填土内模的施工步骤如下:先用黏土、粉土按照刃脚及隔墙的形状和尺寸分层填筑夯实,修整表面使与设计尺寸相符。为防水及保持土模表面平整,控制轮廓尺寸,可在土面抹一层 2～3 cm 厚的水泥砂浆面层,同时为增强砂浆面层与土模连接的整体性,在抹砂浆前可在土模表面每隔 15～20 cm 插入一根长约 10～20 cm 的竹签,竹签露出表面长度略小于砂浆层的厚度。为使沉井混凝土不致与土模砂浆面层粘连,可铺一层水泥纸袋。

挖土内模:当地下水位低,土质较好时,可采用挖土内模,如图 5-11 所示。

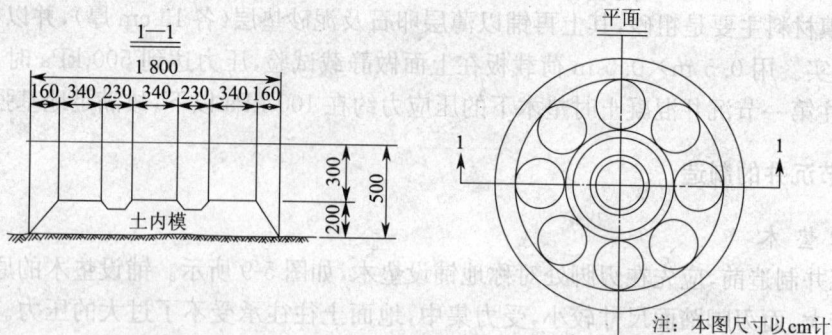

图 5-10 填土内模

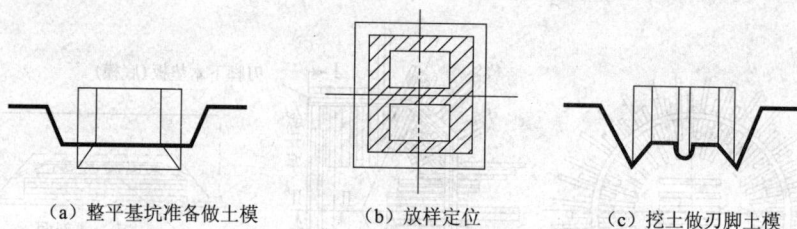

(a) 整平基坑准备做土模　　(b) 放样定位　　(c) 挖土做刃脚土模

图 5-11 挖土内模

挖土内模与填土内模相比,该法减少了刃脚部分先堆后挖的工作,无需打夯,无需水泥浆抹面,施工较为方便。

土内模施工时应注意以下方面:采用土内模时,底节沉井加在土面上的压力要比铺设垫木时大得多,所以土模仅适宜于地表土质均匀和压缩性小的土层;土内模施工时,应注意填土质量,使其满足设计承载力的要求;严格保证设计尺寸;在刃脚混凝土养生浇水时应细水匀浇,以防填土流蚀或使土模产生不均匀沉陷;震捣刃脚混凝土时,震捣器不宜直接触及土模;挖除土模时,不得先挖沉井外围土等等。

(四)灌注混凝土

混凝土灌注时,要特别注意均匀灌注和一次性连续完成。

**三、拆除模板和垫木**

当沉井混凝土的强度达到设计强度的 25% 以上时,即可拆除侧面直立模板;而刃脚斜面和隔墙底面模板,只有当强度达到设计强度 70% 以上时,才可以拆模;撤除垫木必须在沉井混凝土已完全达到设计强度后进行。

撤出垫木是一项重要的工序。随着垫木逐步地被抽除,沉井下的支承点也随之减少,因而沉井自重对井壁下缘所产生的挠曲应力则随之增大,如果最后撤出的几根垫木的位置分布不当,沉井则在下沉前或下沉之初,就有可能产生竖向裂缝而受损。因此,抽垫之前应根据沉井在自重作用下,支撑点和跨中弯矩相等的原则,来确定最后四根固定垫木的位置。

撤出垫木应按分区、分组、依次、对称、同步的原则进行。撤除垫木的顺序是:先撤内壁下,再撤短边下,最后撤长边下垫木。长边下的垫木是隔一根撤一根,然后以四个固定垫木(事先设计好位置并用红漆标明)为中心,由远而近对称地撤,最后撤除四个固定垫木。每撤出一根垫木,在刃脚处随即用砂土回填捣实,以免沉井开裂、移动或倾斜。

撤出垫木时,应注意观测沉井下沉的动态,以保证撤除垫木工序的顺利进行。

### 四、挖土下沉

撤完垫木后,底节沉井全部落在土面上并在自重作用下切入土中一定深度,此时即可在井内挖土,以消除刃脚下土的阻力,沉井又在自重作用下随之逐渐下沉。

沉井下沉有排水下沉和不排水下沉两种方法。前者适用于渗水量不大或渗水量虽较大、但排水并不困难的土层,后者适用于流砂严重的土层或渗水量较大无法抽干的情况。当土层渗水量较小,且不会因抽水引起流砂时,可边排水边挖土,否则,只能进行水下挖土。挖土方法和机具应根据工程的具体条件,合理选择。在排水下沉时,常用人工或风动工具,或在井内用小型挖掘机,在地面可用抓斗挖土机分层开挖。用人工挖土时,必须特别注意防止基坑涌水流砂,要仔细查明土层中有无"承压水层",防止在该土面附近挖土时,承压水突破土层涌进沉井,危及人身安全和埋没机具设备。不排水下沉时,通常采用空气吸泥机、抓土斗、水力吸石筒、水力吸泥机等机械挖土除泥。通过黏土、胶结层除土困难时,可采用高压射水破坏土层而除土。

沉井下沉中应注意:①正确掌握土层情况,做好下沉测量记录,随时分析和检验土的阻力与沉井重量关系。②在正常下沉时应均匀挖土,形成锅底土面,不使内隔墙底部受到支承。在排水下沉时,设计支承位置处的土应在分层挖土中最后挖除。为防止沉井下沉时偏斜,应控制井孔内除土深度和井孔间的土面高差。③随时调整偏斜,在下沉初期,尤其重要。④弃土应远离沉井,以免造成偏压,在水中下沉时,应注意河床因冲刷和淤积引起的土面高差,必要时应在井外除土调整。⑤在不稳定土层或砂土中下沉时,应保持井内水位高出井外 1~2 m,防止流砂,必要时要向井内补水。⑥下沉至设计标高以上 2 m 前,应控制井内挖土量,并调平沉井。

### 五、接筑沉井和井顶围堰

当底节沉井顶面沉至离地面只有 0.5~1.0 m 时,应停止挖土下沉,接筑第二节沉井。这时底节沉井应保持竖直,使两节沉井的中轴线重合。为防止沉井在接高时突然下沉或倾斜,必要时在刃脚下回填土。接高过程中应尽量对称均匀加重。混凝土施工接缝应按设计要求布置接缝钢筋,清除浮浆并凿毛,然后立模浇筑混凝土,待混凝土强度达设计要求后再拆模继续挖土下沉。以后,每当前一节沉井顶面沉至离地面较近时,即接筑后一节沉井。当整个沉井沉至接近基底标高,如果井顶低于土面或水面,需接筑一临时性井顶围堰。围堰平面尺寸稍小于沉井,下端与井顶上预埋锚杆相连。围堰待墩台身高出水面后即可拆除。

### 六、下沉过程中可能遇到的问题及其处理措施

沉井下沉过程中,可能会出现一些不利情况,应事先预防,考虑预案。当问题发生时要根据具体情况及时地开展针对性的处理。

(一)沉井发生倾斜和偏移

在沉井下沉过程中,应不断观察下沉的位置和方向。沉井下沉初期,外壁阻力小,容易出现倾斜。如发现有较大的偏斜应及时纠正。否则,当下沉到一定深度后,就很难纠正了。采取纠正措施前,必须摸清情况,分析原因,然后再设法纠正。

**1. 纠正倾斜的措施**

可在沉井刃脚较高一侧偏挖土或偏压重，或用射水管冲射，以纠正沉井下沉过程中的倾斜。如排水挖土，则除上述偏挖外，并可在刃脚较低一侧适当回填砂石。必要时在采取上述措施的同时，尚可用千斤顶或绞车等在井顶施加水平力，把沉井扶正。

**2. 纠正偏移的措施**

可先偏挖土使沉井倾斜，然后均匀挖土，使沉井沿倾斜方向下沉至井底面中心接近设计中心位置时，再纠正沉井倾斜。当排水挖土下沉时，亦可在沉井一侧刃脚下加铺支垫，使沉井绕支垫旋转向有利方向倾斜，拆除支垫后，如沉井不能沿倾斜方向下沉，则可将支垫移至对侧，落平沉井，如此反复进行，以纠偏移。

**(二)沉井在刃脚下遇到障碍物**

沉井在刃脚下可能遇到的障碍物主要是指如大树根、大孤石以及沉埋在土中的钢料铁件等，清除这些障碍物，沉井方可继续下沉。在能抽干水的情况下，可用人工排除。若遇大孤石，必要时可用少量炸药炸碎后清除。在不能排水的情况下，需由潜水工进行水下爆破和切割等处理。

**(三)沉井外壁土的摩擦力过大**

如果沉井外壁土的摩擦力过大，沉井下沉就会困难。解决这一问题主要从加大沉井的下沉力和降低下沉时土对沉井的阻力两方面考虑。

可提前接筑上节沉井；加重压沉；抽出井内部分水以减小沉井浮力；也可采用高压射水；挖出刃脚下的土；或挖出井壁外的土层以及设置泥浆润滑套、空气幕等措施。

**(四)沉井的突然下沉**

沉井的"突沉"是指沉井在下沉过程中，经过一定时间井内排土后，沉井没下沉，而在预想不到的某一时刻，沉井却突然以极快速度下沉的现象。"突沉"的特点：一是时间短，二是下沉快。有时仅几秒钟，沉井却突然下沉了数米。沉井在瞬间下沉，人们毫无准备，对人员和设备威胁很大，应注意避免。防止或减小"突沉"的要点如下：

(1)沉井接高后再次下沉时，不可将井内锅底土挖得过深，宜先沿刃脚四周挖土。

(2)为使井壁始终处于稳定滑动摩擦下沉状态，应连续挖土下沉，不宜时停时挖以免出现静止摩阻力而阻碍下沉。

(3)挖土下沉时，先挖刃脚下土，后挖井孔中间部位的土，可避免过大"突沉"发生。

(4)设计时在沉井井孔底部设底梁，"突沉"时可起到增大阻力作用。

**(五)沉井终沉时的超沉**

沉井的超沉，是指沉井下沉过大，低于了沉井刃脚设计标高的现象。沉井超沉不符合设计要求，常常会额外增加工程材料和费用，应力求避免。

沉井超沉的原因，往往是在沉井下沉后期，偏斜与位移还较大，纠偏不合适；或是各种原因引起的突沉；或是井内出现流砂情况等。

防止超沉的主要措施有：

(1)在施工设计时，检验沉井下沉后期的下沉系数，若该系数偏大，设计上则应考虑减轻井壁重量、增大刃脚踏面。

(2)在沉井下沉后期，对沉井下沉要做到勤观察、慢下沉、防偏移、防流砂。

(3)采用不排水下沉时，当沉井下沉快到设计标高时，井内锅底状土不要开挖太深，抽水助沉也要随时检查下沉情况,严格控制好下沉速度。

(4)采用泥浆套助沉沉井工艺时,当沉井下沉到设计标高,应立即用水泥浆置换井壁周围触变泥浆。

### 七、地基鉴定和处理

沉井沉至设计标高后,应对地基进行鉴定和清理。地基鉴定和处理与明挖基础类似,目的是检验地基土质是否与设计相符。排水下沉时,施工人员可下到井底直接进行清理和检查。不排水下沉时,需派潜水工下到井底进行检查或用钻机取样鉴定。

当检验合格后,对土质地基首先应予整平并清除浮泥,然后再在井底土面上铺一层碎石或卵石,直达刃脚踏面以上 20 cm;基底若为岩石,则应将风化岩碎块及砂砾等清除;以使封底混凝土与地基间不致产生有害的夹层。若基底岩层倾斜,还应将其凿成阶梯形。

### 八、封底、填充井孔和砌筑井顶顶盖

基底鉴定和处理后,应尽快封底。对于排水下沉的沉井,当井内涌水量不大,可直接在井底浇筑封底混凝土,再向井孔内填筑圬工。对于不排水下沉的沉井,需先采用导管法灌注水下混凝土封底,待混凝土达设计强度后,然后抽水,再在无水情况下填筑井孔内圬工。

沉井井孔是否填充,应根据沉井受力或稳定要求而定。为了减小基底压力,节省填充材料,封底后井孔内可不填充圬工。但有时为了提高基础的稳定性,或减小基底合力的偏心距,必须把取土井填实以增加沉井自重。在低于冻结线 0.25 m 以上部分,应用混凝土或石砌填实,其余部分的填充物可采用低标号混凝土、砂、石等材料。

若井孔不填或仅填以砂石,则应在井顶灌注制作钢筋混凝土顶盖,以支托墩台。接着就可砌筑墩台身,当墩台身砌出水面或土面后就可拆除井顶围堰。

# 第四节　用泥浆套和空气幕下沉沉井

### 一、用泥浆套下沉沉井

用触变泥浆套下沉沉井,目的是减少土对沉井外壁的摩擦力,是一种有效的下沉方法。20世纪 70 年代,我国江苏某矿用沉井通过采用触变泥浆助沉措施,在不排水情况下穿过包含流砂和液化土层在内的 80 m 覆盖层到达设计标高,获得较好的沉井下沉效果。

图 5-12 为某铁路大桥用泥浆套下沉一号墩沉井示意图。

该沉井为圆形,直径 20 m,全高 39 m,加 12.0 m 的钢板桩围堰。共下沉近 50 m。底节高 5 m 不采用泥浆套,以保持底节井壁土摩阻力不致降低。在高度 5 m 和 8.6 m 两处,设有储浆台阶(一般只需设一个台阶)。台阶处井壁均缩进 0.10 m。在下沉过程中由高压泥浆泵(压力 1.5～5 MPa),将拌制好的泥浆经压浆管从下端泥浆口处压出,在储浆台阶上分别形成 0.10 m 和 0.20 m 厚的泥浆润滑套(简称泥浆套)。设置泥浆套作用的实质是:使井筒与土壁之间的摩擦力变为井筒与泥浆之间或泥浆内部的摩擦力,从而大大地减少了沉井下沉时四周井壁向上的摩擦力(泥浆对井壁的摩擦力约为 3～5 kPa),这样就可使沉井下沉得既快又稳,顺利达到设计标高。

为压注泥浆在沉井四周外壁形成完好的泥浆套,泥浆套构造有:压浆管、射口挡板和地面围圈。

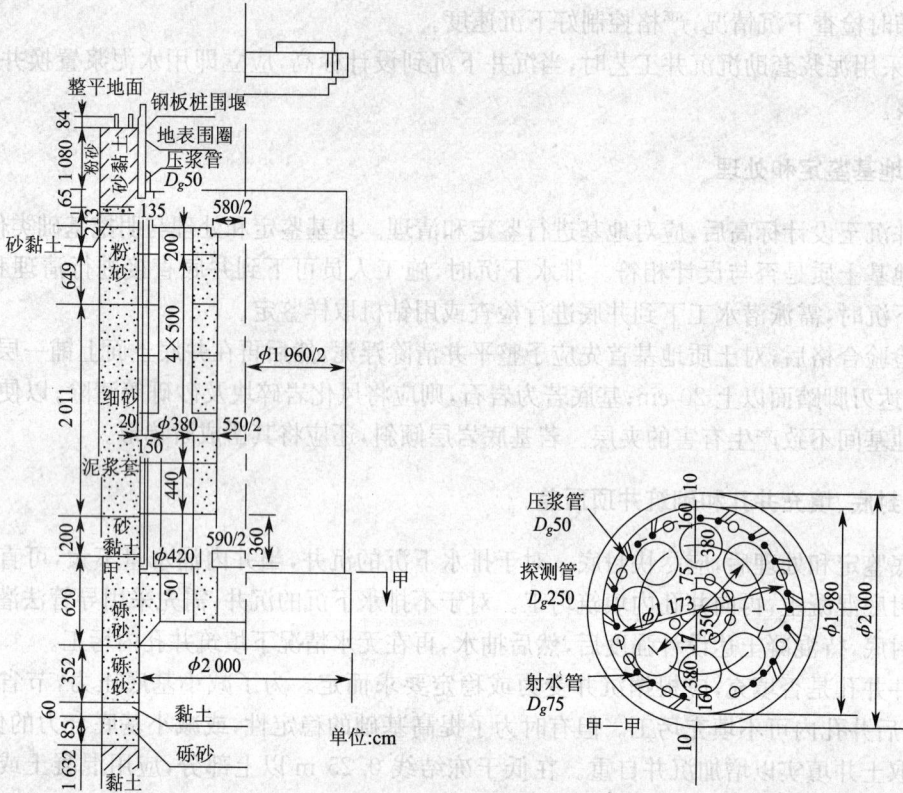

图 5-12  用泥浆套下沉沉井

**（一）压浆管**

压浆管一般预埋在井壁内，为节约钢材，也可在井壁内预制孔道。管径 38～50 mm，间距 3～4 m。射口方向与井壁成 45 度角，见图 5-13。

薄壁沉井中宜采用外管法，即压浆管布置在井壁的内侧或外侧。如预留在井壁内的压浆管一旦被堵塞时，可用外管法予以补救。

**（二）射口挡板**

泥浆射口挡板设置在底节沉井第一台阶的每根压浆管的出口，使射出的泥浆不致于直接冲刷土壁，防土壁局部坍落堵塞出浆口，起到缓冲作用，可用角钢或钢板弯制，如图 5-13 所示。

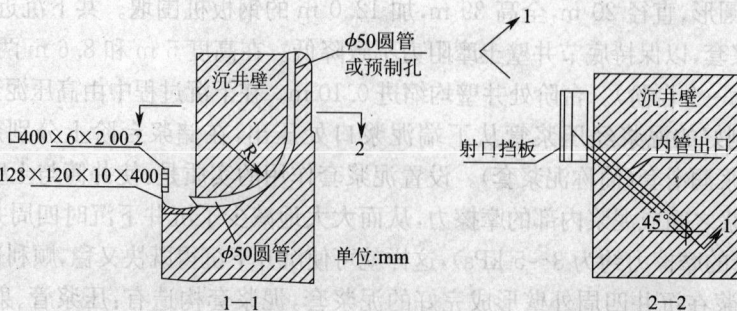

图 5-13  泥浆射口与挡板

（三）地表围圈

泥浆地表围圈是埋设在地表附近沉井外围保护泥浆套的围壁。它的作用是确保沉井下沉时泥浆套的正确宽度；防止表层土坍落在泥浆内；储存泥浆，保证在沉井下沉过程中泥浆补充到新造成的空隙内；泥浆在空隙内可流动，以调整各压浆管出浆的不均衡。

地表围圈的宽度即沉井台阶的宽度，而高度一般在 1.5～2.0 m 左右，顶面高出地面或岛面约 0.5 m，上加顶盖，以防土石落入或流水冲蚀。地表围圈可用木板或钢板制做。图 5-14 所示为一钢制地表围圈。地表围圈外侧，应采用不透水的土分层回填夯实。

此外，还需配备搅拌机、储浆池、压浆机以及连接压浆机和沉井压浆管的输浆管等。

为形成良好的泥浆套维护土壁完整，减少沉井外壁的摩擦力，选用的触变泥浆应具有良好的固壁性、触变性和稳定性。所谓固壁性，是指泥浆在向土层失水过程中，其细颗粒渗透或附着在土壁上，形成泥皮，从而加固了土壁，使沉井四周土壁不致坍塌，破坏泥浆套。所谓触变性，是指泥浆在静置时，类似凝胶状态，在外力作用下立即恢复液体的性质。所以在沉井下沉过程中，泥浆套对井壁的摩擦作用非常小。所谓稳定性，是指胶体的稳定特性，即泥浆在沉井下沉过程整个期间不会产生沉聚现象，泥浆性质不会变坏。泥浆一般由黏土、水和适量的化学处理剂碳酸钠配制成。关于泥浆性能及其指标的要求，可查阅相关施工手册。施工中还要注意，一般砂夹卵石层宜用黏度大、比重小的泥浆，黏土层宜用比重大而失水量小的泥浆，砂土宜用黏度大的泥浆。

采用泥浆套下沉沉井，要做到勤观察、勤补浆、勤补水，以避免出现沉井下沉中泥浆套中途破坏，发生流砂涌水等事故。

泥浆套助沉沉井的优点可概括为：下沉稳，位移小，易纠偏；下沉较快，尤其在细、粉砂中效果明显；可以减少沉井自重，采用薄壁轻型沉井，大大节约混凝土圬工量。但对于容易大量漏失泥浆的地层如卵石、砾石层及易翻砂的地层则不宜采用。

采用泥浆套下沉沉井，较不用泥浆套者，以下沉 50 m 为例，其下沉速度可提高 3 倍以上，节约混凝土圬工 35% 左右，可见，节省工期与提高质量较显著，经济效益好。

采用泥浆套下沉沉井，要注意防止泥浆的流失；维护土壁稳定，防止土体塌方；冬季施工防止泥浆冻结；清理基底时，防止边清边沉。下沉结束后要注意恢复井壁摩擦力。

**二、用空气幕下沉沉井**

用空气幕下沉沉井的方法，就是向预先埋设在井壁四周上的气管中压入高压气流，气流由喷气孔喷出，沿沉井外壁上升，形成一圈空气帷幕层（又叫空气幕），喷射空气的动力作用使其周围砂土松动或产生局部液化，黏性土则在井壁处形成泥浆薄膜，从而减少井壁和土间的摩擦力，促使沉井顺利下沉。此法也叫空气喷射法，壁后压气法。

空气幕主要作用是使沉井减阻助沉，该法具有如下特点：当沉井下沉到设计标高停止压气后，井壁与土之间摩擦力恢复结合快；下沉中还可利用空气幕分区启动进行纠偏；必要时还可利用气幕管网注浆作为沉井阻沉措施。

用空气幕下沉沉井在国外采用较早，20 世纪 60 年代日本曾在浅海中下沉了深为 200.3 m 的竖井。我国于 20 世纪 70 年代在九江长江大桥一个岸上墩中进行了试验，下沉效果良好。近年来，在江苏江阴长江大桥北锚碇巨型沉井下沉过程中，也利用了空气幕助沉技术，使该沉井成功地下沉到设计标高。国内试验和已施工的空气幕沉井下沉深度达 25～50 m。

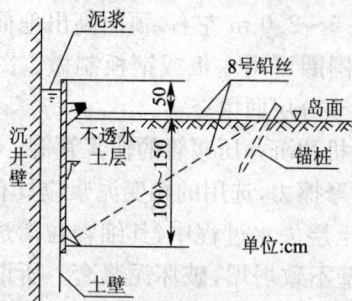

图 5-14　泥浆地表围圈

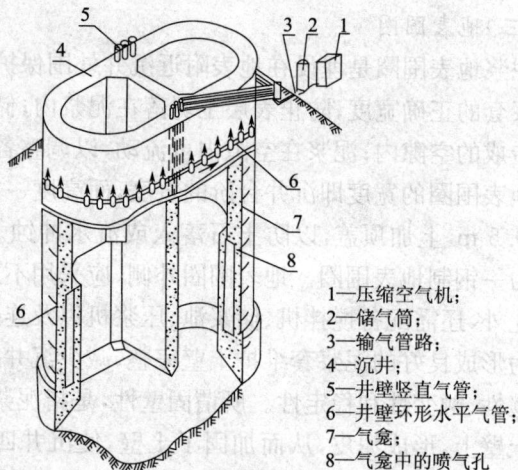

1—压缩空气机;
2—储气筒;
3—输气管路;
4—沉井;
5—井壁竖直气管;
6—井壁环形水平气管;
7—气龛;
8—气龛中的喷气孔

图 5-15　空气幕沉井压气系统构造示意

九江长江大桥某墩沉井为圆端形,宽 6.2 m,长 10.6 m,高 40 m。井壁厚原设计为 1.5 m,在 16 m 以上改为 0.7 m。沉井通过的土层除表层有 4 m 多的粉土外,其余基本上是粉砂、细砂互层,主要是细砂层。

空气幕沉井在构造上增加了一套压气系统。压气系统决定着空气幕的效果,它由气龛,井壁中的气管、压缩空气机、储气筒以及输气管路等组成,如图 5-15 所示。

**(一)气　　龛**

气龛是沉井外壁上凹槽及槽中的喷气孔。凹槽的作用是保护喷气孔和使喷出的高压气流有一扩散空间,然后较均匀地沿井壁上升,形成气幕。

气龛的形状,目前多用棱锥形,喷气孔一般为 1～3 mm 直径的圆孔,如图 5-16 所示,图(a)为试验中采用的形状,图(b)为建议改进的形状。制造时用钉在井壁外模板上的气龛木模成型。当沉井混凝土模板拆除后,在凹槽处外露的水平气管上用电钻钻孔就成为气龛喷气孔。在沉井下沉前应压气检查各气龛喷气情况,必须保证各气龛畅通无阻。

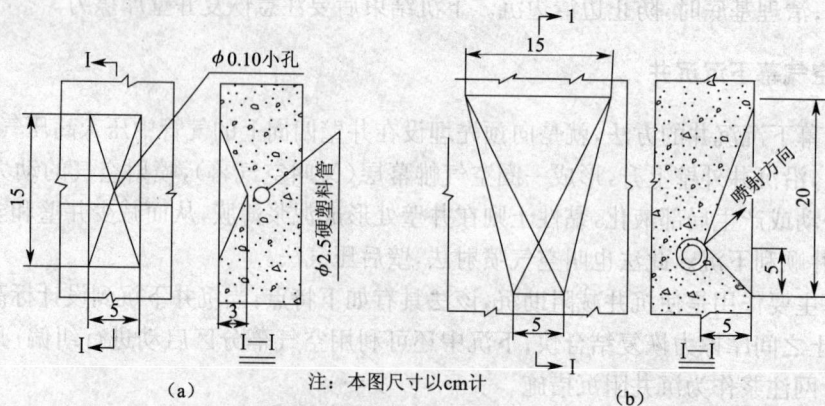

注:本图尺寸以cm计

图 5-16　气龛构造图

气龛的数量和排列:气龛的数量与多种因素有关。每个气龛所分担的摩擦面积等于沉井入土的总表面积除以气龛总数。根据经验,下部按 1.3 m²/个,上部按 2.6 m²/个布置。同时按其所负担的摩擦面积等间距分布,上下层交错排列。

(二)井壁中的气管

气管有两种,一种是水平环形管或叫水平喷气管,连接各层气龛,每 1/4 或 1/2 周设一根,以便纠偏,另一种是竖管,每根竖管连接二根环形管,并伸出井顶。竖管和环形管可采用内径为 25 mm 的硬塑料管,沿井壁外缘埋设。压气时,高压气流由竖管进入环形管,然后从各气龛喷出。

(三)压缩空气机和供气系统

压缩空气机的选用主要由气压和气量决定。由压缩空气机输出的压缩空气应先输入储风筒(又叫风包)内,其作用是防止压气时压力骤然降低而影响压气效果,起到稳定气压的作用。储风筒内的压缩空气由地面输气管路送至沉井。

压气下沉按下列步骤进行:①补水吸泥,当井孔内土面低于刃脚 0.5~1.0 m 时,即停止吸泥,②压气下沉,打开气阀的顺序是先上层后下层,由上而下逐层开启,③下沉停止后,关上气阀,停止送风。然后,再补水吸泥,进行第二个循环。

但空气幕沉井一般适用于地下水位较高的细、粉砂土及黏性土层中。在粗颗粒土层中效果不大,在卵石层、坚硬的黏性土和风化岩层中不能采用空气幕沉井。

用空气幕下沉沉井具有以下优点:

(1)由于压气减少了井壁的摩擦力,因而可减少沉井的自重,估计比普通沉井节省 30%~50% 的圬工量。

(2)压气下沉和吸泥可共用一套空气压缩机,在下沉深度 40 m 以内时,可不必另增特殊设备,操作也不复杂。增设气龛的费用,据统计只占节省工程造价的 10% 左右。

(3)施工速度快,与普通沉井相比,下沉速度提高 20%~60%。

(4)下沉完毕后,土对井壁的阻力可基本恢复,避免了泥浆套沉井外壁摩擦力不易恢复的缺点。这对基础的安全性和抗震能力都有利。

(5)可以在水中施工,不受水深限制。

由上所述,用空气幕下沉沉井具有突出的优点,比用泥浆套下沉沉井更为方便。

# 第五节 沉箱基础

修筑深基础的另一种施工方法是沉箱法。若在地下水面以下、且透水性很大的土层中含有难于处理的障碍物,或者基底基岩倾斜较大,需要经过特殊处理等情况下,沉井法不适用时,可采用沉箱法。

沉箱犹如一个有盖无底的箱子,其平面尺寸与基础尺寸相同,顶盖上面装有特制的井管和气闸,工人在工作室内(即箱内)挖土,使沉箱在自重作用下沉入土中。当工作室进入水下时,可通过气闸和气管打入压缩空气,把工作室内的水排出,并阻止沉箱外面的水侵入,工人仍能在里面工作,如图 5-17 所示,故又叫压气沉箱。沉箱开挖下沉的过程,实质上就是一个沉箱不断克服四周摩阻力下沉的过程。开挖过程就是在室内不断挖土的同时在箱顶上不停地砌筑圬工,沉箱自重就克服四周外壁向上的摩阻力而下沉,下沉到一定程度,沉箱四周摩擦面积逐渐增大,摩阻力逐渐接近和超过沉箱自重,沉箱下沉就放缓或停止,这时又在室内挖土并在箱顶上又砌筑圬工,沉箱自重又大于四周摩阻力而下沉,依次变换,循环往复,一直沉到设计标高。

然后用混凝土填死工作室,并撤去气闸和井管,建成基础,如图 5-18 所示。所以沉箱和沉井一样,其结构本身也是基础的一个组成部分。这种基础就叫做沉箱基础。

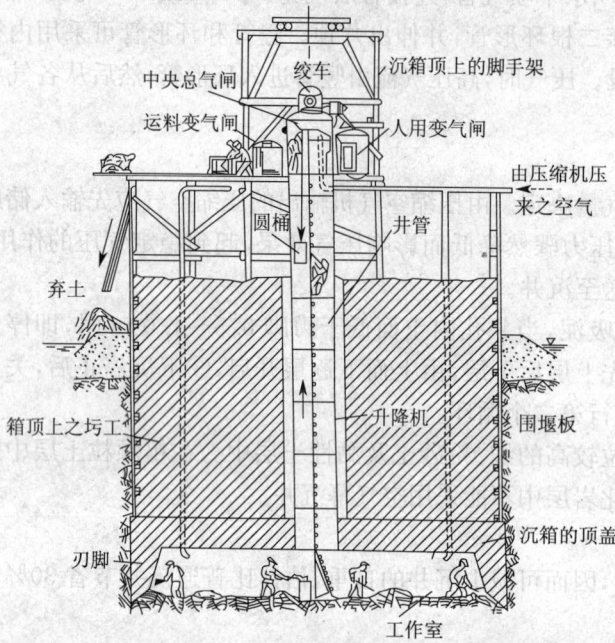

图 5-17　沉箱基础施工

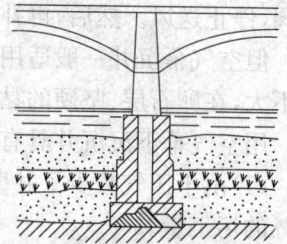

图 5-18　沉箱基础

沉箱基础是建桥史上应用较早的一种基础形式,我国著名的钱塘江大桥(1934～1937 年建成)采用的是修建在桩基上的沉箱基础。

沉箱法的主要优点是:在下沉过程中能处理任何障碍物,可以直接鉴定和处理基底,不用水下混凝土封底,基础质量较为可靠。其缺点是:工人要在高压空气中工作,不但工作效率较低,而且容易引起沉箱病(一种严重的职业病)。人体至多只能承受四个大气压,为安全计,沉箱的最大下沉深度是在水下 35 m,因而使用范围受到限制。再者,沉箱作业需要许多复杂的施工设备,如气闸、压缩空气机站等,其施工组织比较复杂,进度较慢,故造价较高。由于这些缺点,沉箱基础在桥梁基础工程中使用受到影响。截止 1959 年我国修建了近 60 个桥墩沉箱基础,以后随着管柱基础和大直径就地灌注桩的出现,逐渐被管柱基础和桩基础所取代。随着现代沉箱基础遥控施工机械、机器人技术、摄像技术、自动传输设备和指挥通讯设备的应用和不断改进与发展,相信会给沉箱基础在桥梁建造中的应用带来新的活力。

**一、沉箱的构造**

沉箱多采用钢筋混凝土制成的。沉箱可作成实心,也可作成空心。当沉箱自地面或人工岛面下沉,并且面积较小时,可采用实心钢筋混凝土沉箱,如图 5-19(a)所示。当沉箱面积较大时,则应采用空心沉箱,如图 5-19 中(b)和(c)所示。设置空心沉箱目的是减轻沉箱本身的自重,以免在制造和撤垫木时产生过大沉降,也避免在开始下沉阶段,因下沉过速而难于控制方向。

沉箱平面如同沉井一样,随墩台身截面形状而定,以简单、对称为好。常用平面为矩形或圆端形。沉箱顶面边缘至墩台身底面的襟边，应不小于沉箱高度的 $1/100$，且不小于 $0.1$ m。

沉箱的主要构成部分为：工作室、刃脚、箱顶圬工、升降孔和箱顶的各种管路等，如图 5-17 所示。

(1)工作室：是指由其顶盖和刃脚所围成的工作空间，其四周和顶面均应密封不漏气。室内最小高度应满足施工人员使用工具挖土、运土的基本空间，一般情况为 $2.2$ m，如要装设水力机械，其顶面最小高度为 $2.5$ m。

(2)顶盖：即工作室的顶板，下沉期要承受高压空气向上的压力，后期则承受箱顶上圬工的荷重，因此它应具有一定的厚度。其厚度 $h$ 与沉箱的宽度 $B$ 有关，可参看图 5-19。

(3)刃脚：其作用是为了切入土层，同时也作为工作室的外墙；它不仅要防止水和土进入室内，也要防止室内高压空气的外逸。由于刃脚受力很大，应作得非常坚固。

(4)箱顶圬工：沉箱顶上的圬工，也是基础的组成部分。在下沉过程中，不断砌筑箱顶圬工，起到压重作用。圬工可以砌成实体，也可沿周边砌成环状，视设计需要而定。

(5)升降孔：在沉箱顶盖和箱顶圬工中，必须留出垂直孔道，以便在其中安装连通工作室和气闸的井管，使人、器材及室内弃土能由此井管上下通过，并经过气闸出入大气中。

如为人工挖土的沉箱，则升降孔的数量按工作室的面积，大致以每 $90 \sim 100$ m² 有一个升降孔为宜。而孔的位置应位于相应面积的重心上。

(6)箱顶上的管路：箱顶上的管路有电线管、

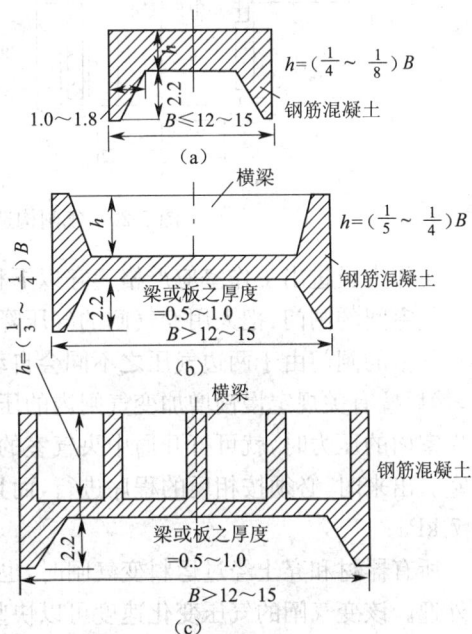

图 5-19 自地面或人工岛面
下沉之沉箱 （单位:m）

水管、进气管、排气管、风管、悬锤管和备用管等，它们是工作室内所需的空气、动力、通讯和照明等来源的必经管道。悬锤管是用来置放悬锤的，以检查沉箱的下沉方向是否垂直。

**二、沉箱作业的机械设备**

沉箱的作用是要在水下造成一个无水的环境，使人能在其中进行工作，就需要一些特殊的设备，这些设备有气闸、井管、压缩空气机站、水力机械、通信和照明设备。

1. 气闸

气闸位于井管的顶端，如图 5-17 所示。它的类型虽有多种，但构造原理是相同的，如图 5-20所示，由一个人用变气闸、二个运料变气闸和一个中央气室所组成，其中有电动机、调速器、绞车、吊斗和运料小斗车等附件。人用变气闸或运料变气闸都有两个闸门，一个与大气相通，另一个与中央气室相通，而中央气室通过井管与工作室相连通。

气闸是沉箱作业的关键设备。它的作用是用来让人、器材和挖出之土进出工作室，而又不引起工作室内气压变化。另一作用是当人出入工作室时，调节气压变化的速度，慢慢地加压或减压，使人体不致引起任何损伤。如人体受压太快，会使耳膜感到疼痛，引起耳膜的耳腔病；减压过快,又会使在高气压下溶解于血液中的氮来不及由肺部排出,而在血管中变成小气泡压迫神经,引起关节炎。另外,高压空气中的乙炔也溶于血液中,如来不及排出,会引起人体中毒,造成伤害。

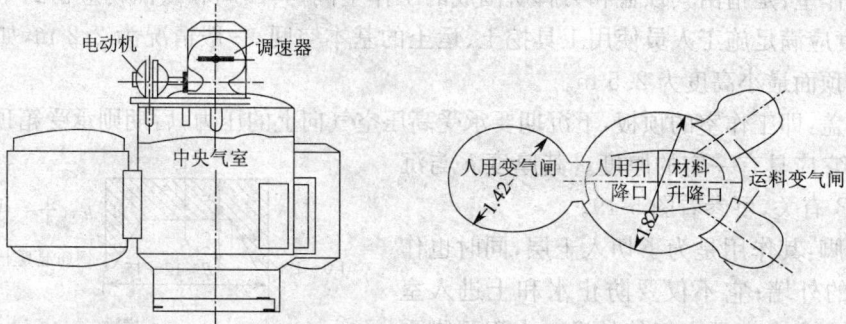

图 5-20　气闸构造(裘利尼式)(尺寸单位:m)

工作人员进出工作室应严格遵守以下程序:工作人员进入工作室前,先关闭人用变气闸和中央气室间的闸门,把人用变气闸的气压降低到正常大气压力,通外面的闸门才可打开。而通中央气室的闸门由于两边气压之不同会自动关得很紧。当人进入变气闸后,关上通外面的闸门,然后按有关规定慢慢增加变气闸内的压力,使人的身体渐渐地适应高气压,待其压力等于工作室内的压力时,就可打开通中央气室的闸门,人进入中央气室,再通过井管的梯子下到工作室。出来时,必须按相反的程序进行,而且在变气闸中降压的速度更要慢些,不能大于每分钟 7 kPa。

所有器材和弃土经过运料变气闸时,也必须按照上述的程序,以免工作室内的高压空气大量外逸。该变气闸的气压变化速度可以快些,但也不宜太快,以免由于压力突增而使气闸壁产生超应力。

2.井管

井管连接气闸与工作室,成为进出工作室的交通孔道。它是由 2 m 长的单管,用螺栓连接而成,如图 5-21 所示。中间有一隔墙,把井管分成两半,一半是器材的升降孔,另一半是设有扶梯的人用升降孔。随着沉箱的不断下沉,井管也须逐步接长,以保持气闸经常高出土面或水面。

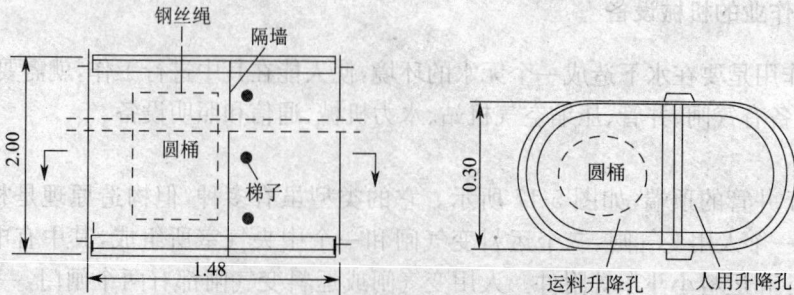

图 5-21　单节井管构造(尺寸单位:m)

3.压缩空气机站

沉箱工作室和气闸所需要的压缩空气,系由压缩空气机站供应,它也是一种重要设备。它的设置可采用两种形式。一种是固定设置在岸上，其输气管通过木便桥或吊索，或从河底通向沉箱。但如果桥梁很长，沉箱离岸很远，输气管路及其附属结构（如便桥，缆索等）需要很长，同时管路的气压损耗也大，都是不经济的，因此宜采用另一种形式，即移动式，把空气压缩机放在浮运铁驳上或邻近人工岛上，这样输气管路可以缩短。

压缩空气机站是由空气压缩机、储气筒、油质分离器和输气管路等组成。它们的排列如图5-22所示。储气筒的作用是为了冷凝和缓冲刚由压缩机压送出来的热空气。由空气压缩机送出的压缩空气含有较多油质，对人体健康是有害的，故在储气筒的后面应装有油质分离器，把油质清除掉，然后通过输气管把处理过的清洁空气输送到沉箱中去。输气管在进入沉箱前，分为两支，一支通入气闸，一支通入工作室。

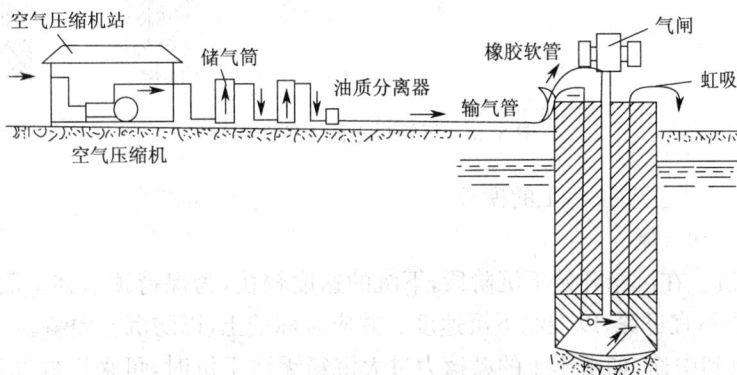

图 5-22　固定式空气压缩机站布置图

空气压缩机的生产率既要满足工作室中的空气不停地由刃脚踏面下、四周侧壁和顶盖等处渗透出去需要不断补充的量，又要满足室内工作人员呼吸新鲜空气所需的量（人的呼吸需要量，可按每人每小时 20～30 m³ 考虑）。为安全计，还需一台备用的空气压缩机。

4.水力机械

由于人在高压空气中工作，过重的体力劳动有害于身体健康，而且生产率也不高，所以应尽量用机械代替人工挖土。在沉箱中对砂性土以水力机械挖土的效果最好。水力机械所包括的设备有：水力冲泥机、水力吸泥机和高压水泵。由冲泥机把土冲成泥浆再用吸泥机把泥浆排出箱外。根据经验，在沉箱作业中，用水力机械代替人工挖土，沉箱下沉速度可提高 3～4 倍。但还不能完全摆脱人在高压空气中工作，所以需要研究无人沉箱，即由人在沉箱外面操纵水力机械挖土，或者使沉箱作业完全自动化。

5.通信、照明设备

为保持工作室与外界的联系，及时了解工作室内情况，在工作室内须装设电话和摄像设备。为了照明须装设电灯。为安全计，电灯的电压不要超过 12 V。

### 三、沉箱的制造和下沉程序

以自地面下沉的情况为例，简要说明沉箱的制造和下沉程序。

1.制造

沉箱的制造和沉井的制造基本相同，不再重复。

**2.下沉准备和下沉**

沉箱下沉准备和下沉的过程如图 5-23 所示。

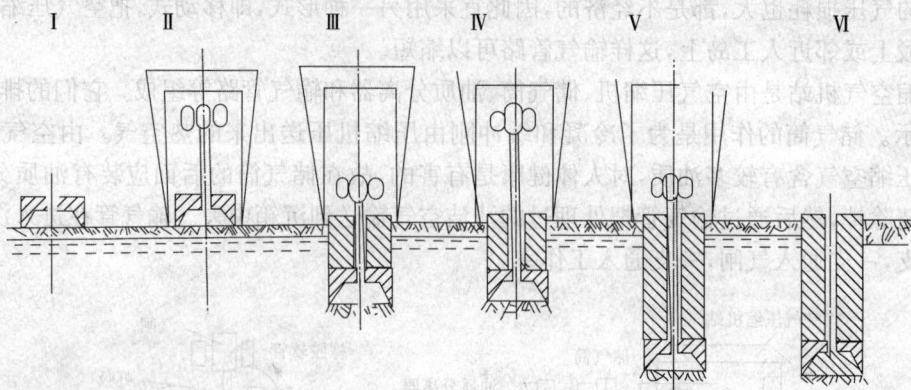

图 5-23　沉箱自土面下沉的程序

(1)撤除垫土,支立箱顶圬工的模板。

(2)安装井管和气闸。

(3)挖土下沉。在沉箱开始下沉阶段,下沉的速度较快,为保持顶盖到土面的净空不少于 1.8 m,每次挖土不宜过深,以控制下沉速度。并应对称挖土,以防沉箱倾斜。

当沉箱下沉到中途,如由于土的摩擦力过大沉箱无法下沉时,可采用放气逼降法,即把工作室的排气管打开(事先人都要离开工作室),使室内气压骤减,相对地增大沉箱的向下重量,就有可能克服土的摩擦力而下沉。

(4)接长井管。随着沉箱的下沉,箱顶圬工在不断上砌,当圬工顶面接近气闸时,就应接长井管。接长的步骤与气闸数量有关:如只有一个气闸,则所有工作人员应离开工作室,把顶盖处的井管盖板关闭,然后接长井管,同时还要接长有关管路,一般要停工 2～3 天,如有几个气闸,则可轮流接长,不停止下沉作业。

(5)沉箱下沉到达设计标高后,进行基底土质鉴定和地基处理。

(6)填封工作室和升降孔。工作室内应填以不低于 C10 的混凝土或块石混凝土。混凝土的浇灌应由四周刃脚开始,按同心圆一层层向中间填筑,接近顶盖处应填以较干硬的混凝土,并要切实捣固。最后用 1∶1 的稀水泥浆从升降孔内以不高于 400 kPa 的压力压入工作室,同时把室内排气管打开,直到注浆管的水泥浆不再下降为止,这时意味着工作室内一切缝隙均已被水泥浆所填满,顶盖与填充混凝土已完全密贴。然后,撤除气闸和井管,再把升降孔也一同用混凝土填死。

关于沉箱基础的结构分析与计算,可参考有关沉箱基础设计技术手册。

# 第六节　一般沉井的设计和计算

一般沉井的设计计算,主要包括尺寸和标高拟定、下沉能力检算和结构设计计算。

在沉井设计前,应掌握以下有关资料:

(1)上部结构、墩台类型及尺寸和沉井基础的设计荷载。

（2）水文和地质资料包括设计水位、施工水位和冲刷线的标高，或地下水位的标高，地质和土层情况，土的物理力学性质指标，有无障碍物等。

（3）拟采用的施工方法，如排水或不排水下沉，筑岛和防水围堰材料及高程。

沉井设计的内容有：

（1）沉井基础本身的检算，即按深平基计算的要求进行检算。

（2）沉井结构的设计计算，即在施工过程中沉井所受的外力及其结构的设计计算。

### 一、沉井各部分尺寸的拟定

根据上部结构的特点、设计荷载的大小、水文和地质地层情况，结合沉井的构造要求和施工方法，依次拟定沉井各部分的尺寸，即沉井的高度和分节、沉井的平面形状和尺寸、取土井的位置和大小、井壁的厚度、刃脚的形状和尺寸、封底混凝土和顶盖的厚度等。

### 二、验算沉井的下沉能力

沉井自重（排水下沉时应考虑水浮力）与土对井壁的摩擦力之比称为下沉系数。

当沉井全部尺寸拟定后，应计算沉井自重和下沉系数。下沉系数应大于 1.0，最好等于或大于 1.15～1.25，当沉井下沉较深或需嵌入风化岩层时，还应考虑增加沉井重量（如采取压载），加大下沉系数，以保证沉井足以克服下沉时土的摩擦力而顺利下沉。

下沉系数 $K$ 表示为

$$K=Q/T>1.0 \tag{5-1}$$

式中　$Q$——沉井自重（kN），如为不排水下沉，则应扣除水的浮力；

　　　$T$——土对沉井外壁的总摩擦力（kN），其值按下式计算：

$$T=\sum f_i h_i u_i \tag{5-2}$$

其中　$h_i,u_i$——沉井穿过第 $i$ 层土的厚度（m）和该段沉井的周长（m），

　　　$f_i$——第 $i$ 层土对井壁单位面积的摩擦力（kPa），其数值与沉井入土深度、土的性质、井壁外形及施工方法等有关，应根据实践或试验资料确定，如缺乏资料时，可参考表 5-1 所列数值。

当沉井刃脚需嵌入风化层时，应考虑采取必要措施。

当式（5-1）不能满足时，可加大井壁厚度以增加自重，再进行检算，务必使 $Q>T$。否则，应考虑施工时在沉井顶部压重或采用高压射水等辅助措施下沉，也可采用泥浆套或空气幕下沉方法等。

### 三、沉井结构的计算

沉井自底节撤除垫木开始下沉，到沉至设计标高、封底和修筑顶盖、砌筑墩身和架梁通车，沉井各部分（刃脚、井壁、封底混凝土和顶盖）在各个阶段的受力情况不同，最不利受力状态也不同。因此，在设计沉井各部分时，应了解和确定它们各自的最不利受力状态，并拟定相应的计算图式，然后算出其内力、检算截面的强度和进行配筋。

下面按施工程序来介绍底节沉井、刃脚、井壁、封底混凝土和顶盖，在施工过程中或桥梁建成通车后的最不利受力状态及其内力的计算。

表 5-1 土对井壁单位面积的摩擦力 $f$

| 土的种类 | $f$(kPa) | 土的种类 | $f$(kPa) | 土的种类 | $f$(kPa) |
|---|---|---|---|---|---|
| 砂类土 | 12~25 | 黏性土 | 25~50 | 泥浆套 | 3~5 |
| 卵石土 | 15~30 | 软土 | 10~12 | | |

**(一)底节沉井竖向破裂检算**

底节沉井在撤除垫木后,刃脚下的支点逐渐减少,最后只支承在几个支点上。于是井体在自重作用下犹如一厚梁,在垂直面内产生弯曲,所以应检算底节沉井在自重作用下的弯曲应力。井体中的弯曲应力显然与支点的位置有关,在下沉过程中可能出现的支点位置在排水和不排水的条件下不同。

(1)排水下沉时,沉井支点位置:由于挖土可以控制,在整个下沉过程中,沉井的最后支点始终可控制在使井体弯曲较小最为有利的位置,即使其跨中弯矩和支点上的负弯矩接近或相等,也就是使其最大弯矩值最小。如图 5-24(a)所示,当 $\dfrac{L}{B} > 1.5$ 时($L$ 为沉井长度,$B$ 为宽度),这些支点可设在长边上,支点间距为(0.6~0.8)$L$。若为圆形沉井,则可按支承在相互垂直的两个直径上的四个支点检算。

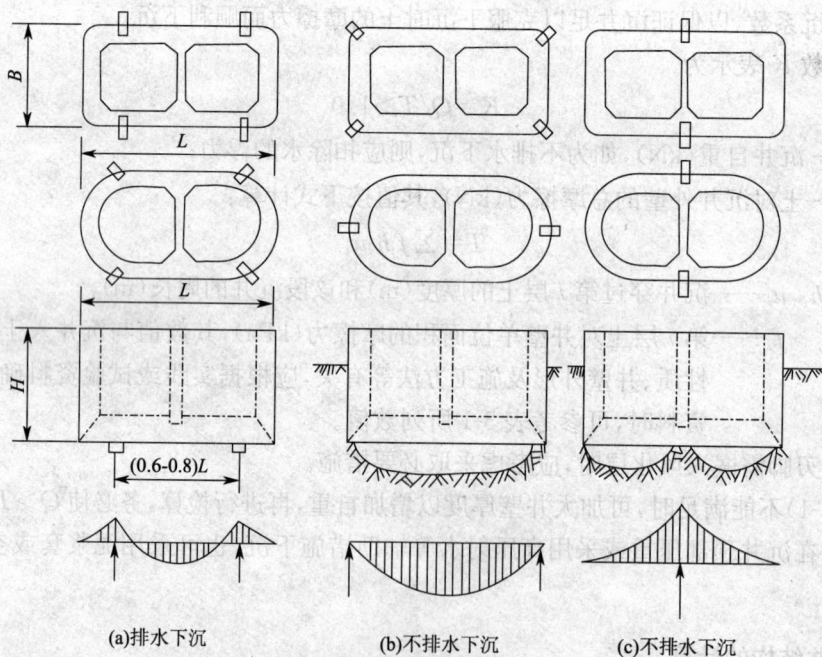

(a)排水下沉　　　　(b)不排水下沉　　　　(c)不排水下沉

图 5-24 底节沉井计算图式

(2)不排水下沉时沉井支点位置:由于一般用机械挖土刃脚下土的支承情况很难控制,故可能出现使底节沉井产生弯曲的两种最不利情况,即支撑于短边的两端点,或支撑于长边的中点,如图 5-24(b)及(c)所示。两种情况下都在长边跨中附近最弱截面上产生最大弯曲拉应力,前者可能使刃脚开裂,后者可能使底节沉井顶面开裂。故应检算这两种情况下沉井中线附近最小垂直截面上、下缘混凝土的弯曲拉应力。对于圆形沉井,若土层中有孤石、漂石或其他障碍物时可按支承于直径上的两个支点检算。

在以上检算情况中,若计算出的混凝土拉应力超过其容许拉应力时,则应加大底节沉井高度。增加高度虽使底节沉井重量增加,弯矩加大,但其截面模量增加更大,从而使混凝土拉应力减小。此外,也可按需要增设水平钢筋抵御弯曲拉应力。

当底节沉井内隔墙跨度较大时,还需检算内隔墙。其受力情况为:隔墙下土已挖空,处于悬空状态,第二节沉井混凝土尚未凝固,此时隔墙犹如两端简支支承在井壁上的梁,其荷载除底节和第二节内隔墙自重外,尚应计入第二节内隔墙模板等施工荷载。若底节隔墙的强度不足,为节省钢材,施工时可在底节隔墙下回填粗砂并夯实之,使第二节隔墙荷载直接传递至粗砂层上。

(二)刃脚内力计算

沉井刃脚在下沉过程中,有时切入土中,有时悬空(刃脚下土被挖空),是沉井受力最大和最复杂的部分。它本身是一空间结构,为简化计算,一般按竖向和水平向分别计算。从竖向分析,可以近似地把刃脚看作是固定于刃脚根部井壁 $A$—$A$ 处的悬臂梁,如图 5-25(a)所示。当刃脚切入土中时,在土对刃脚斜面的反力作用下,刃脚向外弯曲;当刃脚下土掏空时,则在刃脚高度范围内外侧水压力和土压力作用下,刃脚向内弯曲。在水平面上,刃脚又是一个封闭的框架,在刃脚高度范围内水压力和土压力作用下在水平面内发生弯曲变形,如图 5-27 所示。因此,刃脚内、外侧既需设置竖向钢筋以承受竖向剖面内向外和向内的弯矩,又需设置水平钢筋以承受水平剖面内的弯矩。

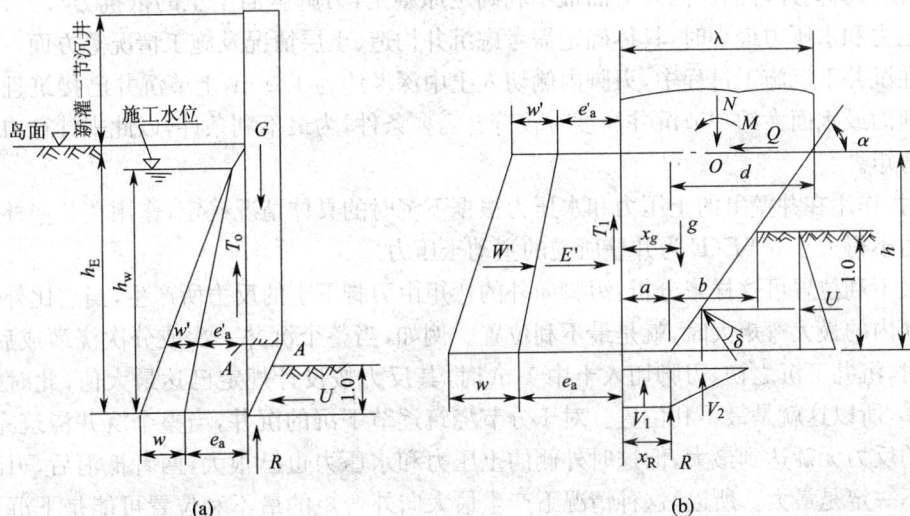

(a)　　　　　　　　　　(b)

图 5-25　沉井下沉过程中刃脚外力计算

如上所述,刃脚在竖向和分平向分别按悬臂梁和封闭框架计算,因此,作用在刃脚上的水平外力有一个分配到悬臂梁和水平框架上各为多少的问题。这取决于悬臂梁和水平框架的刚度比值。可根据悬臂梁半高处的挠度等于水平框架跨中的挠度的关系,来近似地求出相应的分配系数。对于矩形沉井可近似采用以下系数。下式中的 $\alpha$ 和 $\beta$ 分别为分配到悬臂梁和水平框架上的水平力系数。

$$\alpha = \frac{0.1S_1^4}{h^4 + 0.05S_1^4} \leqslant 1 \tag{5-3}$$

$$\beta=\frac{h^4}{h^4+0.05S_2^4} \tag{5-4}$$

式中　$S_1$、$S_2$——分别为沉井外壁支承于内隔墙或外壁间的最大、最小计算跨度；

　　　　$h$——刃脚斜面部分高度。

分配到悬臂梁上的水平力，用来计算竖向内力，其大小为作用在刃脚上的总水平力乘以分配系数 $\alpha$；而分配到水平框架上的水平力，用来计算水平方向内力，其大小为作用在刃脚上的总水平力乘以分配系数 $\beta$。

分配系数 $\alpha$ 和 $\beta$ 只用于当内隔墙底面距刃脚底面不超过 0.5 m，或虽大于 0.5 m 而有垂直梗肋时。否则，全部水平力都由悬臂作用承担（$\alpha=1$），不再按水平封闭框架计算水平钢筋（因为此情况下水平框架的刚度比悬臂梁的刚度要小很多），但需按构造要求布置少量水平钢筋，以使水平框架在隔墙处能承受一定的水平弯矩，防止在隔墙附近出现裂缝。

下面分述刃脚竖向和水平向内力的计算。

1. 刃脚在竖向平面内内力的计算

计算刃脚竖向内力时，可沿沉井周边取一单位长度井壁进行分析。将刃脚看作是固着于井壁下部的悬臂梁，梁的跨度就是刃脚的高度，其计算图式如图 5-25(a)所示。按向外弯曲和向内弯曲两种情况来具体分析。

(1)向外弯曲：刃脚切入土中一定深度，由于沉井自重作用，在刃脚斜面上便产生了土的抵抗力，它使刃脚向外弯曲。向外弯曲最不利确定原则是，刃脚斜面上土的抵抗力最大，而井壁外的土压力和水压力最小时，具体确定需考虑沉井构造、土层情况及施工情况等方面。一般近似认为在沉井下沉施工过程中，刃脚内侧切入土中深度约为 1.0 m，上节沉井已接筑且沉井上部露出地面或水面大约一节沉井高度时较符合需要条件，为最不利条件，以此来计算刃脚的向外挠曲弯矩。

此时，作用在井壁上的土压力和水压力根据下沉时的具体情况确定，作用在井壁外侧的计算摩擦力不得大于 $0.5E$（$E$ 为井壁所受的主动土压力）。

其最不利位置可这样来分析：刃脚向外的弯矩由刃脚下土的反力所产生，当它比外侧压力产生的向内的最大弯矩大时，就是最不利位置。例如，当整个沉井一次或分次浇灌成后，再挖土下沉时，沉井下沉之初，刃脚切入土中 1 m 时，其反力按设计规定已达最大值，此时外侧的压力尚小，所以这就是最不利位置。对于分节浇筑逐节下沉的沉井，当整个沉井浇筑完时，刃脚下土的反力无疑达到最大，但这时外侧的土压力和水压力也已很大，两者抵消后，刃脚的向外弯矩不一定是最大。所以，这种情况下产生最大向外弯矩的最不利位置可能是下沉过程中刚浇筑完某一节沉井开始继续下沉时。可根据具体的水文地质情况和施工方法等选择几个情况进行计算比较，以求出刃脚的最大向外弯矩。

作用在刃脚上的外力如图 5-25(b)所示，有刃脚外侧的主动土压力及水压力，沉井自重，土对刃脚外侧的摩阻力，以及刃脚下土的抵抗力。图中 $h$ 为刃脚高，$\lambda$ 为井壁厚，$\alpha$ 为刃脚斜面与水平面的夹角。

①刃脚下土的反力（其竖向分量为 $R$，水平方向分量为 $U$）。

由图 5-25(a)可知

$$R=G-T_0 \tag{5-5}$$

式中　$G$——单位长井壁的自重（为安全计，把内隔墙的重量也分配到外壁上，即 $G$ 等于沉井在这时的重量除以沉井周边长度），如不排水下沉，需扣去浮力；

$T_0$——单位长井壁上的总摩擦力，取下两式中的小者，目的是使反力 $R$ 为最大值。

$$T_0 = 0.5E \tag{5-6}$$

或

$$T_0 = f \cdot h_E \cdot 1 \tag{5-7}$$

式中　$E$——作用在单位宽井壁上的主动总土压力；

$f$——土与井壁间的单位面积摩擦力，可参考表 5-1 取值；

$h_E$——沉井入土深度。

为了求 $R$ 的作用点离刃脚外侧的距离 $x_R$ 和水平反力 $U$，假定刃脚踏面下土的竖向反力 $V$ 为均布，刃脚斜面下土的竖向反力 $V_2$ 和水平反力 $U$ 为三角形分布，如图 5-25(b)所示，则

$$R = V_1 + V_2$$

$$V_1 = a \cdot \frac{2V_2}{b}（V_1 \text{的强度等于} V_2 \text{的最大强度}）$$

所以

$$V_2 = \frac{Rb}{2a+b} \tag{5-8}$$

$$x_R = \frac{a^2 + ab + \frac{1}{3}b^2}{2a+b} \tag{5-9}$$

$$U = V_2 \tan(\alpha - \delta) = \frac{Rb}{2a+b}\tan(\alpha-\delta) \tag{5-10}$$

$U$ 的作用点离刃脚踏面为 $1/3$ m。在以上各式中，$a$ 为踏面宽度，$b$ 为切入土中的刃脚斜面的水平投影 $b = \frac{\lambda-a}{h}$，$\delta$ 为土与圬工的摩擦角，可取 $\delta = \varphi$，$\varphi$ 为土的内摩擦角。

②刃脚外侧的水平压力

a. 总土压力 $E'$

刃脚根部处的主动土压力为

$$e'_a = \gamma(h_E - h_w)\tan^2\left(45° - \frac{\varphi}{2}\right) + \gamma_b(h_w - h)\tan^2\left(45° - \frac{\varphi_b}{2}\right) \tag{5-11}$$

沉井底部处的主动土压力为

$$e_a = \gamma(h_E - h_w)\tan^2\left(45° - \frac{\varphi}{2}\right) + \gamma_b h_w \tan^2\left(45° - \frac{\varphi_b}{2}\right) \tag{5-12}$$

式中　$\gamma, \gamma_b$——分别为地下水位以上土的重度和地下水位以下土的浮重度；

$\varphi, \varphi_b$——分别为地下水位以上和地下水位以下土的内摩擦角；

$h_w$——地下水位至刃脚踏面的高度。

因此

$$E' = \frac{e_a + e'_a}{2} \cdot h \tag{5-13}$$

$E'$ 的作用点距刃脚根部的距离 $y_E$ 为

$$y_{E'} = \frac{e'_a + 2e_a}{e'_a + e_a} \cdot \frac{h}{3} \tag{5-14}$$

b. 总水压力 $w'$

刃脚根部处的水压力 $w'$ 为

$$w' = \psi \gamma_w(h_w - h) \tag{5-15}$$

沉井底面处的水压力 $w$ 为

$$w = \psi \cdot \gamma_w \cdot h_w \tag{5-16}$$

式中，$\gamma_w$ 为水的重度；$\psi$ 为水压力折减系数。

故

$$W' = \frac{w' + w}{2} h \tag{5-17}$$

$W'$ 的作用点到刃脚根部的距离 $y_w$ 为

$$y_w = \frac{w' + 2w}{w' + w} \cdot \frac{h}{3} \tag{5-18}$$

水压力折减系数 $\psi$，应根据沉井下沉时施工的具体情况而定。在不排水下沉时，理论上讲，沉井内外水头相同，作用在刃脚内外的水压力互相平衡，$\psi = 0$。但施工中用吸泥机吸泥时，往往形成内侧水头低于外侧，一般约低 $2 \sim 4$ m。但在细砂层中下沉时，为了防止发生流砂上涌，井内水头又往往高于井外水头。当计算向外弯曲内力时，应从经济和安全两方面考虑，根据施工中的实际情况而定。在计算向内弯曲内力时，一般建议井壁外侧水压力按 100% 计算，内侧水压力按 50% 计算，即 $\psi = 0.5$。但也可按施工中可能出现的水头差计算。在排水下沉时，在不透水的土中，井壁外侧水压力可按静水压力的 70% 计算，故 $\psi = 0.7$。

根据以上计算结果，作用在刃脚高度范围内的外侧水平总压力为：$E' + W'$。当符合前述有关规定时，以上所得的总水平力尚需乘以分配系数 $\alpha$。

③刃脚外侧高度上的摩擦力 $T_1$。

刃脚外侧高度上的摩擦力 $T_1$ 按如下两式计算，取其中较大者，目的是对于刃脚根部断面形心处的向外弯矩为最大。

$$T_1 = 0.5E' \tag{5-19}$$

或

$$T_1 = f \cdot h \cdot 1 \tag{5-20}$$

$E'$ 按式(5-13)计算，其他符号同前。

④刃脚自重 $g$

$$g = \gamma_h \cdot h \cdot \frac{\lambda + a}{2} \tag{5-21}$$

式中　$\gamma_h$——钢筋混凝土重度。

不排水下沉时应扣除浮力，其作用线通过刃脚的重心。

在求得作用在刃脚上所有外力的大小、方向和作用点后，即可计算刃脚根部断面中点上的内力：弯矩 $M$、轴向力 $N$ 和剪力 $Q$。根据内力 $M$ 和 $N$ 就可设计刃脚内侧竖向钢筋。所设计的钢筋断面积按要求不得小于根部断面面积的 $0.1\%$，而且钢筋应伸入刃脚根部以上 $0.5 S_1$（$S_1$ 为支承于内隔墙间的井壁最大计算跨度），并在刃脚全高上按剪力和构造要求布置蹬筋。

（2）向内弯曲

向内弯曲时的最不利位置是：沉井已沉至（确切些讲是接近）设计标高，刃脚下的土已被挖空。此时作用在井壁上的水压力，按设计和施工中的最不利水压力考虑，土压力按主动土压力计算。其计算图式及所受外力如图 5-26 所示。

①刃脚下土的反力

因为刃脚下的土已挖空，所以　$R = U = 0$

②刃脚外侧土压力和水压力

刃脚高度范围内外侧土压力和水压力的大小和作用点位置仍可用前述公式(5-13)、

式(5-14)、式(5-17)和式(5-18)计算,只是公式中的 $h_E$ 应改为沉井入土总深度 $H$, $h_W$ 应为地下水至井底设计标高的距离。

当符合前述有关规定时,所得的总水平力也需乘以分配系数 $\alpha$。

③刃脚外侧高度上的摩擦力 $T_1$

因为这时土对井壁的总摩擦力 $T_0$ 等于井壁自重 $G$,所以

$$T_1 = G \times \frac{h}{H} \qquad (5-22)$$

式中, $G$ 为沉至接近设计标高时单位长井壁的自重。其他规定同前。

④刃脚自重 $g$

刃脚自重 $g$ 的计算同前。

求得作用在刃脚上的所有外力后,如图 5-26 所示,即可求出刃脚根部截面中点上的弯矩 $M$、轴向力

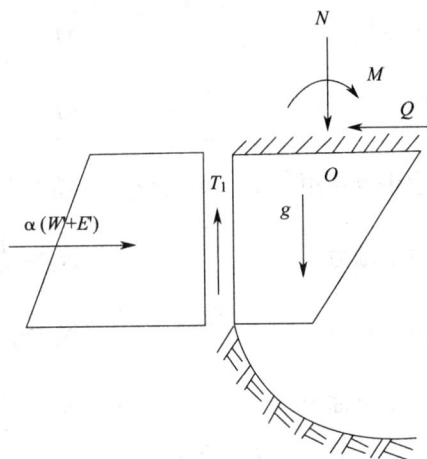

图 5-26　沉井底部接近设计标高时,
刃脚根部内力计算

$N$ 和剪力 $Q$。根据 $M$ 和 $N$ 就可设计刃脚外侧竖向钢筋,其配筋率同样不得小于 $0.1\%$,同时钢筋也应延伸到根部以上 $0.5S_1$ 的高度,并在刃脚全高按剪力和构造布置蹬筋。

2.刃脚在水平面内内力的计算

刃脚在水平面内内力计算图式,如前述可视为一封闭的平面框架,其形状取决于沉井的平面形状。

使刃脚在水平面内产生最大内力的最不利情况是:沉井已沉至接近设计标高,刃脚踏面下土已被挖空。这时刃脚水平框架四周外侧受到刃脚高度范围内的向内水平压力,其值为 $p(\text{kN/m})$, $p = \beta(E' + W')$,均匀分布,其中 $E'$ 和 $W'$ 就是前面求竖向向内弯曲内力时已求得的, $\beta$ 是水平力分配系数,由式(5-4)计算。

封闭框架是超静定结构,在上述计算荷载作用下,可按结构力学方法求出控制断面上的弯矩 $M$、轴向力 $N$ 和剪力 $Q$。然后,根据 $M$、 $N$ 和 $Q$ 就可设计刃脚水平钢筋,因框架的跨度一般不是很大,为了便于施工,水平钢筋可不必按正负力矩进行弯起,可直接按正负力矩的需要布置成内外两圈。

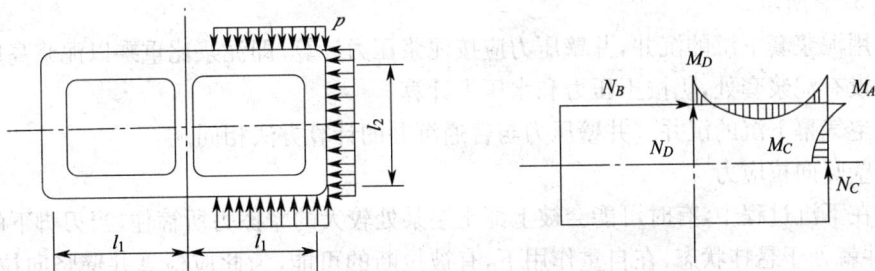

图 5-27　双孔对称矩形沉井内力

关于框架内力计算,可参阅相关设计计算手册。图 5-27 所示的计算公式说明如下:

令 $K = l_2/l_1$,其中 $l_1$ 及 $l_2$ 的意义如图示,则角点弯矩、中间支点弯矩、短边中点弯矩、长

边、短边及中间壁上的轴力分别为

角点弯矩
$$M_A = -\frac{pl_1^2}{12} \cdot \frac{1+2K^3}{1+2K}$$

中间支点弯矩
$$M_D = -\frac{pl_1^2}{12} \cdot \frac{1+3K-K^3}{1+2K}$$

短边中点弯矩
$$M_C = \frac{pl_1^2}{24} \cdot \frac{2K^3+3K^2-2}{1+2K}$$

长边上轴力
$$N_B = \frac{1}{2}pl_2$$

短边上轴力
$$N_C = pl_1 - \frac{1}{2}N_D$$

中间壁上轴力
$$N_D = \frac{1}{2}pl_1 \cdot \frac{2+5K-K^3}{1+2K}$$

$$(5-23)$$

（三）井壁内力计算

井壁内力计算也需按水平方向和竖直方向分别进行。

1. 井壁水平内力

井壁在下沉过程中,在水平方向始终承受着四周的水压力和土压力,如图 5-28 所示。

井壁上的水平压力由上到下随深度增加,所以井壁的水平内力在不同深度处其大小也上小下大,需分段计算。其最不利情况是:沉井已沉至设计标高,而井孔尚未填充时。这时,每段井壁都受到了各自的最大水平力,对井壁产生最大水平内力。

计算井壁水平内力的计算图式与计算刃脚的水平内力时相同,按平面封闭框架考虑。井壁上的土压力和水压力的计算也相同,参看式(5-11)～式(5-18)。注意此时不考虑井壁悬臂作用,即水平框架分配系数 $\beta$ 为 1。

为了既保证各节沉井井壁在各自的外侧最大水平压力作用下有足够的强度,又能节约钢筋便于施工,通常取每节沉井受力最大的单位高度井壁(也即每节沉井最下部的向上一米)进行计算,并在全节高度上配置相同的钢筋。其计算截面和所受外力如图 5-28 所示。

在前面计算刃脚竖向的悬臂作用时,是假设刃脚固着在井壁下端的,故刃脚之上这一段井壁除承受作用在本身外侧的土压力和水压力外,尚承受从刃脚根部传来的水平剪力 $Q$。因此,位于刃脚根部之上其高度等于井壁厚度 $\lambda$ 的一段井壁,需另行单独设计。其计算截面和所受外力如图 5-29 所示。

对采用泥浆套下沉的沉井,井壁压力应按泥浆压力计算,即泥浆比重乘以泥浆高度。沉井台阶以下没有泥浆套处,仍按土压力和水压力计算。

采用空气幕下沉的沉井。井壁压力与普通沉井的计算方法相同。

2. 井壁竖向拉应力

沉井在下沉过程中,有时可能会被上部土层某处较大的摩擦力所箍住,当刃脚下的土已挖空时,沉井就处于悬挂状态,在自重作用下,有被拉断的可能,为此应检算井壁竖向拉应力,必要时应配置适当的竖向钢筋。

沉井由于被悬挂而产生的最大拉力,取决于摩擦力的分布情况。如不能明确判断产生最大摩擦力的土层的位置,可按不利原则近似地假定井壁上的摩擦力按倒三角形分布,其最不利的位置,是沉井接近沉至设计标高,刃脚下的土已全被掏空时,如图 5-30 所示。

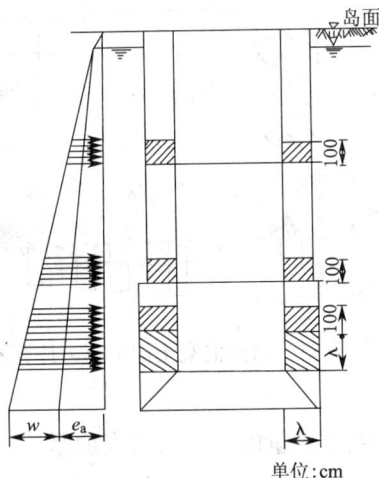

图 5-28　井壁上的水平压力图

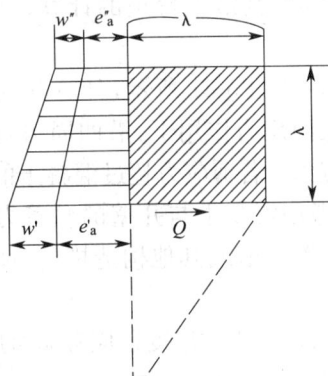

图 5-29　计算相邻于刃脚根部的井壁水平内力时的受力图

按图 5-30 所示计算图式进行计算分析,其结果为:井壁最大竖向拉力 $S_{max}$ 在排水下沉时为 $0.25Q$。$Q$ 为沉井自重,其截面位置在沉井总高的 $1/2$ 处,在不排水下沉(设地下水位和土面齐平)时,$S_{max}$ 只有 $0.007Q$。

如有障碍物把沉井卡住时,可根据障碍物的具体位置作相应假定进行计算。

根据求得的 $S_{max}$ 就可设计井壁竖向钢筋。但有时为了节约钢材,考虑到井壁受拉只是施工下沉阶段,以后不再受拉,故也可利用能承受一定拉力的竹筋作为井壁的竖向受力筋。

混凝土沉井接缝处的拉应力由接缝钢筋承受,此时钢筋容许应力可用 $0.8\sigma_s$($\sigma_s$ 为钢筋的屈服应力),并需检算钢筋的锚固长度。

图 5-30　井壁最大竖向拉力的计算

(四)封底混凝土和顶盖的计算

1.封底混凝土的内力

对不排水下沉的沉井,需灌注水下封底混凝土。封底混凝土承受的荷载,视沉井是空心或实心而定。

(1)空心沉井:封底混凝土底面应承受桥梁运营后的最大地基反力。当井内填充砂石时,可计入填充物对封底混凝土的自重压力。

(2)实心沉井:沉井水下封底后,在填充圬工前,需将井内水抽干,这时封底混凝土将承受空心沉井自重作用下的地基反力和抽水水位水头作用下向上的水压力。如抽水时混凝土的龄期不足,应降低混凝土的容许应力。

封底混凝土不布置钢筋,其厚度通常都比较大,在基底反力作用下,混凝土厚板中的应力分布很复杂,为简化计算,一般都极粗略地将其当作支承于刃脚斜面及隔墙上的周边支承板,板的各边支承情况(简支或固着)及其计算跨度在设计中视具体情况而定。

①弯曲内力:对于简支支承板,需检算跨中弯曲应力;对于固定支承板,需检算跨中及

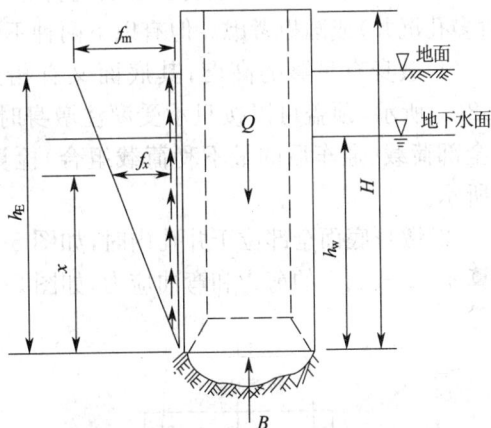

固端弯曲应力。计算所得的弯曲拉应力应小于混凝土容许弯曲拉应力$[\sigma_{wt}]$。周边支承的双向板和圆板承受均布荷载时,其最大弯矩的计算,可参考有关计算手册。

②剪应力:如图 5-31 所示,计算井孔范围内封底混凝土在其底面反力作用下,沿四周刃脚斜面高度上产生的剪切应力。若剪应力超过混凝土的容许纯剪应力$[\tau_c]$时(不考虑混凝土与井壁的黏着力),则应在井壁和隔墙内设置凹槽或其他构造措施,加大封底混凝土的抗剪面积。

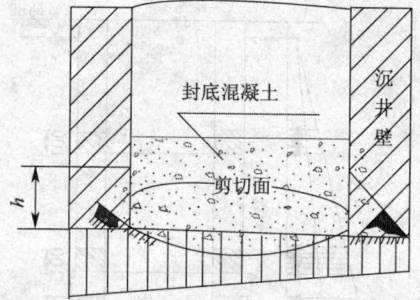

图 5-31　封底混凝土的剪应力计算图

此外,封底混凝土的厚度还应考虑所用施工方法对混凝土质量的影响而适当加厚。

2. 顶盖的内力

如沉井是空心的,或仅填充以砂石,则井顶部分必须用钢筋混凝土顶盖将井孔盖住,用以承托墩台。为安全计,墩(台)身边缘应在一个或二个方向上座落在井顶外壁上,不得全部落在取土井中。

钢筋混凝土顶盖,其厚度多已预先确定,只需进行配筋计算。计算按双向板、多孔连续板(对多孔沉井)或圆板考虑。但有以下两种不同情况。

(1)墩身有足够的高度,其底面又有相当大的面积直接支承在井壁和隔墙上时,如图 5-32(a)所示,顶盖可以按只承受灌注墩身时的混凝土重量计算板中的最大弯曲应力。但应按全部荷载(通车后的最不利荷载组合)检算顶盖和井壁间的承压强度,如图 5-32(a)中的②所示。

(2)墩身底面全部位于井孔内时,如图 5-32(b)所示,顶盖除应检算(1)中的要求外,尚应检算 a—a 截面上的剪力和弯曲应力,如图 5-32(b)中②所示。

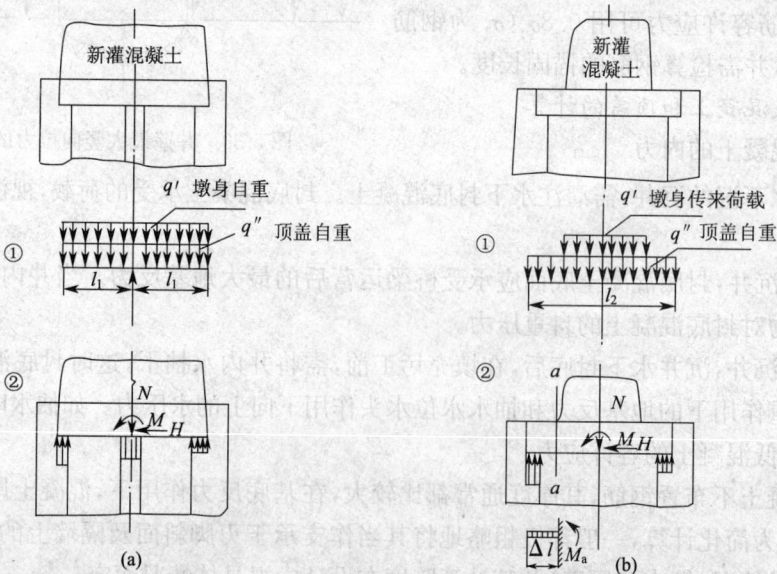

图 5-32　钢筋混凝土顶盖的计算图式

当灌注沉井顶盖混凝土时,需用底模板将井孔盖住以承受顶盖的混凝土,这种底模板通常用预制钢筋混凝土板做成,叫做井孔盖板。井孔盖板的设计,也按双向板或圆板计算,计算荷载一般为井孔上的顶盖混凝土自重和盖板自重。

# 第七节　一般沉井基础设计算例

一般沉井设计计算包括:沉井基底应力、偏心距、稳定检算和沉井结构检算两大部分。

## 一、设计资料

1. 某单线桥位于平坡直线地段,其中某墩系圆端形桥墩,墩底截面长 6.8 m,宽 3.5 m,墩底标高为 $-0.30$ m,拟采用沉井基础,沉井底标高为 $-16.30$ m。

2. 该桥墩墩址处河床标高 0.00 m,最低水位 0.40 m,施工水位 1.40 m,一般冲刷线标高 $-1.0$ m,局部冲刷线标高为 $-4.00$ m。

3. 墩址处土层资料如图 5-33 所示。沉井拟用筑岛施工,筑岛用土的物理性质资料示于图上。

4. 墩底荷载如表 5-2(其余荷载组合检算从略)。

表 5-2　墩 底 荷 载

| 荷载类型(纵向) | 垂直力 $N$(kN) | 水平力 $H$(kN) | 力矩 $M$(kN·m) |
|---|---|---|---|
| 主力:双孔重载,低水位 | 16 033 | 0 | 350 |
| 主力+附加力:双孔重载,低水位 | 16 033 | 890 | 12 563.9 |

## 二、沉井各部尺寸拟定

按沉井施工和构造要求,将沉井分为三节,每节尺寸如图 5-33 所示,并暂拟定各部尺寸如图 5-34 所示。采用钢筋混凝土沉井,底节混凝土用 C20,第二、三节沉井用 C15 混凝土。沉井沉至设计标高后,以水下混凝土封底,井孔中填以砂石,井顶采用钢筋混凝土盖板,厚 1.5 m。

## 三、沉井基础基底应力和侧面横向压应力的验算

1. 基础自重

顶盖重:$Q_1 = (6.8 \times 3.5 \times 1.5) \times 25 = 37.5 \times 25 = 892.5$ kN(顶盖容重 25 kN/m³)

井孔中填砂石(重度 20 kN/m³)重 $Q_2$:

砂石高度为 $16.0 - 3.70 - 1.50 = 10.8$ m

$$Q_2 = \left[ \left( 2.5 \times 2.5 \times 2 - \frac{0.4^2}{2} \times 8 \right) \times 10.8 \right] \times 20 = 11.86 \times 10.8 \times 20 = 2\,561.8 \text{ kN}$$

封底混凝土($\gamma = 23$ kN/m³)重 $Q_3$:其厚度为 $1.2 + 1.0 + 1.0 + 0.5 = 3.7$ m

$$Q_3 = \left[ 11.86 \times 2.5 + \frac{1.2}{3} (5.8 \times 2.5 + 7.9 \times 4.6 + \sqrt{5.8 \times 2.5 \times 7.9 \times 4.6}) - \frac{0.8 + 0.1}{2} \times 0.7 \times 2.5 \right] \times 23$$

$$= 58.38 \times 23 = 1\,342.7 \text{ kN}$$

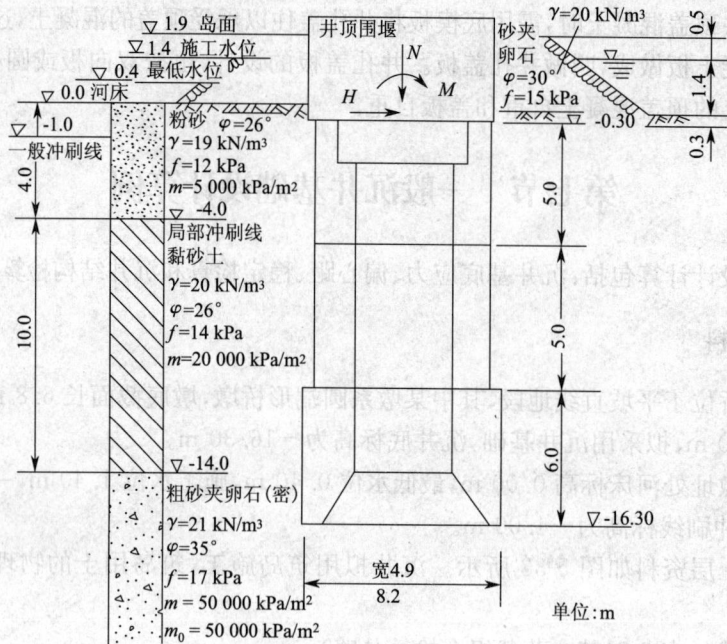

图 5-33 墩址处土层资料

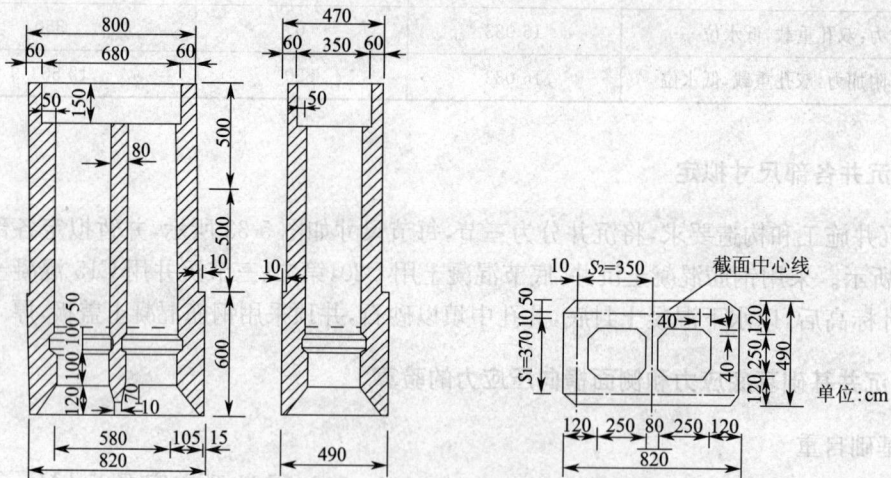

图 5-34 沉井尺寸拟定

沉井自重 $Q_4$:底节因钢筋较多,重度取 25 kN/m³,其他各节 23 kN/m³

$$Q_4 = \left[\left(8.2 \times 4.9 - \frac{0.5^2}{2} \times 4\right) \times 6.0 - 58.38 - 11.86 \times (6 - 3.7)\right] \times 25 +$$

$$\left[\left(8.0 \times 4.7 - \frac{0.5^2}{2} \times 4\right) \times 10 - 35.7 - 11.86 \times (10 - 1.5)\right] \times 23$$

$$= 152.42 \times 25 + 234.49 \times 23 = 9\,203.8 \text{ kN}$$

不计浮力时基础自重为

$$Q' = Q_1 + Q_2 + Q_3 + Q_4 = 892.5 + 2\,561.8 + 1\,342.7 + 9\,203.8 = 14\,000.8 \text{ kN}$$

沉井基础所受浮力为

$$Q''=V \cdot \gamma_w=\left[\left(4.9\times8.2-\frac{0.5^2}{2}\times4\right)\times6.0+\left(4.7\times8.0-\frac{0.5^2}{2}\times4\right)\frac{0.5^2}{2}\times10\right]=6\ 090.8\ \text{kN}$$

计浮力时基础自重为

$$Q=Q'-Q''=14\ 000.8-6\ 090.8=7\ 910\ \text{kN}$$

**2. 基础计算简图**

基础计算简图参看图 5-35，将外力移至局部冲刷线处，得

$$N=16\ 033\ \text{kN（未计入基础自重）}$$

$$H=890\ \text{kN}$$

$$M_1=12\ 563.9+890\times3.7=15\ 857\ \text{kN} \cdot \text{m}$$

**3. 计算基础变形系数 $\alpha$**

$$m=\frac{m_1h_1^2+m_2(2h_1+h_2)h_2}{h^2}$$

$$=\frac{20\ 000\times10^2+50\ 000(2\times10+2.3)\times2.3}{12.3^2}$$

$$=30\ 170.5\ \text{kPa/m}^2$$

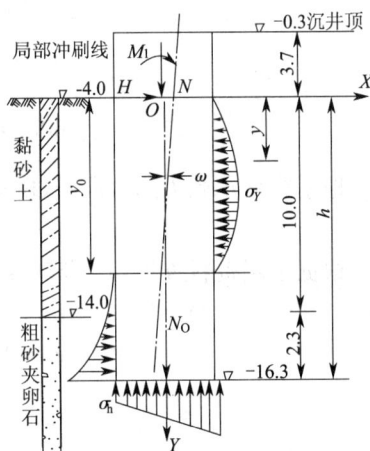

图 5-35　沉井基础计算简图

$$E=27.0\times10^6\ \text{kPa（用底节沉井数据，以下同）}, b_0=b+1=8.2+1=9.2\ \text{m}$$

$$I=\frac{1}{12}\times8.2\times4.9^3-2\times\frac{1}{12}\times2.5\times2.5^3-4\left[\frac{1}{36}\times0.5\times0.5^3+\frac{0.5^2}{2}\left(\frac{4.9}{2}-\frac{0.5}{3}\right)^2\right]+$$

$$8\left[\frac{1}{36}\times0.4\times0.4^3+\frac{0.4^2}{2}\left(\frac{2.5}{2}-\frac{0.4}{3}\right)^2\right]=72.07\ \text{m}^4$$

$$\alpha=\sqrt[5]{\frac{mb_0}{EI}}=\sqrt[5]{\frac{30\ 170.5\times9.2}{0.8\times27\times10^6\times72.07}}=0.178\ \frac{1}{\text{m}}$$（混凝土弯曲受拉时弹性模量取 0.8 倍

受压弹性模量）

$\alpha h=0.178\times12.3=2.19<2.5$，故可按刚性基础计算。

**4. 基底竖向压应力 $\sigma_{\frac{max}{min}}$ 和侧面横向压应力 $\sigma_x$**

基础转角为

$$\omega=\frac{12(3M+2Hh)}{b_0mh^4+18C_0aW}$$

$$C_0=m_0h=50\ 000\times12.3=615\ 000\ \text{kPa/m}$$

$$W=\frac{1}{2.45}\left\{\frac{8.2\times4.9^3}{12}-4\left[\frac{0.5\times0.5^3}{36}+\frac{0.5^2}{2}\left(\frac{4.9}{2}-\frac{0.5}{3}\right)^2\right]\right\}=\frac{77.78}{2.45}=31.75\ \text{m}^3$$

所以　$$\omega=\frac{12(3\times15\ 857+2\times890\times12.3)}{9.2\times30\ 170.5\times12.3^4+18\times615\ 000\times4.9\times31.75}=1.032\times10^{-4}$$

基础旋转中心至局部冲刷线的距离 $y_0$ 为

$$y_0=\frac{b_0mh^3(4M+3Hh)+6HC_0aW}{2b_0mh^2(3M+2Hh)}$$

$$=\frac{9.2\times30\ 170.5\times12.3^3(4\times15\ 857+3\times890\times12.3)+6\times890\times615\ 000\times4.9\times31.75}{2\times9.2\times30\ 170.5\times12.3^2(3\times15\ 857+2\times890\times12.3)}$$

$$=8.61\ \text{m}$$

(1)基底竖向压应力

$$\sigma_{\substack{max\\min}}=\frac{N+Q}{A}\pm C_0\,\frac{a}{2}\omega$$

$$=\frac{16\,033+7\,910}{4.9\times8.2-4\times\dfrac{0.5^2}{2}}\pm615\,000\times2.45\times1.032\times10^{-4}$$

$$=603.4\pm155.5=\frac{758.9}{447.9}\ \text{kPa}$$

地基容许承载力$[\sigma]$,根据《桥规》(TB 10002.5—2005)可按下式计算:

$$[\sigma]=\sigma_0+k_1\gamma_1(b-2)+k_2\gamma_2(h-3)$$

根据土层资料查得:$\sigma_0=550\ \text{kPa}$,$k_1=4$,$k_2=6$,又$b=4.9\ \text{m}$,由一般冲刷线算起的埋深$h=-1-(-16.3)=15.3<4b$

$$\gamma_1=21-10=11\ \text{kN/m}^3$$

$$\gamma_2=\frac{9\times3.0+10\times10.0+11\times2.3}{3.0+10.0+2.3}=10\ \text{kN/m}^3$$

所以 $\qquad[\sigma]=550+4\times11\times(4.9-2)+6\times10\times(15.3-3)=1\,415.6\ \text{kPa}$

当主力+附加力时:$[\sigma]_{主+附}=1.2[\sigma]=1.2\times1\,415.6=1\,698.7\ \text{kPa}$

所以 $\qquad\qquad\qquad\sigma_{max}<1.2[\sigma]\quad$(可)

(2)侧面横向压应力$\sigma_{xy}$

通常只须检算$y=\dfrac{h}{3}$和$y=h$处的$\sigma_{xy}$值。

①$y=\dfrac{h}{3}=\dfrac{12.3}{3}=4.1\ \text{m}$处

$$\sigma_{\frac{h}{3}}=my(y_0-y)\omega=30\,170.5\times4.1(8.61-4.1)\times1.032\times10^{-4}$$
$$=57.57\ \text{kPa}$$

横向容许压应力 $\qquad\eta_1\eta_2[\gamma y(\eta K_p-K_a)+2c(\eta\sqrt{K_p}+\sqrt{K_a})]$,式中$\eta_1$,$\eta_2$均为1.0。

平均容重 $\qquad\gamma=\dfrac{10\times10+11\times2.3}{12.3}=10.2\ \text{kN/m}^3$

平均内摩擦角 $\qquad\varphi=\dfrac{26°\times10+35°\times2.3}{12.3}=27.7°$

横向容许压应力:$10.2\times4.1\left[\dfrac{9.2}{8.2}\tan^2\left(45°+\dfrac{27.7°}{2}\right)-\tan^2\left(45°-\dfrac{27.7°}{2}\right)\right]$

$$=113.2\ \text{kPa}>\sigma_{\frac{h}{3}}\quad\text{(可)}$$

②$y=h=12.3\ \text{m}$处

$\sigma_h=30\,170.5\times12.3(8.61-12.3)\times1.032\times10^{-4}=-141.3\ \text{kPa}$

横向容许压应力 $\quad10.2\times12.3\left[\dfrac{9.2}{8.2}\tan^2\left(45°+\dfrac{27.7°}{2}\right)-\tan^2\left(45°-\dfrac{27.7°}{2}\right)\right]$

$$=339.5\ \text{kPa}>\sigma_h\quad\text{(可)}$$

**四、检算沉井的自重**

沉井自重$Q_4=9\,203.8\ \text{kN}$。

沉井自身所受浮力,由前计算已知,底节沉井体积为 152.42 $m^3$,上面两节体积为 234.49 $m^3$,故所受浮力为

$$(152.42+234.49)\times 10=3\ 869.1\ kN$$

土与井壁间的平均单位摩擦力 $f_m$ 为

$$f_m=(12\times 3.7+14\times 10.0+17\times 2.3)/16=13.97\ kPa$$

井周所受总摩擦力 $T$ 为

$$T=[(4.9+8.2)\times 6.0+(4.7+8.0)\times 10]\times 2\times 13.97=5\ 744.5\ kN$$

排水下沉时 $\qquad\qquad Q=9\ 203.8\ kN>T$

不排水下沉时 $\quad Q=9\ 203.8-3\ 869.1=5\ 334.7\ kN<T$,此时沉井自重小于井壁摩擦力,可考虑采用部分排水的方法,也可采用加压重 $400\sim 500\ kN$,或其他措施使其下沉。

### 五、沉井结构计算

1. 底节沉井的检算

底节沉井按不排水下沉检算,最不利支垫情况为支承于沉井四角和支承于长边中点。

(1)截面特性:底节高 6 m,见图 5-36。

截面积

$$A=1.2\times 6.0-\frac{1}{2}\times 1.2\times 1.05=6.57\ m^2$$

形心轴位置 $\bar{x}$,$\bar{y}$ 分别为

$$\bar{x}=\frac{1}{6.57}\left[1.20\times 6.0\times \frac{1.2}{2}-\frac{1}{2}\times 1.05\times 1.2\left(1.2-\frac{1.05}{3}\right)\right]=0.576\ m$$

$$\bar{y}=\frac{1}{6.57}\left[1.2\times 6.0\times \frac{6.0}{2}-\frac{1}{2}\times 1.05\times 1.2\left(6.0-\frac{1.2}{3}\right)\right]=2.75\ m$$

惯性矩

$$I_{x-x}=\frac{1}{3}\times 1.2\times 2.75^3+\frac{1}{3}\times 1.2\times 3.25^3-$$

$$\left[\frac{1}{36}\times 1.05\times 1.2^3+\frac{1}{2}\times 1.05\times 1.2\left(3.25-\frac{1}{3}\times 1.2\right)^2\right]=16.88\ m^4$$

(2)底节沉井井壁沿周长每米重

$$q=6.57\times 1.0\times 25=164.3\ kN/m$$

(3)支承于沉井四个角点:参看图 5-37(a),此时,长边 $m$—$m$ 截面是控制截面,短边跨中 $n$—$n$ 截面为非控制截面,不进行检算。

支承反力 $R$:外壁、内隔墙和取土井梗肋部分的重量分别计算如下:

$$R=\left(\frac{8.2}{2}+\frac{2.5}{2}\right)\times 164.3+\frac{1}{2}\left(0.8\times \frac{2.5}{2}\right)\times 4.8\times 25+\frac{1}{2}\times \frac{0.8+0.1}{2}\times$$

$$0.7\times \frac{2.5}{2}\times 25+\frac{1}{2}\times 0.4^2\times 4.8\times 25\times 2=963.1\ kN$$

长边跨中附近 $m$—$m$ 截面的正弯矩 $M_{mm}$ 为

$$M_{mm}=963.1(1.2+2.5)-\frac{2.5}{2}\times 164.3\times (1.2+2.5-0.576)-\frac{1}{2}\times$$

$$164.3\times(1.2+2.5)^2-\frac{0.4^2}{2}\times4.8\times25\left[\left(2.5-\frac{0.4}{3}\right)+\frac{0.4}{3}\right]$$

$$=1\ 773.3\ \text{kN}\cdot\text{m}$$

截面 $m$—$m$ 所受弯曲拉应力 $\sigma_{\text{wl}}$ 为

$$\sigma_{\text{wl}}=\frac{M_{mm}(6.0-\overline{y})}{I_{x-x}}=\frac{1\ 773.3(6.0-2.75)}{16.88}=341.4\ \text{kPa}<[\sigma_{\text{wl}}]$$

查《桥规》(TB 20002.5—2005)，$[\sigma_{\text{wl}}]=1.4\times0.4\text{MPa}=560\ \text{kPa}$

剪应力 $\tau_{\text{max}}$ 的检算略。

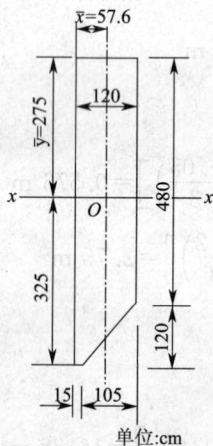

(4)支承于长边中点,如图 5-37(b)所示,$a$—$a$ 截面负弯矩 $M_{aa}$ 为

$$M_{aa}=\frac{2.5}{2}\times164.3(1.2+2.5-0.576)+\frac{1}{2}\times164.3(1.2+2.5)^2+$$

$$\frac{0.4^2}{2}\times4.8\times25\left[\left(2.5-\frac{0.4}{3}\right)+\frac{0.4}{3}\right]=1\ 790.2\ \text{kN}\cdot\text{m}$$

该截面的拉应力

$$\sigma_{\text{wl}}=\frac{M_{aa}\overline{y}}{I_{x-x}}=\frac{1\ 790.2\times2.75}{16.88}=291.7\ \text{kPa}<[\sigma_{\text{wl}}]=560\ \text{kPa}$$

剪应力 $\tau_{\text{max}}$ 的检算略。

图 5-36　底节沉井的截面尺寸　　　　图 5-37　底节沉井的竖向挠曲计算简图

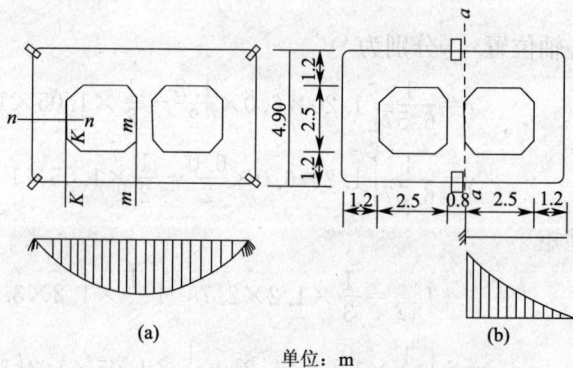

### 2.计算刃脚内力

(1)计算刃脚内力时,作用在沉井井壁上的外力按下面两种情况计算。

①沉井下沉到中途,且井顶已接高一节沉井,刃脚切入土中 1m。按不排水下沉考虑。此时刃脚根部截面上将产生最大的向外弯矩,它将控制刃脚内侧竖直向钢筋的设计,参看图 5-38。

此时沉井入土深度为　　$h_{\text{E}}=\frac{1}{2}[1.9-(-16.30)]=9.10\ \text{m}$

施工水位以下土的内摩擦角和重度的平均值为

$$\varphi_{\text{m}}=\frac{\sum l_i\varphi_i}{\sum l_i}=\frac{1.4\times30°+(9.1-1.9)\times26°}{1.4+(9.1-1.9)}=26.6°$$

$$\gamma_{\text{m}}=\frac{\sum l_i\gamma_i}{\sum l_i}=\frac{1.4\times20+4.0\times19+3.2\times20}{1.4+4.0+3.2}-10=9.5\ \text{kN/m}^3$$

单位摩擦力的平均值 $f_m$ 为

$$f_m = \frac{\sum l_i f_i}{\sum l_i} = \frac{1.9 \times 15 + 4 \times 12 + 3.2 \times 14}{1.9 + 4.0 + 3.2} = 13.3 \text{ kPa}$$

②沉井已至设计标高,刃脚下土已挖空,按排水下沉考虑,此时将产生最大的向内弯矩,它将控制刃脚外侧竖直钢筋设计,见图 5-39。

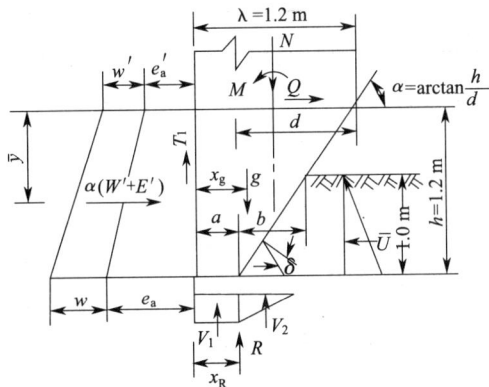

图 5-38　刃脚向外弯曲的计算简图

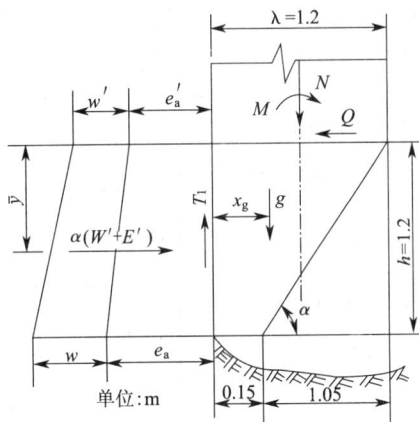

图 5-39　刃脚向内弯曲的计算简图

此时沉井入土深度为 $h_E = 1.9 - (-16.30) = 18.20 \text{ m}$

施工水位以下土的内摩擦角和重度平均值分别为

$$\varphi_m = \frac{\sum l_i \varphi_i}{\sum l_i} = \frac{1.4 \times 30° + 14 \times 26° + 2.3 \times 35°}{1.4 + 14 + 2.3} = 27.5°$$

$$\gamma_m = \frac{\sum l_i \gamma_i}{\sum l_i} = \frac{1.4 \times 20 + 4.0 \times 19 + 10.0 \times 20 + 2.3 \times 21}{1.4 + 4 + 10 + 2.3} - 10 = 9.9 \text{ kN/m}^3$$

$$h_E = 1.9 - (-16.30) = 18.20 \text{ m}$$

表 5-3　作用在刃脚上的外力计算表

| 计算项目 | 单位 | 沉至中途时(不排水) | 沉至设计标高时(排水) |
|---|---|---|---|
| 沉井入土深度 $h_E$ | m | 9.10 | 18.20 |
| 沉井底面以上水深 $h_w$ | m | 8.60 | 17.70 |
| 水面上土高 $h_E'$ | m | 0.50 | 0.50 |
| 刃脚入土深度 | m | 1.00 | 刃脚下土已挖空 |
| 已筑沉井高度 | m | 16.00 | 16.00 |
| $e_a'' = \gamma h_E' \tan^2\left(45° - \frac{30°}{2}\right)$（水上） | kPa | $20 \times 0.5 \tan^2 30° = 3.3$ | 3.3 |
| $e_a' = e_a'' + \gamma_m (h_w - h)$ $\tan^2\left(45° - \frac{\varphi_m}{2}\right)$ | kPa | $3.3 + 9.5(8.6 - 1.2) \tan^2\left(45° - \frac{26.6°}{2}\right)$ $= 30.1$ | $3.3 + 9.9(17.7 - 1.2)$ $\tan^2\left(45° - \frac{27.5°}{2}\right) = 63.4$ |
| $w' = \alpha_w (h_w - h)$ | kPa | 采用 $\psi = 0.5$, $0.5(8.6 - 1.2) \times 10 = 37.0$ | 采用 $\psi = 0.7$, $0.7(17.7 - 1.2) \times 10 = 115.5$ |

| 计算项目 | 单位 | 沉至中途时(不排水) | 沉至设计标高时(排水) |
|---|---|---|---|
| $e_a = e_a'' + \gamma_m h_w \tan^2\left(45° - \dfrac{\varphi_m}{2}\right)$ | kPa | $3.3 + 9.5 \times 8.6\tan^2\left(45° - \dfrac{26.6°}{2}\right) = 34.5$ | $3.3 + 9.9 \times 17.7\tan^2\left(45° - \dfrac{27.5°}{2}\right)$ $= 67.8$ |
| $w = \psi\gamma_w h_w$ | kPa | 采用 $\psi=0.5$, $0.5 \times 8.6 \times 10 = 43.0$ | 采用 $\psi=0.7$, $0.7 \times 10 \times 17.7 = 123.9$ |
| $p'_{e+w}$ | kPa | $30.1 + 37.0 = 67.1$ | $63.4 + 115.5 = 178.9$ |
| $p_{e+w}$ | kPa | $34.5 + 43.0 = 77.5$ | $67.8 + 123.9 = 191.7$ |
| 井壁每米长自重 $G = \dfrac{Q}{u}$ ($u$ 为沉井周边中心线长) | kN/m | $\dfrac{9\,203.8}{2(3.7+7.0)} = 430.1$ | 430.1 |
| 井壁每米长浮力 $q = \dfrac{G}{\gamma_h H}\gamma_w h_w$ | kN/m | $\dfrac{430.1}{25 \times 16.0} \times 10 \times 8.6 = 92.5$ | 0 |
| 井壁每米长所受总土压力 $E = \dfrac{e_a''}{2}h'_E + \dfrac{e_a'' + e_a}{2}h_w$ | kN/m | $\dfrac{3.3 \times 0.5}{2} + \dfrac{3.3 \times 34.5}{2} \times 8.6 = 163.4$ | — |
| 井壁每米长总摩擦力 $T_0$ | kN/m | $f_m \cdot h_E = 13.3 \times 9.1 = 121.0$ $0.5E = 81.7$ 取小值 81.7 | $T_0 = G = 430.1$ |
| 刃脚部份土压力和水压力 $W' + E' = \dfrac{h}{2}(p_{e+w} + p'_{e+w})$ | kN/m | $\dfrac{1.2}{2}(67.1 + 77.5) = 86.76$ | $\dfrac{1.2}{2}(178.9 + 191.7) = 222.4$ |
| $(W' + E')$ 作用点距刃脚根部的距离 $\bar{y} = \dfrac{h}{3} \cdot \dfrac{2p_{e+w} + p'_{e+w}}{p_{e+w} + p'_{e+w}}$ | m | $\dfrac{1.2}{3} \times \dfrac{2 \times 77.5 + 67.1}{77.5 + 67.1} = 0.614$ | $\dfrac{1.2}{3} \times \dfrac{2 \times 191.7 + 178.9}{191.7 + 178.9} = 0.607$ |
| 刃脚部分摩阻力 $T_1$ | kN/m | $0.5E' = 0.5 \times \dfrac{30.1 + 34.5}{2} \times 1.2 = 19.4$ $f_m \cdot h = 13.3 \times 1.2 = 16.0$ 取大值 19.4 | $T' = T_0 \times \dfrac{h}{H} = 430.1 \times \dfrac{1.2}{16.0} = 32.3$ |
| $\alpha = \dfrac{0.1S_1^4}{h_4 + 0.05S_1^4} < 1.0$ | | $\dfrac{0.1 \times 3.7^4}{1.2^4 + 0.05 \times 3.7^4} > 1.0$ 采用 1.0 | 1.0 |
| $\alpha(W' + E')$ | kN/m | 86.76 | 222.4 |
| $R = G - q - T_0$ | kN/m | $430.1 - 92.5 - 81.7 = 255.9$ | 0 |
| $V_z = \dfrac{R \cdot b^{①}}{2a + b}$ | kN/m | $\dfrac{255.9 \times 0.875}{2 \times 0.15 + 0.875} = 190.6$ | — |
| $x_R = \dfrac{3a^2 + 3ab + b^2}{3(2a + b)}$ | m | $\dfrac{3 \times 0.15^2 + 3 \times 0.15 \times 0.875 + 0.875^2}{3 \times (2 \times 0.15 + 0.875)}$ $= 0.348$ | — |
| $U = V_2 \tan(\alpha - \delta)^{②}$ | kN/m | $190.6\tan(48.8° - 26°) = 80.1$ | — |

注：① $b = \dfrac{\lambda - a}{h} = \dfrac{1.20 - 0.15}{1.20} = 0.875$ m；

② $\alpha = \arctan\dfrac{1.2}{1.05} = 48.8°$, $\delta = \varphi = 26°$。

这时作用在沉井上的外力也是设计刃脚和井壁水平钢筋的依据。

外力计算详见表 5-3 及图 5-38 和图 5-39。

(2)刃脚根部截面内力计算

①竖向内力:将刃脚视作悬臂梁。

刃脚每米长自重 $g=\dfrac{1.2+1.5}{2}\times1.2\times1\times25=20.25$ kN/m

$g$ 的作用点距外壁距离 $x=\dfrac{1.2\times1.2\times\dfrac{1.2}{2}-\dfrac{1}{2}\times1.05\times1.2\times\left(1.2-\dfrac{1.05}{3}\right)}{1.2\times1.2-\dfrac{1}{2}\times1.05\times1.2}=0.406$ m

按上述沉井沉至中途和沉至接近设计标高两种情况所得的数据计算的刃脚根部截面竖向内力,见表 5-4。

表 5-4 刃脚(悬臂)根部截面内力的计算表

| 最不利位置力,力臂,力矩项目 | 沉至中途时 | | | | 沉至接近设计标高时 | | | |
|---|---|---|---|---|---|---|---|---|
| | 水平力(kN/m) | 垂直力(kN/m) | 力臂(m) | 力矩(kN·m/m) | 水平力(kN/m) | 垂直力(kN/m) | 力臂(m) | 力矩(kN·m/m) |
| 土压及水压力 $\alpha(W'+E')$ | −86.76 | | 0.614 | −53.27 | −222.4 | | 0.607 | −135.0 |
| 土的水平反力 $\alpha U$ | 80.1 | | $h-\dfrac{1}{3}=1.2-\dfrac{1}{3}=0.867$ | 69.45 | | | | |
| 土的垂直反力 $R$ | | 255.9 | $\dfrac{1.2}{2}-x_R=0.6-0.348=0.252$ | 64.49 | | | | |
| 刃脚部分摩擦力 $T_1$ | 19.4 | | $\dfrac{1.2}{2}=0.6$ | 11.64 | | 32.3 | $\dfrac{1.2}{2}=0.6$ | 19.38 |
| 刃脚部分自重 $g$ | | −20.25 | $\dfrac{1.2}{2}-0.406=0.194$ | −3.93 | | −20.25 | 0.194 | −3.93 |
| 总 计 | −6.66 | 255.1 | | 88.38 | −222.4 | 12.05 | | −119.55 |
| 正负号规定: | 水平力 +←  −→ | 垂直力 ↑  ↓ | 力矩 (内壁受拉) (外壁受拉) | | | | | |

②水平方向的内力:将刃脚作为水平封闭框架计算,其最不利位置为沉井已沉至接近设计标高,刃脚下的土已挖空,并按排水下沉考虑参看图 5-40。

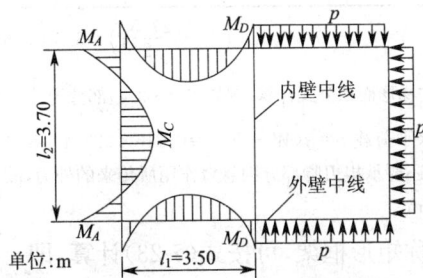

图 5-40 刃脚作为水平封闭框架内力计算

水平荷载分配系数　$\beta=\dfrac{h^4}{h^4+0.05s_2^4}=\dfrac{1.2^4}{1.2^4+0.05\times3.5^4}=0.216$

表 5-5　刃脚及井壁水平框架内力计算表

| 离刃脚踏面高度(m) | 距水面距离 $h_w$(m) | 土压强度 $e_a=3.3+3.645$ $h_w$①(kPa) | 水压强度 $w=0.7\times$ $\gamma_w h_w$(kPa) | $p_{e+w}=e_a+w$ (kPa) | 井壁框架的位置 | 断面高度 (m) |
|---|---|---|---|---|---|---|
| 0 | 17.70 | 67.8 | 123.9 | 191.7 | | |
| 1.20 | 16.50 | 63.4 | 115.5 | 178.9 | 刃脚部分 (0~1.2) | 1.20 |
| 2.40 | 15.30 | 59.1 | 107.1 | 166.2 | 刃脚根部 (1.2~2.4) | 1.20 |
| 3.40 | 14.30 | 55.4 | 100.1 | 155.5 | 第一节沉井 (2.40~3.40) | 1.00 |
| 6.00 | 11.70 | 45.9 | 81.9 | 127.8 | | |
| 7.00 | 10.70 | 42.3 | 74.9 | 117.2 | 第二节沉井底部 (6.0~7.0) | 1.00 |
| 11.00 | 6.70 | 27.7 | 46.9 | 74.6 | | |
| 12.00 | 5.70 | 24.1 | 39.9 | 64.0 | 第三节沉井底部 (11.0~12.0) | 1.00 |

| 土压及+水压合力($W'+E'$)(kN·m) | 框架上的水平荷载 $p$(kN·m) | 沉井四角弯矩 $M_A=-0.09pl_1^2$ (kN·m) | 内隔墙处弯矩 $M_D=-0.08pl_1^2$ (kN·m) | 短边井壁中点弯矩 $M_C=0.0497pl_1^2$ (kN·m) | 短边井壁轴向力 $N_C=$ $0.51pl_1$ (kN) | 长边井壁轴向力 $N_C=$ $0.5pl_2$(kN) | 内隔墙轴向力 $N_D=$ $0.980pl_1$ (kN) |
|---|---|---|---|---|---|---|---|
| 第一节沉井:$l_1=3.5$ m,$l_2=3.7$ m | | | | | | | |
| 222.4 | 48.0③ | 52.9 | 47.0 | 29.2 | 85.7 | 88.8 | 164.6 |
| 207.1 | 429.5④ | 473.5 | 420.9 | 261.5 | 766.7 | 794.6 | 1473.2 |
| 160.9② | 160.9 | 177.4 | 157.7 | 98.0 | 287.2 | 297.7 | 551.9 |
| 第二、三节沉井:$l_1=3.45$ m,$l_2=3.6$ m | | | | | | | |
| 122.5 | 122.5 | 131.2 | 116.6 | 72.5 | 215.5 | 220.0 | 414.2 |
| 69.3 | 69.3 | 74.2 | 66.0 | 41.0 | 121.9 | 124.7 | 234.3 |

注:①$e_a=e_a''+\gamma_m h_w\tan^2\left(45°-\dfrac{\varphi_m}{2}\right)=3.3+9.9h_w\tan^2\left(45°-\dfrac{27.5°}{2}\right)=3.3+3.645\,h_w$。

②土压和水压合力($W'+E'$)按梯形面积公式计算,例如(2.4~3.4)部分为 $\dfrac{1}{2}\times1.0(166.2+155.5)=160.9$ kN/m。

③作用在刃脚水平框架上的水平荷载 $p=\beta(W'+E')=0.216\times222.4=48.0$ kN/m。

④按规定,刃脚根部水平框架还要承担刃脚部分因悬臂作用所传来的外力,故为
207.1+222.4=429.5 kN/m。

本沉井的平面为双孔对称矩形框架,可按式(5-23)计算,即

$$K=\frac{l_2}{l_1}=\frac{3.7}{3.5}=1.057$$

沉井四角弯矩　$M_A = -\dfrac{pl_1^2}{12} \cdot \dfrac{1+2K^3}{1+2K} = -\dfrac{1}{12} \cdot \dfrac{1+2\times 1.057^3}{1+2\times 1.057} pl_1^2 = -0.090\,0\,pl_1^2$

内隔墙处弯矩

$$M_D = -\dfrac{pl_1^2}{12} \cdot \dfrac{1+3K-K^3}{1+2K} = -\dfrac{1}{12} \cdot \dfrac{1+3\times 1.057-1.057^3}{3.114} pl_1^2 = -0.080\,0\,pl_1^2$$

沉井短边中点弯矩　$M_C = +\dfrac{pl_1^2}{24} \cdot \dfrac{2K^3+3K^2-2}{1+2K}$

$$= \dfrac{1}{24} \cdot \dfrac{2\times 1.057^3+3\times 1.057^2-2}{3.114} pl_1^2 = 0.049\,7\,pl_1^2$$

内隔墙所受轴向力　$N_D = \dfrac{1}{2} pl_1 \dfrac{2+5K-K^3}{1+2K}$

$$= \dfrac{1}{2} \cdot \dfrac{2+5\times 1.057-1.057^3}{3.114} pl_1 = 0.980\,pl_1$$

长边井壁轴向力　$N_B = \dfrac{1}{2} pl_2$

短边井壁轴向力　$N_C = pl_1 - \dfrac{1}{2} N_D = \left(1 - \dfrac{1}{2}\times 0.980\right) pl_1 = 0.510\,pl_1$

3.井壁内力的计算

(1)水平内力:计算公式和上述刃脚水平向内力的计算公式同。全部计算结果亦示于表5-5。

(2)竖向最大拉力 $S_{max}$:排水下沉条件下为

$$S_{max} = \dfrac{Q}{4} = \dfrac{9\,203.8}{4} = 2\,301 \text{ kN}$$

4.封底混凝土和顶盖的内力计算从略。

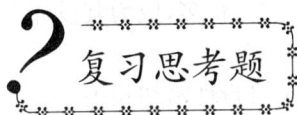

## ？复习思考题

1.一般沉井构造上包含哪些部分？其制造和下沉步骤有哪些？

2.沉井下沉过程中,可能遇到的问题有哪些？假若遇到这些情况,如何进行针对性的分析与处理？

3.采用空气幕或泥浆套能很好助沉沉井的原理是什么？它们分别在什么土层情况下不宜采用？

4.沉箱基础施工下沉程序是什么？沉箱基础主要优缺点有哪些？

5.一般沉井应进行哪些检算？在刃脚内力计算和井壁竖向拉力计算时,如何分析和确定沉井的最不利位置？

# 第六章
# 深 水 基 础

## 第一节 概 述

### 一、深水基础的类型与特点

铁路、公路遇到河流一般用桥梁跨越,其墩台基础常在地面或水面以下,其施工条件和受力状况都和上部结构不同,修筑好后又埋置于水或土中,进行检查和补救困难,属于隐蔽工程。

桥梁深水基础定义为:水深在 5～6 m 以上,不能采用一般的土围堰、木板桩围堰等防水技术施工的桥梁基础,称之为桥梁深水基础。

根据目前国内外已建成的桥梁深水基础情况,其类型主要有:桩基础(包括打入桩基础和钻孔桩基础)、管柱基础、沉井基础、组合基础(包括沉井加管柱基础和沉井加钻孔桩基础)和特殊基础(包括双承台管柱基础、锁口管桩基础、多柱基础、连续墙基础、沉箱基础和设置基础)。

桥梁深水基础,不仅深水环境对它产生许多直接作用,而且对其设计理论和施工技术都会存在一些特殊问题。不论是基础类型选择、基础埋深确定、外荷载或作用力的计算以及地基承载力与沉降确定等问题,均与水深有关。桥梁深水基础的主要特点如下:

(1)基础所受的水平力大,如水流冲击力、船舶碰撞力、水压力、冰撞力、波浪力、台风、海潮等。水域或海洋环境产生的荷载力,要比陆上或浅水基础上所受的大得多,成为其设计和施工中必须考虑的重要控制条件。

(2)深水基础设计方案不但受水文和地质条件限制,还与施工可行性密切相关。

(3)深水基础耐久性问题非常重要,需考虑环境水的侵蚀、潮汐、流水所夹砂石与流冰的直接碰撞、磨损等问题。

### 二、桥梁深水基础的发展

我国水中桥梁基础修建有着悠久的历史。宋代福建泉州建造的万安石板桥 46 孔桥址水深流急,潮汐涨落频繁,河床变化剧烈,建设方案为:先在江底抛投大石块,再在其上移殖蚝使其繁殖,将石块胶结成整体,形成人工的坚实地基,再在其上建桥基。1937 年在桥梁工程先驱茅以升的组织下,中国人自己设计和修建了中国第一座现代大型桥梁——杭州钱塘江大桥。桥址处水深有十余米,基础采用气压沉箱,有 6 个墩基础直接沉至岩石上,有 9 个墩先打长 30 m 的木桩,而沉箱设于桩顶上,开创了我国桥梁深水基础的先河。

我国桥梁深水基础技术从 20 世纪 50 年代开始,发展至今已进入国际先进水平。可将其发展大致划分为三个阶段。第一阶段大力发展管柱基础:20 世纪 50 年代因修建武汉长江大桥的需要,首创直径 1.55 m 管柱基础,此后管柱直径发展到 3.0、3.6、5.8 m,由普通钢筋混凝土管柱发展到预应力钢筋混凝土管柱和钢管柱。第二阶段大力发展沉井和钻孔桩基础:20 世纪 60 年代后,因修建南京长江大桥的需要,由于施工水位深 30.5 m,覆盖层最大厚度达 54.87 m,发展了重型沉井、深水浮运沉井和沉井套管柱基础。同时因公路桥梁深水基础的发展和成昆铁路建设的需要,全国开始大规模发展钻孔灌注桩基础,到 20 世纪 70 年代,由于修建九江长江大桥的需要,首创了双壁钢箱围堰钻孔灌注桩基础,山东北镇黄河桥钻孔灌注桩桩长达 100 m,当时为世界罕见。第三阶段大力发展复合基础和特殊基础,如 20 世纪 80 年代后在修建肇庆西江大桥时开始采用双承台钢管柱基础,在修建广州江村南北桥时采用了钢筋混凝土沉井加冲孔灌注桩基础。不过,现阶段采用最多的还是双壁围堰加桩基础的复合基础形式。

近几十年来修建的重要深水桥梁及其基础形式如下:

(1)1937 年,中国钱塘江桥为 16×67 m 桁梁双层公、铁两用桥,江水有潮汐、江底有浮泥细砂、下为岩石,基础采用 17.4 m×11.1 m×6 m 气压沉箱,有 6 个墩沉箱直接沉至岩层,有 9 个墩先打入桩长为 30 m 的木桩,沉箱沉设于桩基顶部,水深 10 m。

(2)1957 年,武汉长江大桥,正桥为连续钢桁梁 3 联,每联 3 孔,每孔 128 m,长 1 156 m 双层公、铁两用桥;采用管柱基础:先在岸边制作钢围图,浮运至墩位下沉,外插打钢板桩,内插打 $\phi$1.55 m 钢筋混凝土管柱,射水、吸泥并用振动打桩机振沉至岩层,然后用十字带弧形冲击式钻头在岩层内钻孔、深约 3 m;清理岩孔后,下放钢筋笼,使管柱与岩孔连接,用导管法灌注水下混凝土填实;围堰中以水下混凝土封底,然后抽水,拆除管柱与部各节,筑承台及墩身;最大水深 40 m 左右,覆盖层厚 23 m,基础深度 46 m。

(3)1968 年,南京长江大桥,正桥除一孔 128 m 简支外,其余为 3 联、每联 3 孔、每孔 160 m 的连续钢桁梁公铁两用桥,全长 6 772 m;因水深流急、覆盖层厚、基岩构造复杂,水中基础因地制宜采用如下四种形式:①重型混凝土沉井基础,平面尺寸为 20.2 m×24.9 m,高 53.5 m,穿过覆盖层厚达 54.87 m,座落在砾砂层上。②钢板桩围堰管柱基础,其中 9 号墩用 2 台中 250 型振动打桩机将 $\phi$3.6m 预应力钢筋混凝土管柱打入土层 47.5 m 至岩层,然后钻孔、下钢筋笼、灌注水下混凝土。③钢沉井加管柱组合基础,先下沉钢沉井,再在其中下沉管柱。其中 3 号墩钢沉井为 16.19 m×25.01 m、高 40.8 m,其内下 $\phi$3.0 m 预应力钢筋混凝土管柱,其下端嵌固在岩层上,其上嵌固在水下封底混凝土中。④浮运钢筋混凝土沉井基础,其中 7 号墩沉井为 18.22 m×22.42 m、高 55 m,刃脚嵌入风化岩面下 0.8~1.6 m。

(4)1971 年,枝城长江大桥,主桥为 5×128 m+4×160 m 下承式连续钢桁梁公、铁两用桥,由于墩位处基岩面高差较大,采用高低刃脚钢沉井;沉井为 $\phi$18 m 和 $\phi$20 m,内设 9$\phi$6.9 m 取土孔,周边及中心共设 12 个探测孔;4~8 号墩采用装有钢浮筒的浮式沉井,沉井最高为 30 m;0、1、2、3 号墩沉井基础采用泥浆套辅助下沉,最深达 35 m。

(5)1978 年,武汉江汉二桥,全桥 11 孔,长 566.2 m,采用预应力钢筋混凝土 T 型刚构,两 T 构主墩采用沉井基础,沉落至岩面;沉井平面尺寸均为 12.2 m×27.2 m,高度分别为 17.8 m 和 23.6 m。

(6)1980 年,重庆长江大桥,全桥 8 孔,主跨 174 m,总长 1 120 m;桥墩基础视地质、水文情况采用不同形式,2、3、4 号墩采用钢筋混凝土沉井基础,6 号墩位于主河槽中,采用大直径钻孔桩基础。

(7)1987 年,广东肇庆西江桥,主桥为 5×114 m 的五跨连续钢桁梁公铁两用桥,桥基除采用钻孔桩、沉井及钢管柱外,还采用双承台钢管柱基础。

(8)1991 年,杭州钱塘江二桥,正桥为 45 m+65 m+14×80 m+65 m+45 m 的 18 孔一联连续长 1 340 m 的预应力混凝土连续箱梁的公铁两用桥;正桥基础受钱塘江水流和涌潮影响,为钢壳围堰钻孔桩基础,钻孔桩直径为 $\phi1.0$ m、$\phi1.5$ m 和 $\phi2.2$ m 三种类型,每墩按设计需要采用 6～14 根桩不等。

(9)1993 年,上海杨浦大桥,主跨为 604 m 的双塔双索面结合梁斜拉桥,两个主塔墩均采用钢管桩基础。

(10)1994 年,九江长江大桥,正桥 11 孔、自北向南为两联 3×162 m 连续钢桁梁、一联 180 m＋216 m＋180 m 用柔性拱加肋的钢桁梁和一联 2×126 m 连续钢桁梁,为公铁两用桥;基础依地质条件,1 号墩为 $\phi20$ m、高 39 m 的钢筋混凝土沉井基础并辅以泥浆套下沉;2 号墩为 420 m、高 43.5 m 的浮运钢壳混凝土沉井基础;3 号、5～7 号墩为双壁钢围堰施工的 9$\phi42.55$ m 钻孔桩基础;8～10 号墩为钢板桩围堰施工的 6～7$\phi3.0$ m 大直径管柱钻孔基础。

(11)1994 年,黄石长江公路大桥,主桥为 162.5 m＋3×245 m＋162.5 m 的五跨预应力连续刚构桥,6 个主墩基础均为＋3.0 m 大直径嵌岩钻孔灌注桩高桩承台基础,采用双壁钢围堰施工。

(12)1995 年,武汉长江二桥,主桥为 180 m＋400 m＋180 m 的双塔双索面自锚式悬浮连续体系的预应力混凝土公路斜拉桥,全长 3 227 m;正桥水中墩有 17 个,其中 0～7 号及 15、16 号墩采用 $\phi1.5$ m 和 $\phi2.5$ m 钻孔桩基础;8 号墩采用 $\phi2.2$ m 钢管柱钻孔的高承台基础;9～14 号墩采用双壁钢围堰钻孔桩基础,钻孔桩按设计考虑有 9$\phi2.0$ m、12$\phi2.5$ m 和 21$\phi2.5$ m 三种。

(13)1995 年,铜陵长江公路大桥,主桥为 80 m＋90 m＋190 m＋432 m＋190 m＋90 m＋80 m 的 7 孔一联总长 1 152 m 的双塔双索面预应力钢筋混凝土公路斜拉桥;其 3、4、5、6 号墩处施工水深 40 m,最大洪水时水深 51 m,所以其基础均采用双壁钢围堰钻孔桩基;3、6 号墩钢围堰外径分别为 24.8 m 和 20.4 m,高分别为 49.10 m 和 33.70 m,其钻孔桩分别为 10$\phi2.8$ m 和 6$\phi2.8$ m;4、5 号墩钢围堰外径为 31 m,高分别为 54.6 m 和 49.6 m,每墩有 $\phi2.8$ m 钻孔桩 19 根。

(14)1997 年,虎门大桥,主桥为 302 m＋888 m＋348.5 m 的钢箱梁悬索桥,西锚碇为重力式锚碇,其基础采用外径 61 m,内径 59.4 m,壁厚 80 cm 的连续墙,基础混凝土为 34 200 m³;其辅航道桥为三跨预应力混凝土连续刚构,主墩基础为 32$\phi2$ m 钻孔桩基,水深 18 m。

(15)1999 年,江阴长江公路大桥,主桥为 336 m＋1 385 m＋309 m 单孔简支钢悬索桥;重力式锚碇为深埋矩形沉井基础,沉井平面尺寸为 69 m×51 m,埋深 58 m,采用空气幕辅沉;此塔墩基础为 96$\phi2.5$ m 钻孔桩,桩长 86 m;南塔墩基础为 24$\phi3.0$ m 钻孔桩,桩长为 35 m。

(16)2000 年,泸州长江二桥,主桥为 145 m＋252 m＋54.75 m 的不对称连续刚构桥,主槽深水墩基础采用钢沉井加 10$\phi2.5$ m 嵌岩钻孔桩组合基础,钢沉井尺寸为 $\phi21$ m、壁厚 1.6 m。

(17)2000 年,南京长江二桥北汊桥,为 90 m＋3×165 m＋90 m 的五跨预应力混凝土连续梁,其水中墩采用 18$\phi2.5$ m 钻孔灌注嵌岩桩,桩长 70 m,嵌入微风化泥岩约 8 m,承台采用钢吊箱围堰施工。

(18)2001 年,武汉军山长江公路大桥,主桥为 60 m＋204 m＋460 m＋204 m＋60 m 双塔双索面半飘浮体系钢箱梁斜拉桥,其主塔墩基础为 19$\phi2.5$ m 钻孔灌注桩,最大桩长为 46.5 m,采用异形双壁钢围堰施工。

(19)2001 年,芜湖长江大桥,主桥为 180 m＋312 m＋180 m 公铁两用钢桁结合梁斜拉桥,两主塔墩分别采用 19 根和 17 根 $\phi3.0$ m 钻孔灌注桩基;两边墩为 8 根 $\phi2.8$ m 钻孔灌注桩基,施工中采用 $\phi30.5$ m,壁厚 1.4 m,高 52 m 的双壁钢围堰。

(20)2002 年,润扬长江公路大桥,是我国长江上第一座由悬索桥和斜拉桥组合而成的特大型桥梁。北汊桥主桥为 175.4 m＋406 m＋175.4 m 三跨钢箱梁斜拉桥,主塔基础均为

24φ2.5 m 钻孔灌注桩基;南汊桥主桥为 470 m＋1 490 m＋470 m 悬索桥,悬索桥南锚基础平面外包尺寸为 70.5 m×52.5 m,采用冻结排桩基坑围护方案进行基坑施工。四周为钻孔灌注桩,嵌入基岩中约 6 m,基础支承在强风化岩顶面,深 29 m,共有排桩 140 根。承台采用了千吨钢套箱的整体吊装施工。基础均采用 32 根直径 2.8 m 的钻孔灌注桩。

　　(21)2005 年,苏通大桥主塔基础形式为群桩和厚承台方案。采用钻孔灌注摩擦桩,每个主塔墩基础桩数 131 为根,桩长 117 m,桩径 2.85 m/2.5 m(钢护筒外径 2.85 m,混凝土桩 φ2.5 m),桩距 6.75 m。桩基钻孔采用集成 PHP 泥浆系统,桩端注浆处理。承台采用哑铃形,每个塔柱下承台平面尺寸为 51.35 m×48.1 m,其厚度由边缘的 5 m 变化到最厚处的 13.324 m,两承台间采用 11.05 m×28.1 m 的系梁连接(厚 6 m)。采用 GPS 精确定位大直径的工程钢护筒搭设施工平台。钢吊箱施工实现承台,亦是永久防撞结构的组成部分。

　　(22)2007 年,杭州湾跨海大桥北航道桥主跨 448 m 的双索面钢箱梁斜拉桥,索塔基础下设 26 根直径 2.8 m、钢护筒内径 3.1 m 的钻孔灌注桩,桩长平均 125 m,48.5 m×23.7 m× 6 m 六边形圆倒角整体式承台,承台底面位于水面下 0.8 m。南航道主跨 318 m 单塔双索面钢箱梁斜拉桥。索塔基础下设 38 根直径 2.8 m、钢护筒内径 3.1 m 的钻孔灌注桩,桩长平均 120 m,81.4 m×23.7 m×6 m 哑铃形整体式承台,承台底面位于水面下 0.8 m。钻孔使用气举反循环泥浆护壁工艺,钻孔桩在水位变化区和水下区保留钢护筒,增加钢筋保护层厚度到 75 mm,采用海工高性能混凝土;承台使用了钢筋阻锈剂和环氧涂层钢筋,加大保护层和使用高性能海工混凝土。

　　(23)2007 年,南京大胜关长江大桥主桥桥跨布置为 2 联(84＋84) m 连续钢桁梁＋(108＋ 192＋336＋336＋192＋108) m 六跨连续钢桁拱。6～8 号主墩均采用 46 根 φ2.8 m 钻孔桩基础,桩基按纵向 5 排、横向 10 排行列式布置,桩长 107～112 m。圆端形承台尺寸 34 m×76 m×6 m,墩座厚 4 m。6 号主墩采用双壁钢套箱围堰整体制造浮运定位的总体方案,7、8 号主墩采用双壁钢吊箱围堰整体制造浮运定位的总体方案。围堰与钻孔平台合二为一。

### 三、深水基础的自然条件

　　桥梁深水基础类型的选择,除要按设计方面的结构体系及荷载性质、施工方面的施工方法及机具条件等因素考虑外,还要考虑桥址处的自然条件包括水文与地质条件、气象与环境条件。

　　一般来说,水文与地质条件多为桥梁深水基础类型选择的决定因素。根据经验,当持力层在水下不超过 10 m 时,采用防水围堰抽水直接设置基础往往是最经济的;不超过 30 m 时,采用桩基是最经济的;如基础在深水中受的水平力大需要水平刚度大时,往往采用像沉井、沉箱那样重力式基础;在岩面崎岖不平、高低悬殊,岩面倾斜严重(大于 30°时称为严重)时,或有溶洞、溶沟时,为了基础的可靠性,常采用桩或管柱基础。在特殊的水文与地质条件下,还可考虑组合基础和特殊基础。

　　目前情况,常规气压沉箱基础,因其造价较高,高压封闭工作条件艰难,在我国已较少采用。然而它能解决复杂的地质问题,且质量检测直接,基础施工质量易于保证,国外在解决了自动控制和施工机械化后仍在使用。

　　(一)对水文条件的考虑

　　桥梁深水基础类型的选择,水文条件,其中包括:水深、流速、冲刷、冲溶、侵蚀、水流方向、水位涨落幅度、漂流物(船、冰)冲击力与波浪冲击力等往往起决定性作用。

在流速大、冲刷深和有船撞或冰撞可能的河流中,采用桩基或管柱基础时,将会因水平力的加大和自由长度的加长而导致桩径或柱径的加大。但当直径加大到施工水平已难达到的程度时,就需将承台降低,以便减小桩直径。直径加大和承台降低都将造成施工费用的急剧增高,最终可能使得方案变得不合理。

因为桩或管柱基础的形式很多,在已决定采用桩或管柱式基础之后,还有一个采用什么桩或柱的问题。例如在海水或有侵蚀性的水中,不宜采用打入式钢筋混凝土桩;在水深流急覆盖层很厚时,若采用钻孔灌注桩,由于需加用强而大的长护筒,致使导向、定位、插进和拔出的施工作业难度增大,反而不如采用预制的钢筋混凝土桩、预应力混凝土桩、钢桩或管柱基础合理。

在有流冰的江河中,不要采用钢筋混凝土管桩高承台桩基,因为不仅冰冻会将管桩冻裂,而且流冰还会将管桩撞伤甚至切断。

在钻探中发现有很大承压水情况,最好不要采用就地钻孔灌注桩。

由上可知,桥梁深水基础必须作相应的水文资料调查。而水文条件和水文资料是桥梁深水基础设计和施工的重要条件和依据,不仅应调查拟建桥梁深水基础所处海、河的历史与现状,还应研究它们的发展趋势和可能发生的变化,解决好深水对桥梁基础的各种有害作用,处理好桥梁及其基础对相关水利、航运、生态等所起的影响。

水文资料调查内容主要包括下列项目:

(1)设计和施工计算中所需的流量、流速、水位与水深(包括水面坡度、河床断面等)。

(2)由拟建的桥梁所引起的冲淤变化及相应的水文改变(包括流向、流速、壅水、冲刷等)。

(3)产生滑坡、泥石流的可能性与影响。

(4)波浪与波浪侵袭高度。

(5)各种漂流物包括流冰、船舶等冲击力的大小与性质(包括流冰最高水位、封冰最高水位、冰厚、冰块尺寸、冰块强度、流冰速度等)。

(6)通航情况要求,包括通航等级、航道位置、最高最低通航水位、通航净孔以及航道规划与整治规划等资料。

(7)既有水工建筑物的情况与有关资料,尤其是由它引起的水害资料。

(8)城市自来水、电信、电力过江资料与规划;农田水利、排涝、灌溉要求与设施规划资料。

(二)对地质条件的考虑

在考虑地质条件时作好水下地基勘测。桥梁深水基础水下地基勘测用钻探设备在地基中探明或钻取有限点的地质情况与试样,然后根据地质构造及土的成因来推断整个地基状况。在正常的钻孔勘测法外,另增加一些先进的辅助勘测方法来探明地基的宏观构造,采用原位测试法来验证或确定地基岩土的各项物理力学指标。一般来说,为考虑桥梁深水基础的地质条件,应取得以下资料:

(1)区域的地质构造,有无断层、溶洞、破碎带等。

(2)基础所在位置的地形地貌,地层分布、钻孔柱状图、地质剖面图,各土层的厚度及物理力学性质,土中有无大孤石等情况,基岩标高及其倾斜度、裂隙情况及物理力学性质等资料。

(3)地基土和水质对基础的侵蚀作用及防护措施的资料。

(4)确定施工方法所需的资料(如防水围堰是否需要封底、支撑设计的土压力、沉井下沉范围内的摩阻力、沉桩深度范围有无障碍物、钻孔桩的摩阻力与端阻力等)。

(5)施工对周围环境或邻近建筑物有害影响评价所需的资料(如爆破、开挖、水位升高或降低等影响)。

**(三)对气象条件的考虑**

对于桥梁深水基础,考虑气象条件的主要因素是:风、浪、气温和水。

对于桥梁深水基础有露出水面的高桩承台、管柱基础和多柱基础等会直接受到风荷载,而且深水基础施工时,由于下沉的基础在未达标高前,一部分基础是长期露出水面外,加之施工时所用的作业平台、工作船舶、起吊设备以及锚碇靠泊设施等等,都直接处于风力作用之下,可见风荷载对于桥梁深水基础成为一项非常重要、甚至有时变成控制某一单项设计的主要荷载。

其次,就是波浪力。一般波浪均由风和潮汐所形成,船舶行驶与地震作用也可形成临时的附加波浪。由于桥梁深水基础对波浪的行进起了阻碍作用,致使波浪对基础产生波浪压力。波浪力的大小不仅与波浪的各要素有关,而且还与基础类型、形状及结构有关。

另外,气温及结冰后的冰压力也是气象条件中考虑的。尤其在计算冰对桥梁基础的侧压时,除需先确定冰的厚度、强度与流动速度外,还计及现场条件、基础形状、冰在移动时的状况和冰的作用方式等因素。一般情况下需分别计算下列有关的冰压力:流冰所产生的动力冰力,大面积冰层低速移动所产生的静压力,流冰壅塞力,温度冰力,竖向冰力。在计算冰压力时,有关冰的厚度、强度、移动方向和作用高度等参数,均按实地调查资料数据予以确定,并考虑它们之间可能出现的最不利组合。

海洋桥梁深水基础与内河深水基础一个重要区别,在于它们所处的气象、环境条件有较大的差别。因为海上桥梁深水基础,由恶劣的海象、气象所产生的环境荷载力要比内河深水基础大得多,因而在设计与施工时,由飓风、巨浪、大潮所产生的巨大水平力,往往构成计算的控制条件。

另外,海上桥梁深水基础允许在水上施工期是不定的、很短的,主要决定于气象,所以海上桥梁深水基础施工并没有像内河中基础那样可供施工利用的枯水期。

**(四)对环境条件的考虑**

对于桥梁深水基础类型的选择,有时还会遇到环境条件变成了控制因素的情况。例如,在航运繁忙而航道不能过分压缩之处,大型浮式沉井可能因锚碇范围过大而被航运部门否定。

在邻近防洪大堤或其他怕振建筑时,采用一般打桩锤打桩或吸泥下沉沉井时,会因振动和翻砂而引起建筑物的下沉,甚至造成严重的事故。此时用气压沉箱的水下自动挖泥来代替吸泥下沉开口沉井也是可供选择的方案之一。

尤其在具有较长历史的城区,建造桥梁深水基础,对桥位区域的各种现有或残存的构筑物,如地下给水管道、排水管、电信电缆、电力电缆、煤气管道、驳岸、码头、防汛墙、堤岸及抛石护岸、及各种房屋建筑的性质和结构情况等作认真调查,以便确定桥梁基础是否避让,或原有构筑物拆迁、改造,或对紧靠基础的结构物采取防护措施等。

在吞吐量较大的港口城市中,尤其是具有较长历史的航道沿岸,各种水上交通运输设施密布相连,十分拥挤。其中大型船厂、港区装卸作业码头,在该地区的经济活动中常占有相当重要的地位,当修筑桥梁深水基础时,掌握由此造成的影响,以便对基础的类型和位置做出正确的判断。尤其是一些大型桥梁的深水基础规模很大,施工工期长,不仅要考虑建成后的情况,还要注意其施工期的影响。

最后,环境水或地下水对基础的侵蚀性,也是选择基础形式要考虑的因素。例如,海水或河流中的下水道出口处,化工厂废水流入处,都可能产生对基础的侵蚀问题。当试验水中 pH 值小于 5 而且有氧存在时,若采用钢桩或钢筋混凝土桩即需考虑防侵蚀问题。

当水中含有硫酸根离子、二氧化碳离子、氯离子时，都有可能造成混凝土和钢或钢筋的腐蚀作用；在深海中，虽然有较高的氯离子，但却因缺氧，而腐蚀速度反而很慢。然而，在浪花飞溅区、水位潮汐变化区、腐蚀现象却非常严重，尤其是对惯用的钢桩和钢板桩，必须在方案通过的同时提出防护措施。

总之，在桥梁深水基础结构、类型、位置施工方法的比选中，不仅要考虑到基础自身的安全可靠性与耐久性，还要考虑到基础施工及使用期间对环境可能产生的危害性。

**四、深水基础的荷载**

作用于深水基础上的荷载与普通基础上的荷载相似，包括恒载、活载、附加力和特殊荷载。只是在深水基础上以下荷载可能较大些：施工荷载、风荷载、雪荷载、冰的静压力与流冰冲击力、波浪力、系船、靠船力、船只或排筏的撞击力。

各荷载可按相关规范进行计算并组合。注意可能有多种最不利的组合形式，并注意组合的荷载系数和设计安全度。大型桥梁的某些荷载可能需要进行专门研究。

# 第二节　深水桩基础

深水桩基础与普通桩基础有很多相同之处，一般的设计原则是类似的，但深水的特性也决定了其特殊性。下面就深水桩基础在构造、选型、防护及施工等方面作简要介绍。

**一、深水桩基概述**

**(一)深水桩基结构形式**

一般说来，在水不太深、水平荷载不太大的情况下，可采用仅有直桩和带少量斜桩的扇形结构形式，如图 6-1(a)、(b)、(c)所示；当水平荷载进一步加大，为减小桩的弯矩与基础变形，常采用交叉桩的结构形式，如图 6-1(d)、(e)、(f)、(g)所示。当荷载更大和变位要求更高时，还须采用加大桩径措施，降低承台来抵抗水平力。

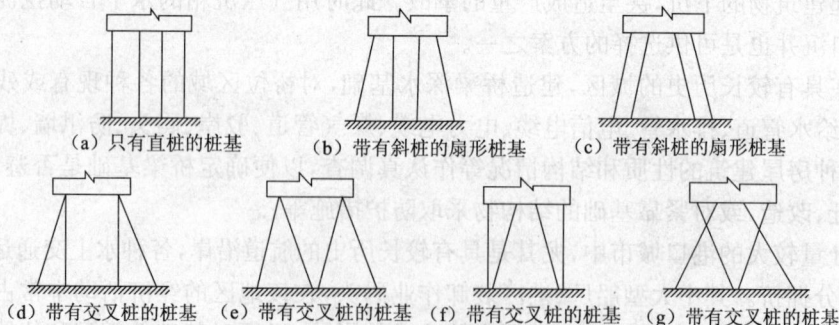

(a) 只有直桩的桩基　　(b) 带有斜桩的扇形桩基　　(c) 带有斜桩的扇形桩基

(d) 带有交叉桩的桩基　(e) 带有交叉桩的桩基　(f) 带有交叉桩的桩基　(g) 带有交叉桩的桩基

图 6-1　桩基的结构形式

因深水基础要考虑船舶碰撞力，基础所受水平力较大。作用在承台上的合力与垂线的夹角也较大，一般在夹角大于 5°小于 15°时，采用带斜桩的扇形结构形式经济合理；当夹角大 15°时，或上部结构对基础的位移变位要求较严时，常采用交叉式结构形式。

斜桩对抵抗水平力非常有效，一般其斜度(水平/垂直)在 1/12～3/12 之间变化，不宜过大,以免对打桩或钻孔造成困难。当覆盖层中具有很厚的淤泥质软土层时,斜桩将会产生较大的附加弯矩。

(二)深水桩的类型

通常,深水桩基础所用桩类型的分类,既可按材料分成钢筋混凝土桩、预应力钢筋混凝土桩、复合桩和钢桩,又可按其成桩方法分成打入桩(包括振入、压入、旋入)、钻孔灌注桩及钻孔埋设预制桩三大类型。

1. 预制钢筋混凝土桩与预应力钢筋混凝土桩

(1)形式与构造

深水基础常用的钢筋混凝土桩的断面尺寸与常规桩基大致相同,如 20 cm×20 cm～45 cm×45 cm,长度为 8～25 m。所用的钢筋混凝土桩或预应力混凝土桩多为均匀断面;当水平力很大或桩的自由长度很长时,需要用加大桩的断面尺寸来增大基础的刚度时,为了便于运输和打设,一般均将大断面的钢筋混凝土桩或预应力钢筋混凝土桩制成空心或管形断面以减轻其自重。

(2)拼接接头

预制钢筋混凝土桩与预应力钢筋混凝土桩多需用工地接头在施工过程中予以拼接接长,桩接头种类较多,归纳起来可分以下五大类:

①机械接头,包括套筒接头、环箍接头、X 形榫接头等;

②焊接接头,包括平板对焊、套筒对焊等;

③螺栓接头;

④胶接接头;

⑤后张预应力接头,包括麦卡劳埃(Mocalloy)接头(粗筋)和雷辈德(Raymond)接头(钢绞线)。

我国仍然习惯于用法兰盘螺栓接头来接长管桩,少数也有用套管接头。

2. 钻孔灌注桩

钻孔灌注桩是先在地基土中钻或冲孔,然后再在孔内灌注混凝土而制成的桩。钻孔桩比打入桩可有更大的桩径、可设置到更深的地层、具有更大的承载力和易于深入基岩控制基础沉降等优点。但须控制好塌孔、水下清基、保证水下混凝土灌注质量等问题。

3. 复合桩

一般是指把两种材料制成的两节桩复合组成一根桩,或用几根细桩与一根粗桩结合,称之为复合桩。

采用复合桩的原因有如图 6-2 所示。其中图 6-2(a)为钻孔桩可达深度不够,采用打入钢桩加深的复合桩;图 6-2(b)为沉桩设备能力不足,无法将大直径的预制桩或管桩沉至应达深度时,所采用的在大桩内加打若干小直径桩的复合桩。例如南京长江大桥即曾有在大管桩内接力下沉四根小管桩的方案。

4. 钢桩

为了减少打设长桩时的桩重和避免长桩易被打断的缺点,深水桩基础也可选用钢桩。最

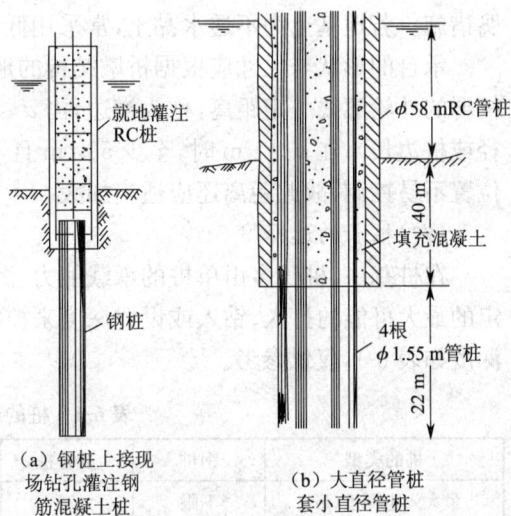

(a) 钢桩上接现场钻孔灌注钢筋混凝土桩

(b) 大直径管桩套小直径管桩

图 6-2 复合桩

常用的钢桩形式有:钢管桩和 H 形钢桩。在没有现成的管桩和 H 桩时,也可采用各种型钢焊制。

接长 H 形钢桩的拼接接头,既可用焊接亦可用铆接或栓接。而接长钢管桩的接头则只能采用内套筒对接焊的接头和外套筒角接焊的接头。另外,国外有一种不需焊接的套管式接头,如图 6-3 所示。

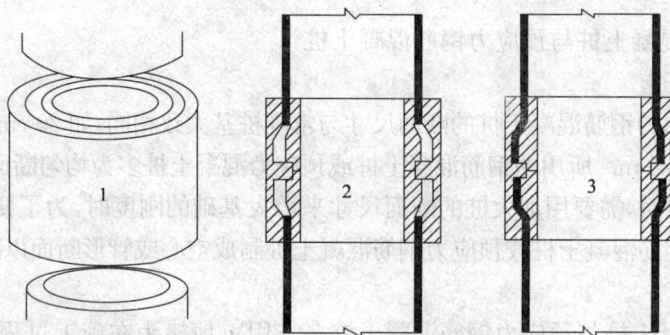

图 6-3　不需焊接的套管接头

### (三)深水桩基础承台的构造

桩基础是由承台和桩群连接而组成的。承台多为现浇的钢筋混凝土结构,设置成是一个本身变形很小的刚性板或梁。

深水桩基础按承台布置高低可分成:水上高承台桩基础、水下高承台桩基础、低承台桩基础和高低双层承台基础。

深水桩基础承台高度的选择,根据桥墩基础受力情况、地形、地质、水文(水深、流速、冲刷、夹砂、流冰、流石等)以及施工条件与工期等因素来确定。

在有流冰的河流中,承台底面应低于最低冰层底面以下(一般低 0.25 m);在通航河流中,承台宜适当降低;在有夹砂、流石的水流中,为防止桩身被冲坏磨损,宜用低承台桩基,当采用高承台桩基时,则需对桩进行防护,或加固、加粗桩身;在侵蚀性的水中,桩身需采取必要的防腐措施。若地基土为不透水黏土,常采用低承台桩基,以使桩处于侵蚀性小的土中。

承台的形状与尺寸应根据桥墩结构的形状与尺寸确定,但以能包住桩群为原则,并须伸出桩群的外轮廓线一定距离,称为襟边,当 $d \leqslant 1$ m 时,至少 25 cm 且不得小于 $0.5d$($d=$设计桩径或桩边长);在 $d > 1$ m 时,至少 50 cm 且不得小于 $0.3d$。在水较深或打桩困难处,因桩的位置不易控制,故此距离还应适当加大。

### (四)桩长的选择

在桩基中,桩长多由单桩的承载能力、沉降控制条件、基岩下卧深度、以及施上技术水平决定的最大可能的打入、钻入或设置深度来控制。有统计资料提出的不同桩的最大深度和最优深度如表 6-1,仅供参考。

表 6-1　桩的最大深度和最优深度

| 桩的类型 | 钢桩 | 复合桩 | 钢筋混凝土桩 | 预应力钢筋混凝土桩 | 钻孔桩 |
|---|---|---|---|---|---|
| 最大入土深度(m) | 不限 | 35 | 40 | 60 | 130 |
| 最优深度(m) | 20~40 | 20~40 | 20~30 | 20~40 | 20~80 |

（五）深水桩的防护

深水桩基中的钢筋混凝土桩、预应力钢筋混凝土桩、钢桩以及钻孔桩都有一个环境水对混凝土、钢筋及钢材的腐蚀、侵蚀与磨损问题。例如：在流水中，混凝土将会受到波浪、流砂、流冰及其他漂流物的磨损和撞击；在冰冻地区，还会受到冻胀、冻融损害；在海水或其他不良水质条件中，混凝土桩和钢桩都会受到不同程度的侵蚀与腐蚀作用。下面将就水质条件对混凝土、钢筋、钢材的侵蚀与腐蚀问题和防护措施作一介绍。

1. 水质条件对混凝土的侵蚀作用

水质条件对混凝土的侵蚀作用一般有碳酸性侵蚀、一般酸性侵蚀、硫酸性侵蚀、镁盐侵蚀、水流磨损。

2. 水质条件对桩内钢筋的腐蚀

桩内钢筋腐蚀的原因，除桩身混凝土本身的缺陷造成的钢筋裸露所遭致的直接腐蚀之外，其他原因还有：

（1）侵蚀性水先破坏了桩的混凝土保护层，然后又腐蚀裸露的钢筋；

（2）侵蚀性水改变了混凝土的液相成分，从而降低了混凝土对钢筋的保护性能，致使钢筋在混凝土的内部产生腐蚀。

水对钢筋产生腐蚀的根本原因则是氯化物。因为氯离子是一种腐蚀钢筋的活化剂，它不仅会破坏保护钢筋表面的钝化膜，还会加速钢筋的电化学锈蚀过程（阳极锈蚀作用）。在水与氧并存的情况下，这一电化学过程将会大大加快。

3. 水质条件对钢桩的腐蚀

钢桩在水中的锈蚀作用与混凝土桩裸露的钢筋一样也呈一个电化学过程，常用一般酸性侵蚀即 pH 值的大小来界定它的锈蚀程度。根据观测当 pH 值等于 7 时，锈蚀缓慢，pH 大于 11.5 时，可不考虑锈蚀问题；pH 值小于 5 且有氧气存在时，为锈蚀非常严重条件。美国海岸工程研究中心规定，当钢桩暴露在海水中或接触有酸性侵蚀的排泄水，即需用涂料层或包上混凝土进行防护。

4. 防护措施

（1）钢筋混凝土桩和预应力钢筋混凝土桩

对于钢筋混凝土桩和预应力钢筋混凝土桩，其防止混凝土遭受硫酸盐侵蚀的一般性措施，可按表 6-2 和表 6-3 中所列的办法进行选择。表 6-4 是各种桩的水泥含量与水灰比的选用参考。

表 6-2　防止硫酸盐对混凝土侵蚀的一般性措施

| 侵蚀等级 | 需采取的措施 | | |
|---|---|---|---|
| 轻微 | 按正常的质量优良要求标准 | | |
| 中等 | 用普通硅酸盐水泥或抗硫酸水泥 | 增加水泥用量 | 减小水灰比 |
| 显著 | 必须使用抗硫酸水泥 | | |
| 强烈 | 必须使用抗硫酸水泥，并须加适当的防护套或涂层 | | |

表 6-3　防护混凝土桩侵蚀的各种措施

| 要求或措施 | 在一般情况或条件下 | 在中等侵蚀情况下或条件下 | 在显著侵蚀情况下或条件下 | 在强烈侵蚀情况或条件下 |
|---|---|---|---|---|
| （1）密实不透水混凝土 | 可 | 可 | 可 | 可 |
| （2）普通硅酸盐水泥 | 可 | 可 | 不可 | 不可 |

续上表

| 要求或措施 | 在一般情况或条件下 | 在中等侵蚀情况下或条件下 | 在显著侵蚀情况或条件下 | 在强烈侵蚀情况或条件下 |
|---|---|---|---|---|
| (3)抗硫酸水泥 | 不可 | 可 | 可 | 可 |
| (4)特殊水泥或火山灰水泥 | 不可 | 可 | 可 | 可 |
| (5)规定最少水泥用量与最大水灰比值 | 可 | 可 | 可 | 可 |
| (6)特殊集料 | 不可 | 例如:在酸性情况中采用石灰岩作为粗骨料 | | |
| (7)增设牺牲厚度 | 不可 | 根据自身情况 | | 不可 |
| (8)规定最小保护层厚度 | 可 | 可 | 可 | 可 |
| (9)采用永久防护套 | 不可 | 不可 | 不可 | 不可 |
| ①刚性 PVC | 不可 | 不可 | 不可 | 不可 |
| ②柔性 PVC | 不可 | 不可 | 不可 | 不可 |
| (10)采用防护涂层—环氧树脂或沥青 | 不可 | 不可 | 不可 | 可 |

表 6-4　规定水泥用量与水灰比的一般标准

| 桩的种类 | 一般情况 | 中等侵蚀情况条件下 | 显著及强烈侵蚀条件下 |
|---|---|---|---|
| 预制桩 | $450 \sim 475 \ kg/m^3$ | $450 \sim 475 \ kg/m^3$<br>0.4 | $450 \sim 475 \ kg/m^3$ |
| 打套管成孔就地灌注桩 * | $280 \sim 370 \ kg/m^3$<br>$0.25 \sim 0.6$ | $280 \sim 370 \ kg/m^3$<br>$0.3 \sim 0.55$ | $280 \sim 370 \ kg/m^3$<br>$0.3 \sim 0.45$ |
| 钻挖成孔筒内就地灌注桩 | $300 \sim 450 \ kg/m^3$<br>$0.5 \sim 0.55$ | $550 \sim 450 \ kg/m^3$<br>$0.475 \sim 0.5$ | $380 \sim 500 \ kg/m^3$<br>$0.45 \sim 0.5$ |
| 泥浆护壁钻孔水下灌注混凝土 | $350 \sim 450 \ kg/m^3$<br>$0.5 \sim 0.6$ | $350 \sim 450 \ kg/m^3$<br>$0.475 \sim 0.5$ | $400 \sim 450 \ kg/m^3$<br>$0.43 \sim 0.45$ |

注: * 包括标准及振动套管成孔的弗兰克式桩。

（2）钢桩

钢桩防止锈蚀的常用办法如下。

①增加牺牲厚度法

日本港湾协会《港湾构筑物设计基准》(1965)规定:从最高水位到海底之间的钢桩,海水中钢材的年腐蚀量为 $0.1 \ mm/$年;清水中钢材的年腐蚀量为 $0.1 \times 2/3 = 0.07 \ mm/$年。

英国土木工程协会海水作用委员会的研究结论是:海水中钢材的年腐蚀量为 $0.076 \ mm/$年;清水中钢材的年腐蚀量为 $0.05 \ mm/$年。

②加设混凝土保护层法

由于土中缺乏氧气,打入土中的钢桩加设混凝土保护层,往往会得到较好效果。

③阴极防腐及采用特殊钢材法

后两法,桥梁深水桩基中采用不多。

（3）防撞措施

深水桩基在有通航、排筏、冰凌、泥石流等情况下需计算防撞击,必要时要设计专门防撞设施。

## 二、深水桩基施工

水中桩基的施工比陆地上要困难得多,一般在浅水中希望通过围堰等措施变水中施工为旱地施工,在深水中则需要建立施工平台,在该平台上完成打桩或钻孔桩施工和承台及桥墩的施工。

(一)水上施工平台

在水中施工桩,要为水上打桩或钻孔创造条件:

(1)若施工期水深在 3～4 m,或在水深变化无常的游荡性河流中(如黄河),或在受潮水影响一天内水位变化达数米的近海河流(如钱塘江口)中,由于水深忽深忽浅,或有或无,不能保证打桩船的吃水要求,一般采用搭便桥或赝架(脚手架),并在便桥上安装可移动的打桩机或吊机来进行打桩,或钻孔桩相应的设备,如图 6-4 所示。

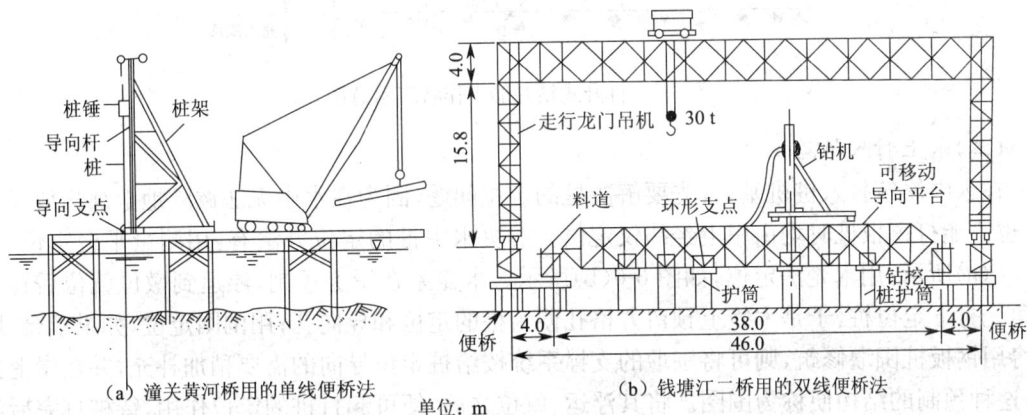

(a)潼关黄河桥用的单线便桥法　　　(b)钱塘江二桥用的双线便桥法

单位:m

图 6-4　在便桥上用可移动打桩机或吊机打桩

(2)如水较深或其他原因不宜采用便桥或赝架时,则可通过导向船和锚定船的定位及锚定,用一个或多个铁驳船通过临时军便梁等桁架组成施工平台,并在船上安装打桩机或钻孔桩相应设备等,进行相应的施工。也可以在打入四根以上钢管桩或钢护筒作为后续平台的定位和支撑桩,在其顶面或露出水面的部分焊接牛腿,其上架设钢梁及钢板形成施工平台,此时铁驳船及导向船锚定船等可撤离而应用到其余水中墩位的施工。此类方法我国已大量应用在 40～50 m 以内的深水基础修建中。

(3)若在大而深的江河中打桩,则需用专用的打桩船。高度自动化的打桩船,其打桩架可接高达 50 m,可一次下沉 40 m 的长桩,并可前倾后仰 30°,可打各种斜度的斜桩,它还可用来吊桩,起重量可达 800 kN。借助附设装置可将龙门挺(导向架)的下端向前推出,再配合桩架前倾使其成垂直,用以打浅水或岸边部位的桩,其伸出船首的距离可达 12 m。也可用类似设备先沉入钢管桩或钢护筒来定位,然后施工钻孔桩。

(4)在近海深水中修筑桩基,可借用自升式钻井船来打头几根桩暂作为定位桩用。有了定位桩则其余各桩的定位和导向,自不难解决。

自升式钻井船系由自升式工作平台(船体)、平台腿和升船机构三个主要部分所组成。船体呈长方形,上安有动力、钻井设备和住宿设施等,是全自给式的。开动升船机构,即可完成下降平台腿,升船、降船和拔起平台腿等动作。钻井船移位时,需大马力拖轮拖航。拖到新位置后,用船上的锚系定位。然后开动升船机构,放下平台腿,将其插入海底,并预压稳定后,即可升船,船体离水面的高度,以最大风浪时,海浪打不到船底为准,一般为 8～9 m,如图 6-5 所示,日本曾用于海中桥墩施工。

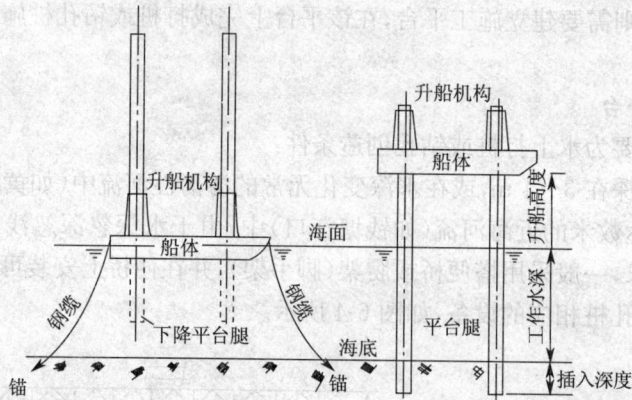

图 6-5　自升式钻井船工作状态示意图

（二）水上打入桩施工

在水中修筑打入桩桩基,首先要解决桩的定位问题,因为在水中无法像陆地上那样放样定位,也不能打每根桩时均由岸上经纬仪定位。解决水中桩的定位办法有:用测量平台定位,如图 6-6(a)所示;用木笼法定位,如图 6-6(b)所示。木笼系在岸上预制,浮运到墩位就位后在其四角先打下定位桩,于是木笼上预留方格孔便为桩的定位和导向孔;用围图定位,如果承台、墩身将用钢板桩围堰修筑,则可将围堰的支撑系统按给桩定位导向的需要稍加补充,并在岸上预制,这种预制的结构便称为围图。将其浮运、就位之后,便可起打桩的定位作用,待桩打完后沿其外围插打钢板桩,它又起围堰的受力撑架作用,详见图 6-9。

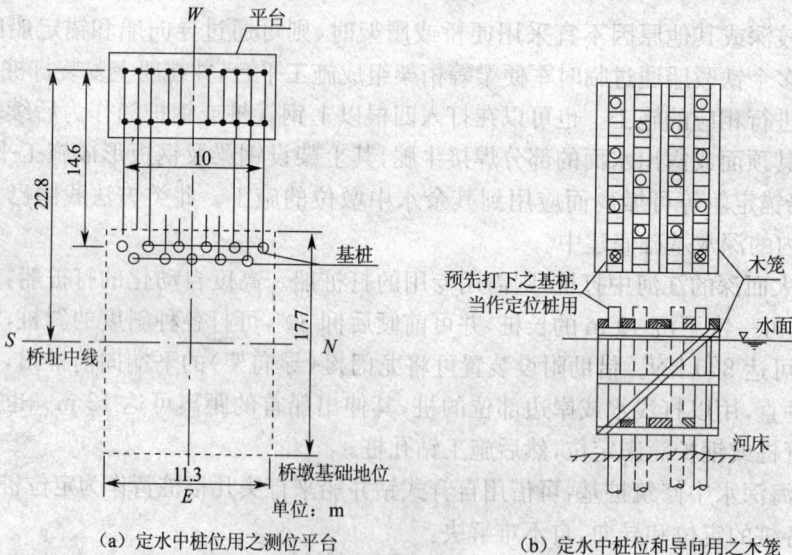

（a）定水中桩位用之测位平台　　　　　（b）定水中桩位和导向用之木笼

图 6-6　水中桩的定位

沉桩过程与陆地上相似,但需注意风和水流对施工中的桩位置和方向的影响。

（三）水上钻孔桩施工

打入钢护筒的过程与下沉钢管桩相同。护筒承受着较大水平力,顶面需出水面,故深入土层需一定深度。在施工平台上,通过钢护筒钻(冲)孔,同时将护壁泥浆注入并循环排渣。当基础规模比较庞大且离岸较近,可在岸边建立大型造浆和混凝土搅拌站,通过管道泵送。也有使用钢护筒储存泥浆,在船或施工平台上使用离心设备分离钻渣的措施。在近海中,一般泥浆在海水环境下容易沉淀,需用海水特殊泥浆配方。钻孔后清孔干净后,下钢筋笼并灌注水下混凝土。

（四）承台板的修建

**1.吊箱法修建底面在河床以上的承台**

当承台底面在河床以上一定距离时,可用吊箱围堰(一种有底的箱形整体模板)来修筑承台板。由钢吊箱的使用功能,将其分为侧板、底板、内支撑、下放悬吊系统四大部分。其中侧板、底板是吊箱围堰的主要阻水结构,吊箱侧板结构可采用单壁或双壁两种不同形式。吊箱的设置的方法有如下两种。

（1）先打桩后设吊箱,如图 6-7 所示,待打完桩后,由潜水工在桩上安设木平台(即承台的底模板),然后预制的吊箱围堰由驳船吊运、吊装,或从赝架上沉放到木平台上。

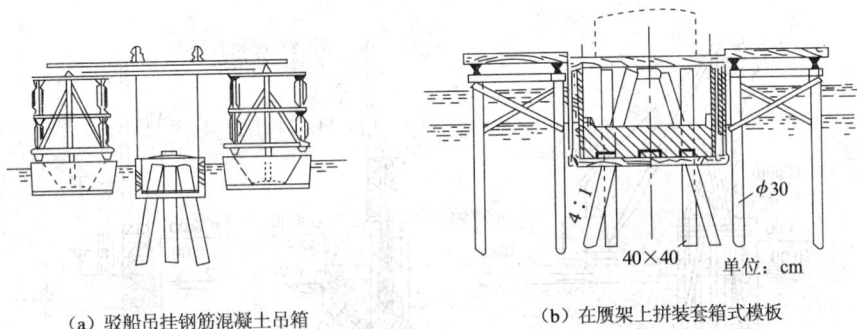

| (a) 驳船吊挂钢筋混凝土吊箱 | (b) 在赝架上拼装套箱式模板 |

图 6-7 用吊箱围堰修筑水中承台

（2）先设有底吊箱,后再打桩,底板上预留的桩孔可作打桩定位之用,其施工程序大致如图 6-8 所示。先在岸边两导向船间的平台上拼装上述吊箱;当导向船连同吊箱一起拖拉到墩位后,把导向船锚锭起来;利用两侧起重塔架提起吊箱,并徐徐放入水中如图 6-8(a)所示,直至箱顶上预置的吊梁压到舱面上;然后利用爬行吊机把 4 根 20 m 长的 $\phi$55 cm 钢筋混凝土定位管桩插进箱底预留的桩孔中,并用汽锤把桩打入土中约 10 m 深如图 6-8(b)所示;之后,解开吊梁,继续放下吊箱直达设计标高,再把它固定在定位桩上;这时可拖走导向船如图 6-8(c)所示;桩基上所有竖向桩和斜桩都是靠 15 t 水上吊船插入箱底预留的桩孔中,并用汽锤打到河床以下 30 m 深处如图 6-8(d)所示;待桩打完后,向箱里灌注 1.5 m 厚的水下混凝土。直至封底混凝土硬化,再抽干箱内的水,并截平桩头如图 6-8(e)所示;接着砌筑承台和墩身;最后把防水板及围笼的上层撑架一一拆去如图 6-8(f)所示。

**2.套箱法修建底面在河床以下不深处的承台**

当承台底在河床下不深处,可用无底浮运套箱。套箱在岸上预制,浮运就位并下沉到河底罩在打好的桩顶上,便成为一个入土不深的围堰,可在其内修筑承台和墩身。

**3.围堰法修建底面在河床以下一定深度处的承台**

（1）用钢板桩围堰法修筑水下桩基

当承台底位于河床以下不深或一定深度处,均可用钢板桩围堰法修筑水下桩基,它也是水中修筑基础中最常用的一种方法,今以单层钢板桩围堰为例说明其施工步骤:

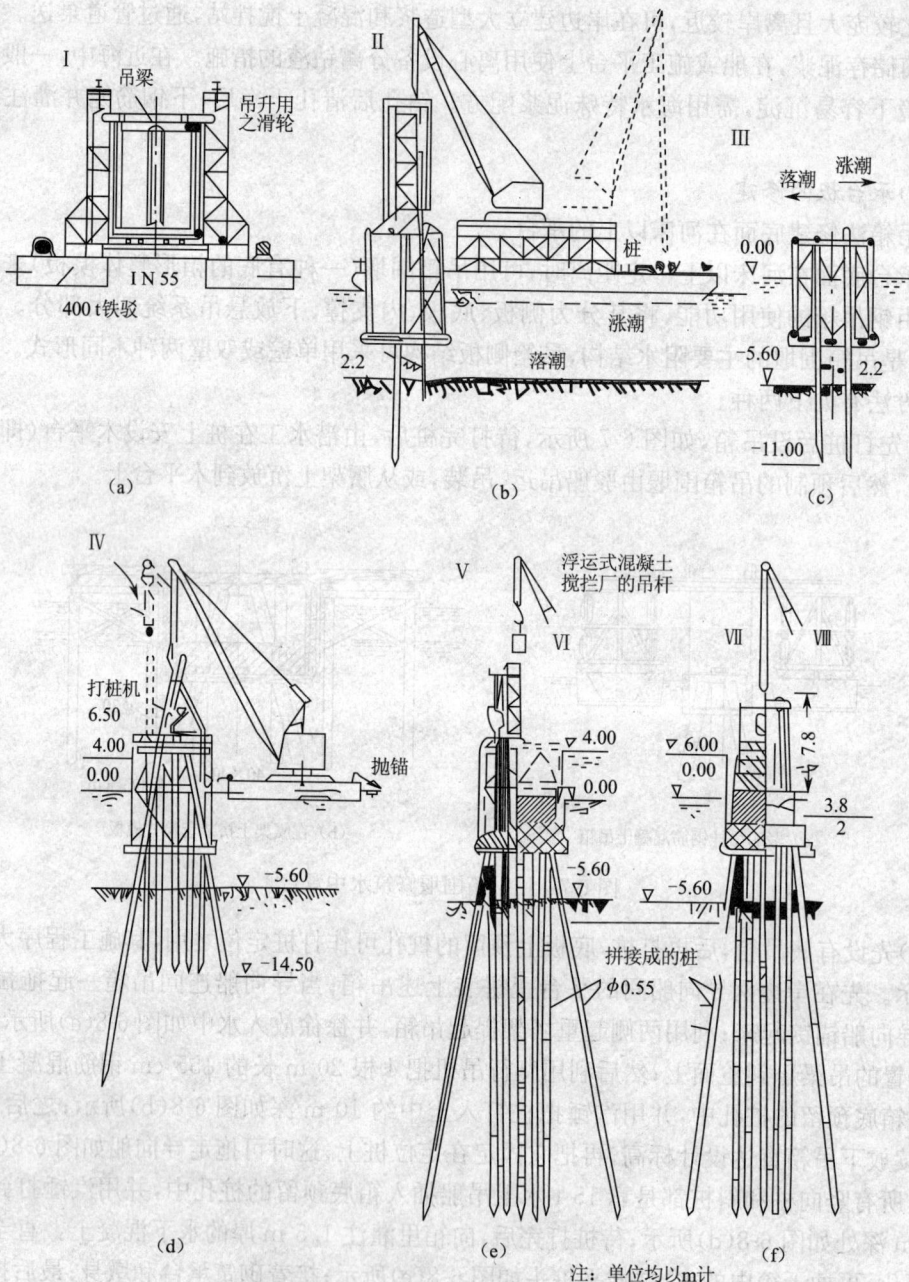

图 6-8　杭甬线上两江桥高桩承台用吊箱围堰修筑过程

先在岸上或铁驳上拼制围笼（即围图）。如围笼很高,则可先拼一、二层,使其浮运到墩位如图 6-9(a)所示,并沉入水中后,再接拼其余数层如该图 6-9(b)所示。围笼的作用有:一是在打桩时作为定位和导向用,二是作为板桩围堰的受力支撑。

然后穿过围笼的空格对称地先插打 4、5 根角桩至设计标高,临时作为定位桩用,并把围笼挂在这几根定位桩上如图 6-9(c)所示,此时可拖走导向船,以便用于其他墩位上。而围笼顶面就是一个很好的工作平台。

继续下管桩和沿着围笼周边插打钢板桩如图 6-9(d)所示,待板桩合拢后,即可开挖基坑;假如坑底土不透水,常排干水后再下挖;如坑底土透水性强,无法抽干围堰中的水,或者抽水后会出现流砂现象,那就只有在水下挖土。当围堰内桩头密布,有碍于抓土斗抓土,则可用水力或空气吸泥机排土;若因土质坚硬或含较多卵石之类,挖土效率很差,而不得不用抓土斗时,则可改变施工程序,即先挖土,后打基桩。

当挖到设计标高后,即可灌注围堰内的水下封底混凝土如图 6-9(e)所示。待其凝固后,方可抽干围堰中的水,并把混凝土面上的一层浮渣凿去,把桩头截齐,随后就可以铺设承台钢筋网和灌筑混凝土如图 6-9(f)所示。

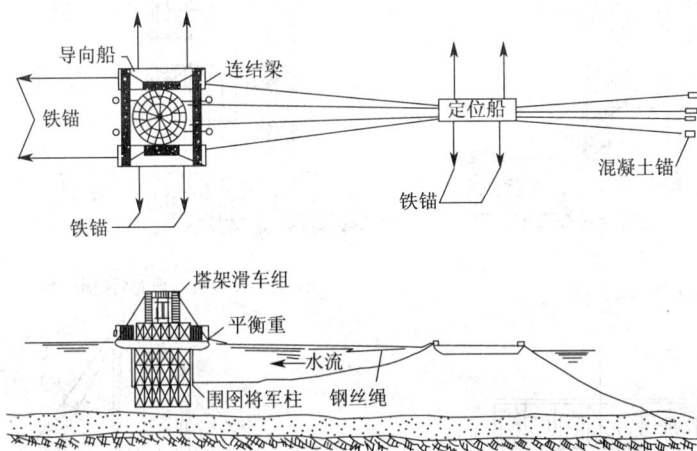

（a）围图定位

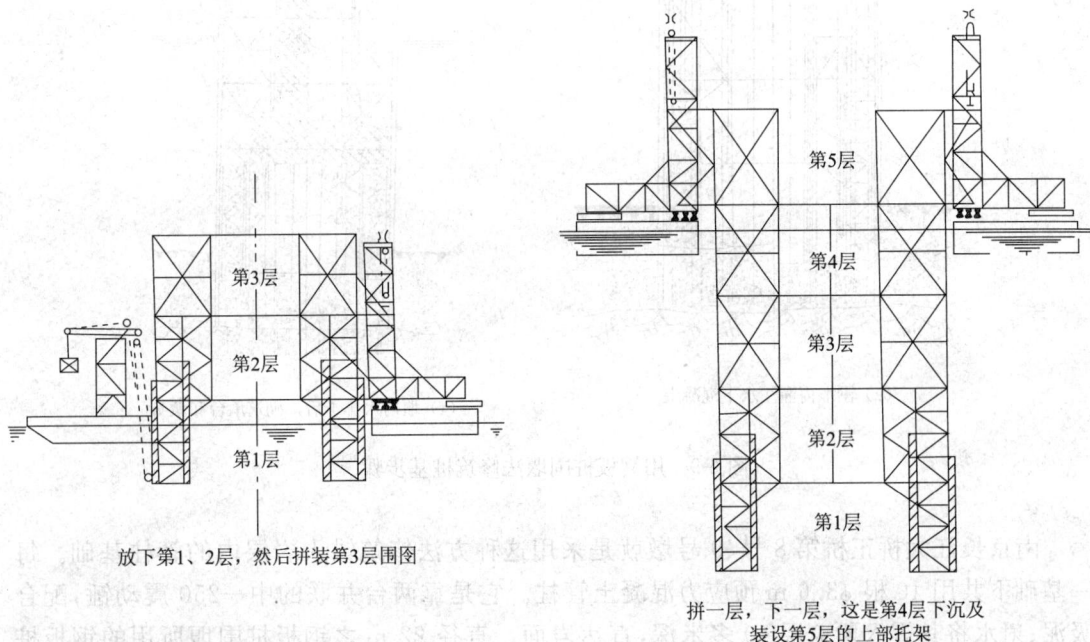

放下第1、2层,然后拼装第3层围图

拼一层,下一层,这是第4层下沉及
装设第5层的上部托架

（b）围图下沉及接筑

图 6-9

（c）下沉定位桩

（d）插打钢板桩，合龙后挖土

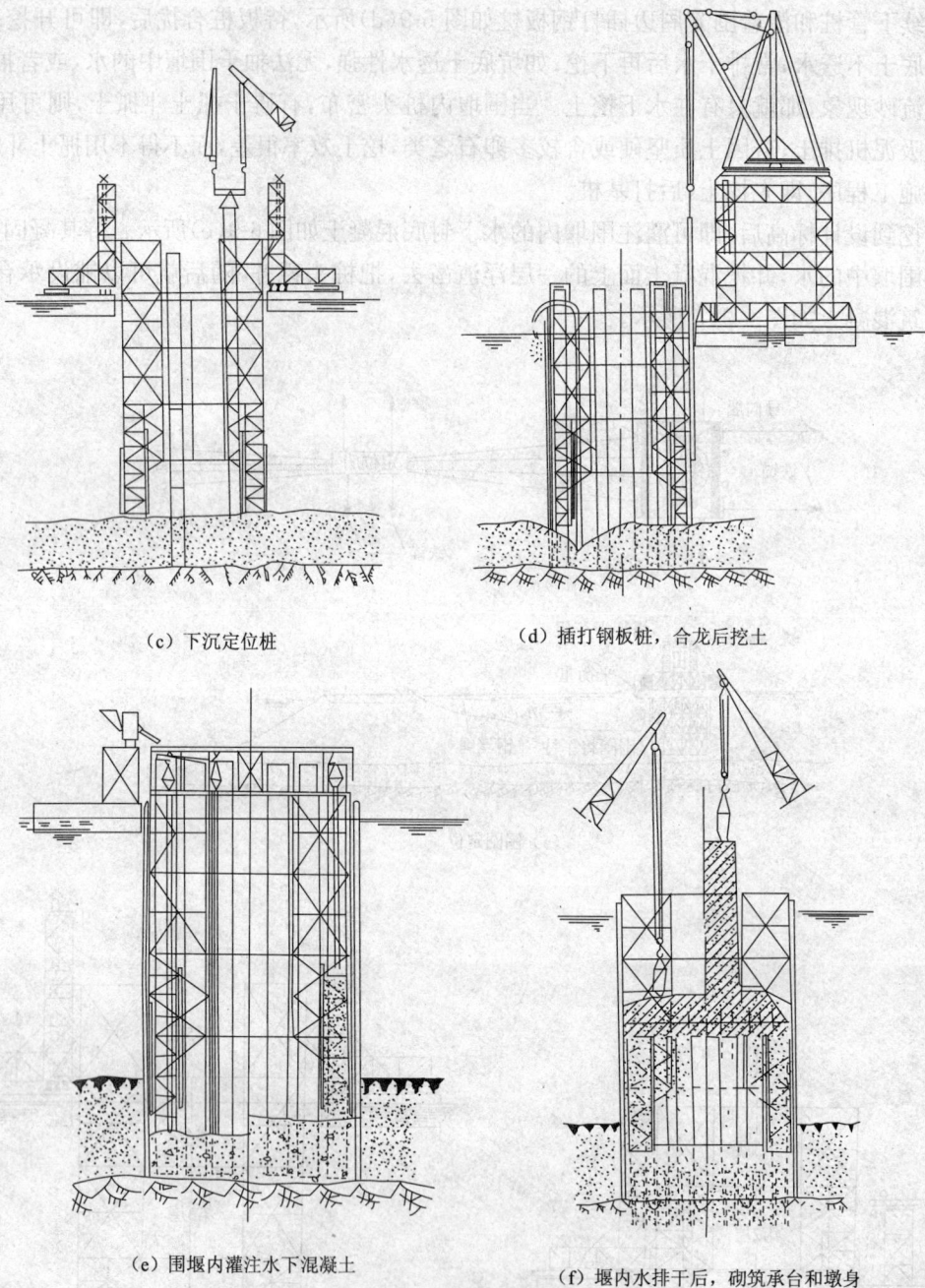

（e）围堰内灌注水下混凝土

（f）堰内水排干后，砌筑承台和墩身

图 6-9　用钢板桩围堰法修筑桩基步骤

南京长江大桥正桥第 8 号、9 号墩就是采用这种方法修筑锚入岩层内的管柱基础。每一基础下共用 10 根 φ3.6 m 预应力混凝土管柱。它是靠两台并联的中—250 震动锤，配合吸泥、射水将其震入覆盖层 40 多米深，直达岩面。直径 22 m 之钢板桩围堰所用的钢板桩长 36 m，堰内抽水深达 18 m，并在 60～70 m 水深下用导管法灌注水下封底混凝土，其施工步骤同前述。

（2）用双壁钢围堰修筑钻孔基础

当围堰的高度很高，且需要抽出的水又很深，可改用圆形双壁钢围堰。如果再配以空气幕法，则可将其沉入覆盖层内很深，这种方法不仅能用在深水、覆盖层厚的情况下建筑基础（类似于沉井施工），而且还可作为修建基础的临时围堰用，九江长江大桥正桥第5号、6号、7号墩的钻孔桩基础就是采用这种方法修建的，如图6-10所示。

双壁钢围堰的结构示于图6-11中，是分层拼接，每层高约4～6 m，且每层也是由几块拼成（这里采用8块），其大小视制造设备、运输条件及安装起吊能力而定。原则上是尽量作大，减少工地接缝，加速施工进度，并提高其质量。当岩面高差大时，刃脚可做成如图6-11所示之高低型，但预先要在墩位处围堰周圈上钻8个地质孔，摸清岩面高差。

双壁钢围堰是由竖向角钢加劲之内外钢壳及数层环形水平桁架焊成的，要密不漏水。空壁厚1.2～1.4 m，这是以制造方便和能使其顺利穿过覆盖层为准。在空壁间设有8个竖向隔舱板，将其分成8个等分的互不连通的舱，以便在其下沉或落底（河床）时能控制向各舱内灌水或混凝土的先后顺序。

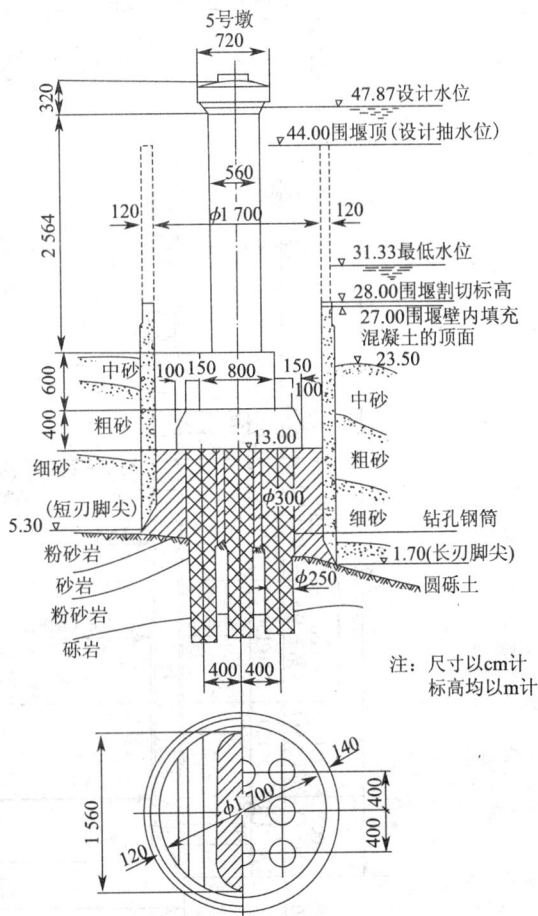

图 6-10 用双壁钢围堰修建钻孔桩基础

现将双壁钢围堰的主要施工工序简述如下：

①在夹于两艘800 t铁驳组成的导向船间的拼装船上拼装第一层（即底层）双壁钢围堰。

②拖运至墩位处。

③起吊它，并抽掉拼装船，将其浮在水中，然后再拆掉导向船上的起吊塔。

④逐层地接高钢壳，并向空壁灌水或灌注混凝土，让它徐徐下沉。当快沉到河床时，要作到准确落底。落准后，靠边吸泥，边向空壁灌水及填充混凝土迫其继续下沉。

⑤待其刃脚某一处触及岩面时，即停止下沉，继续清基，并用水泥砂包填塞刃脚下的大缝隙，以免外泥砂流入。

⑥在堰顶上安装施工平台及钻孔用的钢筒，如图6-12(a)所示。钢筒直径为3 m，其下端支在岩面上，其顶面高出封底混凝土顶面0.5～1.0 m，在钢筒上面装设固定架，固定着钢筒的相对位置。

⑦待钢筒位置放准后，可封底。封底混凝土凝固后，可下潜水员拆掉钢筒上的固定架的连结螺栓，并将其提出水面。

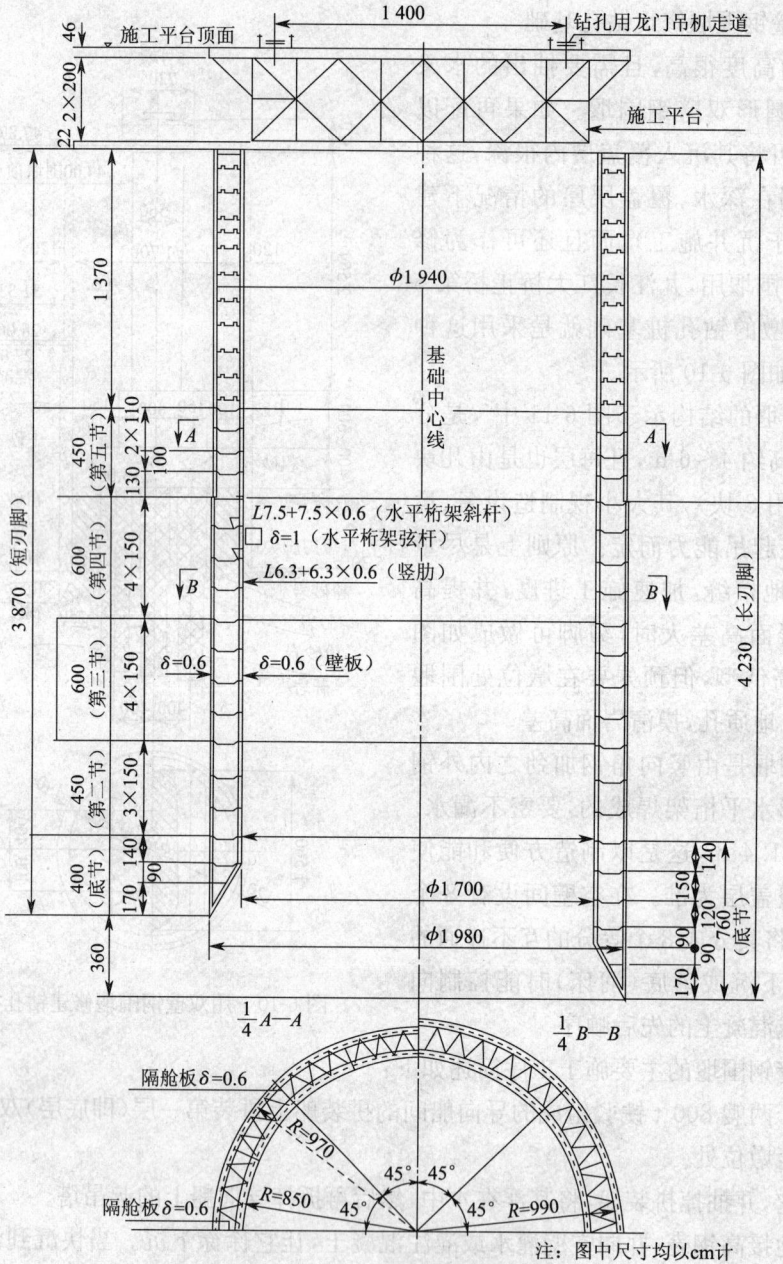

图 6-11　双壁钢围堰的结构总图

⑧钻岩可用十字形冲击钻或反循环旋转钻头,如图 6-12(b)所示,以上述钢筒为导向筒,钻出 2.5 m 直径的孔眼,然后放下钢筋笼并灌注混凝土。

⑨待管柱全建成后,抽干堰内的水,并灌筑承台和墩身,直至墩身高出水面。

⑩钢壳上半部可拆掉重用,切割位置应在最低水位以下一定深度。要先由导向船吊着钢壳,并把烧割线处 1 m 高的内壁先烧开,再向堰内灌满水,然后再下潜水员继续把外壁也烧开,此时即可吊升它,如图 6-12(c)所示,使其越过墩身,顺水流退至桥墩下游,再在钢壳下塞进铁驳,将钢壳放在铁驳上整修,以便挪到别的桥墩使用。

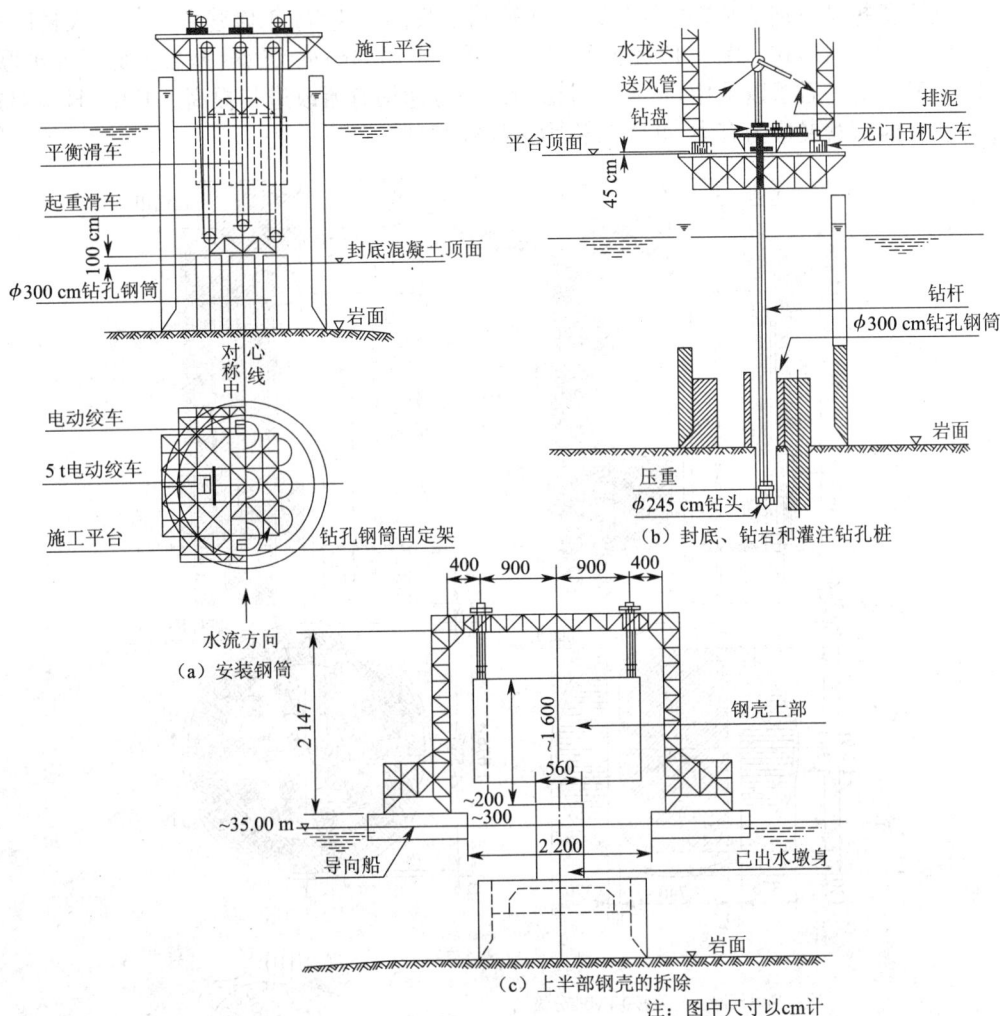

图 6-12 双壁钢围堰的某些施工工序

⑪继续灌筑露出水面之墩身及顶帽混凝土。

此法的优点已如上述,它适用于深水深平基或承台底埋得很深的桩基,工期不受水位的控制,且工序单一,施工简便,同时堰内没有支撑,使吸泥、清基、钻孔等较为方便。但此种围堰的尺寸现在已经越来越大,可以再中部加设支撑桁架体系,可实现大型深水基础的施工。

(3)用沉井法或沉箱法修筑承台

如承台底埋得很深,也可用沉井法或沉箱法修筑承台,例如我国钱塘江大桥有9个桥墩就是用这个方法修筑的。墩下30 m长的木桩是靠送桩打到岩层面,桩顶位于河床下20 m左右。其上之承台、墩身则是用沉箱法修筑的。我国津浦线黄河桥亦有3个桥墩是采用此法修筑的,唯桩长仅17 m。其施工技术可参阅沉井及沉箱相关文献。

# 第三节 管柱基础

管柱基础是依靠本身的大直径和大刚度,借助柱底嵌入岩层和柱顶嵌入刚性承台来减少柱的自由长度并提高整个基础的刚度。管柱基础是我国于 1953 年修建武汉长江大桥时所首创的一种新的基础形式。图 6-13 是武汉长江大桥所采用的高承台管柱基础。此后原苏联、日本与欧美等国均先后予以采用,在施工方法与设备方面均有所改进与提高。其中,日本对这一基础类型的推广发展最为有力,并将其称为多柱式基础。

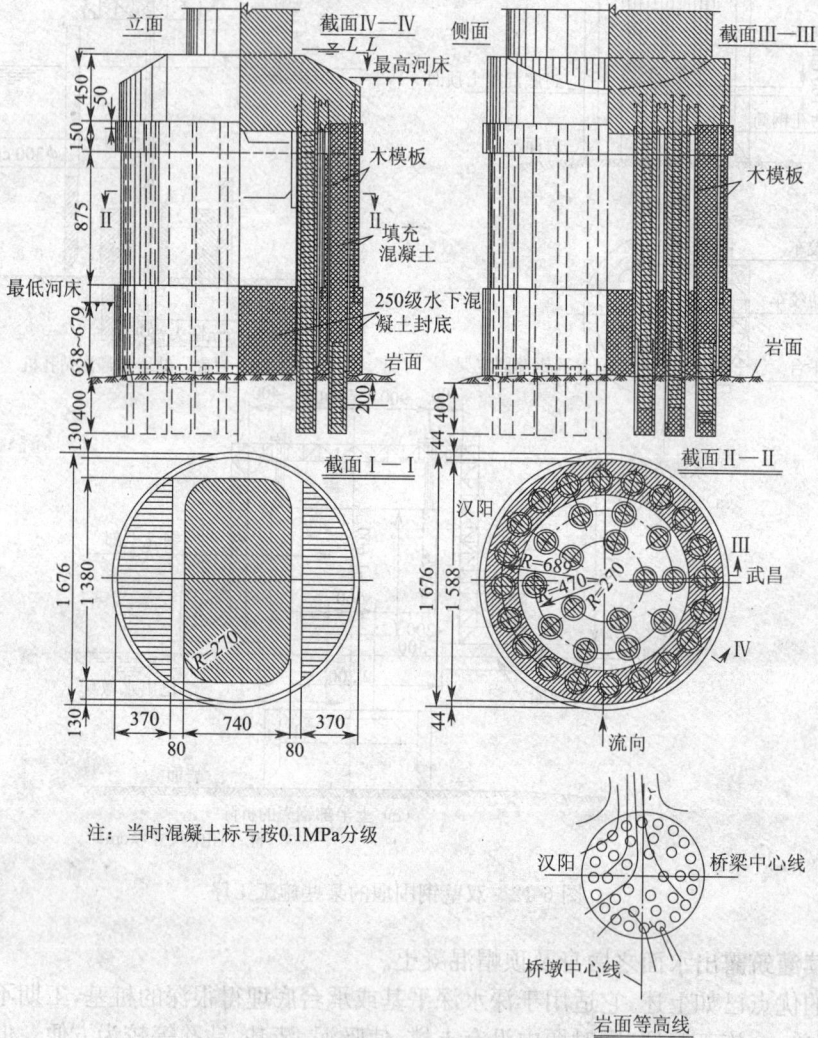

注:当时混凝土标号按0.1MPa分级

图 6-13　武汉长江大桥所采用的低承台管柱基础(尺寸单位:cm)

我国铁道部大桥工程局将管柱基础用于桥梁深水基础方面作出卓越的贡献。武汉长江大桥首创 φ1.55 m 钢筋混凝土管柱基础;在南京长江大桥时,将钢筋混凝土管柱改为预应力钢筋混凝土管柱,直径发展到 φ3.6 m;在南昌赣江大桥,直径进一步发展到 φ5.8 m;在九江长江大桥又成功地将低承台管柱基础的钢板桩围堰改成了双壁钢围堰,这样不仅使低承台的适应水深得以加深,还能加快施工进度;在西江大桥又成功地利用双承台减少管柱的自由长度而将管柱承台修出水面;在武汉长江二桥又开发了钢管柱基础。另外,日本也在不断努力由大岛大桥的管柱直径3.5 m,提高到大鸣门桥的 φ7.0 m,使管柱基础的适用范围由内河深水基础发展到海洋深水基础。

## 一、管柱基础的特点

### (一)管柱基础的特性

管柱基础与大直径的桩基础或小直径的沉井基础的主要区别在于管柱的柱底是钻孔嵌岩。所以,可将管柱基础的特性归纳为:

(1)管柱基础是借柱底嵌入岩层和柱顶嵌入刚性承台来减少柱的自由长度并提高整个基础的刚度,而不是靠桩侧土体的侧向抗力或专靠加大基础的体积与重量来提高基础的刚度。

(2)管柱基础由于有钻孔嵌岩柱塞,使其持力层由表面直接承压改为通过钻孔向岩层深处扩散,从而提高了基岩的承载力。

(3)管柱基础所受的水平力及力矩,主要由管柱上下端的嵌固力矩与嵌岩孔壁来承受,而不像桩或沉井、沉箱那样,靠基础周围土的水平抗力、嵌固力以及由自重所产生的抗倾覆力矩与摩阻力来平衡。

(4)管柱与嵌岩桩的主要区别在于:管柱的受力主要是预制的管壁,不足时由管内填充混凝土或钢筋混凝土来补足,而钻孔灌注桩是以水下灌注的钢筋混凝土桩身作为主要受力体。在施工方面,管柱是采用管节振动下沉,然后在管内排土成孔,而钻孔桩是先用钻机钻孔后成桩,因而它们的桩身强度与侧面阻力大小都是不同的。

### (二)管柱基础的构造

管柱基础主要由三部分组成。一是承台座板,二是管柱柱身,三是嵌岩柱塞。管柱基础还按其承台座板的高低分为:低承台管柱基础、漫水高承台基础、出水高承台基础(日本常采用的多柱式基础)等三种,如图6-14所示。

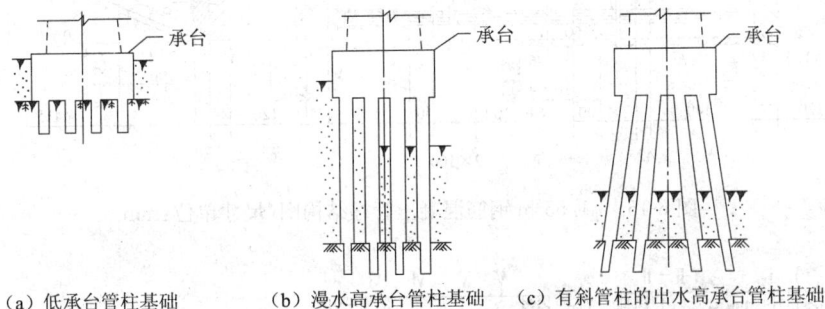

(a)低承台管柱基础　　(b)漫水高承台管柱基础　(c)有斜管柱的出水高承台管柱基础

图6-14 管柱基础结构构造示意

#### 1.钢筋混凝土承台座板

钢筋混凝土承台座板,一般简称为承台,其作用是:(1)将管柱顶联成一个整体;(2)通过它将上部结构传来的力分配传递至每根管柱上;(3)将柱顶锚固在承台内以抵抗外力矩。

承台的高程位置根据桥址地质、水文和施工设备能力比选确定,但原则上宜将承台位置尽可能地做高一些,既可大大节约防水费用,又可减少施工难度。有时为了减小管柱的自由长度或钻孔直径,将承台适当降低,降到岩面时就成了低承台管柱基础。

#### 2.管柱柱身

管柱基础的管柱柱身是由若干节管柱拼接而成,而管柱节有钢筋混凝土管节、预应力钢筋混凝土管节、单壁钢管节、双壁钢管节等。另外,在管柱内常需增加钢筋笼和填充混凝土。常用的管柱直径为 $\phi1.55$ m~$\phi5.8$ m,每节的长度为 6 m~10 m。图 6-15 是 $\phi1.55$ m 的钢筋混凝土管柱的构造图;图 6-16 是两种不同的管柱接头及钢刃脚结构,图 6-16(a)是法兰盘接头、(b)是套筒接头、(c)是管柱底端应加设的钢刃脚。

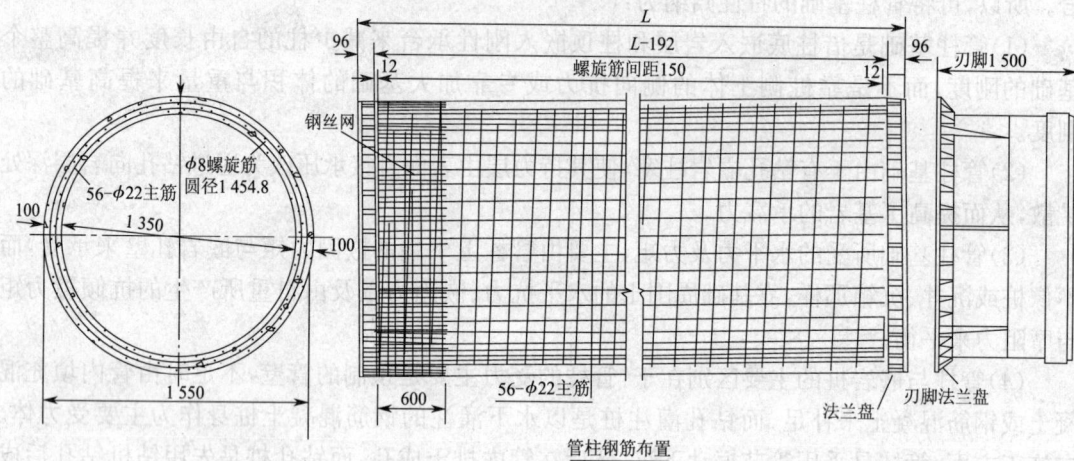

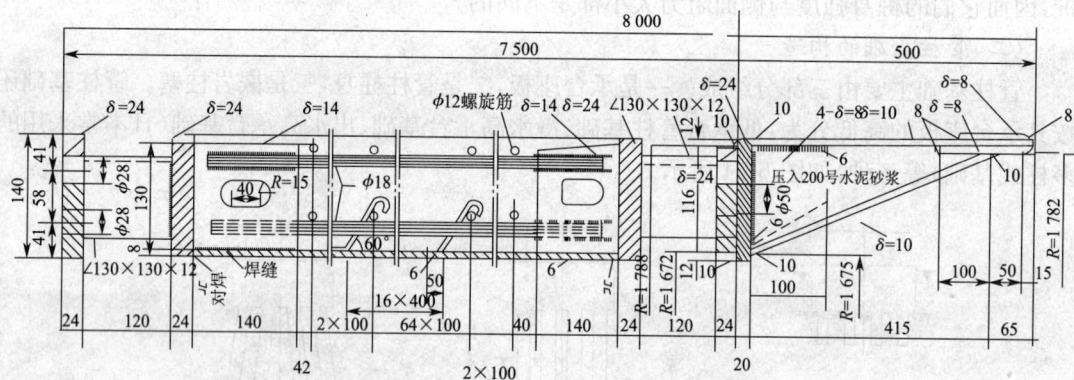

图 6-15　$\phi1.55$ m 钢筋混凝土管柱结构图(尺寸单位:mm)

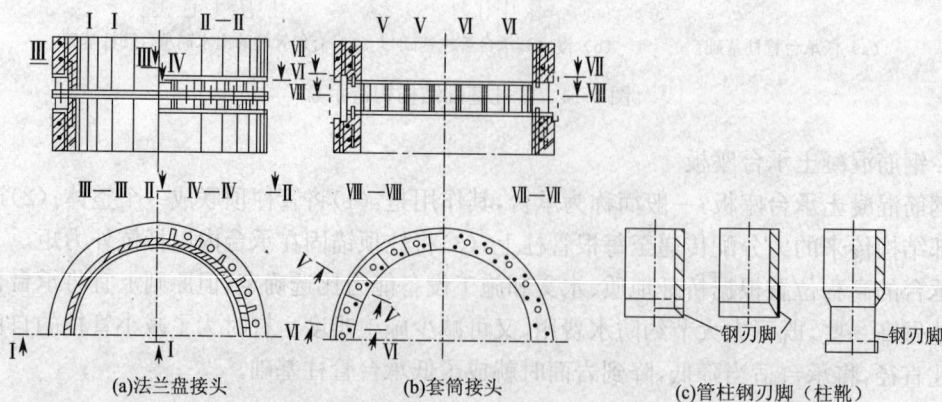

(a)法兰盘接头　　(b)套筒接头　　(c)管柱钢刃脚（柱靴）

图 6-16　两种不同的管柱接头及钢刃脚

表 6-5 是钢筋混凝土管柱的常用尺寸,表 6-6 是南京长江大桥所用预应力钢筋混凝土管柱的主要技术指标。

**表 6-5 R.C 管节主要尺寸**

| 直径(m) | 壁厚(cm) | 节长(m) | 每米混凝土数量(m³) | 重量(t/m) | 主筋 | | 螺旋筋直径(mm) | 国别 |
|---|---|---|---|---|---|---|---|---|
| | | | | | 直径(m) | 根数 | | |
| 1.6 | 12 | 6~8 | 0.558 | 1.4 | 20 | 56 | | 原苏联 |
| 2.0 | 12 | 6~8 | 0.708 | 1.77 | 20 | 64 | 8 | 原苏联 |
| 3.0 | 12 | 6~8 | 1.085 | 2.71 | 20 | 108 | 10 | 原苏联 |
| 1.55 | 10 | 9 | 0.455 | 1.15 | 19 | 44 | 9 | 中国 |
| 3.0 | 14 | 6 | 1.258 | 3.15 | 22 | 60 | 12 | 中国 |
| 3.6 | 14 | 9 | 1.522 | 3.8 | 22 | 72 | 12 | 中国 |
| 5.8 | 14 | 7.5 | 2.489 | 6.23 | 22 | 116 | 12 | 中国 |

**表 6-6 预应力混凝土管柱主要技术指标**

| 管柱直径 D (m) | 壁厚 δ (cm) | 节长 L (m) | 预加拉力 (kN) | 混凝土标号 | 钢筋 | | | | 管节指标 | | 每米管节重量(t) |
|---|---|---|---|---|---|---|---|---|---|---|---|
| | | | | | 纵筋 | | 螺旋筋 | | 面积 (m²) | 惯性矩 m⁴ | |
| | | | | | 直径(mm) | 根数 | 直径(mm) | 间距(cm) | | | |
| 3.0 | 14 | 7.5 | 7 300 | 400② | 16 | 140 | 12 | 10 | 1.285 | 1.290 | 3.16 |
| 3.6 | 14 | 7.5 | 8 700 | 400 | 16 | 166 | 12 | 10 | 1.522 | 2.281 | 3.85 |
| 3.0 | 14 | 7.5 | 7 440 | 400 | 16① | 100 | 12 | 10 | 1.268 | 1.290 | 3.13 |
| 3.6 | 14 | 7.5 | 7 740 | 400 | 16① | 114 | 12 | 10 | 1.522 | 2.281 | 3.77 |

注:①系冷拉钢筋。

②当时规范规定的 400 号混凝土相当于现在的 C40。

**3. 嵌岩柱塞**

管柱基础的主要特点之一就是柱底钻孔嵌岩,柱塞的混凝土与管柱内的填充混凝土同时灌注。柱塞内的钢筋笼,其下端插至孔底,上端伸入管柱内计算的长度外,嵌岩孔塞就将预制管柱和岩层结合在一起,形成一压弯构件。

**二、管柱基础的设计计算原理**

管柱基础的设计计算包括:管柱基础内力计算、单柱的承载力计算、管柱钻孔深度计算、承台座板强度计算和柱群计算等。另外,对于施工时管柱的受力计算,如管柱起吊、振动下沉、吸泥下沉及作为定位管柱时的受力情况,多与打入桩及钻孔桩的施工技术相似,可参阅相关设计施工技术手册。

管柱基础的内力计算是按作用在承台上的外荷载,并考虑最不利荷载组合时,计算在每根管柱上产生的轴向力 $N_i$、剪力 $Q_i$、弯矩 $M_i$。可采用第四章桩基础计算的公式计算。

当管柱基础建于无覆盖层、或覆盖层经冲刷后所留厚度较薄时,为简化计算,可不考虑覆盖层作用,而管柱底钻孔嵌固在岩层上。对于不考虑覆盖层作用的管柱基础,其内力计算仍可按第四章桩基计算的 m 法公式计算,只需令埋入土中深度 $h=0$,并以管柱的计算长度代替桩露出地面部分的长度代入公式计算。

在计算模式中将承台视为刚体,且管柱与承台(或封底混凝土)及岩层均为刚性联结。管柱上端锚固点在承台(或封底混凝土)底面以上 $D/3$ 处($D$ 为管柱外径),下端锚固点在新鲜岩面以下 $d/3$ 处($d$ 为钻孔直径)。对于考虑船撞力的深水基础及岩层冲刷严重或钻孔锚固处理不太可靠的管柱基础,管柱下端与岩层按铰结情况进行检算。管柱视为是弹性变形体,可应用叠加原理。

### 三、深水管柱基础的修建及检算

修建管柱基础的方法与深水中打入震入桩的方法相同,最常用的有吊箱围堰法、钢板桩防水围堰法、双壁钢壳围堰法和水上作业平台法。可参考桩基部分。

管柱在施工阶段,有可能产生控制管柱强度设计的受力状态与部位。例如:管柱在起吊、吸泥震动下沉时,作为导向围笼的定位桩时等等。

钢管桩及钻孔桩的钢护筒的施工受力计算过程,也可以参考管柱的计算方法。

1. 管节在起吊时的应力检算

因其计算方法与管桩相同,故此处不再赘述。

2. 管柱在震动或锤击下沉时的应力检算

(1)用震动打桩机震动下沉时,管柱上的作用力 $N$ 可用下式计算:

$$N = \eta P_{max} \tag{6-1}$$

式中 $P_{max}$——所选用的震动打桩机的额定最大震动力;

$\eta$——震动冲击系数,主要是按震动下沉的入土深度、土质条件和施工辅助设施而定,一般采用 $1.5 \sim 2.0$。

必须保证:①管柱在震动下沉时,拉伸和压缩引起的弹性变形值必须小于震动体系的振幅;②预应力混凝土管柱的张拉力,不小于管柱的震动荷载。

(2)用锤击法锤击下沉时,管柱中所产生的应力计算方法与管桩同。

3. 管柱在吸泥翻砂涌水时的应力检算

当管柱在吸泥时,有可能引起翻砂现象。翻砂可使管内之水涌至管顶,如图 6-17 所示。设管柱内外水头差为 $h$,可用下式求对应管柱轴断面 $A$—$A$ 在水张力下的管壁强度条件。

取单位高度管壁上的水压力为 $P_w$,此时

$$P_w = \gamma_w \cdot h \quad (kN/m^2)$$

作用在单位高度上的轴向拉力 $N$ 为

$$N = P_w \cdot r_0 \quad (kN) \tag{6-2}$$

管壁截面中钢筋的拉应力为

$$\sigma_s = n \cdot \frac{N}{A_0} \leqslant [\sigma_s] \tag{6-3}$$

式中 $\gamma_w$——水的重度($kN/m^3$);

$h$——管柱内外水头差(m);

$r_0$——管柱的内径(m);

$A_0$——单位高管壁的换算面积,$A_0 = A_c + nA_s$;

$A_c$——单位高混凝土的面积($m^2$);

$A_s$——单位高管壁内螺旋箍筋截面积($m^2$);

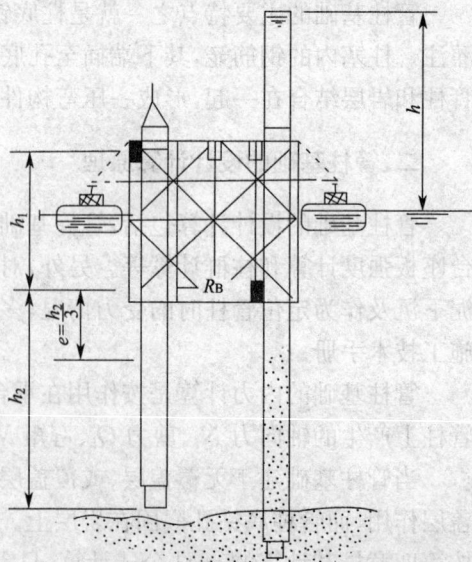

图 6-17 管柱内翻砂涌水时的受力状态

$n$——钢筋的弹性模量与混凝土的弹性模量之比；

$[\sigma_s]$——钢筋的容许应力。

4. 当管柱作为导向围笼的定位管柱时的受力状态计算

当用钢板桩围堰支撑围笼作为管柱下沉时的导向笼架时，为了消除搁置在浮船上的围笼与已插入河床的管柱之间的相对移动这一不利的受力状态，应尽快使导向围笼脱离浮船改挂在定位管柱上。一般定位管柱系由已经插入河床并已下沉到岩面的管柱兼任。当定位管柱全部打好并将导向围笼改挂在它上面之后，这时导向围笼与定位管柱（管壳）组成了一个整体结构，并以此来抵抗作用在上面的流水压力与风力。

在围笼定位所用的管柱下插时，为了控制其下沉方向，在导向围笼的上层及下层均设有木导向框，或称导向木，如图 6-18 所示。这些导向木就是管壁集中受力点或管柱的支点反力的位置。

定位管柱的计算包括下列两种情况：

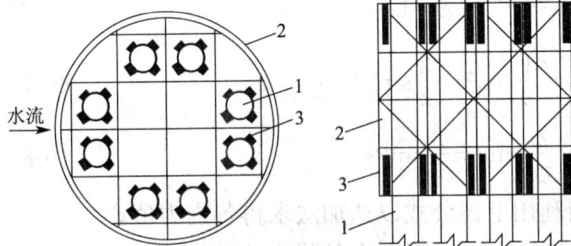

图 6-18　导向围笼上的导向木位置

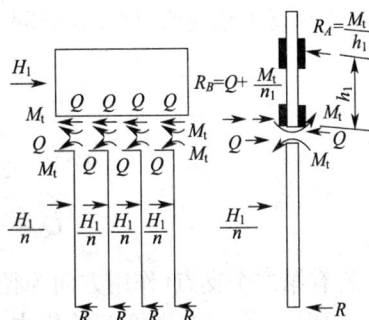

图 6-19　管柱呈悬臂受力状态时的计算图式

（1）定位管柱从导向结构中下插时，当尚未到达河床，管柱受流水压力作用呈悬臂受力状态，致使定位管柱管壁受下层导向木的横向挤压，并在定位管柱产生支点反力，如图 6-19 所示，由图可知

管柱上所产生的反力 $R_B$ 为

$$R_B = H\left(\frac{h_1 + e}{h_1}\right) \tag{6-4}$$

式中　$H$——作用在管柱悬臂段上的流水压力的合力；

　　　$h_1$——上下层导向木的中距；

　　　$e$——$H$ 作用点距下层导向木中点距离。

由于管柱直径大、管壁薄，在承受导向木的支承反力时，常采取以下措施以减小管壁受力：

①在平面上增加支承每根管柱的导向木数目，并在布置时使它与水平力作用方向偏移一个角度 $\theta$，如图 6-20 所示。

这样导向木与管柱间的支承反力将由 $R_B$ 降低为 $R'_B$。

$$R'_B = \frac{1}{2} R_B \sec\theta \tag{6-5}$$

②将下层导向木支承处的一节管柱予以加强，即增加管柱内的螺旋箍筋，增强了管柱承受横向弯矩的能力。

用此支点反力按圆环结构计算法即可算出管壁的内力 $M_\beta$、$N_\beta$、$Q_\beta$，如图 6-21 所示。

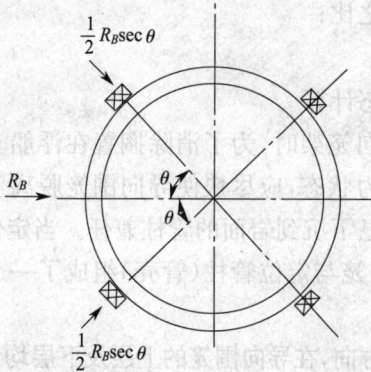

图 6-20　导定位管柱支承在两个支点上的情况

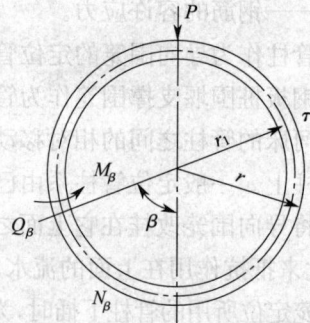

图 6-21　圆环内力计算图式

在检算管柱强度时,将管柱视为一受点荷载的薄壁圆管。当此圆管所受之集中反力为 $P$ 时,离支承反力轴线为 $\beta$ 角的圆环断面处的弯曲力矩 $M_\beta$、轴向力 $N_\beta$ 及横向剪力 $Q_\beta$ 为

$$M_\beta=\frac{Pr_1}{2\pi}\left(\beta\sin\beta+\frac{1}{2}\cos\beta-1\right) \tag{6-6}$$

$$N_\beta=\frac{P}{2\pi}\left(\frac{2r}{r_1}\cos\beta-\frac{1}{2}\cos\beta-\frac{3}{2}\sin\beta\right) \tag{6-7}$$

$$Q_\beta=\frac{P}{2\pi}\left(\beta\cos\beta+\frac{2r}{r_1}\sin\beta-\frac{3}{2}\sin\beta\right) \tag{6-8}$$

若有第二个支点(作用方向为径向)时,则利用上述公式以迭加法求得各内力值。

式中　$P$——作用在圆管上的集中力＝作用在单位高度管壁上的导向木支承反力 $P_1$,$P_1=$ $\frac{P'_B}{l}$($l$ 为导向木的支承长度);

　　$r$——圆管外壁半径;

　　$r_1$——圆管中轴线的半径;

　　$\beta$——检算截面与集中力作用点轴线间的夹角。

(2)定位管柱已插好,管柱与围笼结构联成一体,此时导向结构及定位管柱受流水压力及风力作用后,上、下层的导向木将会对管壁产生横向挤压,需要检算管壁强度。在计算时,又按定位管柱下插后覆盖层的实际厚度,分为不考虑覆盖层的作用和考虑覆盖层对管柱的嵌固作用等两种情况来进行检算。

①不考虑覆盖层的嵌固作用,即基岩与管柱下端铰接。但考虑管柱上端嵌固在围笼中,其嵌固点在上下层导向木的中点处,如图 6-22(a)所示。

当作用于导向结构上的水平荷载为 $H_1$(包括流水压力及风力),作用于管柱上的流水压力 $H_2$ 为时,由图可以求得管柱在水平荷载 $H_1$ 及 $H_2$ 的作用下,在柱顶锚固点处所产生的剪力 $Q$ 与弯矩 $M$,如图 6-22(a)所示。

$$Q=\frac{H_1}{n} \tag{6-9}$$

$$M_t=\frac{H_1 h_2}{n}+\frac{H_2}{n}(h_2-e) \tag{6-10}$$

式中　$n$——定位管柱的数目;

　　$h_2$——定位管柱的长度(自下层导向木中点至岩面的距离);

$e$——$h_2$作用点距下层导向木中点的距离。

定位管柱上端锚固点在$Q$及$M_t$作用下,使上、下层导向木对管柱产生的支承反力$R_A$及$R_B$,如图6-22(b)所示。

$$R_A = \frac{M_t}{h_1} \tag{6-11}$$

$$R_B = \frac{M_t}{h_1} + Q \tag{6-12}$$

式中 $h_1$——上下两层导向木间的中距。

当定位管柱与围笼导向木之间没有足够的连结强度时(如管柱与导向之间未楔紧,或导向连结强度不足等)由于管柱与围笼不能连成一个整体,与计算假定不符。这样便有可能导致整体失稳事故,须引起足够的重视。

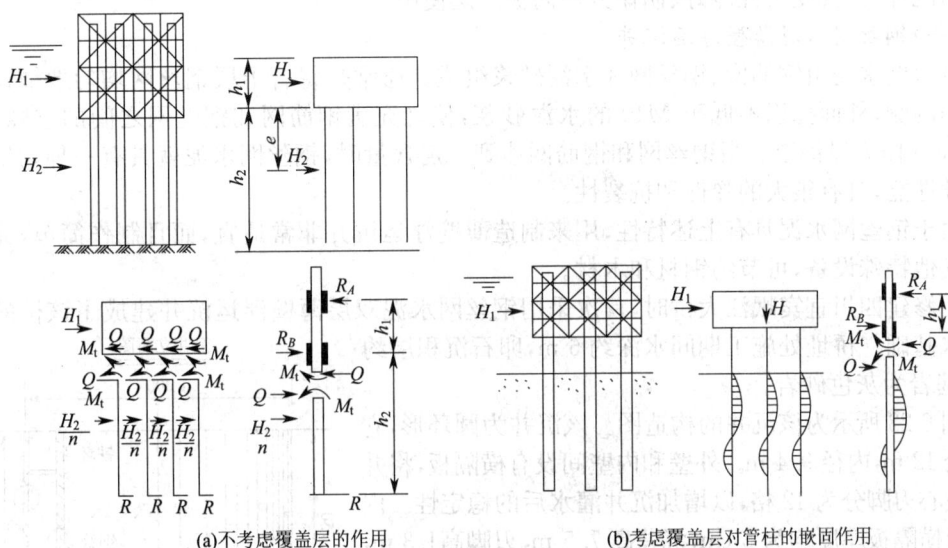

(a)不考虑覆盖层的作用　　(b)考虑覆盖层对管柱的嵌固作用

图6-22 定位管柱与围笼连成一整体的计算图式

②考虑覆盖层对管柱的嵌固作用,即考虑土的横向弹性抗力对管柱的嵌固作用。此时,计算方法与高承台桩基的计算方法一样,如图6-22(b)所示。

另外,在有潮汐影响的地方,由于潮水的涨落,支承在导向船上的围笼将会随着上升下降。当已下沉的管柱有反向倾斜时,围笼的升降就会对管柱产生难以确定的径向集中力,而这一集中力有可能将管柱挤破。一般可采取下述措施来避免:

(1)减少定位管柱的数量(如只用4根),以便将支承在导向船上的围笼改吊在定位管柱上,以缩短此不利状态的时间。

(2)将已下沉好的定位管柱的导向木拆除,等围笼挂在定位管柱上之后,再恢复并楔紧。

## 第四节 浮运沉井

在深水中,当人工筑岛有困难时不能使用一般方法修筑沉井,常采用浮运法下沉沉井,也就是把沉井做成空体结构,或采用其他措施(如装上钢气筒或临时性井底等),增加排水体积使沉井能在水中漂浮;沉井可以在岸边或干船坞做成后,滑入或吊入水中,拖运到设计墩位上,也可以在驳船上制作后,连同驳船一起拖运到墩位上再逐步放入水中。沉井定位锚碇后,在悬浮状态下,逐步用混凝土或水灌入空体中,使其徐徐下沉,直达河底。当沉井较高时,则需分段制造,在悬浮状态下保持沉井上端出水逐节加高,直至下端接近河底,迅速消除浮力使沉井落至河床;继续接高沉井及顶部防水围堰,如有必要割除钢气筒,并在井孔内排土使沉井能在土中下沉,直至达到规定的持力层上。经清理和整平地基,检查验收后灌注水下封底混凝土层,抽干围堰中的水、即可加设封顶盖板、灌注承台及墩身混凝土。

浮运沉井的类型有:双壁浮运(空体自浮式)沉井、带钢气筒的浮运沉井和带临时性井底的沉井。

### 一、双壁浮运沉井

双壁浮运沉井构造比较简单,施工方便,可用钢、钢丝网水泥等材料制造。在我国,钢制双壁浮运沉井,因其受力性能好、制作方便而被广泛使用。

(一)钢丝网水泥薄壁浮运沉井

钢丝网水泥由钢筋网、钢丝网和水泥砂浆组成。通常是将若干层钢丝网均匀地铺设在钢筋网的两侧,外面抹以不低于 M40 的水泥砂浆,使之充满钢筋网和钢丝网之间的空隙,且以 1~3 mm 作为保护层。当钢丝网和钢筋网达到一定含量时,钢丝网水泥就具有一种匀质材料的力学性能,且有很大的弹性和抗裂性。

由于钢丝网水泥具有上述特性,用来制造薄壁浮运沉井非常适宜,而且制作简单,无需模板和其他特殊设备,可节约钢材和木材。

在修建四川宜宾岷江大桥时,首次采用钢丝网水泥双层薄壁浮运沉井建成了该桥的 9 号墩深水基础。桥址处施工期间水深约 6 m,卵石沉积层约 1 m,基岩为灰色砂岩。

图 6-23 所示为该沉井的构造图。该沉井为圆环形,它的外径 12 m,内径 9.4 m。外壁和内壁间设有横隔板,将井壁及空心刃脚分为 12 格,以增加沉井灌水后的稳定性。内外壁及横隔板厚度均为 3 cm,沉井高 7.5 m,刃脚高 1.3 m,刃脚踏面宽 16 cm。内壁 3 m 以上为四层钢丝网($\phi$1 网格 10 mm×10 mm)一层钢筋网($\phi$6 网格为 300 mm×300 mm),3 m 以下为六层钢丝网一层钢筋网($\phi$6 网格为 100 mm×100 mm)。外壁一律为四层钢丝网一层钢筋网($\phi$6 网格为 300 mm×300 mm)。沉井总重 600 kN,设计吃水深度 2 m。

沉井在岸边制成后,顺着岸坡铺设的滑道滑入水中。浮运就位后向井壁内均匀灌水下沉,使之落到河床,再逐格对称地灌注井壁水下混凝土成为厚壁沉井,后按不排水下沉方法沉至设计标高。

(二)双壁钢沉井

当沉井入水较深,直径较大或需沉入土中较深时宜用双壁钢沉井,此类沉井耗钢料较多,但比较安全,制造容易,施工方便。而且在封底混凝土以上部分,当墩身出水后可由潜水工在水下烧割回收重复使用。

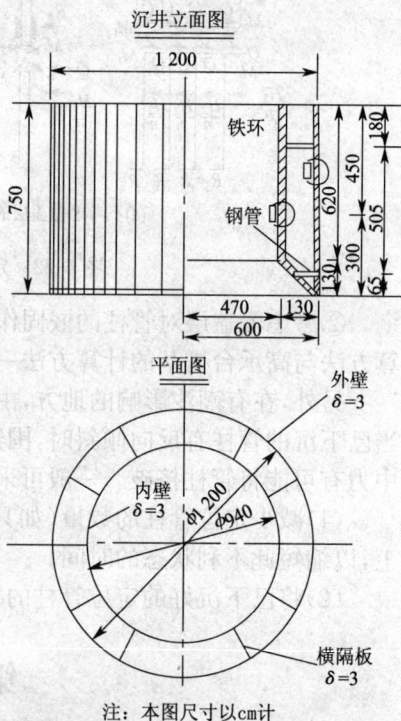

图 6-23 钢丝网水泥沉井构造图

自浮式双壁钢沉井的构造,多用钢壳式肋板焊接结构,如同船体构造。其构造方式与形状基本上与普通沉井相似,也有刃脚、井壁(双层)与隔墙(桁架)之分。而其结构原理与传力方式则又与船舶相同,传力顺序为:壁板→肋骨→水平龙骨→垂直龙骨→支撑。见图 6-24,该图是日本北、南赞濑户大桥 5 号墩所用的矩形双壁钢沉井的结构透视图。其施工水深 32 m,沉井长、宽、高尺寸为 59 m×27 m×37 m。井壁由两侧壁板通过肋骨及支撑和内部桁架连结而成,厚 6 m,见图 6-24(c)。井孔为 15 m×47 m,在高度上被 7 道间距 4.5～5.5 m 不等的水平桁架所连接支撑,详见图 6-24。水中桩基及管柱施工的双壁钢围堰的构造与此原理上相同。

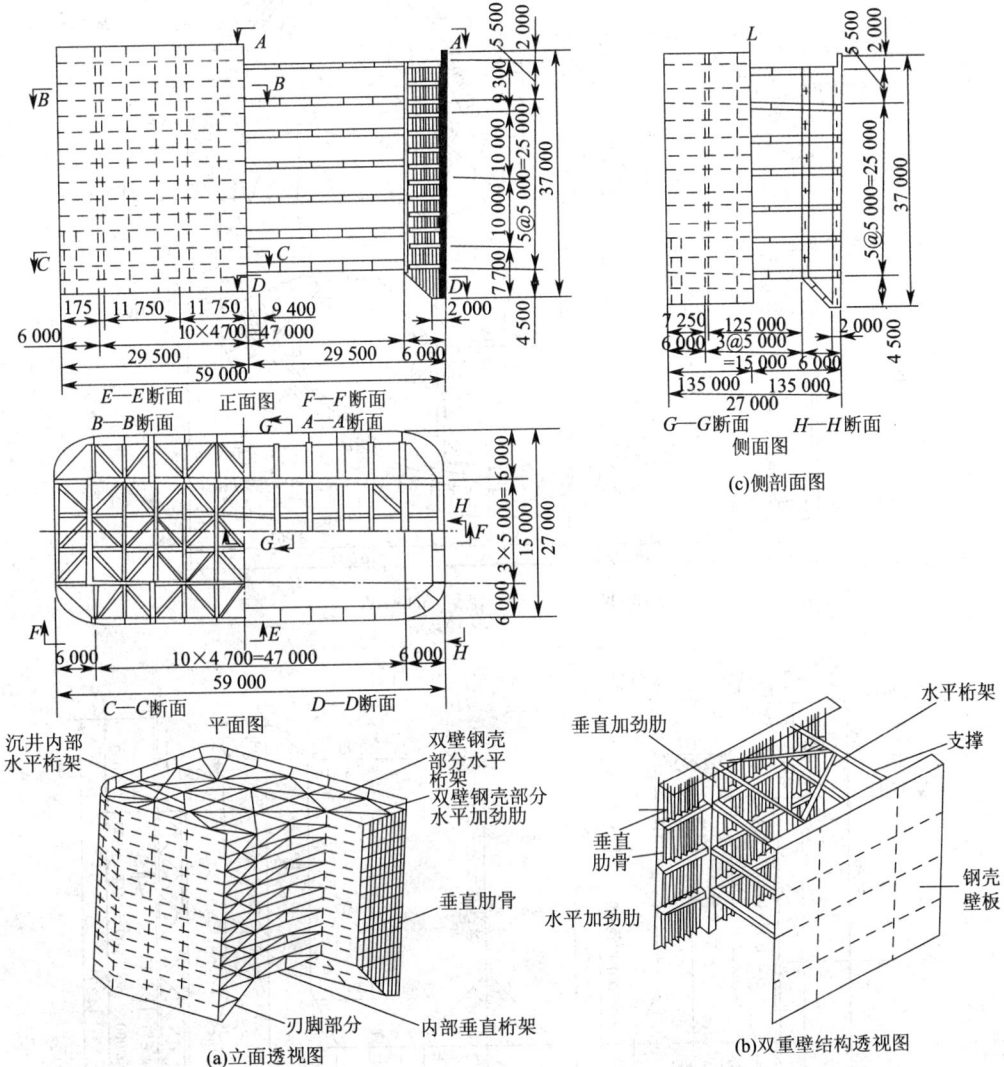

图 6-24　日本北、南赞濑户大桥 5 号墩所用的矩形双壁钢沉井的构造图(单位:mm)

## 二、带气筒的浮运沉井

当河水很深、沉井较大时,沉井逐节接高落入河底前,为使沉井能在水上漂浮,也可在沉井井孔位置上装置若干个钢气筒,向气筒内打气使之浮起。当沉井落至河底后,切除气筒即为取土井孔,以后的施工步骤就与一般沉井同。下面介绍带气筒的钢沉井。

带气筒的圆形钢沉井,先后在枝城长江大桥、密云水库上游的白河桥等深水基础中得到采用。下面以枝城长江大桥圆形自浮式沉井做一说明,带气筒的圆形钢沉井在构造上可分为三部分:双壁沉井底节(能自浮)、单壁钢壳、钢气筒,如图 6-25 所示。

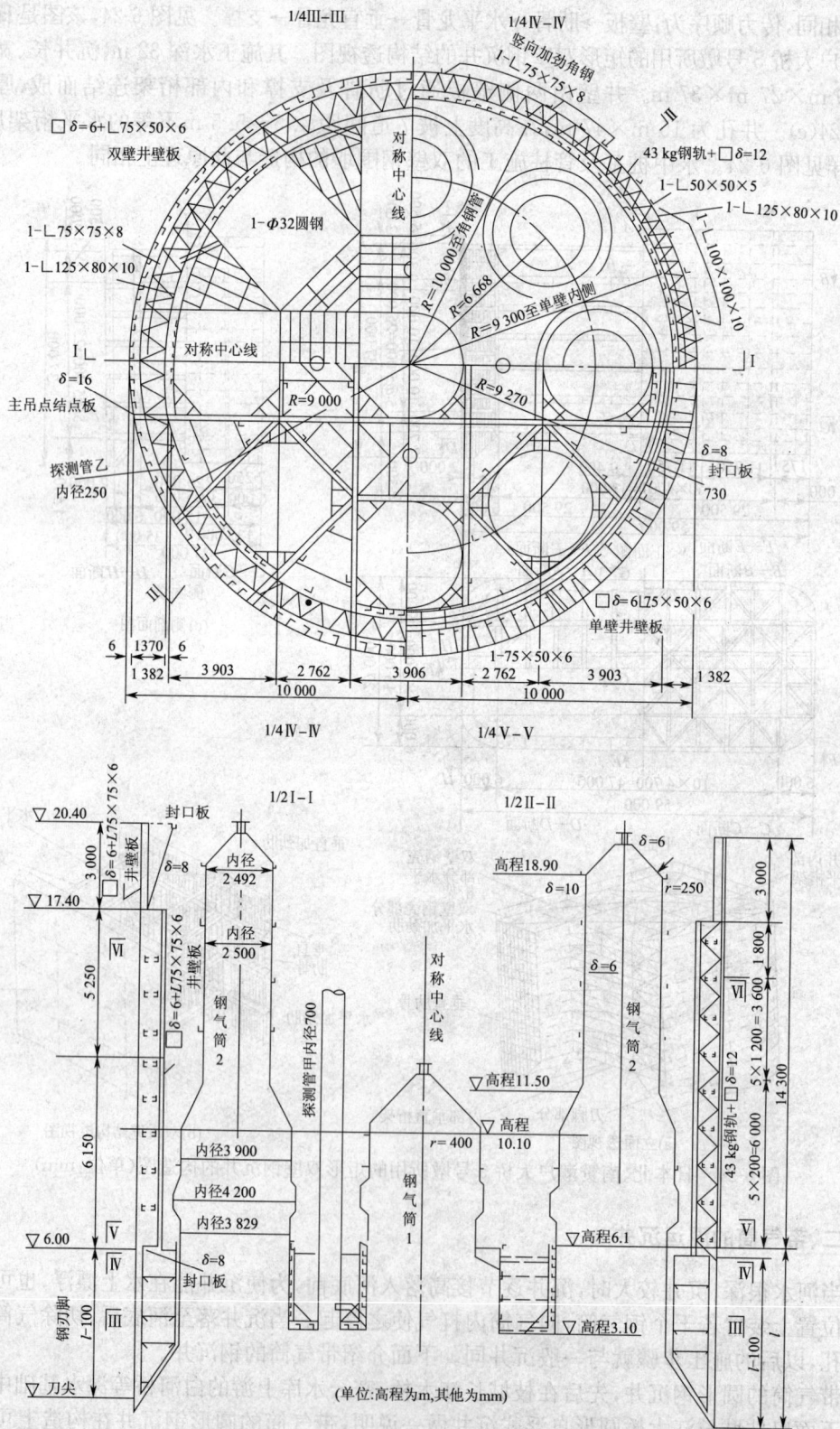

图 6-25 枝城长江大桥所用的圆形自浮式沉井

**（一）双壁沉井底节**

双壁底节是在钢气筒打气前可自浮于水中的浮体。其结构强度不仅考虑入水自浮时的受力状态，还应满足沉井下沉过程中，在填充混凝土前所承受的水压和气压。双壁沉井底节的外径即为沉井底部的外径，根据沉井基础承载力的要求确定。底节的高度在接高第一层单壁钢壳和全部钢气筒后，其顶面应高出水面1.5 m以上。

图6-25沉井底节外径为20 m。为便于制造，该底节分成刃1、刃2和刃3，三个结构元，如图6-26所示。刃1、刃2各8个，刃3有4个，在平面上拼成9个方孔。这些孔既是沉井的取土孔，又是安装钢气筒的孔，所以其尺寸既要满足沉井排泥下沉的需要，又要考虑钢气筒的直径能提供必需的气量。

在沉井的井壁和隔墙中部布置直径700 mm探测管，如图6-25所示，除供探测泥面标高外，还可放入小型空气吸泥机吸除隔墙下的泥土。

**（二）单壁钢壳**

单壁钢壳是沉井底节以上接高部分的外壁，它既是防水结构，又是接高时灌注沉井外圈混凝土模板的一部分。其高度一般大于沉井沉落河床时的水深。

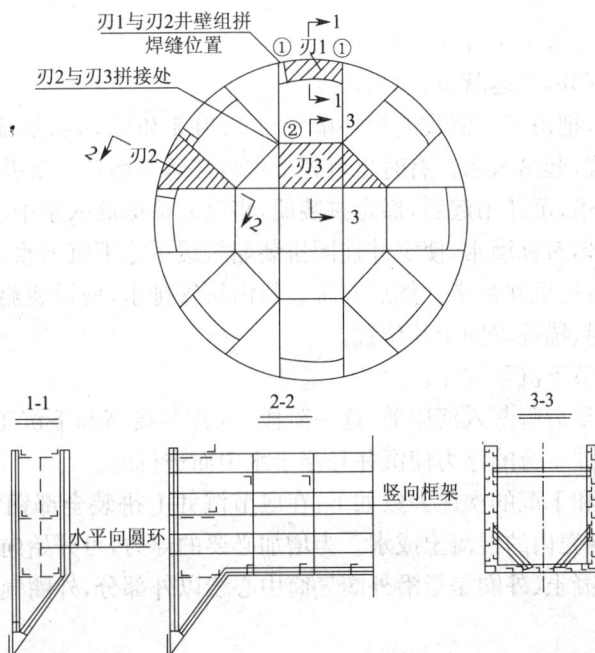

图 6-26　刃 1、刃 2 和刃 3 结构图

图6-25所示沉井的单壁钢壳，分三层接高下沉，每层又分为八块构件单元，每个构件单元由6 mm厚壁板、竖向肋角、竖向加劲肋角、水平桁架、立面桁架组成。该沉井将钢壳壁板放在沉井内侧，而所有肋角、桁架均放在沉井的外侧，这样既减少了沉井混凝土的数量，又便于沉井修建出水面后切割回收钢壳（可倒换用于其他桥墩），并且形成一个台阶，为此在底节沉井顶面这一部分焊上封口板，如图6-25所示，便于沉井落入河床后继续下沉。在灌注沉井外圈混凝土时，壁板内侧刷沥青、贴水泥纸袋作为隔离层，以减少混凝土和钢壳黏结力。

**（三）钢 气 筒**

钢气筒的作用是依靠压缩空气排除气筒内的水，提供沉井在接高过程中所需要的浮力。

钢气筒的构造和位置,参看图 6-25。

气筒的高度应使其顶盖高于空气中切割该顶盖时的水面高度,它的容积应满足放气落入河床时的容量。为考虑顶盖所需高度及气筒容积,气筒上部内径较下部为小,以节省钢料。中央气筒因对调节沉井倾斜的作用不大,而且其他气筒的容积已满足放气落入河床时的需要,故筒身较矮。

气筒筒身及顶盖板厚 6 mm,为增强筒身的刚度,沿筒身横截面设有几道加劲环。气筒顶部装有联接进气管的法兰盘。气筒制好后,应经气压试验,保证其气密性。气筒在工地整体吊起拼装,由八块连接板和底节沉井相连。

气筒水下烧割线以上部分可以回收利用。烧割线以下部分包括凹槽(图中内径为 4 200 mm部分)是沉井永久结构的一部分。凹槽的作用与一般沉井相同。

气筒底部设有直径为 100 mm 的钢管与前述设置在井壁中的探测管相通,如图 6-25 所示,以便当气筒内气压过高,气筒内水面下降到接近隔墙底面时,可以排气以保证沉井的稳定性和施工安全。

(四)带钢气筒的浮运沉井施工步骤

带气筒浮运沉井的施工步骤大致如下:

(1)制造底节钢沉井,浮运就位,起吊入水

在岸边拼装船上,把由工厂制成的构件单元刃 1、刃 2 和刃 3,拼焊成整体结构,经水密检查后,就可浮运至墩位,起吊入水。有时也可先下水再浮运至墩位。沉井的起吊通常由导向船上的塔架起重装置起吊,沉井吊起后,撤走拼装船,将沉井徐徐放入水中。也可采用沉船入水,即向拼装船船舱内均匀对称灌水,使沉井连同拼装船缓缓平稳下沉入水,直至沉井脱离拼装船面而自浮于水中后,再把沉井拖走。然后向拼装船内压气排水,使拼装船浮出水面。入水后的沉井由导向船、定位船、锚锭等固定其位置。

(2)接高沉井,逐节下沉至河床。

自底节沉井入水至刃脚落入河床前,这一阶段,沉井的接高和下沉工作,是依靠对气筒充气所产生的浮力及沉井本身的浮力使沉井悬浮于水中而进行的。

沉井的逐节接高和下沉的次序大致如下:在底节沉井上拼装全部钢气筒和第一层单壁钢壳。灌注刃脚、双壁钢壳内的混凝土或水。为增加必要的浮力,可开始向气筒内打气。再灌注底节以上沉井外圈混凝土(外圈是指沿外圈气筒中心线以外部分,外圈气筒中心线以内部分叫内圈)。

然后,再交替向气筒内打气,接高第二、三层单壁钢壳,灌注内圈、外圈混凝土。当快沉到河床时,可迅速放掉气筒内的压缩空气,使沉井很快沉入河床。为使沉井尽快下沉至稳定深度,可烧割掉若干个气筒顶盖,在井筒内吸泥下沉。为保证沉井落底而不没顶,沉井必须接高到足够高度时(水深+冲刷深+刃脚入土深+井顶露出水面高度)才可落底。

每次接高井壁钢壳和填充混凝土的数量及部位应按施工步骤要求进行,要考虑沉井的稳定性、检算各部位的强度和沉井顶面出水高度(不小于 1.5 m)。必要时填充混凝土,待凝固后增强了该部位的强度,使沉井可以承受更大的静水压力及气压后,再继续接高下沉。

(3)当沉井沉入稳定深度后,即可向井内灌水至与井外平衡,由潜水工水下切割拆除气筒及钢壳。至此,浮运沉井已同一般沉井,其施工步骤同一般沉井。

带气筒的沉井具有下列优点:①它可以通过不同气筒内气量的调节,很方便地控制沉井的

水平,在沉井落到河床后,下沉较浅时,也可调节气量纠正沉井的倾斜;②必要时可以全部气筒打气,使沉井浮起重新定位落入河床;③在沉井下沉接近河床时,若流速较大,墩位处局部冲刷将随着沉井与河床面接近而不断加深,这时,气筒放气可以使沉井迅速落入河床,减少局部冲刷深度;④在河床高低不平的时候还可以使用"半悬浮半支承落底工艺"精确定位。

### 三、带临时性井底的浮运沉井

另一种浮运沉井是在取土井底部装上临时性井底,使之能在水中自浮。临时性井底及其支撑应充分考虑在水中拆除方便,并有良好的水密性。一般多采用木料制作。

图 6-27 所示为一例带临时性井底的沉井。沉井采用薄壁的钢筋混凝土空心井壳,上接防水木模板,临时性木井底用八字形斜撑支在井孔内侧特制的台阶上。

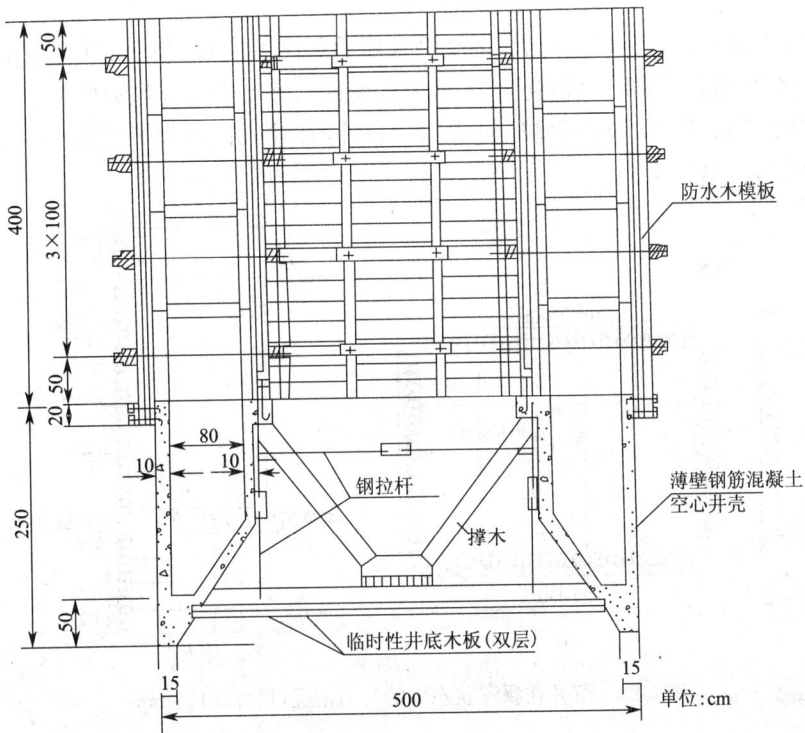

图 6-27　带临时性井底的浮运沉井

沉井浮运定位后,向井孔内灌水,同时接筑井壁,使沉井逐渐下沉。当到达河底后,即可打开临时性井底。以后下沉,可按一般沉井进行。

### 四、浮运沉井计算要点

自浮式沉井的设计计算内容与方法与一般沉井大致相似,但因带气筒的大型沉井,一般均需设井字形或辐射形的隔墙或支撑,结构比较复杂需增加这些结构与下水和自浮有关的受力状态计算内容。

浮式沉井的施工步骤拟定对其设计计算影响很大。一般需要考虑的要点有:①沉井在悬浮状态下要有足够的稳定性;②沉井的吃水深度设计,应使整体的排水体积(浮力)能够提供较理论要求值为大,且井顶出水高度满足要求;③井箱内需要填充混凝土的时机与数量并使新填混凝土处于吃水线以上,减小沉井壁结构受力;④气筒内水面应在气筒筒身高度范围内变化;⑤结构部件的强度、刚度、水密、气密性能均能符合各阶段所处条件的要求;⑥刃脚能承受落底的局部作用力,底节整体能经受住不平衡的土压力,沉井整体能够迅速沉入土中一定的深度(稳定深度)以便割除气筒顶盖后从井孔内排土下沉。

自浮式沉井的设计除满足一般钢结构的规定外,还应满足船舶结构的有关规定。自浮式沉井悬浮状态时,传力顺序为:壁板 → 肋骨 → 水平龙骨 → 垂直龙骨 → 支撑。在井壁计算中可将井壁板视为支承在加劲肋角(肋骨)上的多跨连续梁,假定隔墙与井壁为铰接;而肋骨又可视为支承在桁梁或框架(龙骨)上的多跨连续梁来进行计算;水平桁架按沉井整体受荷条件下的内力进行应力检算,但水平板除了该项应力外,还要将其按局部受荷而产生的应力与之叠加。

沉井自浮于水中时,入水部分四周承受静水压力如图 6-28(a)所示,沉井迎水面承受水流冲击力,露出水面部分承受风力和波浪力,同时还受因水流冲击力和风力所产生的锚绳拉力与导向船上导向结构的反力,如图 6-28(b)所示。另外,在井孔内需填充混凝土,各框格尚须承受混凝土的侧向压力。

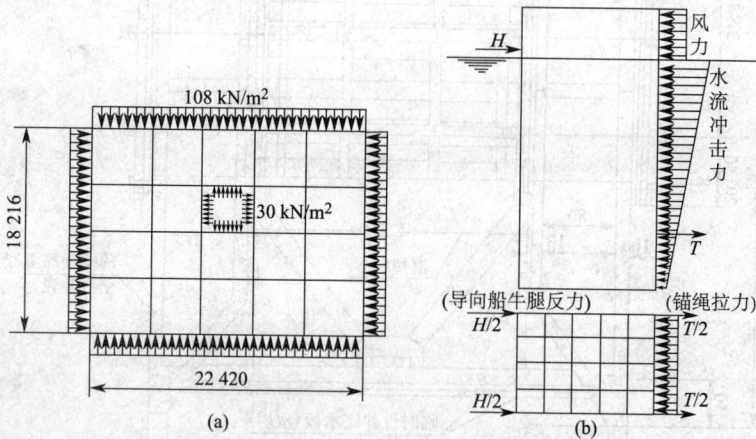

图 6-28　沉井在飘浮状态下的受力情况(尺寸单位:mm)

底节双层钢沉井很重要,在强度计算中,必须考虑各施工阶段中可能出现的受力状态。例如:

(1)在制造和下水时(起吊下水或滑道下水)支点集中受力状态的应力检算。

(2)在漂浮状态下为接高下沉所加的荷载(气筒、井壁、填充混凝及施工设备与人员等的重量)后像船舶那样的受力状态。此时除需考虑内外水头差的压力外,如需在气筒中打气排水,尚需计入打气所产生的气压作用。

(3)由锚碇和导向所产生的集中受力状态,此时应考虑所有可能产生的水平作用力。如水流、波浪、冰压、靠船、风压等水平作用力。

在设计气筒时,考虑气筒的总体积满足沉井在落底前的自浮能力的要求;气筒直径与间距的选择,基本上与沉井的取土井孔所应考虑的因素相同;气筒的刚度与强度计算应按最大工作气压、放气落底后的最大静水压、横卧制造及吊装时的最不利的支承情况进行计算,为了增加气筒的刚度,可在气筒壁外焊接环形加劲肋角箍;满足受压容器焊接要求并进行压力及气密性实验等。

# 复习思考题

1.深水基础有哪些类型? 各有何特点?

2.桥梁深水基础与普通基础有哪些区别?

3.深水桩基础有哪些常用的方法? 主要技术措施是什么?

4.管柱与桩基在结构、受力、施工等方面主要有哪些异同?

5.深水基础中的沉井与普通沉井的异同是什么?

6.工程上常使用的有哪些深水沉井基础形式? 其设计及施工要点是什么?

# 第 七 章
# 桥梁墩台基础抗震

我国地处环太平洋和喜马拉雅山——地中海两大地震带之间,是一个地震多发国家,发生地震的区域分布很广,近几十年来,强烈地震时有发生。1976 年唐山 7.8 级大地震,2008 年四川汶川 8.0 级大地震是其代表。强烈地震使人民生命和财产受到巨大损失,也使灾区及附近桥梁墩台地基基础造成不同程度的破坏。调查表明,地震造成桥梁墩台基础等结构物损坏程度,除了与地震震级、所在地点位置、地层条件以及墩台基础结构本身的强度和动力特性等有关外,还与墩台基础和地基是否满足了抗震要求,是否进行了抗震设防有密切关系。因此,了解地震知识,熟悉桥梁墩台基础抗震设计基本要求,掌握其设计原理与方法,对于在今后的工程设计与施工中,减轻震害影响,保证桥梁墩台基础的安全使用,具有重要意义。

本章主要介绍一些有关地震的知识、抗震设计基本要求、地震对桥梁墩台和地基基础的危害,桥梁墩台基础抗震分析原理与方法及其有关抗震措施。

## 第一节 概 述

地震是一种突发式的自然灾害,也是一种自然现象,是地壳不断运动中的一种特殊表现。大量事实表明,地壳并不是静止不动的,而是在地球的内力和外力作用下,在漫长的地质年代中连续地、缓慢地变动着,广大地区或在上升、或在下沉、或在倾斜,使岩层处在复杂的地应力作用之下,随着地壳运动的连续变化,地应力逐渐积累、不断增大。当地应力超过某处岩层的强度极限时,岩层就突然断裂和猛烈错动,释放出大量能量,引起地壳震动,这种震动以波的形式迅速传到地表引起地面的颠簸和摇晃,就是地震。上述地震叫做构造地震。一次大的构造地震,往往还会伴随有在时间上持续多年、震级小于主震的成千上万次余震的发生。另外,局部岩层的塌陷或火山的喷发也可能引起地震,则称为陷落地震或火山地震,这两种地震不如构造地震造成的破坏大影响面广。据统计 90% 以上的地震属于构造地震。

### 一、震 级

一次地震的大小,以该地震中释放出来的能量多少来划分,称为震级。震级越高,释放出来的能量就越多。震级 $M$ 的数值根据地震纪录的地震波来确定。震级的原始定义为 1935 年由里希特(Richter)所给出,即

$$M = \lg A \tag{7-1}$$

式中,$A$ 是标准地震仪(周期为 0.8 s,阻尼系数为 0.8,放大倍数为 2 800)在距震中 100 km 处纪录的以微米($10^{-6}$ m)为单位的最大水平地动位移(即最大水平振幅)。

震级的大小取决于震源释放出能量的大小。震级 $M$ 和释放能量 $E$(焦耳)之间有如下

关系：

$$\lg(E)=4.8+1.5M \qquad (7\text{-}2)$$

一个一级地震的能量相当于 $2\times10^6$ J。震级每增加一级，能量则增大 30 倍左右。一个 8 级地震释放出来的能量，约相当于长 160 km，厚 40 km 的岩层发生断裂、错动释放出来的能量。

地震发源处称为震源。震源在地面的垂直投影点称为震中，震中是受地震影响最强烈的地区。观测点离震中的距离称为震中距。震源到震中的深度为震源深度。震源深度小于 60 km 时称为浅源地震。震源浅的地震，波及范围小但破坏力大。世界上记录到的地震中约有 75% 是浅源地震，而破坏性地震一般也是浅源地震。世界上记录到的地震最高震级为 8.9 级。3 级左右的地震称为有感地震，5 级以上就要引起不同程度的破坏，称为破坏性地震。7 级以上则为强烈地震。能造成严重破坏的强烈地震，世界上每年平均发生 18 次左右。

## 二、烈　度

一次地震中，在不同的地方感受到的震动强烈程度和震级有关外，还和震源深度、距震中的距离及地质地形条件有关，差别甚大。通常以一个地区的地面及建筑物受到破坏的程度来划分震动的强烈程度，即地震烈度。显然，烈度是用以表示一次地震对某一地区各类建筑物影响程度的尺度。烈度越高，对建筑物危害越大。我国将地震烈度划分为 12 度。一次地震震级只有一个，而烈度却随地区离震中的远近、地层性质以及地形地貌差异等因素而不同。一般来说，距震中越远，烈度就越低。如唐山 7.8 级地震烈度分布图（图 7-1），基本反映了上述规律，但是其中局部地区不服从这个规律，这是由于局部地质条件所造成，这种现象称为烈度异常。

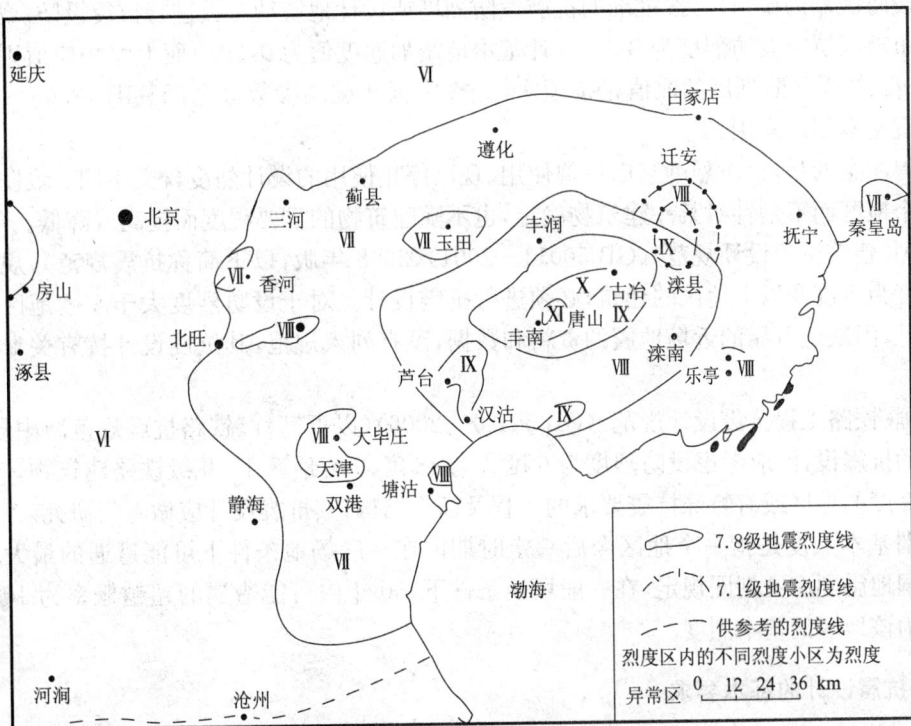

图 7-1　唐山 7.8 级地震烈度分布图

### 三、设防烈度和基本烈度

工程人员在作抗震设计时,必须首先要知道该地区在此工程使用寿命内可能发生的地震动的强弱和有关特性。所谓地震动,有时称为地面运动,或地震作用,是由震源释放出来的地震波到达地表后引起的地表附近土层及其结构的振动(包括水平向,竖向,甚至还有扭转振动)。地震动的特性主要有振动(加速度、速度或位移)幅值,频谱和持续时间,反映在抗震设计中就体现为设计地震动参数,即抗震设计用的地震加速度(或速度、位移)时程曲线、加速度反应谱和峰值加速度。地震的发生和地震动的特性一般无法确切地预测,只能在概率意义上来推测某工程可能遭受的地震威胁或危险,称之为地震危险性分析。但迄今为止,大多数情况下仍把地震危险性当作是一种确定性现象来处理,即认定某地区今后一定时期内可能发生的地震动加速度不致超过某一数值(如 $0.2g$、$0.3g$ 等),或可能遭遇的最大地震烈度为若干度(如 7 度、8 度等),同时再指定一个标准反应谱,然后根据这些确定的地震动参数来进行抗震设计。但近一二十年来由于已积累了较多的地震资料,包括地震动的实测数据和强震震害的资料,再加上结构设计本身已过渡到以极限状态概率为安全度标准的概率设计阶段,已开始逐渐使地震危险性分析有了新的发展,引入了概率设计的概念,即对地震动的估计及对震害影响的估计(如工程设施的破坏,人身的伤亡与对社会经济政治的影响)均用一定的超越概率表示,并已在一些国家,如日本、美国的新近抗震规范中有了反映。

一个工程结构物的抗震设防标准,是衡量该结构物抗震设防要求的尺度,由抗震设防烈度和结构使用功能的重要性确定。

抗震设防烈度是按国家规定的权限批准作为一个地区抗震设防依据的地震烈度。对已编制抗震设防区划的城市,可按批准的抗震设防烈度或设计地震动参数进行抗震设防。如:北京大部分市辖区抗震设防烈度为 8 度,设计基本地震加速度值为 $0.20g$;而上海相应值则为 7 度和 $0.10g$。抗震设防烈度的取值是按家标准《中国地震动参数区划图》GB 18306—2001 规定的地震基本烈度采用。

值得注意的是,设防烈度与以往曾使用、现已停止使用的设计烈度含义不同。设防烈度是针对一个地区而不是针对某一建筑物确定,也不随建筑物的重要程度而提高或降低。

我国《建筑抗震设计规范》(GB 50011—2001)(2008 年版,以下简称抗震规范),规定抗震设防烈度为 6 度及以上地区的建筑,必须进行抗震设计。对于设防烈度大于 9 度地区的建筑抗震设计,因缺乏可靠的近场地震的资料和数据,没有列入规范,其抗震设计按有关专门规定执行。

我国《铁路工程抗震设计规范》(GB 50111—2006)(以下简称《铁路抗震规范》)中规定:铁路工程的抗震设计,应考虑设防烈度为 6 度、7 度、8 度、9 度地区Ⅰ、Ⅱ级铁路建筑物。设防烈度大于 9 度的地区或有特殊抗震要求的工程及新型结构,其抗震设计应做专门研究。

所谓基本烈度是指一个地区今后一定时期内在一般场地条件下可能遭遇的最大地震烈度。中国地震烈度区划图规定,在一般场地条件下,50 年内可能遭遇的超越概率为 10% 的地震烈度为该地区的基本烈度。

### 四、抗震设计的基本要求

铁路桥梁墩台基础抗震设计是一种抗御地震灾害的墩台基础工程设计,它包括墩台基础的抗震验算及抗震措施。而墩台基础抗震措施是地震作用计算和抗力计算以外的抗震设计内容,包括抗震构造措施。抗震构造措施则是根据抗震概念设计原则,一般不需计算而对结构和非结构各部分必须采取的各种细部要求。

《铁路抗震规范》提出,铁路工程应按多遇地震(地震重现期为 50 年的地震动)、设计地震(地震重现期为 475 年的地震动)、罕遇地震(地震重现期为 2 475 年的地震动)三个地震动水准进行抗震设计。

多遇地震烈度是指设计基准期 50 年内超越概率为 63% 的地震烈度,也称为众值烈度,比基本烈度约低一度半,为第一水准烈度;基本烈度已如前述,是设计基准期 50 年内超越概率为10% 的地震烈度,为第二水准烈度;罕遇地震烈度是指设计基准期 50 年内超越概率为 2%～3% 的地震烈度,比基本烈度高,为第三水准烈度,当基本烈度 6 度时为 7 度强,7 度时为 8 度强,8 度时为 9 度弱,9 度时为 9 度强。

为确保铁路工程在地震作用下的安全性,并防止地震时构筑物发生毁灭性损害,避免构筑物使用功能低下,在抗震设计时,要求铁路工程应选择达到如下三个抗震性能要求:

(1)地震后不损坏或轻微损坏,能够保持其正常使用功能,结构处于弹性工作阶段;

(2)地震后可能损坏,经修补,短期内能恢复其正常使用功能,结构处于非弹性工作阶段;

(3)地震后可能产生较大破坏,但不出现整体倒塌,经抢修后可限速通车,结构处于弹塑性工作阶段。

上述三个抗震性能要求,体现了抗震设计的设防目标,即"小震不坏,中震可修,大震不倒"。当遭受低于本地区抗震设防烈度的多遇地震影响时,一般不受损坏或不需修理可继续使用;当遭受相当于本地区抗震设防烈度的地震影响时,可能损坏,但一般修理或不需修理仍可继续使用;当遭受高于本地区抗震设防烈度预估的罕遇地震时,不致倒塌或发生危及生命的严重破坏。

铁路工程所在场地可能遭受的地震影响程度,应采用相应于抗震设防烈度的地震动峰值加速度和地震动反应谱特征周期来表征。地震动峰值加速度,是指与地震动加速度反应谱(见第九节)最大值相应的水平加速度。地震动反应谱特征周期,是指地震动加速度反应谱曲线开始下降点的周期(见图 7-26)。抗震设防烈度和地震动峰值加速度值 $a_g$ 的对应关系见表 7-1。

表 7-1　抗震设防烈度和地震动峰值加速度值 $a_g$ 的对应表

| 抗震设防烈度(度) | 6 | 7 | | 8 | | 9 |
|---|---|---|---|---|---|---|
| 地震动峰值加速度值 | 0.05g | 0.10g | 0.15g | 0.20g | 0.30g | 0.40g |

注:g 为重力加速度。

铁路工程构筑物在不同地震动水准下的抗震设防目标及分析方法见表 7-2。对线路、路基、挡土墙、桥台、隧道等铁路工程,由于目前对其振动特性还缺乏足够认识,仍采用静力法,按设计地震验算其强度和稳定性,并采取相应的抗震措施,以抗震性能要求 II 为设防目标。对桥梁工程则按三个地震动水准设防:多遇地震时,可用按反应谱或线性时程反应法,验算强度、稳定性,以抗震性能要求 I 为设防目标;设计地震时,结构超过弹性反应,验算桥梁上、下部结构连接构造的安全,同时按宏观震害经验采取抗震措施,以抗震性能要求 II 为设防目标;罕遇地震时,结构呈塑性反应,考虑延性设计,以抗震性能要求 III 为设防目标。所谓桥墩延性设计,就是利用桥墩结构本身具有的一定的非线性变形能力,消耗地震能量,开展的墩身抗震设计。

表 7-2　铁路工程构筑物抗震设防目标及分析方法

| 地震动水准 | 多遇地震 | 设计地震 | 罕遇地震 |
|---|---|---|---|
| 构筑物 | 桥梁 | 路基,挡土墙,隧道,桥台,桥梁上、下部结构连接构造 | 采用钢筋混凝土桥墩的桥梁 |
| 抗震设防目标 | 达到抗震性能要求Ⅰ | 达到抗震性能要求Ⅱ | 达到抗震性能要求Ⅲ |
| 分析方法 | 一般桥梁:采用反应谱法;重要桥梁及新结构桥梁:反应谱法及时程反应分析法 | 采用静力法 | 钢筋混凝土桥墩采用延性设计的简化方法;重要桥梁及新结构桥梁:采用非线性时程反应分析法 |

由于地震对铁路工程的破坏主要来自水平地震作用,因此,在验算铁路工程的抗震强度、变形和稳定性时,一般情况下只考虑水平地震力的作用,不计竖向地震的作用。

抗御地震灾害主要包含两方面的工作。一是地震预报,如我国地震部门曾成功地预报了1975年2月4日的海城地震,并采取了预防措施,极大地减轻了震害的损失;二是正确地进行抗震设计和采取相应的抗震措施,提高各类建筑物的抗震能力。许多实例表明,对地震区的工程结构物采取适当抗震措施,能大大减轻震害损失。只要设计的铁路工程构筑物能做到:场地有利,结构合理,整体性强,施工质量良好,一般均能提高构筑物的抗震能力。

铁路线路在地震时若遭到破坏,将使铁路运输中断,既影响正常的客货运输,也给抗震救灾工作带来极大的不便,所以铁路工程抗震问题是一件非常重要的工作。

# 第二节　地震对地面和工程结构物的破坏作用

由于地区特点和地形地质条件的复杂性,强震造成的地面和建筑物的破坏类型多种多样,主要有以下几种。

## 一、地震导致岩面和地面的突然破裂和位移

地震导致岩面和地面的突然破裂和位移会引起位于附近的或跨断层的建筑物的变形和破坏。如唐山地震时,地面出现一条长 10 km,水平错动 1.25 m、垂直错动 0.6 m 的大地裂。四川汶川地震时,地震断裂带竟绵延长达 300 多公里,在该断裂带附近的建筑遭到极其严重的破坏,民用建筑几乎全部倒塌。

## 二、地震引起岩体、土体的机械运动

地震引发岩体、土体的机械运动,产生次生灾害,如山崩、滑坡、泥石流等而导致建筑物的破坏。这种破坏在高山峡谷,斜坡地区威胁最大。如 1933 年四川迭溪地震,因山体崩塌使古城迭溪全毁。1923 年日本关东地震,引起山崩,竟把根府川附近的整个列车冲到海中。2008年四川汶川大地震,因山体滑坡致使整个北川县城遭到毁灭,成千上万人的生命被夺走,财产损失巨大。汶川地震还导致北川县唐家山特大型滑坡,体积高达 2 000 万 m³,滑坡使河流堵塞,形成 2.5 亿 m³ 库容的堰塞湖,严重威胁下游绵阳市区和其他村镇的安全。

## 三、地震引起土层的物理性能发生变化

地震常常使松散土层振密下沉,软土震陷,砂土液化,使上部结构的基础失去支持而产生

下沉、倾斜或倒塌。在平原地区特别是沿海、沿湖、大河冲积平原等地区,存在广泛的深厚的新近沉积松散土层,这类震害最为多见,危害也最大。例如,唐山地震时,天津塘沽区淤泥质土层上的多层砖房,地震后附加下沉一般在 $10\sim20$ cm,最大达到 30 cm 以上,倾斜达 $5‰\sim15‰$。1964 年美国阿拉斯加地震中,9 座桥梁完全坍塌,26 座严重变形或部分坍塌,调查表明多数是因地基土液化,使基础失去支持导致墩台的大量位移。我国海城地震,日本新潟地震时,地震区内建造在松散土层上的大量建筑物遭到了严重破坏。

图 7-2 为根据 233 座桥涵的震害资料,整理后得到的各类地基土的地基在不同烈度区地震导致的失效百分比。图中曲线①为饱和松散砂土的地基失效百分比,可见在烈度超过 7 度的地区,地基失效率达 60% 以上,有力地说明在此种地基上桥涵的震害较为严重,其主要原因是砂土液化造成。曲线②为软土地基失效的比例,在 7 度以上地区,失效率也达到 30% 以上,不能忽视。曲线③和④分别为中等强度的黏性土和砂性土地基,地基失效比例较低。

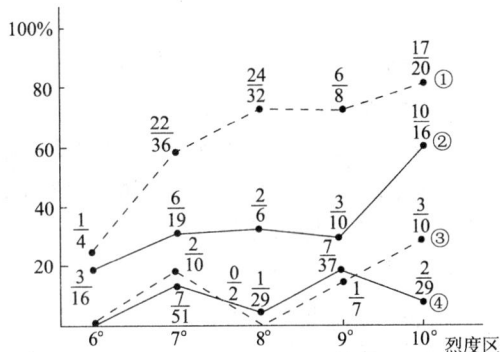

图 7-2 不同烈度区地震导致的失效百分比
(说明:分母为桥涵个数,分子为失效个数)

**四、地震冲击振动对建筑物的破坏**

建筑物在地震的冲击作用下,发生振动,当作用在建筑物构件上的振动力与静应力超过建筑物构件的强度时,即产生局部或整体破坏。

地震波是从震源通过表层土层传到地面,显然,当震源的地震波通过组成不同的土层时,反应在地面的地震特性是不一样的。一般情况下,硬土层的振动周期较短,软土层的振动周期较长。地表土的振动周期一般约为 0.14 s,有时大于 0.5 s,最大达到 2 s。

座落在土层上的各建筑物又由于本身的动力特性(自振周期及振动形式)不同,在某一地震作用下,其反应也各异。一般来讲,建筑物越高,自振周期越长。如一座 5 层楼房的自振周期约等于 0.35 s,而一座 10 层楼房自振周期一般超过 1 s。

显然,地震时结构实际受到的地震力的大小,取决于地震的强度、地基土层的组成和建筑物本身的动力特性。应考虑地震波、地基土和建筑物三者振动周期间的相互关系,如果三者间发生共振,将会大大增加振动力、振幅和振动持续时间,造成的破坏就会严重得多。

综上所述,地震对建筑物的破坏有多种原因和形式。对上述一、二类破坏引起的结构毁坏仅从提高结构的强度上来采取措施是难以奏效的。必须从选址上尽量避开。就铁路工程讲,要从选线、定桥位、布置桥孔等方面尽量避开有这两类潜在危险的地区。第三类破坏实例说明,结构物损坏的起因不是结构强度不够。例如,1964 年日本新潟地震中,有一座 4 层住宅因地基砂土液化整体倾倒 82°,但由于结构本身强度大,整体性好,以致倾倒后没有什么损坏,门窗仍能关启如旧。这个实例说明,过去的抗震设计中曾经只注意提高结构自身的抗震强度,以为这样就能保证建筑物的抗震效果,显然是片面的。现在,国内外都从实践中认识到必须对地基的抗震稳定性予以充分重视,特别是有可液化土层或软土层时,更应格外注意,需要采取有针对性的有效措施,如将基础深埋到稳定土层上,或对土层进行人工加固等。在保证不会发生

一、二、三类的破坏时对结构的抗震计算才有意义,然后采取相应的结构措施。

所以抗震设计是一项综合性工作,如果简单理解为只是结构的地震力计算是不对的。

# 第三节　桥梁墩台基础的震害

根据国内外大量震害资料调查与分析,桥梁的震害可归纳为如下几方面。

(一)桥跨结构的震害

最为常见的是移位,此外是桥面变形起伏、扭转、钢轨弯曲等,最严重的情况是落梁。如四川汶川地震震中区域的百花大桥,该桥遭受严重破坏,强震使该桥 38 个桥墩中的 24 个产生倒塌或压溃,6 个环向开裂,第 5 联 5×20 m 连续梁落梁;其余上部梁体严重移位,最大纵、横向位移分别达到 60 cm 和 93 cm。

(二)支承部分的震害

支承部分的震害是指锚栓变形、切断,拔出,辊轴支座倾覆、支座附近的混凝土开裂或剥落。从四川汶川地震一些桥梁破坏调查发现,橡胶支座被推出或破坏,横向防落梁挡块严重受损的情况比较普遍。

(三)桥台的震害

桥台的震害一般比桥墩多。引起震害的原因及其相应的震害有下面几种:

(1)由于地基土液化,使桥台向河心滑移、下沉、倾斜、倾倒或台身断裂等。

(2)由于台背震动土压力,使桥台倾斜、倾倒、台身断裂等。

(3)由于地震惯性力和梁端碰撞,胸墙被损坏。

(4)台背填土(桥头路堤)大量下沉、翼墙倾斜或坍塌等,这类震害也较为普遍。

(四)桥墩的震害

桥墩的震害有下面两种情况:

(1)墩身下沉、倾斜及倾倒。

(2)墩身开裂、压溃、切断。

(五)基础的震害

如果基础在松软土层中没有埋入稳定土层足够深时,则地震时地基土发生流动,使基础整体移动、倾斜和下沉。如果埋入稳定土层内足够深时,则其上部由于松软土层中各深度振动的振幅不一致,使基础本身受到弯曲和剪切,可能发生桩身或沉井的开裂或断裂。

(六)地基失稳引起的基础震害

由于墩台基础与地基紧密接触、相互关联,地基产生的震害直接造成墩台基础的震害。地基在地震作用下可能出现失稳,如震陷、液化、地裂、错台、位移、滑坡等,引起这些地基上的墩台基础产生下沉、倒塌,倾斜或断裂。

通过大量震害资料的调查分析,可有如下启示:

1. 地基土对桥梁墩台和基础震害影响很大。建造在饱和粉细砂和软塑、流塑黏土等松软地基上的桥梁墩台及基础一般震害较严重。甚至在烈度为 7 度时就产生较为严重的震害。而在岩石、砾石、中砂、粗砂及硬塑黏性土上的则一般震害较轻。这是因为地基土在振动力作用下其物理力学性质会发生极大的变化,设计时如未考虑这种变化且未采取相应措施,建造在它上面的桥梁建筑就有可能在强震作用下位移、滑走,倾斜甚至倾覆。特别是在饱和砂土,存在着在地震作用下发生液化的可能性。很多桥梁的震害都是由于砂土液化而产生的。

2.地震烈度越大,桥墩越高,其震害越大。这是由于地震时强烈的地面运动迫使建造在它上面的桥梁建筑物振动,而振动必然产生惯性力。惯性力是与最大加速度成正比的;地震烈度越高,加速度就越大,所产生的惯性力也越大。这种惯性力既有竖直方向的,也有水平方向的。而造成桥梁建筑物破坏的惯性力主要是水平方向的。如果桥梁建筑物某一薄弱截面在地震时的内力超过其强度极限就必然造成破坏。另外,惯性力又与物体的质量 m 成正比,桥墩越高总的质量也就越大,如自振频率、地基土情况相同,地震时在基顶处所产生的剪力和弯矩都要增大。显然,对桥墩不利。此外,柔性比较大时地震变形大,易产生震害,故高墩和柔性大的排架墩台及桩柱基础墩台易受震害。

以上震害除少数容易修复外,大多数一时不易修复将中断行车,尤其是发生落梁、墩台基础大量下沉、倾斜和损坏时。为此,抗震设计中更应予以特别重视。

【实例1】　唐遵线陡河桥,3×16 m 钢筋混凝土梁,全长 48.3 m。T 形混凝土桥台,高8.76 m,扩大基础,埋深约 3.5 m,地基土为淤泥质黏土。圆形混凝土桥墩,高约 7.4 m,4×φ100 cm 钻孔灌注桩基础,桩长 24 m。唐山地震时,桥址烈度为 10 度。震后,二端桥台向河心滑移。桥孔缩短 3.7 m,但二桥墩间间距未变。梁体向唐山方向串动。唐端桥台上部受到梁体向岸方的推力,下部受到河岸向河心的滑移力,将桥台沿托盘底及台身中部(顶帽以下3 m)之施工缝处剪成三段,下段向桥孔(即河心方向)错动 2.58 m,中段向桥孔错动1.88 m。当梁串动时,支座带动1号、2号墩顶向唐方纵移,使二号墩在墩帽下 4.5 m 施工缝处折断,墩身向唐方倾斜 20 度,下部墩

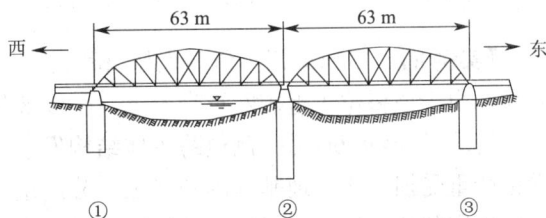

图 7-3　京山线 56 号桥

身压酥剥落。第一孔梁二片之间受震后互相分离 25 cm。桥头路堤填土下沉 0.9～1.0 m。

【实例2】　京山线 56 号桥。唐山地震时,桥址烈度为 9 度。上部梁跨结构为 63 m 钢桁梁。基础为混凝土沉井。震后,1、2、3 号墩的下沉、位移和倾斜的情况如表 7-3 所示。经钻孔探查,因沉井埋深不够,1、3 号墩随着河床发生整体移动并倾斜,1 号墩沉井位移和倾斜情况如图 7-4 所示。

表 7-3　京山线 56 号桥 1、2、3 墩变位情况

| | 1号墩 | 2号墩 | 3号墩 |
|---|---|---|---|
| 纵　移 | 204.5→ | 0 | 169.3← |
| 横　移 | 79.8 向下游 | 65.2 向上游 | 3.7 向上游 |
| 纵　倾 | 5.6% 向东 | 1% 向西 | 4% 向西 |
| 横　倾 | 0.3% 向下游 | | 0.6% |
| 下　沉 | 58 | 0 | 66 |

说明:(1)表中尺寸以 cm 计;(2)纵移及下沉以二号墩为 0 点;(3)横移以二个台的中心线为准。

【实例3】　日本新潟市昭和大桥,全桥共 12 孔(13.1 m+10×27.04 m+13.1 m)。1964年新潟地震(震级为 7.5 级,桥址烈度为 7 度)时 5 孔(第 3、4、5、6、7 孔)梁坠落河中。桥墩基础为高承台钢管桩基础。由于上部厚 10 m 左右的松散饱和砂层液化,地基横向抗力降低,在

往复震动下,桩顶水平变位过大,使上部梁跨坠落。图 7-5 为 4 号墩基础钢桩的变形情况。

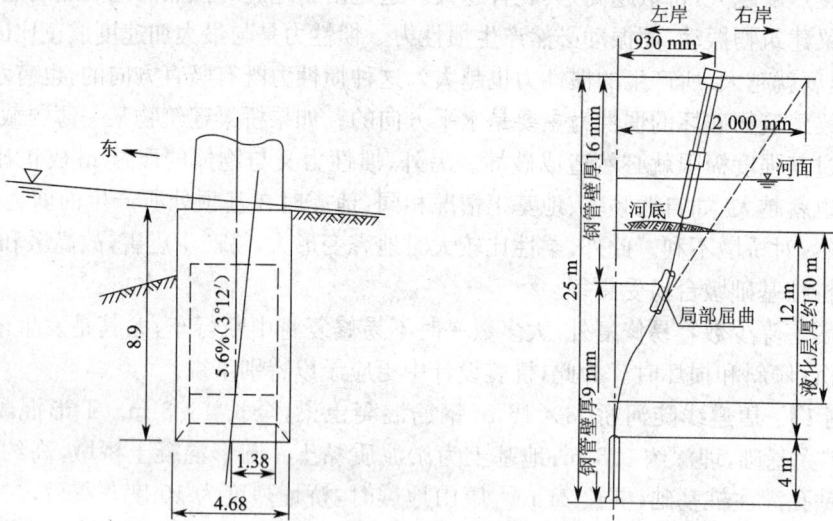

图 7-4  56 号桥一号墩沉井位移和倾斜情况(单位:m)    图 7-5  昭和大桥基础钢桩的变形

**【实例 4】**    四川彭州小鱼洞大桥,桥式为 $4\times40$ m 的上承式钢筋混凝土刚架拱桥,双柱式桥墩。由于该桥位于地震断裂带附近,在 2008 年四川汶川大地震作用下,该桥一侧有两跨梁完全垮塌,桥墩折断;另一侧边跨主体结构发生断裂垮塌,刚架斜腿节点完全破坏,该侧另一跨梁也严重受损。该桥地基基础破坏也十分严重:高桩基础桩顶部位环向开裂、桩身竖向开裂;桩周河床部位土层局部震陷;主墩地面位移;主墩混凝土护面开裂错位;桥台和桥台锥体分开;桥台混凝土护面被剪出,引起开裂错位等。强烈地震还使该桥向彭州方向一侧发生了约 2 m 的整体位移;地震猛烈的冲击和挤压作用,使该桥路桥过渡段上一大段混凝土路面整体地重叠在桥头桥面上,伸入桥内范围 2 m 左右。图 7-6 为该桥整体破坏概貌。

图 7-6  小鱼洞大桥震害概貌

## 第四节　地基土与结构振动的相互关系及场地分类

地震对建筑物的危害归纳起来有两类。一类是地震引起地基失效,包括地基不均匀沉陷、变位、滑坡以及断层的错位等,另一类是地震波通过地基土时引起结构振动造成结构局部或整体破坏。

卓越周期:指基岩上覆盖土层的自振周期。在一个地区得到的地震动纪录(参看图7-20),是一个随时间连续但不规则变化的反应曲线。从数学分析的观点看可以看作是各种不同频率的简谐波的叠加,如果对它进行傅立叶分析,可以发现对于一定的地区总有某一频率的简谐波所占比重最大,这种占优势的简谐波的周期称为该地面的卓越周期。

地基土的性质对结构物地震反应的影响已在许多震害实例中被证实。结构物和地基土的振动周期的关系对结构物的地震反应是极端重要的。例如,1970年3月在土耳其的盖迪兹地震(M=7级)中,距震中135 km的一座工厂的结构震害严重,而城中没有其它建筑物受到震害,经研究发现,倒塌结构物的自振周期约为1.25 s。其地基土为几百米厚的粉土冲积层,地震纪录表明,地震动的卓越周期为1.2 s,两者甚为接近。故发生共振而造成上述严重破坏。又如,1967年委内瑞拉的加拉加斯地震(M=6.5级)。其震害直接与基岩上的软弱冲积层的厚度有关。软土层厚度不到100 m的震区,5~9层的中层建筑遭到广泛的破坏,冲积层超过150 m的震区则14层以上较高层的建筑物破坏较大。概括地讲,若某地区地震动的卓越频率(卓越周期的倒数)集中于低频段,它将引起长周期结构物的激烈振动;反之,若地震动的卓越频率在高频段,则对刚性结构物的危害相对较大。

因此,预先知道地基土层的卓越周期对抗震设计非常重要。关于地基土层的卓越周期的确定有多种方法,下面仅简要介绍根据弹性波的反射理论推导出的计算方法。

设基岩上覆盖土层为均一弹性土层,厚度为$H$,并设地震剪切波(横波)由基岩垂直向上传播,并假定地震波为简谐波,则该土层水平振动的自振周期$T_n$为

$$T_n = \frac{4H}{(2n-1)v_s} \qquad (7-3)$$

式中,$n$为整数1、2、3、$\cdots$,$v_s$为该土层的剪切波波速,由式(7-4)计算。

$$v_s = \sqrt{\frac{G}{\rho}} \qquad (7-4)$$

式中,$G$为地基土的剪切模量,$\rho$为地基土的质量密度。

当$n=1$时,为该土层第一振型的自振周期,也就是该土层的卓越周期$T_1$,为

$$T_1 = \frac{4H}{v_s} \qquad (7-5)$$

由于地震波由数十赫兹以内的若干不同频率的简谐波分量组合而成,当其通过由上述覆盖土层组成的场地时,地震波中与$T_1$相近的简谐波分量,由于发生共振,将得到较强的响应,故可认为该场地地震动的卓越周期$T_0$近似为$T_1$,即$T_0 \approx T_1$。

由上式可见,土层的卓越周期与土层的厚度$H$成正比,而与土层刚度成反比。所以,较厚的松软土层的卓越周期较长,这时应避免在其上建造自振周期较长的细高建筑物或桥墩;反之,在坚硬土层上,自振周期较短的低矮建筑物和矮胖桥墩有遭受较大震害的危险。

若土层为 $n$ 层不同土组成时。其卓越周期 $T_1$，可按下式计算：

$$T_1 = 4\sum_1^n \frac{H_i}{v_{si}} \tag{7-6}$$

式中，$H_i$ 为土层中第 $i$ 土层的厚度，$v_{si}$ 为第 $i$ 土层的剪切波波速。

在以上公式中假设土是弹性的，所以，严格地讲，这只能反映土层在小应变（弹性）条件下的性质。由于土在大应变条件下具有强烈的非线性性质，故在地震作用下应考虑土的非线性特性。关于考虑土的非线性性质的计算方法和公式，要复杂一些，可参阅有关专著。

由上所述，不同性质、不同厚度的地基土层，具有不同的动力特性（以上讲的卓越周期就是其一），进而影响该地区的地震烈度或结构物的震害程度。所以一般抗震规范中为了反映不同地基土层的地震反应特性，都规定将场地按其组成土层的软硬程度、厚薄情况，简单地划分为三类或四类。对每一类场地规定了相应的反应谱，供抗震计算时采用。

下面介绍《铁路抗震规范》中有关场地土和场地的分类。所谓场地，是指具有相似的反应谱特征的工程所在地，大体相当于厂区，居民点和自然村的区域范围。场地土是指建筑场地范围内的地基土。场地土类型一般是根据岩土性质按其刚度划分的。至于构筑物所在场地的类别，则是按其地震效应来划分并确定为四类的。多层土场地的地震效应主要取决于土层剪切波速随深度的变化规律和土层厚度或基岩埋深。

近年来有关场地因素分析中，用地基土的剪切波速作为地震动力性质评价，在工程应用中占有重要地位，规定采用计算深度内土层的剪切波速值作为评定场地类别的物理指标。根据实测土层剪切波速计算等效剪切波速 $v_{se}$ 评定的场地类别，与宏观震害现象趋势一致。

《铁路抗震规范》将场地土和场地分为下面四类。

## 一、场地土分类

(1)坚硬类场地土（岩石或坚硬土）：指岩石、密实的碎石类土，其剪切波速 $v_s$ 大于 500 m/s。

(2)中硬类场地土（中硬土）：中密、稍密碎石类土，密实、中密砾石、粗砂、中砂，基本承载力 $\sigma_0 \geqslant 250$ kPa 的黏性土、粉土和老黄土（$Q_1$、$Q_2$），其剪切波速 $v_s$ 大于 250 m/s 并小于或等于 500 m/s。

(3)中软类场地土（中软土）：稍密砾石、粗砂、中砂，除松散外的粉细砂，基本承载力 $\sigma_0 \leqslant 250$ kPa 的黏性土、粉土和可塑状黄土（$Q_3$、$Q_4$），$\sigma_0 \geqslant 140$ kPa 的填土，其剪切波速 $v_s$ 大于 150 m/s 并小于或等于 250 m/s。

(4)软弱类场地土（软弱土）：淤泥和淤泥质土，松散的砂，新近沉积的黏性土、粉土和流塑状黄土，基本承载力 $\sigma_0 < 140$ kPa 的填土，其剪切波速 $v_s$ 小于或等于 150 m/s。

## 二、场地分类

(1)场地为单一场地土时，场地类别应与场地土类别一致。

(2)场地内存在多层不同的场地土时，场地类别应取计算深度内土层的等效剪切波速 $v_{se}$ 值，并按表 7-4 进行分类。等效剪切波速 $v_{se}$ 值应按下式计算：

$$v_{se} = H / \sum_{i=1}^n \frac{h_i}{v_{si}} \tag{7-7}$$

式中 $v_{se}$——计算深度内的土层等效剪切波速（m/s）；

$H$——计算深度(m),取地面或一般冲刷线以下 25 m,并不得小于基础底面以下 10 m;

$h_i$——计算深度内第 $i$ 土层的厚度(m);

$v_{si}$——第 $i$ 土层的剪切波速(m/s);

$n$——计算深度内土层数。

表 7-4　场 地 类 别

| I | II | III | IV |
|---|---|---|---|
| $v_{se}>500$ | $250<v_{se}\leqslant500$ | $150<v_{se}\leqslant250$ | $v_{se}\leqslant150$ |

(3)跨度为 32 m 及以下的简支梁桥,当无土层剪切波速实测资料时,可根据岩土名称和性状,按《铁路抗震规范》附录 A 表格选用。

(4)对于重要桥梁,应采用现场实测土层的剪切波速进行评定。

上述四类场地土对地震动的响应不同,地震的危害对坚硬类场地土最小,中硬类次之,中软类再次之,对软弱类最大。分析起来有如下原因:

1.岩石的强度比土大许多倍。而且比土致密,在地震力作用下产生的破坏和残余变形都比土小得多;

2.地震波从基岩向覆盖层传播时,覆盖层对于某种频率的地震波会产生滤波和放大作用,因此,地震波达到地面时,地面的反应比基岩大;

3.松软地基与密实地基相比较有一个卓越周期较长,振幅较大,振动历时较长的问题,因而建在松软地基上面的建筑物比建在密实地基上面的较易于破坏;

4.饱和的细粒土还存在震动液化的问题。这类土在平时具有一定的承载力,而在地震力反复作用下它会突然完全丧失承载力,造成地面冒水喷砂和很大变形,从而使建筑物严重下陷、倾斜甚至倒塌。

另外还应注意,建造在柔性地基上的结构物,其动力特性将因地基土与结构物的相互作用而发生变化。即自振周期加长,等效阻尼加大。所以,在计算桥墩地震荷载时应考虑地基变形的影响。同时,地基土的振动特性也会因结构物的存在而发生变化,将不同于自由场地(附近没有结构物存在的场地)的振动。

# 第五节　饱和砂土的震动液化

地基失效是造成桥梁墩台基础破坏的主要原因之一。一般情况下,地震的危害对岩石类地基较小,对松软土地基较大。这为国内外大量的震害调查资料所证实。在我国海城地震时,同处在地震震中附近的长大线和沟海线,前者位于山前丘陵区,地基土密实,后者位于退海平原,地基土松软。前者位于 9 度区,震害轻微,后者位于烈度较低的 7 度区,却发生了严重的震害,其主要原因就是地基在地震作用下发生失效,体现为饱和砂土震动液化所致。饱和砂土地基受到地震作用发生液化丧失承载力,致使墩台下沉、移位、倾斜甚至坍塌,或者使墩台及基础结构(如沉井井体、桩身等)开裂折断。这是桥梁基础抗震设计中要特别注意的问题。下面介绍饱和砂层的震动液化及其抗震问题。

## 一、饱和砂土的震动液化

国内外大地震中砂层液化的例子较为广泛,砂层液化宏观现象为:①大量喷砂喷水。如日本新泻地震后,市内地面上到处可以看到积水。唐山地震后首先出现是大砂孔喷水冒砂,然后小砂孔喷水冒砂,最后是满地冒水,喷冒现象延续时间约十几分钟。②一些轻巧的地下结构物,如净化槽,检修孔浮出地面。③很多结构物突然整体地大量(达 1～2 m)下沉、倾斜和移位。例如,墨西哥一海军船坞的基础在贾耳提潘(Jaltipan)地震中突然下沉 1 m,同时,相对于邻近一码头产生水平位移;日本新潟地震中川岸街 4 号公寓(4 层楼)连同基础整体倾倒在地面上;日本阪神地震中因砂土地基大面积液化使地面出现很大的侧向位移和沉降,也使一些建筑物倒塌或严重受损。图 7-7 为日本阪神地震建筑物倒塌情况。

图 7-7　日本阪神地震地基液化使建筑物倒塌

饱和砂层(尤其是饱和松砂)在地震力反复作用下突然强度下降或完全消失,由原来的散体变成流体的现象,叫做"震动液化"。这种现象在室内循环加载的动三轴试验中已得到明确的验证。

砂层发生震动液化的原因是强烈的地震作用使砂土颗粒获得足够大的振动加速度而发生反复剪切位移。对较松的砂土(其天然孔隙比大于临界孔隙比)来说,震动使颗粒结构趋于密实,即砂土体积出现剪缩。如果渗透系数较小,孔隙水短时间内不能及时排走,则砂土体积缩小趋势就变成使孔隙水受挤压,孔隙水压骤增,结果使有效压力下降,乃至丧失。由土的抗剪强度公式为

$$s=(\sigma-u)\tan\varphi+c$$

式中　$s$——土的抗剪强度;

$\sigma$——剪切面上的法向压应力;

$u$——孔隙水压;

$\varphi,c$——土的内摩擦角和黏聚力。

对于静止状态的饱和砂,$u=0$ 和 $c=0$,所以 $s=\sigma\tan\varphi$。地震时,孔隙水压 $u$ 迅速上升,若 $u$ 接近或等于 $\sigma$,则根据土的有效应力原理,$s=(\sigma-u)\tan\varphi=0$,这时砂的有效应力为零,抗剪强度瞬间下降和消失,砂土颗粒之间失去相互支撑,成为流动状态,即发生所谓液化现象。但这往往还不是砂土地震液化的全过程。因为增大后的孔隙水压是不稳定的,要发生消散,在一定条件下使地下水发生向上的渗流,造成喷水、冒砂。随着喷砂冒水后,砂土中超孔隙水压减小,有效应力逐渐增大,砂土强度会有所缓慢恢复,最终达到新的应力稳定与平衡,但此时由于液化已使地基和地基上的基础发生了较大的位移、倾斜而破坏。

　　为了简要说明问题,设砂层和地下水的情况如图 7-8 所示。地震前,任意一点的静水压力为 $\gamma_w z$($z$ 为该点深度)成三角形分布。地震时,除了静水压力以外,还有超静水压力 $u_z$,则此超静水压的水头 $h_z = u_z / \gamma_w$。如设 $u_z$ 也随深度成直线增加如图示,地下水面 $O$ 点(离地面深度为 $D$)的超静水压力为零,则 $z$ 点和 $O$ 点间存在水头差 $h_z$,$z$ 处的水就要向上渗流,其水力梯度 $i_z = h_z / z$。当 $D$ 不大且 $h_z > D$,$i_z > i_c$($i_c$——临界水力梯度,$i_c = \gamma_b / \gamma_w$)时,地面将开始冒水。如果,$h_z > D + (\gamma_b / \gamma_w)(z + D)$ 时,则这时的水力梯度 $i_z = (h_z - D)/(z + D) > \gamma_b / \gamma_w (= i_c)$,$z$ 点以上整个土层将处于浮扬状态,也即"液化"了,上涌的水带着砂土冒出地面,发生"冒砂"现象。应当指出,地震时土层中孔隙水压的大小和分布情况很复杂,上述简单说明只能是定性的,比较粗略的。上述液化现象的范围、程度和持续时间取决于砂层的密实程度、砂的渗透性、边界排水条件、地震的强度和持续时间等。

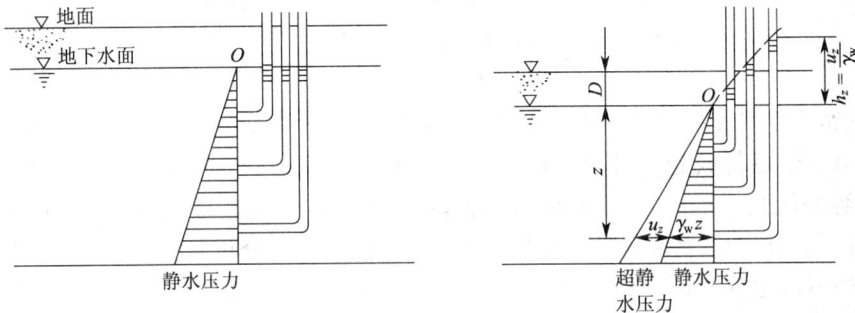

图 7-8　地震前后砂层内水头分布情况

## 二、影响饱和砂土液化的因素

　　根据国内外震害的调查和室内试验研究,影响饱和砂土液化的因素较多,可概括如下。

### (一)地震动的强度

　　多次震害调查表明:烈度高的地区喷水冒砂较之烈度低的地区严重。根据我国地震文献记录,砂土液化只发生在地震烈度为 6 度或 6 度以上地区。室内动力试验表明,所施加的动应力或加速度大,试样就容易液化。显然,地震时地面运动的强度是砂土液化的一个很重要的因素。震动强度越大,震动时间越长,越容易产生液化。根据某地区震害调查,离震中的距离超过下面经验公式中液化最大震中距 $L_{最大}$ 时一般就不发生液化。

$$L_{最大} = 0.82 \times 10^{0.862(M-5)} \quad (\text{km}) \tag{7-8}$$

式中,$M$ 为震级。

　　如 1975 年海城地震 $M = 7.3$,液化最大震中距约为 100 km,1976 年唐山地震 $M = 7.8$ 时,该值约为 200 km 与用式(7-8)推算的结果极接近。由上式可知,5 级地震的液化最大范围只能在震中附近,其距离不超过 1 km。

### (二)砂层所处的地层、地形和水文地质条件

　　一般来讲,年代老的饱和砂层不易液化,新近沉积的容易液化。在新老砂层物理指标相差不大的情况下,标贯击数却相差很大,这主要反映了土壤结构的影响。如新近形成的沉积平原,特别是洼地、河流的泛滥地带、古河道、河漫滩、滨海地带都是地震时容易发生液化的场地。

埋深越深,且其上面的非液化土覆盖层厚度越厚,强度越大,就越难液化。因为在这种情况下,一则砂层的侧限压力大,二则不易造成向上的渗透现象。

同样的砂层在倾斜情况下较水平地面时易液化,液化后极易发生滑移,对工程结构物的危害更大。河岸附近的墩台容易遭受此类震害。

地下水位高,也是造成砂土地震液化的一个重要条件,尤其是地下水位接近地面时,液化现象更为严重。喷水冒砂严重的地区,地下水位一般都很浅,不超过 3 m,甚至不足 1 m,当其超过 5 m 时,未见有液化事例。

根据国内外的震害资料分析,地震时饱和砂层最大液化深度可能达到 20 m。

(三)可液化土的类型和状态

一般说来,中砂,细砂、粉土较易液化,易液化砂土的平均粒径 $d_{50}$ 在 $0.02 \sim 1.0$ mm 之间,$d_{50}$ 在 0.07 mm 附近者最易液化。砂土中黏粒($d<0.005$ mm)含量超过 16% 时很难液化。砾砂因渗透性高,在实际中鲜有液化。如 1964 年阿拉斯加地震中,在砾砂上的桥没有由于发生液化而破坏的。

砂土的密实度是影响液化的主要因素之一,是判定可否发生液化的重要条件。土的密度越高越不易液化,越低就越易液化。砂土的相对密 $D_r=(e_{\max}-e)/(e_{\max}-e_{\min})$ 越小,即越松散,也就越容易液化。1964 年日本新潟地震表明 $D_r \leqslant 50\%$ 的砂层,普遍发生液化;而 $D_r>70\%$ 的地方,则无液化。海城地震中砂土液化的 $D_r$ 限界值经分析归纳为:7 度区 $D_r<55\%$,8 度区 $D_r<70\%$,9 度区 $D_r<80\%$。

由于很难取得原状砂样,所以砂土的 $D_r$ 不易测定。工程中通常更多地采用现场标准贯入试验来测定砂土的密实度。调查资料表明。当标贯锤击数 $N<20$,尤其是 $N<10$ 时,地震时易发生液化。

总之,液化是一种很复杂的物理现象,有关液化机理、影响因素和发展过程,尤其是复杂地质地貌等因素对液化的影响,还有待深入研究以其进一步完善液化土的判定方法。

### 三、饱和砂土液化可能性的估计方法

国内外目前有两种基本方法估计饱和砂层的液化可能性。

经验法:根据以往震害经验,把液化与否的场地和相对密度或标准贯入试验(SPT)的贯入击数联系起来。大多数采用标准贯入击数作为判别指标,用直观的方法划定液化和不液化的分界线。

反应分析法:根据从现场取回的未扰动土样用动三轴或动单剪试验确定的液化强度,与用动力反应分析法估计的场地地震剪应力进行对比,若地震剪应力大于液化强度则将液化。限于篇幅,这部分内容,读者可参阅有关专著。

以下有关判定饱和砂土、饱和粉土受震液化的方法,主要是根据我国海城和唐山地震,通过对地震区可能液化的土层液化情况作的统计分析,同时也借鉴了国外所取得的研究成果和经验总结得出的。

饱和砂土和饱和粉土属可液化土层。当设计烈度为 7 度,地面以下 15 m 以内;设计烈度为 8 度或 9 度,地面以下 20 m 以内,存在可能液化土层的地段,应用标准贯入法或静力触探法进行试验,并应结合场地的工程地质和水文地质条件进行综合分析,以判定其地震时是否会液化。

但是,当可液化土层符合下列条件之一时,可不考虑液化的影响,并不再进行液化判定。

(1)地质年代属于上更新统及其以前年代的饱和砂土、粉土。

这类土在烈度高地区未发现有宏观液化现象,原因在于密度大,结构较为牢固。

(2)土中黏粒含量百分比大于某一数值,即当设防烈度为 7 度时大于 10%;为 8 度时大于 13%;为 9 度时大于 16%。

大量试验说明:土的抗液化强度是随着黏粒含量的增加而提高。现场液化实例的勘察资料也表明,当黏粒含量达到一定数值后,就很少发现液化。

(3)基础埋置深度不超过 2 m 的天然地基,应符合图 7-9 的要求。

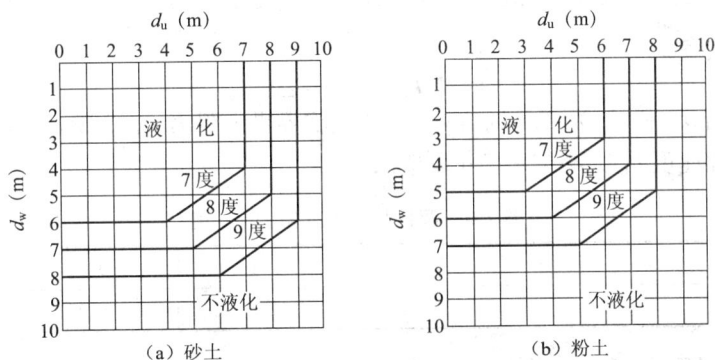

图 7-9　利用 $d_u$ 和 $d_w$ 的液化初判图

$d_u$—第一层液化土顶面至地面或一般冲刷线之间所有非液化土层厚度,不包括软土、砂土与碎石土的厚度;

$d_w$—常年地下水位埋深

有较多地震资料调查表明,当地下水位较深,或地表有较厚的非液化土覆盖时,即使下覆可能液化的土层发生液化,由于上覆有效压力较大,可以抑制液化的砂土、粉土喷冒出地面,地基也不会产生大量的下沉或不均匀沉降,因此可不考虑液化。

**1.标准贯入试验法**

当实测标准贯入锤击数 $N$ 值小于液化临界标准贯入锤击数 $N_{cr}$ 值时,应判为液化土,反之,为不液化土 $N_{cr}$ 值按下列公式计算:

$$N_{cr}=N_0\alpha_1\alpha_2\alpha_3\alpha_4 \tag{7-9}$$

式中　$N_0$——当 $d_s$ 为 3 m,$d_w$ 和 $d_u$ 均为 2 m,$\alpha_4$ 为 1 时土层的液化临界标准贯入锤击数,按表 7-4 取值;

　　　$\alpha_1$——地下水埋深 $d_w$(m)修正系数,按下式计算:

$$\alpha_1=1-0.065(d_w-2) \tag{7-10}$$

　　　$\alpha_2$——标准贯入试验点的深度 $d_s$(m)修正系数,按下式计算:

$$\alpha_2=0.52+0.175d_s-0.005d_s^2 \tag{7-11}$$

　　　$\alpha_3$——上覆非液化土层的厚度 $d_u$(m)修正系数,按下式计算:

$$\alpha_3=1-0.05(d_u-2) \tag{7-12}$$

　　　$\alpha_4$——黏粒重量百分比 $p_c$ 修正系数,按下式计算:

$$\alpha_4=1-0.17\sqrt{p_c} \tag{7-13}$$

表 7-5 中所指特征周期分区,是按照我国地震动参数区划图,将场地类别划分为 Ⅰ、Ⅱ、

Ⅲ、Ⅳ类,将特征周期分区按近场地震、中场地震、远场地震分为一、二、三区。

**表 7-5  液化临界标准贯入锤击数 $N_0$**

| 特征周期分区 \ 地震动峰值加速度 | 0.1$g$ | 0.15$g$ | 0.2$g$ | 0.3$g$ | 0.4$g$ |
|---|---|---|---|---|---|
| 一区 | 6 | 8 | 10 | 13 | 16 |
| 二区 | 8 | 10 | 12 | 15 | 18 |

2. 单桥探头静力触探试验法

当实测计算的贯入阻力 $p_{sca}$ 值小于液化临界贯入阻力 $p'_s$ 值时,应判为液化土,否则,为不液化土。

$$p'_s = p_{s0}\alpha_1\alpha_3 \tag{7-14}$$

式中　$p_{s0}$——当 $d_w$ 和 $d_u$ 为 2 m 时,砂土的液化临界贯入阻力 $p_{s0}$(MPa)值,根据地震动峰值加速度 $a_g$ 大小按表 7-6 取值。

**表 7-6  液化临界贯入阻力 $p'_s$ 值**

| $a_g$ | 0.1$g$ | 0.15$g$ | 0.2$g$ | 0.3$g$ | 0.4$g$ |
|---|---|---|---|---|---|
| $p_{s0}$(MPa) | 5 | 6 | 11.5 | 13 | 18 |

上述 $p_{sca}$ 的确定,尚应符合下列的规定:

(1)砂层厚度大于 1 m 时,取该层贯入阻力 $p'_s$ 的平均值作为该层的 $p_{sca}$ 值。当砂层厚度小于 1 m,且上、下为贯入阻力 $p'_s$ 值较小的土层时,应取较大值作为该层的 $p_{sca}$ 值。

(2)砂层厚度较大,力学性质和 $p'_s$ 值可明显分层时,分别计算分层的平均 $p_{sca}$ 值。

关于黏粒含量 $p_c$ 修正系数,该规范未考虑。必要时 $p_c$ 修正系数也可采用前述 $\alpha_4$ 值。

3. 美国《公路桥梁抗震设计准则》(ATC,1981)中介绍了西特(Seed)1979 年提出的判别液化与否的经验方法

(1)确定所考虑水平砂层的标准贯入锤击数 $N$,并将它按式(7-15)换算为有效覆盖压力为 107.64 kN/m$^2$ 的值 $N_1$ 为

$$N_1 = C_N \cdot N \tag{7-15}$$

系数 $C_N$ 见图 7-10。

(2)根据 $N_1$ 和震级 $M$,从图 7-11 曲线中求出相应的液化应力比 $\tau_0/\sigma'_0$ 值,则该砂层的液化强度为

$$\tau_0 = (\tau_0/\sigma'_0) \times 95.8 \quad (\text{kN/m}^2)$$

(3)根据下式计算地震引起的剪应力

$$\tau_{av} = 0.65(\sigma_0/g)a_{max} \cdot \gamma_d \tag{7-16}$$

式中　$a_{max}$——地面最大水平地震加速度;

$\sigma_0$——所考虑砂层处覆盖总压力(kN/m$^2$);

$\gamma_d$——应力折减系数,有曲线可查,也可近似用 $\gamma_d = 1 - 0.01z$ 计算,$z$ 为所考虑砂层的埋深(m)。

(4)对比 $\tau_0$ 和 $\tau_{av}$,若 $\tau_{av} > \tau_0$,则会发生液化;反之,则不液化。该标准建议对于重要的桥梁场地取 $\tau_{av}/\tau_0 \geqslant 1.5$,以保证对液化危险性有足够的安全保证。

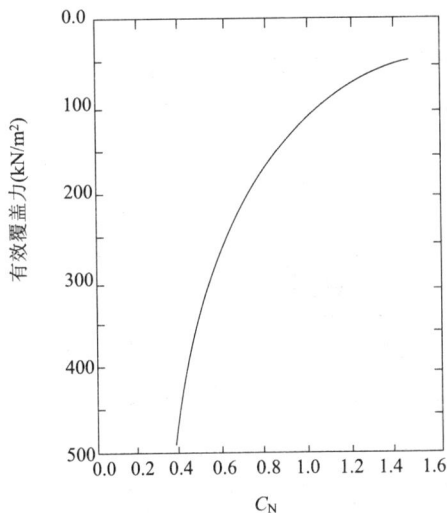

图 7-10　$C_N$ 与有效覆盖压力关系曲线

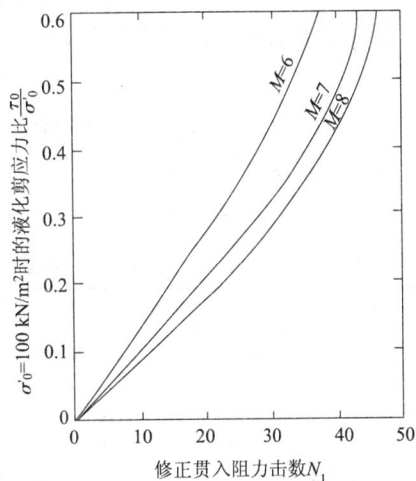

图 7-11　$(\tau_0/\sigma_0')$—$N_1$ 关系曲线

### 四、液化土力学指标的折减系数

以往设计中假定可液化土的弹性抗力、摩擦力等于零,这个假定不仅与液化土的实际发展过程不相符,与震害实际情况也不相符,会使建设费用增加。其实地层内可液化土在地震作用下要完全液化,要有一个过程。而地震持续时间极短,当地震力为最大时,可液化土的抗力并未到达其最低值,两者同时到达的机率很小。在许多情况下可液化土并不发生完全液化,并未完全丧失其抗力,尤其当实际标准贯击数值 N 值与临界 $N_{cr}$ 值比较接近时更是如此。所以《铁路抗震规范》规定:地基内液化土的弹性抗力、摩擦力、内摩擦角、抗剪强度等力学指标采用表7-7 内的折减系数进行折减后,再予以考虑。

表 7-7　液化土力学指标的折减系数 $\varphi_L$ 值

| $F_i$ ＼ $\psi_L$ ＼ $d_s$(m) | $d_s \leqslant 10$ | $10 < d_s \leqslant 20$ |
|---|---|---|
| $F_i \leqslant 0.6$ | 0 | 0.33 |
| $0.6 < F_i \leqslant 0.8$ | 0.33 | 0.66 |
| $0.8 < F_i \leqslant 1.0$ | 0.66 | 1.0 |

注:$d_s$ 是指标准贯入或静力触探试验点的深度;$F_i$ 为液化土的抗液化指数。

液化土的抗液化指数按如下计算:

采用标准贯入试验时　　　　　　　$$F_i = \frac{N}{N_{cr}} \tag{7-17}$$

采用静力触探试验时　　　　　　　$$F_i = \frac{p_{sca}}{p_s'} \tag{7-18}$$

《铁路抗震规范》还规定:对于液化土层以上的土层,由于地震引起孔隙水压上升,有可能沿桩身喷冒或桩与土间出现裂缝,使其摩擦力降低,故容许承载力不予修正提高;而对于穿过液化土层伸入非液化土层足够深度的桩基础,经验表明抗震性能是好的,液化土层以下的土层容许承载力修正系数可予修正提高,具体修正如下。

在验算基础的地基抗震强度时,地基土抗震容许承载力按式(7-19)计算:

$$\sigma_E = \psi \sigma \qquad\qquad (7\text{-}19)$$

式中　$\sigma_E$——地基土抗震容许承载力;

　　　$\psi$——地基土抗震容许承载力修正系数,按表 7-8 采用;

　　　$\sigma$——地基土容许承载力。

表 7-8　地基土抗震容许承载力修正系数

| 地 基 土 | 修正系数 $\psi$ 值 |
| --- | --- |
| 未风化至强风化的硬质岩 | 1.5 |
| 未风化至微风化的软质岩 | 1.5 |
| 基本承载力 $\sigma_0 > 500$ kPa 的岩石和土 | 1.4 |
| 基本承载力 $150$ kPa $< \sigma_0 \leqslant 500$ kPa 的岩石和土 | 1.3 |
| 基本承载力 $100$ kPa $< \sigma_0 \leqslant 150$ kPa 的土 | 1.2 |

注:1. 软质岩是指饱和单轴极限抗压强度为 $15 \sim 30$ MPa 的岩石;

　　2. $100$ kPa $< \sigma_0 \leqslant 150$ kPa 的土,不包括液化土、软土、人工弃填土等。

上述在考虑用地震荷载进行地基抗震强度验算时,提高地基土的容许承载力做法,是各国抗震设计规范通行做法,是鉴于地震荷载是特殊荷载,具有偶然性和短暂性,在保证地震作用的强度要求情况下,本着在地震作用下不致发生超过允许变形的原则,可适当降低安全系数。如以地基总变形达到一定值作为破坏标准,则在地震短暂荷载作用下,稳定土的动强度较静强度要高,往往在 $1.0 \sim 1.2$,而岩石及硬土可达 $1.3 \sim 1.5$。

考虑地震荷载时,构筑物在重力作用下,地基土的容许承载力修正系数是一个比较复杂的问题。上述规定还不够详细,很难完全适合地基土的实际复杂情况,仍然需要对此进行深入研究完善。

### 五、可液化砂层地基上墩台基础的抗震措施

一般情况下,应避免直接采用可液化砂层作持力层,否则应进行振实处理。最好采用桩和沉井等深基础。

采用振实处理时,振实后标准贯入锤击数应大于按公式(7-9)算出的液化临界锤击数。在日本新潟地震中,有一油罐建造在用表面振动法捣实的砂土地基上(捣实后 $N$ 值平均为 16),经处理后的砂土地基密实度提高,孔隙减小,震后仅下沉 $2 \sim 3$ cm,能完好使用。而附近未经捣实改良地基上的油罐则因密实度较小而发生大量下沉。

位于常年有水河流的可液化土地基上的特大桥、大中桥的桥墩、桥台基础应采用桩或沉井等深基础,并应使桩尖和沉井底,穿过可液化砂层,埋入稳定土层不应小于 $1 \sim 2$ m。否则,地震时仍不能避免出现移位和倾斜。当水平力较大时桩基桥台还宜设置斜桩或采取其它加固措施。

位于可液化松软土地基上的特大桥、大中桥桥孔宜等跨布置,墩台及基础应避免承受斜向土压力,应适当增加桥长,将桥台放在稳定的河岸上。在主河槽与河滩分界的地形突变处是抗震不利位置,不宜设置桥墩。位于松软地基上的小桥可在墩台基础间设置支撑或采用浆砌片

石铺砌河床,以限制墩台的滑移,并结合设防烈度、地质情况采用换填、人工振实、打桩等措施。

特大桥、大中桥桥头路堤的地基为液化土或软土,桥头路堤高度又大于 3 m。且设防烈度为 8 度或 9 度的Ⅰ、Ⅱ级铁路,在桥台尾后 15 m 内的路堤基底下 7 m 内的液化土或软土应采取振密、砂桩、砂井、碎石桩、石灰桩、换填等加固措施。

地震会引起活动断裂带位移从而使桥梁墩台及基础歪斜、走动、倾倒等,因此,墩台基础不应设置在断层带上。但当断裂带很宽,桥梁不能采用大跨跨越时,墩台基础不应设置在严重破碎带上。

由于桩顶与承台连接部位往往受力较大,地震时桩头部位破坏情况较多,因此,对于设防烈度为 7 度及以上地区的钻孔灌注桩基础,在桩顶 2.5 $d$~3.0 $d$($d$ 为设计桩径)长度范围内,应适当加强箍筋配置。

采用明挖基础的桥台,当基础底面摩擦系数较小,小于或等于 0.25 时,宜采用砂卵石换填,以增大抗滑阻力,但换填厚度不得小于 1.0 m。桥台后沿线路方向的地面坡度大于 1∶5 时,路堤基底应挖成台阶,其宽度不应小于 2.5 m。

桥头路堤的填筑和墩台明挖基坑回填,应分层夯填密实,其压实系数不应小于 0.90。

## 第六节　计算地震荷载的静力理论

结构物的抗震设计包括两部分内容:一是地震荷载作用下的强度检算,二是抗震措施。

关于计算地震荷载的方法,大体上分两种。一种是静力法或地震系数法,这个理论建立较早,在 20 世纪初开始形成。另一种是动力法,在 20 世纪 60 年代前后逐渐被一些国家所采用,它克服了静力法理论上的缺点,较为合理。但由于研究时间还不够长,观测资料还不够充分,对一些结构振动特性还缺乏足够认识,因而使用范围受到一定的限制。如《铁路抗震规范》中在设计地震作用下,考虑路基、挡土墙、隧道、桥台、桥梁上下部结构连接构造的地震作用时,仍采用静力法。

在地震过程中,地面既有水平运动又有竖向运动,所以结构物除受到水平地震力外,还受到竖向地震力的作用。竖向地震力对结构物的作用相当于自重的增减。但地震竖向加速度一般只限于高烈度的震中区,影响范围较小,而且一般结构物往往在竖向有较大的强度储备,此外,地震时一般不会正好处在满载状态,故一般可不考虑竖向地震力的影响。《铁路抗震规范》规定:验算铁路工程的抗震强度、变形、稳定性时,一般情况下可不计竖向地震的作用,只有对于抗震设防烈度为 9 度的悬臂结构和预应力混凝土刚构桥等,才应计入竖向地震作用的影响。以下着重介绍水平地震力的计算。

计算地震荷载的静力理论的基本假设是结构为刚体(即认为地震时结构本身没有变形,或忽略结构本身的振动),结构中任意点承受的加速度与地面相同。由于地震时地面的振动加速度是不规则变化的,参看图 7-20,所以作用在结构上的地震力也是随时间变化而不同,是一种随机动荷载,但为简化计算,静力法中假设地震力是一个常值静力,并令其等于地震动荷载的最大幅值,这就是计算地震荷载的静力法。

如图 7-12 所示,设结构物的自重为 $W$,地面最大地震水平加速度为 $a_H$,根据上述假定,地震时作用在结构物上的水平地震力 $F_{hE}$ 为

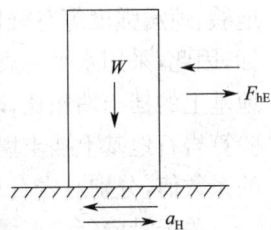

图 7-12　静力法计算图式

$$F_{hE} = \frac{W}{g}(质量) \times a_H(加速度) = \frac{a_H}{g} \times W = k_H W \tag{7-20}$$

式中　$k_H$——水平地震系数,含义为地面最大水平动峰值加速度与重力加速度的比值。

由上式可知,按照静力理论。地震力等于结构物自重和地震系数的乘积。而地震系数是一个地区地震时地面最大加速度的统计平均值与重力加速度的比值,它和该地区的地震烈度有关。根据实测所得资料分析,地震烈度增加一度,最大地面加速度大致增加一倍,所以地震系数也增加一倍,参看表7-1。由于计算公式中采用了地震系数,所以静力法又叫地震系数法。

关于竖向地震力,根据部分资料统计结果,地震时竖向最大加速度是水平向的1/2～1/3,所以竖向地震系数 $k_v$ 应为 $(1/2～1/3)k_H$。但如前所述,一般情况下不作考虑。但位于设防烈度为9度地区的悬臂结构和预应力混凝土刚构桥等应考虑竖向地震力作用。鉴于在水平向和竖向地震共同作用方面还缺乏研究,竖向地震作用仍按以前规范方法,即按结构恒载和活载总和的7%计入,或按水平地震基本加速度值的65%进行动力分析。

静力法不考虑建筑物的动力特征,把建筑物当作绝对刚体看待。这种计算方法虽然比较粗略,但是计算简单,对刚度较大的结构计算基本上也是合理的。所以,目前仍在一些国家的抗震规范中采用。我国《铁路抗震规范》规定:验算挡土墙和桥台抗震强度和稳定性时,墙、台身各部分及梁部结构物重量所产生的水平地震力 $F_{ihE}$(kN)按下式计算:

$$F_{ihE} = \eta \cdot a_g \cdot \eta_i \cdot m_i \tag{7-20}$$

式中　$F_{ihE}$——第 $i$ 截面以上墙身质心处的水平地震力(kN);

　　　$\eta$——水平地震作用修正系数,岩石地基应采用0.20,非岩石地基采用0.25;

　　　$a_g$——地震动峰值加速度(m/s²),按表7-1采用;

　　　$\eta_i$——水平地震作用沿墙高增大系数,见下述;

　　　$m_i$——验算截面以上墙身或桥台各部分及梁部结构的质量(t),计算桥台横向地震力时,对Ⅰ、Ⅱ级线路有车情况,梁部结构上还包括50%活载重量。

地震力作用点:梁体质量的水平地震力,顺桥向作用在支座中心,横桥向作用在梁高的1/2处。台身圬工质量的水平地震力作用在重心处。上述有关活载水平地震力,作用在轨顶以上2 m处。

静力理论的缺陷在于,它忽视了结构动力特性和不同地基土动力反应的差异情况,即忽视了刚、柔结构和岩石与土的地震反应不同的客观事实,因此,不能很好解释高柔结构的很多震害现象。为了弥补以上不足,更加合理地确定作用在墙、台身上的水平地震荷载,《铁路抗震规范》规定,在检算挡土墙和桥台时,在式(7-20)中引入了一个水平地震作用修正系数和一个水平地震作用沿墙高增大系数,以弥补理论计算与宏观震害现象之间的差异。

由于构筑物遭受地震破坏的原因是较为复杂的,它与结构类型、选用的材料、地基土、地形地貌、地震强度等有密切关系,目前对这些影响因素尚缺乏足够研究,暂时不能提出定量的指标,因此,采用水平地震作用修正系数加以概括和弥补。通过现场震害调查发现,与位于土质地基上的挡土墙相比,岩石地基上的挡土墙震害轻微,表明岩石地基抗震稳定性较好。因此,验算岩石地基上挡土墙抗震强度和稳定性时,采取降低水平地震荷载的方法。用0.20和0.25的系数值,分别对岩石和土质地基上的挡土墙进行验算,验算结果与宏观震害结果基本一致。

关于沿墙(台)高增大系数的引入,是通过宏观震害调查发现,一般较高的挡土墙,在墙的顶部或中上部比墙的下部容易产生震害。一些动力试验也表明,墙顶或坝顶受到的水平加速度反应较大。因此,对于高墙应适当增大水平地震作用。《铁路抗震规范》规定该值取值方法为:对于铁路等级为Ⅰ、Ⅱ级的铁路,墙高在 12 m 及以下,取 1.0;墙高在 12 m 以上则简化为按线性增大,取$(1+h_i/H)$。其中 $H$ 为挡土墙墙高或桥台顶面至基础顶面间的高度,$h_i$ 为第 $i$ 截面以上墙(台)身质心至墙底的高度(m)。

还规定桥台基础水平地震作用沿桥台高度的增大系数应取 1,计算横向活荷载引起的地震力时,增大系数值与桥台顶面相同。

# 第七节　地震土压力

地震主动土压力按库仑土压力理论公式计算,将墙后土楔体产生的水平地震力作用在其质心处,然后用静力学的平衡原理求算,以下为计算和分析原理。

用土压力理论求库仑主动土压力时,力的平衡三角形如图 7-13(b) 所示。静力作用时库伦主动土压力公式如下:

$$E=\frac{1}{2}\gamma H^2\lambda_a B \tag{7-21}$$

土压力方向与墙背成 $\delta$ 角,作用点离墙底的高度为 $\frac{1}{3}H$。

式中　$E$——静力作用时库伦主动土压力(kN);

　　　　$\gamma$——土的重度(kN/m³);

　　　　$H$——墙或桥台的高度(m);

　　　　$B$——墙或桥台的计算宽度(m)。

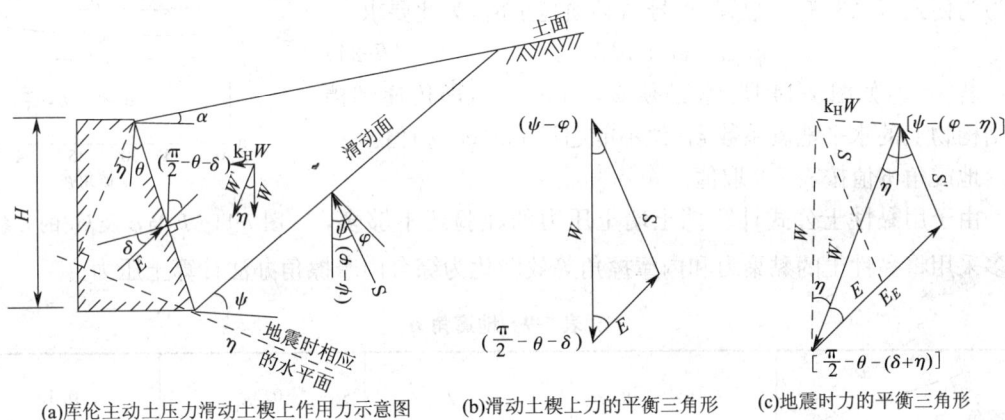

(a)库伦主动土压力滑动土楔上作用力示意图　　(b)滑动土楔上力的平衡三角形　　(c)地震时力的平衡三角形

图 7-13　土压力计算模式

$$\lambda_a=\frac{\cos^2(\varphi-\theta)}{\cos^2\theta\cdot\cos(\theta+\delta)\left[1+\sqrt{\dfrac{\sin(\theta+\delta)\sin(\varphi-\alpha)}{\cos(\theta+\delta)\cos(\theta-\alpha)}}\right]^2} \tag{7-22}$$

式中　$\varphi$——土的内摩擦角;

　　　　$\alpha$——填土表面与水平面的倾角;

　　　　$\theta$——墩台背与垂直面的夹角,俯墙背时为正值,反之,取负值;

　　　　$\delta$——墩台背与土的外摩擦角,采用 $\varphi/2$。

若忽略地震力作用下土的内摩擦角 $\varphi$ 和墙背与土的外摩擦角 $\delta$ 可能发生的变化,并按前述计算地震力的静力法,只考虑地震的水平作用给予滑动土楔以水平地震力 $k_H \times W$,则地震时作用在库伦滑动土楔上的三个力为:墙背对土楔的反力 $E_E$(其大小等于地震土压力,方向相反)和滑面下土体对土楔体的反力 $S'$ 方向不变,重力的方向变为和垂线成 $\eta$ 角[见图7-13(a)],其大小变为 $W'=W/\cos\eta$,因为 $W=$(滑动土楔的体积 $V$)$\times$(土的重度 $\gamma$),代入前式得 $W'=\gamma/\cos\eta \times V = \gamma' \times V$,即地震时土的重度由 $\gamma$ 变为 $\gamma'=\gamma/\cos\eta$,$\eta = \arctan k_H$,$\eta$ 称做地震角。因此,地震时力的平衡三角形如图 7-13(c) 中实线三角形,图中虚线三角形(三边为 $W$、$S$、$E$)即为图 7-13(b) 中的力平衡三角形,图中 $S'$ 平行 $S$。由图可见,$E_E$ 与 $W'$ 的夹角为 $[\pi/2-\theta-(\delta+\eta)]$,即相当于墙背与土的摩擦角由 $\delta$ 变为 $(\delta+\eta)$。$S'$ 与 $W'$ 的夹角为 $[\psi-(\varphi-\eta)]$,即相当于土的内摩擦角由 $\varphi$ 变成 $(\varphi-\eta)$。经过这样变换后,地震主动土压力的计算公式形式上完全与式 (7-21)、式 (7-22) 类似,但公式中土的内摩擦角 $\varphi$、墙背与土的外摩擦角 $\delta$ 和土的重度 $\gamma$,应分别以 $(\varphi-\eta)$、$(\delta+\eta)$ 和 $\gamma/\cos\eta$ 替换。也可只将式 (7-21) 中的 $\lambda_a$ 以 $\lambda_E$ 代替。$\lambda_E$ 为地震时库伦主动土压力系数,按下式计算:

$$\lambda_E = \frac{\cos^2(\varphi-\theta-\eta)}{\cos\eta\cos^2\theta \cdot \cos(\theta+\delta+\eta)\left[1+\sqrt{\dfrac{\sin(\varphi+\delta)\sin(\varphi-\eta-\alpha)}{\cos(\theta+\delta+\eta)\cos(\theta-\alpha)}}\right]^2} \tag{7-23}$$

由图 7-13(c) 可知,地震时主动土压力 $E_E$ 大于静力土压力 $E$,其作用点和方向与静力土压力时相同。

若令 $F=E_E/E$ 为地震时主动土压力的放大系数,则 $F$ 和 $\varphi$、$k_H$ 的关系如图 7-14 所示。可见 $k_H$ 值对 $F$ 的影响显著。而 $\varphi$ 对 $F$ 的影响很小,直到骤然在 $\varphi$ 一个小范围内 $F$ 猛增,这是因为为使式 (7-23) 有实数解,根号内必须是正值,为此要求:

$$\varphi > \eta + \alpha = \arctan k_H + \alpha \tag{7-24}$$

若 $\alpha=0$,如图 7-14 所示,必须 $\varphi > \arctan k_H$,即传递到挡土结构物上的水平地震系数 $k_H$ 值不能超过 $\tan(\varphi-\alpha)$ 值。

地震角 $\eta$ 值按表 7-9 取值。

由于用黏性土公式计算挡土墙土压力的经验还不够多,故多采用将黏性土的黏聚力和内摩擦角等效转化为综合内摩擦角办法计算土压力。

图 7-14　$F$ 与 $\varphi$ 及 $k_H$ 的关系

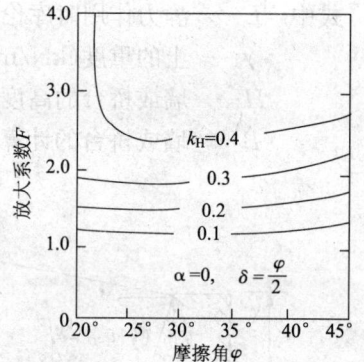

表 7-9　地震角 $\eta$

| 地震角 | $a_g$ | $0.1g$、$0.15g$ | $0.2g$ | $0.3g$ | $0.4g$ |
|---|---|---|---|---|---|
| $\eta$ | 水上 | $1°30'$ | $3°$ | $4°30'$ | $6°$ |
| | 水下 | $2°30'$ | $5°$ | $7°30'$ | $10°$ |

在上述分析和推导中,没有考虑土的物理力学性质在地震时可能发生的变化,而从一些试验研究的结果看,当地震加速度超过某个限度后,砂土的抗剪强度显著下降,内摩擦角变小。另外,在以上分析中把复杂的地震动只看作是一个水平惯性力。总之,上述地震土压力的计算方法是极粗略的,根据并不是十分充分。但到目前为止还没有别的更完善的理论代替它,而且以上公式计算方便,所以多年来仍在使用。

## 第八节 计算地震荷载的动力理论

随着地震学科技术水平的发展和进步，一些国家的抗震设计方法逐渐由静力法向动力法转变。即根据地震时结构的动力特性来确定地震力。动力法对于高层房屋、高柔结构（如高桥墩、烟囱、水塔等）比静力法合理。

地震对建筑物的破坏作用之一是由于地震波在建筑物地基土层中传播时引起结构的强烈振动，当振动应力超过结构构件强度时，使结构局部或整体破坏。为此要了解建筑物在地震作用下的振动性质，即地震反应。这是一个动力学的问题。

在动力学中通常将实际建筑物抽象成一些简单合理的计算模型，或计算图式。这些模型既要近似地反映实际结构的振动特性，又要尽可能地使计算简化。最通常的方法是将整个结构的质量代之以单个或数个集中的质量。

就最常见的桥梁墩台来讲：①排架桩墩，如图 7-15 所示，由于排架桩自身重量较之上部梁跨结构要轻得多，因此，可将它视为一单质点系。②墩身较高的重力式桥墩，如图 7-16 所示，或高承台桩基桥墩，如图 7-17 所示，可简化为多质点系。显然，质点数越多，越接近实际情况，但随之计算就越复杂。质点都假设支承在无质量的弹性杆上。在质点系的计算中，一般还假设：

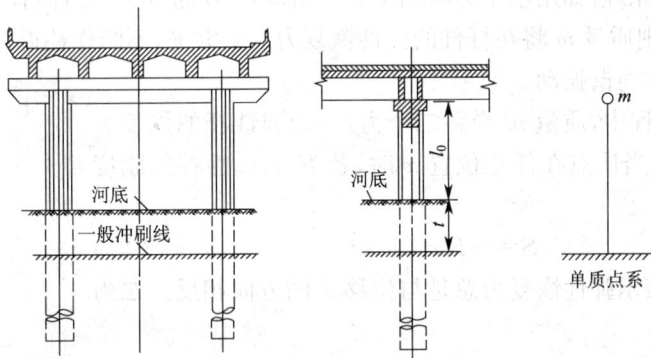

图 7-15 排架桩墩示意图及计算图式

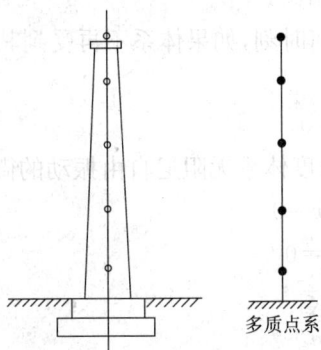

图 7-16 重力式桥墩

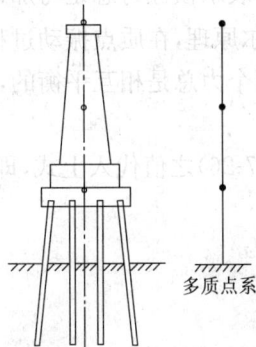

图 7-17 高承台桩基桥墩

（1）质体为一质点，略去其转动惯量的影响。

（2）力和位移间的关系为线性关系，即认为位移为弹性位移，不考虑材料的塑性变形。设使质点产生单位水平位移所需的水平力为 $K$，$K$ 即为弹性杆的刚度系数（kN/m）。

（3）略去杆的纵向变形和水平面上的转动，只考虑横向位移（弯曲变形与剪切变形）。

（4）在振动时，结构受到的阻力很复杂，外部有空气阻力，内部有材料分子间的内摩擦（与材料性质有关），为便于数学分析，设阻力与振动速度成比例。

（5）忽略建筑物基础对地基的相对位移（水平位移和转动），即认为固着在地基上。

在结构动力学中，当结构在所有可能的弹性变形时，决定所有质点的位置所必需的独立参数的数目，称为该结构的自由度次数。对于空间体系，每个质点的位置需要有三个参数来确定，这时体系的自由度次数为质点数目的三倍。当结构简化为平面体系时，假如只考虑水平运动时（即假定地面运动和结构反应都只限于水平方向时）自由度与质点的数目相一致。

以下着重讨论这种情况。

下面扼要介绍一些最基本的理论：单质点系的无阻尼自由振动和单质点系在地震作用下的振动方程。

### 一、单质点系的无阻尼自由振动

单质点系是单自由度体系，是最简单最基本的质点体系。

根据动力学的原理，如用水平力将图 7-18 中的集中质量 $m$ 拉向右侧，使它产生水平位移 $A$，然后突然放松，则质量 $m$ 将在杆件的弹性恢复力的影响下，不断作往返振动，若不存在任何阻尼，该单质点将作简谐振动。

体系在振动过程中，质量 $m$ 受到二个力，一为弹性杆的恢复力 $S$，如图 7-18 所示，当质点在任意位置 $x$ 时，若 $K$ 为弹性杆的刚度系数，则

$$S=-Kx \tag{7-25}$$

等号右边的负号，表示弹性恢复力总是与位移 $x$ 的方向相反。二为惯性力 $I$，其值为

$$I=-m\frac{\mathrm{d}^2 x}{\mathrm{d}t^2}=-m\ddot{x} \tag{7-26}$$

等号右边的负号，表示惯性力总是与加速度方向相反。

图 7-18　单质点系无阻尼自由振动图式

根据达朗贝尔原理，在质点振动过程中的任何时刻，如果体系不再受到其它外力及阻尼力的作用，则上述两个力总是相互平衡的，即

$$S+I=0$$

将式(7-25)和式(7-26)之值代入上式，即得单自由度体系无阻尼自由振动的微分方程

$$m\ddot{x}+Kx=0 \tag{7-27}$$

上式也可写成

$$\ddot{x}+\phi^2 x=0 \tag{7-28}$$

令

$$\phi=\sqrt{\frac{K}{m}} \tag{7-29}$$

式(7-28)是一个二阶常系数线性微分方程。根据上述初始条件：$t=0$ 时，$x=A$ 且 $\dot{x}=0$，可求得其解为

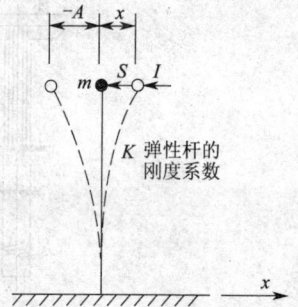

$$x = A\sin\left(\phi t + \frac{\pi}{2}\right) = A\cos\phi t \qquad (7\text{-}30)$$

此方程为一简谐振动方程。因为余弦函数是周期函数,当角度相差 $2\pi$ 的整倍数时,函数值仍不改变。所以随时间 $t$ 之值的不断增加,体系将周而复始作循环不已的振动。$\phi$ 为该体系的无阻尼自由振动圆频率,简称自振圆频率,单位为 rad/s。单位时间内的振动次数,称为频率,如以 $f$ 表之,则

$$f = \frac{\phi}{2\pi} = \frac{1}{2\pi}\sqrt{\frac{K}{m}} \qquad \text{(r/s 或 Hz)} \qquad (7\text{-}31)$$

体系振动一周所需时间,叫做周期,这里讨论的是自由振动,所以叫自振周期,若以 $T$ 代表之,则

$$T = \frac{1}{f} = \frac{2\pi}{\phi} = 2\pi\sqrt{\frac{m}{K}} = 2\pi\sqrt{\frac{W\delta}{g}} \qquad \text{(s)} \qquad (7\text{-}32)$$

式中,$\delta$ 为质点 $m$ 处作用单位水平力时所产生的水平位移,即体系的柔度系数(m/kN),是刚度系数的倒数,$\delta = 1/K$。

由式(7-32)可见,体系的自振周期取决于体系的刚度系数和质量,与激起自振的外因无关,所以又叫做固有周期。

式(7-30)中的常数 $A$,叫做振幅。振幅、周期或频率及相角是简谐振动的基本参数。

若假设振动过程中没有阻尼存在,则式(7-30)表述的振动将永远稳定($A$ 值保持不变)地持续下去。事实上,结构振动时总有阻尼存在,因而自振的振幅总是不断衰减,最后变为零而恢复到静止状态。

**二、单质点系在地震作用下的振动方程式**

现分析单质点系在地面水平运动 $x_0(t)$ 影响下的振动。为便于进行分析,通常都假定地基是刚性平面,即建筑物底面范围内各点的运动完全一致。当建筑物的平面尺寸远远小于地震波的波长时,按此假定一般还是可以的。单个的铁路桥梁墩台基础是容易符合的,但就长大桥的整体来讲,可能不符合,此时就应另行考虑。

结构是座落在地基这个刚性平面上的弹性体系。这样就形成了图 7-19 所示的计算简图,它的基础按 $x_0(t)$ 的规律发生运动,这时 $x_0(t)$ 可以看作是地震时地面位移的一次实际记录。

在这样的地面运动影响下质点将发生振动。在某一时间 $t$,基础的绝对位移为 $x_0$,质点 $m$ 对基础的相对位移为 $x$,这时作用在质点 $m$ 上的各力为

惯性力 $\qquad\qquad I = -m\dfrac{\mathrm{d}^2}{\mathrm{d}t^2}(x + x_0) = -m\ddot{x} - m\ddot{x}_0$

弹性恢复力 $\qquad\qquad S = -Kx$

阻尼力 $\qquad\qquad R = -\gamma\dot{x}$

根据达朗贝尔原理,有 $\qquad I + R + S = 0$

即 $\qquad\qquad m\ddot{x} + \gamma\dot{x} + Kx = -m\ddot{x}_0$

或 $\qquad\qquad \ddot{x} + 2h\phi\dot{x} + \phi^2 x = \ddot{x}_0 \qquad (7\text{-}33)$

式中 $\quad \gamma$——阻尼系数;

$h$——阻尼比,$h = \dfrac{\gamma}{2\phi m}$,当 $h \geqslant 1$ 时,上式代表的将不是振动运动,当 $h = 1$ 时,$\gamma = 2\phi m = 2\sqrt{Km} = \gamma_0$,$\gamma_0$ 叫做临界阻尼,所以阻尼比

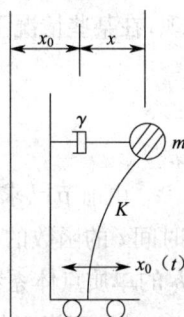

图 7-19 刚性平面上的弹性体系

可定义为结构的阻尼系数和临界阻尼的比值,根据实测,一般建筑物的 $h$ 值在 $0.02\sim0.10$ 之间,其他符号同前。

上式是单质点系在地震地面运动 $x_0(t)$ 作用下的运动微分方程,因为一般结构物的阻尼比 $h<1$,所以其解应是振动方程,其形式如下:

$$x = \mathrm{e}^{-h\phi t}(C_1\sin\phi't + C_2\cos\phi't) - \frac{1}{\phi}\int_0^t \ddot{x}_0[\tau\mathrm{e}^{-h\phi(t-\tau)}\sin\phi'(t-\tau)]\mathrm{d}\tau \qquad (7\text{-}34)$$

$C_1$、$C_2$ 可根据初始条件确定。设 $t=0$ 时,$x=x_0$ 及 $\dot{x}=\dot{x}_0$,则式(7-34)可写成

$$x = \mathrm{e}^{-h\phi t}\left(\frac{\dot{x}_0 + h\phi x_0}{\phi'}\sin\phi't + x_0\cos\phi't\right) - \frac{1}{\phi'}\int_0^t \ddot{x}_0[\tau\mathrm{e}^{-h\phi(t-\tau)}\sin\phi'(t-\tau)]\mathrm{d}\tau \qquad (7\text{-}35)$$

式中,$\phi'=\phi\sqrt{1-h^2}$。

上式为单质点弹性体系质点 $m$ 在地震运动作用下对地面的相对位移反应的一般式。它的前项为地震发生瞬间质点 $m$ 的初速度和初位移对运动的影响。通常在地震发生的瞬间结构物是静止的,即 $x_0=0$,$\dot{x}_0=0$,所以可不考虑。末尾一项则是地震运动产生的全部影响,包括了自由振动和强迫振动。不过由于阻尼作用,自由振动随着时间很快就衰减了。

式(7-35)中的 $\ddot{x}_0$ 是地震过程中地面的加速度,一次地震的地面加速度可以用加速度强震仪记录下来,它是很不规则的时间函数,如图 7-20 所示,不能以简单的数学公式来表达,而且每次地震的地震波都是随机的。因而,单质点系在地震作用下的位移反应 $x(t)$ 无法用简单的解析式来表达,在已知某个 $x_0(t)$ 的图形条件下只能用数值积分的方法来求出它的随时间变化过程。如果要预测在将来地震中的位移反应 $x(t)$ 更需用统计理论的方法来分析。

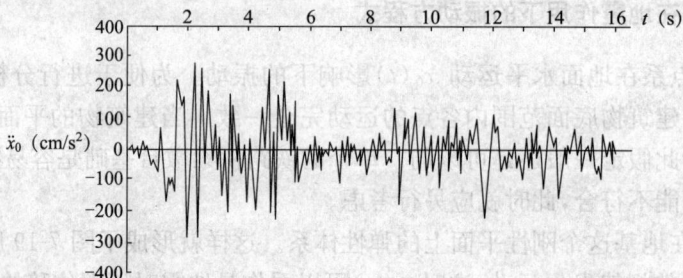

图 7-20 爱尔生屈(El—Centro)南北向地震加速度纪录

单质点力学模型具有概念清楚,计算简便的优点,在以往的设计中广为应用。通过研究发现,在某些情况下,可以用单墩单质点模型代替全桥模型对简支梁桥墩进行抗震计算。

## 第九节 反应谱设计理论

由前节已求得单质点弹性体系在地震作用下质点 $m$ 对地面(也即基础)的相对位移 $x$ 随时间 $t$ 的函数的一般式,即式(7-35)。利用这个公式,对于任何一个自振圆频率为 $\phi$,阻尼比为 $h$ 的单质点体系在给定的地震加速度 $\ddot{x}_0(t)$ 作用下的相对位移反应可以计算出来。不过,由于 $\ddot{x}_0(t)$ 是不规则的时间函数,只能用数值积分的方法,由计算机来完成繁杂的计算,求出 $x(t)$。在抗震设计中最关心的是振动最大反应。对相对位移反应来说,就是 $x(t)$ 的最大值 $x_{\max}$,显然,这不难从已求得的相对位移反应 $x(t)$ 中找出来。在给定一个阻尼比的条件下,对不同的

自振周期 $T$（也即自振圆频率 $\phi$），都可以求出对应的最大相对位移 $x_{\max}$。这样，$x_{\max}$ 可以看作是自振周期 $T$ 的函数，对于每一个地震加速度纪录，都可以计算出一条 $x_{\max}$ 与 $T$ 之间的关系曲线，这就是相对位移反应谱。图 7-21 中给出了两个地震纪录的相对位移反应谱。有了这个反应谱，任何单质点系，如果已知道其自振周期和阻尼比，则在其遭受相似的地震作用时，其最大位移反应就可以直接从图中查出。在已知相对位移的最大反应值之后，相应的应力状态也就可以计算出来，据此可进行结构的抗震设计。

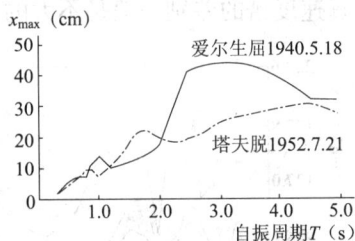

图 7-21　最大相对位移反应谱

但是，在结构抗震设计中更广泛采用的是地震荷载的概念，如前述的静力理论就是如此，即通过荷载来计算内力和选择构件的截面。为了求得地震荷载，需要进一步讨论速度和加速度反应谱。

如前所述，在式(7-35)中，一般情况下 $x_0=0$，$\dot{x}_0=0$，所以式(7-35)成为

$$x(t)=-\frac{1}{\phi'}\int_0^t \ddot{x}_0(\tau)e^{-h\phi(t-\tau)}\sin\phi'(t-\tau)d\tau \tag{7-36a}$$

由上式可以求得相对速度反应 $\dot{x}(t)$ 和绝对加速度反应 $\ddot{x}(t)+\ddot{x}_0(t)$ 分别为

$$\dot{x}(t)=-\frac{\phi}{\phi'}\int_0^t \ddot{x}_0(\tau)e^{-h\phi(t-\tau)}\cos[\phi'(t-\tau)+\alpha]d\tau \tag{7-36b}$$

$$\ddot{x}(t)+\ddot{x}_0(t)=-\frac{\phi^2}{\phi'}\int_0^t \ddot{x}_0(\tau)e^{-h\phi(t-\tau)}\sin[\phi'(t-\tau)+2\alpha]d\tau \tag{7-36c}$$

式中，$\alpha=\arctan\frac{h}{\sqrt{1-h^2}}$，当阻尼比很小($h\ll1$)时，以上三式成为

$$x(t)=-\frac{1}{\phi}\int_0^t \ddot{x}_0(\tau)e^{-h\phi(t-\tau)}\sin[\phi(t-\tau)]d\tau \tag{7-37a}$$

$$\dot{x}(t)=-\int_0^t \ddot{x}_0(\tau)e^{-h\phi(t-\tau)}\cos[\phi(t-\tau)]d\tau \tag{7-37b}$$

$$\ddot{x}(t)+\ddot{x}_0(\tau)=-\phi\int_0^t \ddot{x}_0(\tau)e^{-h\phi(t-\tau)}\sin[\phi(t-\tau)]d\tau=-\phi^2x(t) \tag{7-37c}$$

因此，单质点弹性体系在地震作用下的相对位移反应谱 $S_D(h,\phi)$，相对速度反应谱 $S_V(h,\phi)$ 和绝对加速度反应谱 $S_A(h,\phi)$ 可以近似用下面的式子来表示（各自到达最大值的时间不相同）。

$$S_D(h,\phi)=|x(t)|_{\max}=\left|\frac{1}{\phi}\int_0^t \ddot{x}_0(\tau)e^{-h\phi(t-\tau)}\sin[\phi(t-\tau)]d\tau\right|_{\max} \tag{7-38a}$$

$$S_V(h,\phi)=|\dot{x}(t)|_{\max}=\left|\int_0^t \ddot{x}_0(\tau)e^{-h\phi(t-\tau)}\cos[\phi(t-\tau)]d\tau\right|_{\max} \tag{7-38b}$$

$$S_A(h,\phi)=|\ddot{x}(t)+\ddot{x}_0(t)|_{\max}=\phi^2 S_D(h,\phi) \tag{7-38c}$$

为了计算方便，对上式一般作进一步的近似处理：由于前两式积分号内的 $\sin[\phi(t-\tau)]$ 与 $\cos[\phi(t-\tau)]$ 两因子在有多个周期时只相差一个相位 $\pi/2$，而且 $\ddot{x}_0(t)$ 是杂乱无章的，所以正弦和余弦函数可以互换而结果相差不大，因此上式简化为

$$\left.\begin{array}{l}S_D(h,\phi)=\dfrac{1}{\phi}S_V(h,\phi)=\dfrac{T}{2\pi}S_V(h,\phi)\\[2mm]S_V(h,\phi)=\left|\displaystyle\int_0^t \ddot{x}_0(\tau)e^{-h\phi(t-\tau)}\sin[\phi(t-\tau)]d\tau\right|_{\max}\\[2mm]S_A(h,\phi)=\phi S_V(h,\phi)=\dfrac{2\pi}{T}S_V(h,\phi)\end{array}\right\} \tag{7-39}$$

这样计算的相对速度反应谱常称为准速度谱。因为根据公式(7-38b)计算的真速度谱在积分号内的三角函数是 cos 而不是 sin。数值计算结果表明,对于复杂的地震动,准速度谱与真速度谱的差别一般是不大的。

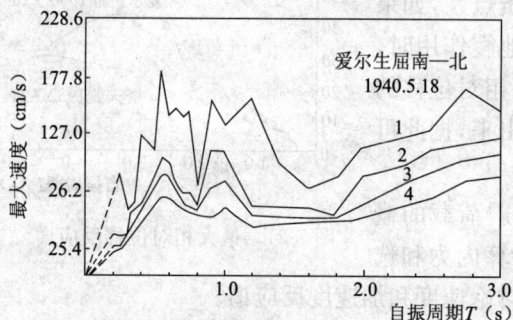

图 7-22　相对速度反应谱
1—$h=0$；2—$h=0.02$；3—$h=0.05$；4—$h=0.10$

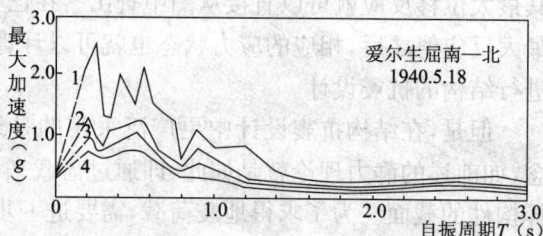

图 7-23　加速度反应谱
1—$h=0$；2—$h=0.02$；3—$h=0.05$；4—$h=0.10$

有了上式后,如同前述计算相对位移反应谱一样,对于每一个地震加速度记录$\ddot{x}_0(t)$,以阻尼比 $h$ 为参数,对不同的自振周期 $T$,可以计算出相应的 $S_V(=|\dot{x}(t)|_{\max})$ 和 $T$ 的关系曲线,这就是相对速度反应谱,如图 7-22 所示。进一步按式(7-39)就可计算出 $S_D-T$ 及 $S_A-T$ 的关系曲线。图 7-23 就是加速度反应谱。以上计算可由计算机来完成。

以上是根据一次地震记录得到的反应谱,由于地震波是随机的,各次记录的地震波很不相同,对于某地将来将会遭受的地震地面加速度目前更无法预计,所以要获得可供设计实际使用的反应谱,只能尽可能地根据已得到的国内外地震加速度记录作出大量的反应谱曲线,然后进行数理统计整理成标准反应谱,或叫平均反应谱。图 7-24 是相对位移、相对速度和加速度平均反应谱的大致形状。现在设计中采用的反应谱,就是这种平均反应谱。

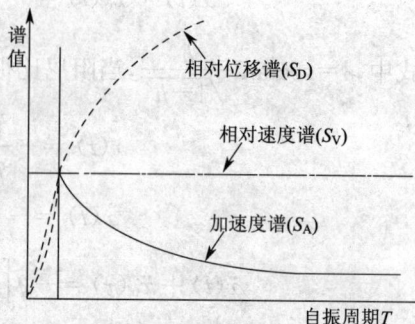

图 7-24　各种反应谱的大致倾向

有了加速度平均反应谱以后,就可以根据实际结构物的自振周期,按以下公式计算地震荷载(即地震力)$F_E$。

$$F_E=m|\ddot{x}(t)+\ddot{x}_0(t)|_{\max}=\frac{|\ddot{x}_0(t)|_{\max}}{g}\cdot\frac{|\ddot{x}(t)+\ddot{x}_0(t)|_{\max}}{|\ddot{x}_0(t)|_{\max}}\cdot m\cdot g$$

或
$$F_E=k_H\cdot\beta\cdot m\cdot g \tag{7-40}$$

式中　$k_H$——前述水平地震系数;

$\beta$——叫作动力系数,即以地面最大加速度作为单位的加速度反应谱,$\beta$ 值为

$$\beta=\frac{单质点弹性结构在地震作用下最大水平加速度反应}{地震时地面最大水平加速度}$$

$$=\frac{|\ddot{x}(t)+\ddot{x}_0(t)|_{\max}}{|\ddot{x}_0(t)|_{\max}}$$

$m$——单质点系结构的质量。

式(7-40)为计算单质点弹性体系地震荷载的基本公式,与地震荷载静力理论公式形式上类似。若为多质点弹性结构时,其地震力的计算公式基本相似。

下面介绍动力系数 $\beta$ 和自振周期 $T$ 的关系曲线。如前所述,$\beta$ 是以地面最大加速度作为单位的加速度反应值,所以它的形状跟前述一般加速度反应谱是完全一样的,只不过其纵坐标值的单位有所不同,是无量纲的比值。

根据强震地面运动水平加速度记录算出的加速度反应谱国内外已经不少,它们有下面一些特征。

(1)地震反应谱是多峰点的曲线。当阻尼等于零时,反应谱的谱值最大,峰点突出,峰值随结构自振周期的增大而减小,但较小的阻尼比(例如 $h=0.02$)就能使反应谱的峰点削平很多,使曲线比较平滑,峰点较少,一般有一个主峰,过了主峰曲线就接近双曲线,与周期成反比递降(参看图 7-23)。

(2)反应谱的主峰位置和峰顶锐度与地表的刚度有关,地表土质愈软,主峰位置愈向右(周期增长的方向)移动,峰顶也愈扁平。主峰位置与地表卓越周期大致相当。

(3)由于强震加速度记录仪的周期不够短,反应谱的短周期部分的失真现象很严重。

典型的动力系数曲线($\beta-T$ 曲线)如图 7-25 所示。图中的 $T_0$ 为场地的卓越周期,$\beta_0$ 为反应谱最高峰值。

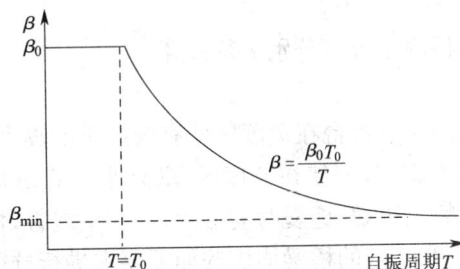

图 7-25　动力系数 $\beta$

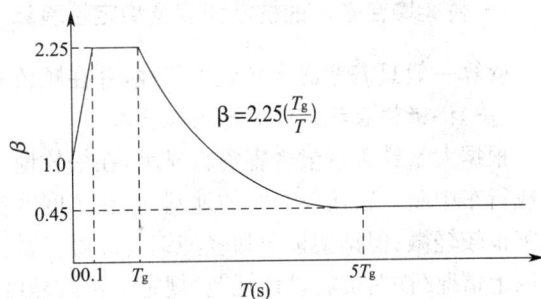

图 7-26　动力放大系数 $\beta$ 曲线
注:$T_g$ 为地震动反应谱特征值周期

有了动力系数 $\beta$ 和自振周期 $T$ 的关系曲线,应用式(7-40)计算地震力的问题归结于如何准确地确定结构物的自振周期。结构的自振周期,一般可以通过分析计算和试验研究来确定,也可以根据同类结构的实测资料按照经验公式来确定。

图 7-26 中的 $T_g$ 是曲线下降段起始点对应的周期值,它是通过反映地震震级、震中距和场地类别等因素确定,也称设计特征周期,或称为地震动反应谱特征值周期。

由于对长周期结构的动力行为缺乏研究,为避免造成设计困难,《抗震设计规范》中反应谱曲线的限定条件为"结构自振周期小于 2 s,且阻尼比为 0.05",满足此条件的结构可按图 7-26 取值,对不满足上述条件的结构,其反应谱曲线需要进一步研究。

反应谱法是世界各国规范普遍采用的基本分析手段,但由于反应谱法(包括静力法)不能有效解决桥墩的延性设计、最大位移分析等问题,在罕遇地震作用下,结构的抗震设计需要用线性和非线性时程反应法进行分析。这种地震反应时程分析方法,是直接将整个地震动的加速度时程作用于结构上,计算出结构构件内地震作用引起的内力,据此进行抗震设计,显然,在理论上更为先进和合理,也被一些国家列入抗震设计规范,但一般只限在重大工程中使用。限于篇幅,这部分内容可参阅相关文献。

## 第十节 桥梁墩台基础的抗震强度、稳定性验算及抗震措施

根据国内外强震经验,要求建筑物经受任何强烈地震而仍保持完好无损要花费较大的投资,也存在一定的技术上的困难。因此,一般根据安全和经济两方面统筹考虑,针对不同强度的地震采取不同设计方法和要求,也就是,遇到较常发生的一般强度地震影响时,建筑物应不发生损坏,遇到非常少有的强烈地震时,建筑物不致倒塌或发生危及生命财产的灾难性破坏。经抗震设防后的铁路工程,当遭受相当于基本烈度的地震影响时,Ⅰ、Ⅱ级铁路的损坏部分稍加整修后即可正常使用。

大量震害资料表明,一般工程建筑物遭受 6 度地震烈度影响时开始出现损坏,但从 7 度开始出现较多的损坏。所以《铁路抗震规范》规定设计烈度为 6 度及 6 度以上时,要按规定进行抗震验算和设计。对于设计烈度高于 9 度或有特殊抗震要求的建筑物及新型结构应进行专门研究设计。

下面介绍对桥梁墩台基础的抗震强度及稳定性验算的有关规定和抗震措施。

### 一、桥梁墩台基础的抗震强度及稳定性验算

验算一般只需考虑水平地震荷载,并在顺桥和横桥两个方向分别进行计算。

(一)桥墩桥台抗震验算范围及要求

根据大量铁路桥梁震害资料显示,在松软地基上的桥墩桥台在 7 度区就有较严重的震害,造成行车中断。在比较密实的地基上,在 7 度区基本无震害,即使在 9 度区,墩高小于 5 m 时震害也较轻微;但排架桩墩和轻型钢筋混凝土墩台一般比较柔,地震时变形大,易产生震害,根据以上情况《铁路抗震设计规范》规定了设防烈度为 7、8、9 度的桥梁均应按如下要求进行抗震验算:

按多遇地震进行桥墩、基础的强度、偏心及稳定性验算;按设计地震验算上、下部结构连接构造的强度;按罕遇地震对钢筋混凝土桥墩进行延性验算或最大位移分析。

不同结构桥梁的抗震设计内容见表 7-10。桥墩桥台基础底面合力偏心距要求见表 7-11。

对于简支梁或连续梁桥的上部结构可不进行抗震强度和稳定性验算,但应采取抗震措施。位于地震区的各式铁路涵洞,可不进行抗震设计。

表 7-10　桥墩抗震设计验算内容

| | 结构形式 | 多遇地震 | 设计地震 | 罕遇地震 |
|---|---|---|---|---|
| 简支梁桥 | 混凝土桥墩 | 墩身及基础:强度、偏心及稳定性验算 | 验算连接构造 | 一般不验算,但应增设护面钢筋 |
| | 钢筋混凝土桥墩 | 墩身及基础:强度及稳定性验算 | 验算连接构造 | 可按简化法进行延性验算 |
| 其他梁式桥及重要桥梁 | | 墩身及基础:强度、偏心及稳定性验算 | 验算连接构造 | 钢筋混凝土桥墩:按非线性时程反应分析法进行下部结构延性验算或最大位移分析 |

表 7-11　桥墩桥台抗震验算要求

| | | | |
|---|---|---|---|
| 基础底面合力偏心距 $e$ | 未风化至弱风化的硬质岩石 | | $\leqslant 2.0\rho$ |
| | 上项以外的其他岩石 | | $\leqslant 1.5\rho$ |
| | 基本承载力 $\sigma_0 > 200$ kPa 的土层 | | $\leqslant 1.2\rho$ |
| | 基本承载力 $\sigma_0 \leqslant 200$ kPa 的土层 | | $\leqslant 1.0\rho$ |
| 砌石及混凝土截面合力偏心距 $e$ | 矩形及其他形状 | | $\leqslant 0.8S$ |
| | 圆形 | | $\leqslant 0.7S$ |
| 建筑材料容许应力修正系数 | 钢材混凝土和石砌体 | 剪应力,拉、压应力 | 1.5 |
| | | 压应力 | 1.5 |
| | | 剪应力,主拉应力 | 1.0 |
| 滑动稳定系数 | | | $\geqslant 1.1$ |
| 倾覆稳定系数 | | | $\geqslant 1.2$ |

注:(1)表中 $\rho$ 为基础底面计算方向的核心半径;

　　(2)表中 $S$ 为截面形心至最大压应力边缘的距离;

　　(3)配有少量钢筋的混凝土重力式桥墩桥台截面的偏心距可大于表 7-11 的规定值,配筋量应按强度计算确定,配筋率和裂缝开展度可不计算。

**(二)抗震验算的荷载**

桥梁抗震验算的荷载应为地震作用与恒载和活载的最不利组合。恒载包括结构自重、土压力,静水压力及浮力,活荷载包括列车竖向静荷载、离心力及列车活载所产生的土压力。

活荷载计算应符合:(1)Ⅰ、Ⅱ级铁路应分别按有车、无车进行计算。当桥上有车时,顺桥向不计活荷载引起的地震力;横桥向应只计 50% 活荷载引起的地震力且作用在轨顶以上 2 m 处,活荷载垂直力均计 100%。(2)其余各级铁路只按无车情况进行计算。

双线桥只考虑单线活荷载。

验算桥墩桥台时。一律采用常水位设计。常水位包括地表水或地下水。

**(三)地基承载力**

验算地基抗震强度时,地基土的容许承载力的修正系数按前述表 7-8 的规定取值。但液化土层以上土层容许承载力不应修正。

**(四)桥墩的水平地震荷载及内力**

对于简支梁桥墩抗震分析,一般情况下可采用单墩力学模型计算即可,但梁部应计入质量影响;此外,也可采用《抗震设计规范》给出的全桥力学模型(图 7-27)进行计算,这时应计入梁部及桥面系刚度的影响。

对于多遇地震作用下桥墩的抗震计算,一般情况下,可采用前述的反应谱法;对重要桥梁或采用减震、耗能装置的桥梁,除按反应谱法计算外,还应选用符合抗震设计要求的地震波,采用时程反应分析法进行分析;对于在罕遇地震作用下的桥梁抗震设计,应采用非线性时程反应分析法,或按规定的简化方法进行延性验算。

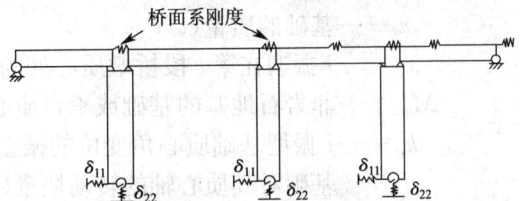

图 7-27　全桥力学模型

$\delta_{11}$—平动柔度系数;$\delta_{22}$—转动柔度系数

结构的动力反应与结构的自振周期和输入的地震波密切相关,因此在进行线性和非线性时程反应分析时,一般都取多组地震波进行分析、比较。这包括根据规范反应谱拟合的人工地震波,地震灾害性分析提供的至少 3 条以上的人工地震波,历史记录的实际地震波。

不同设防烈度和设防水准地震作用下,水平地震基本加速度应按表 7-12 取值。对于重要桥梁,在多遇地震作用下,该表数值应乘以重要性系数 1.4,以增大重要桥梁的安全性。

地震动反应谱特征周期应根据场地类别和地震动参数区划按表 7-13 取值。

**表 7-12　水平地震加速度 $a$ 值**

| 设防烈度 | 6 度 | 7 度 | | 8 度 | | 9 度 |
|---|---|---|---|---|---|---|
| 设计地震 $a_g$ | 0.05g | 0.1g | 0.15g | 0.2g | 0.3g | 0.4g |
| 多遇地震 | 0.02g | 0.04g | 0.05g | 0.07g | 0.1g | 0.14g |
| 罕遇地震 | 0.11g | 0.21g | 0.32g | 0.38g | 0.57g | 0.64g |

**表 7-13　地震反应谱特征周期 $T_g$(s)**

| 特征周期分区 | 场地类别 | | | |
|---|---|---|---|---|
| | I | II | III | IV |
| 一区 | 0.25 | 0.35 | 0.45 | 0.65 |
| 二区 | 0.30 | 0.40 | 0.55 | 0.75 |
| 三区 | 0.35 | 0.45 | 0.65 | 0.90 |

对于简支桥墩的水平地震作用计算,应计入地基变形的影响,桥墩各段的地震力,位于该段质心处。其计算分析图式见图 7-28。桥墩上面梁体的地震作用,顺桥向位于支座处,横桥向位于梁高 1/2 处,至于水平地震荷载作用可按下列公式计算:

$$F_{ijE} = a \cdot \beta_j \cdot \gamma_j \cdot x_{ij} \cdot m_i$$
$$M_{ijE} = a \cdot \beta_j \cdot \gamma_j \cdot k_{fj} \cdot J_f \tag{7-41}$$

$$\gamma_j = \frac{\sum_i m_i \cdot x_{ij} + m_f \cdot x_{fj}}{\sum_i m_i \cdot x_{ij}^2 + m_f \cdot x_{fj}^2 + J_f \cdot k_{fj}^2} \tag{7-42}$$

式中　$F_{ijE}$——$j$ 振型 $i$ 点的水平地震力(kN);

$a$——水平地震基本加速度,按表 7-12 采用;

$\beta_j$——$j$ 振型动力放大系数,按自振周期 $T_j$ 由图 7-26 采用;

$\gamma_j$——$j$ 振型基础质心处的振型坐标;

$m_i$——基础的质量(t);

$x_{ij}$——$j$ 振型在第 $i$ 段桥墩质心处的振型坐标;

$M_{ijE}$——非岩石地基的基础或承台质心处 $j$ 振型地震力矩(kN·m);

$k_{ij}$——$j$ 振型基础质心角变位的振型函数(1/m);

$J_f$——基础对其质心轴的转动惯量(t·m²)。

计算非岩石地基基础的柔度系数 $\delta_{11}$、$\delta_{22}$、$\delta_{12}$ 时,应考虑土的弹性抗力。有关计算公式可参看《铁路抗震规范》。

地震作用效应弯矩、剪力、位移,一般情况下,可取前三阶振型耦合,并按下式计算:

$$S_{iE} = \sqrt{\sum_{j=1}^{3} S_{ijE}^2} \tag{7-43}$$

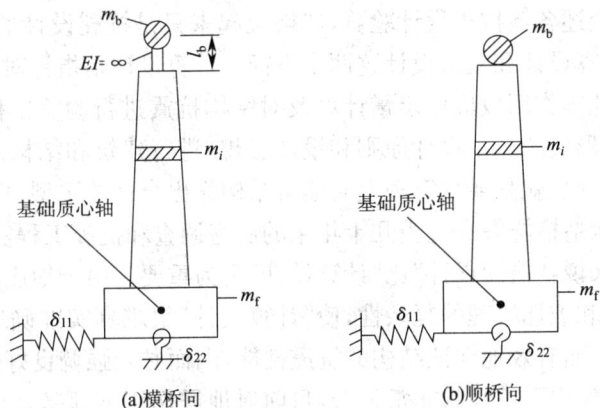

图 7-28　桥墩水平地震作用计算图式

$\delta_{11}$—平动柔度系数,当基底或承台底作用单位水平力时,基础底面产生的水平位移(m/kN);岩石地基 $\delta_{11}=0$;

$\delta_{22}$—转动柔度系数,当基底或承台底作用单位弯矩时,基础底面产生的转角(rad/kN·m);岩石地基 $\delta_{22}=0$;

$m_b$—桥墩顶处换算质点的质量(t),顺桥向:$m_b=m_d$,横桥向:$m_b=m_1+m_d$;

$m_d$—桥墩顶梁体质量,等跨桥墩顺桥向、横桥向和不等跨桥墩横桥向均为相邻两孔梁及桥面质量之和的一半,不等跨桥墩顺桥向为较大一跨梁及桥面质量之和;

$m_1$—桥墩顶活荷载反力换算的质量(t),按有关规定计算;

$l_b$—$m_b$ 质心距桥墩顶的高度(m);

$m_i$—桥墩第 $i$ 段的质量(t)。

式中　$S_{iE}$——地震作用下,$i$ 点的作用效应弯矩、剪力或位移;

　　　$S_{ijE}$——在 $j$ 振型地震作用下,$i$ 点的作用效应弯矩、剪力或位移。

以 $S_{ijE}$ 验算截面合力偏心距和材料容许应力等。

明挖基础的墩台倾覆稳定性、滑动稳定性以及基底应力,在求得基底弯矩和剪力后,即可进行验算。对于桩基础,在求出承台座板底面处的弯矩和水平力后也可进行桩基计算。

以上计算工作量较大,在某些条件下可以采用桥墩抗震计算的简化方法,见相关规范。

梁式桥跨结构的实体桥墩,在常水位以下部分,水深超过 5 m 时,应计入地震动水压力对桥墩的作用。有关计算方法和公式可参阅相关规范有关条文。

**(五)桥台的土压力**

通常,桥台的震害多于桥墩。震害现象反映在:桥台向河心滑移,大量下沉或倾斜、以及台身剪断等常使桥梁中断停车。造成台身损伤和位移(包括下沉、倾斜和倾倒)的主要原因是地基液化和台背过大的地震土压力,或上部梁跨结构的冲击、挤压作用所致。

桥台的地震作用采用静力法计算。作用在桥台上的地震主动土压力按库伦土压力理论公式计算。但土的内摩擦角 $\varphi$、墙背摩擦角 $\delta$、土的重度 $\gamma$,受地震作用的影响,应根据地震角 $\eta$(桥台背面库伦滑动土楔的水平地震力和自重之比的正切)分别按下式进行修正:

$$\left.\begin{array}{l} \varphi_E=\varphi-\eta \\ \delta_E=\delta+\eta \\ \gamma_E=\gamma/\cos\eta \end{array}\right\} \tag{7-44}$$

式中 $\varphi_E$、$\delta_E$ 和 $\gamma_E$ 分别为修正后土的内摩擦角、墙背摩擦角和土的重度。经过综合影响修正的地震角 $\eta$ 按表 7-9 采用。着力点在计算截面以上计算高度的 1/3 处。

需要指出的是,上述各项抗震设计验算,严格说起来只是抗震设计的一个方面,因为结构的抗震设计应包括计算设计和概念设计这两个方面。计算设计是指针对结构确定合理的计算模式和分析方法,对地震作用效应作定量计算及对结构抗震进行验算。概念设计是指根据地震灾害和工程经验等形成的基本设计原则和设计思想,进行建筑和结构总体布置并确定细部构造的过程。概念设计也就是要从宏观上对建筑结构作出合理的选型、规划和布置、选用合格的材料、采取有效的构造措施等。过去几十年来的震害调查和抗震工程实践,使人们逐渐认识到,对结构抗震设计来说,"概念设计"比"计算设计"更为重要。由于地震动的不确定性和结构在地震作用下的响应和破坏机理的复杂性,使"计算设计"很难真实准确地计算出结构受到的地震作用,由此很难全面有效地保证结构的抗震性能,因而必须强调良好的"概念设计"。

地基基础在地震作用下的性状非常复杂,目前对地震作用下地基基础性状的影响研究不够,对地震作用下地基基础受力与变形规律的了解,也还不够深入,因此,地基基础的抗震设计更应该重视概念设计。如前所述,场地条件对结构物的震害和结构的地震反应都有很大影响,因此,场地的选择、处理和地基与上部结构动力相互作用的考虑,以及地基基础类型的选择等都是概念设计的重要方面。有关概念设计的进一步学习和了解,可参阅相关书籍和文献。

### 二、抗震措施

在考虑铁路工程抗震设计方案时,应注意下列原则:

(1)在设防烈度较低和对抗震有利的地段选择线路和桥梁。

这对于保证运输畅通,降低抗震设防费用都有很大作用,这也是抗震设计方案的首要问题。桥梁工程在有利的建筑场地上,就会具有一定的抗震效果,有时可省去大量工程投资。

(2)构筑物体型应力求简单、受力明确、自重轻、刚度均匀和质量匀称、重心低。

选择合理的设计方案和结构型式,同样可具有一定的抗震效果。如以涵洞代替小桥,桥梁采用等跨布置,采用有周围土体约束的低承台桩基础或沉井等深基础就对抗震比较有利。

(3)采用有利于提高结构整体性的连接方式,使用隔震、耗能装置,可较好地减小构筑物的地震反应。

(4)采用技术先进、经济合理、便于修复加固的抗震措施和对抗震有利的延性结构或材料。

对于桥梁工程来说,总的要求桥位应选择在对抗震有利的场地,桥梁要结构合理和整体性好,并应保证良好的施工质量。《铁路抗震规范》中具体的要求可概括如下:

1.桥位应选择在设防烈度较低及河岸稳定和地基良好的地段。当难以避开液化土和软土地基时,桥梁中线应与河流正交。

河岸稳定地段是指岸坡平坦、开阔,起伏变化小,地震时不致触发滑坡崩塌地区。地基良好的地段指地层坚实均匀,为完整的基岩或较好的第四纪覆盖层如洪积、冰积层,而且沉积年代古老。

(1)当桥梁位于液化土或软土地基上时,应采取有关抗震措施。

国内外大量震害经验表明,饱和粉细砂及饱和粉土上的构筑物,由于地基软弱,地震时部分地基液化失效,常常引起构筑物整体倾斜下沉、移位等严重变形,导致对构筑物的极大危害,应特别重视相关措施。

①位于常年有水河流的可液化土层或软土地基上的桥梁墩台,应采用桩和沉井等深基础,且桩尖及沉井底埋入稳定土层内不应小于 2 m。当水平力较大时桩基桥台宜设置斜桩或采取其他加固措施。

②当特大桥、大中桥桥头路堤(高于 3 m)的地基是可液化土层或软土,属于设防烈度为 8 度或 9 度的Ⅰ、Ⅱ级铁路,就应对台后 15 m 范围内路堤基底以下的可液化土层或软土,采取振密、砂桩、砂井、碎石桩和换填等地基加固措施,以避免或减轻路基及桥梁的震害。

③位于可液化土层或软土地基上的特大桥、大中桥,应适当增加桥长,将桥台设置在稳定的河岸上,不宜在主河槽与河滩分界的地形突变处设置桥墩。否则应采取加强措施,减免滑移。因为在松软地基上的桥梁,特别是特大桥、大中桥,地震时往往发生河岸滑移,使桥台向河心移动,全桥长度缩短造成严重破坏。位于松软地基上的小桥,可在墩台基础之间设置支撑或采用浆砌片石铺砌河床,以限制墩台的滑移。

(2)当桥梁跨越断层带时,桥墩桥台基础不应设置在严重破碎带上。

地震可能导致活动断裂带位移,并使其上面的桥梁墩台歪斜、走动、倾倒,造成比较严重的震害。因此墩台基础不应设置在断裂带上。当断裂带较宽不能采用大跨跨越时,也应避开严重破碎带。

地震区的拱桥不应跨越断层。其桥墩桥台应设置在整体岩石或同一类土层上。

(3)对于Ⅰ、Ⅱ、Ⅲ级铁路及Ⅰ级工企铁路,在地震后可能形成或加重泥石流的沟谷上,根据流域内地形地质情况,桥涵孔径与净高宜酌情加大。

2.桥式方案宜按等跨布置。桥墩应避免承受斜向土压力,桥台宜采用 U 形或 T 形桥台。不要把桥台设置在不稳定的河坡上。

震害调查表明:地震区的构筑物,结构对称、刚度均匀的有利于抗震,不等跨桥墩易受损坏。承受斜向土压力的桥墩,在地震作用情况下会加重偏压受力状态使其容易破坏,所以地震区应避免设计受斜向土压的桥墩。

1975 年海城地震震后调查表明,震区石砌和混凝土圬工 T 形和 U 形桥台共计 154 座,尽管未做抗震设计,在各种地震烈度情况下,震后均未发现损坏,说明 T 形和 U 形桥台具有一定的抗震能力,宜作为震区桥台使用形式。

在水文、地质及结构条件允许时,宜采用各式涵洞代替小桥。非岩石地基上的涵洞不宜设置在路堤填土上。涵洞出入口应采用翼墙式。

装配式桥墩桥台的接头应适当加强,提高其整体性。

应注意加强桥梁上、下部结构及各构件之间的联接,提高整体性。并应按要求采取各种防止落梁的措施。深水、高墩、大跨等修复困难的桥梁,墩台顶帽应适当加宽或设置消能设施。应考虑便于修复和加固。

3.材料的抗震性能。一般抗拉性能较差的材料(如石砌圬工,素混凝土)抗震性能不如延性大的材料(如钢材,钢筋混凝土)。桥梁墩台的建筑材料应按表 7-14 采用。

无护面钢筋的混凝土桥墩桥台应减少施工缝。施工缝处必须设置接头钢筋,并采取措施保证接缝处混凝土的整体性。

**表 7-14　桥梁墩台的建筑材料**

| 设防烈度 | 7 | | 8 | | 9 | |
|---|---|---|---|---|---|---|
| 墩台高度 $H$(m) | ≤30 | >30 | ≤20 | >20 | ≤15 | >15 |
| 材料名称 | 混凝土 | 上段混凝土<br>下段钢筋混凝土 | 混凝土 | 上段混凝土<br>下段钢筋混凝土 | 混凝土 | 上段混凝土<br>下段钢筋混凝土 |

注:下段钢筋混凝土区段高度不小于 $2D$,且不小于 10 m($D$ 为墩底截面短边尺寸)。

4.采用明挖基础的桥台,当基底摩擦系数等于或小于 0.25 时,宜将基底换填成厚度不小于 1.0 m 的砂卵石,以提高抗滑稳定性。台后沿线路方向的地面坡度陡于 1∶5 时,路堤基底应挖成宽度不小于 2.5 m 的台阶,注意使台后路堤填方夯填密实,以尽量减小桥头路堤对桥台的土体推力。

桥头路堤填筑及桥梁墩台基坑明挖时,基坑回填应切实分层夯填,使与原地层成为整体,因而要求压实系数至少应在 0.9 以上,以提高墩台的抗震能力。

当设防烈度大于 7 度时,桥台锥体顺线路方向的坡度,不能设置过陡,应按表 7-15 采用。

表 7-15　桥台锥体顺线路方向坡度

| 设防烈度<br>填土高度(m) | 8 | 9 |
|---|---|---|
| 0～6 | 1∶1.25 | 1∶1.5 |
| 6～12 | 1∶1.5 | 1∶1.75 |

5.设防烈度在 7 度以上地区的钻孔灌注桩基础,地震时桩顶与承台结合部位容易产生应力集中而使受力较大,容易产生破坏。因此,当设计桩径为 $d$ 时,在桩顶(2.5～3.0)$d$ 长度范围内,应适当加强箍筋配置,以提高钻孔灌注桩的抗震能力。

7 度及以上地区桥墩,宜设置护面钢筋,要求竖向钢筋直径不宜小于 16 mm,间距不宜大于 20 cm,竖向钢筋应伸入承台并留有足够的锚固长度。

## ? 复习思考题

1.铁路工程抗震设计的基本要求有哪些?铁路工程构筑物抗震设防目标及分析方法是什么?

2.场地土类型划分与场地类别划分相同吗?它们分别依据什么来划分?

3.考虑地震作用挡土墙检算和静力时挡土墙检算有哪些异同?

4.地震对地面和工程结构物的破坏类型有哪些?桥梁墩台基础的震害主要有哪几种?

5.饱和砂土液化可能性的估计方法有哪几种?如何判别?影响饱和砂土液化的主要因素有哪些?

6.与地震动力理论比较,地震静力理论有何特点?

7.什么是卓越周期?什么是标准反应谱?什么是动力系数?简谐振动有哪些基本要素?

8.桥梁墩台基础应进行哪些抗震验算?这些验算有哪些具体要求?

9.桥梁墩台基础抗震措施有哪些?

# 参 考 文 献

[1]  李克钏. 基础工程. 北京：中国铁道出版社，1992.

[2]  李克钏，罗书学. 基础工程. 北京：中国铁道出版社，2000.

[3]  铁道第三勘察设计院. 桥涵地基和基础. 北京：中国铁道出版社，2002.

[4]  刘自明，王邦楣，陈开利. 桥梁深水基础. 北京：人民交通出版社，2003.

[5]  殷万寿. 深水基础工程. 北京：中国铁道出版社，2003.